렌즈
속의
인류

렌즈

속의

인류

민족지영화와
그 거장들

이기중 지음

논형

영상인류학자의 길을 걸을 수 있도록 많은 가르침을 주신

제이 루비Jay Ruby 교수님과 늘 곁에서 지켜봐주신 부모님께

이 책을 바칩니다.

지금까지 스무 권이 넘는 책을 펴냈지만, 『렌즈 속의 인류』는 감회가 남다르다. 오랜 시간을 준비한 이유도 있겠으나, 원고를 끝내는 순간 지난 20여 년 동안 "영상인류학"을 화두 삼아 살았던 시간들이 머리를 스쳐 갔기 때문이다. 그리고 "전공이 아니라면 누가 이 외로운 작업을 하겠는가?" 하는 생각이 들 정도로 국내에서 민족지영화의 글을 쓰는 일이 참 외로운 작업이라는 것을 많이 느꼈기에 책의 집필을 끝내면서 여러 감정이 마음속에서 교차했다. 그래서 그런지 책을 쓰면서 내가 영상인류학을 공부한 템플대학을 비롯하여 민족지영화 프로그램을 가지고 있는 서구의 여러 대학에 부러운 마음을 갖기도 했고, 언젠가 국내에서도 유사한 프로그램이 만들어지는 날을 혼자서 꿈꿔보기도 했다.

　『렌즈 속의 인류』는 나의 두번째 민족지영화 책이다. 첫번째 책은 2008년 『북극의 나눅: 로버트 플래허티의 북극 탐험과 다큐멘터리 영화의 탄생』의 이름으로 출간되었다. 나의 두번째 민족지영화 책인 『렌즈 속의 인류』는 국내에서 민족지영화를 보다 체계적이고 심도 있게 소개한다는 생각에서 보다 더 야심 차게 준비했다. 그 계획은 10년 전에 세웠다. 그리고 2004년 장 루시의 민족지영화를 시작으로 지난 10년간 벽돌을 하나씩 쌓아가듯이 대표적인 민족지영화 감독 다섯 분과 대표 작품을 소개하는 글을 학회지나 연구논문집에 발표했다. 그 후 책의 형태로 만들면서 논문의 글을 대폭 첨삭했으며, 중요한 영화 대사나 자막을 번역하여 싣고(앞으로 모든 작품의 영화 대사나 자막을 번역하여 다른 매체를 통해 공개할 예정이다.) 영화 장면을 곳곳에 배치하여 작품의 이해를 돕도록 했다. 또한 민족지영화를 보다 폭넓게 연구하려는 사람들을 위하여 각주와 참고 문헌을 충실히 수록했다.

국내에서 "민족지영화"는 아직 미개척 분야라고 불러도 좋을 정도로 잘 알려지지 않았을 뿐 아니라 이 책에서 소개하는 민족지영화 감독들이나 영화 작품들을 처음 접하는 독자가 대부분일 것이다. 하지만 민족지영화는 다른 형태의 영화만큼 그 역사가 오래되었을 뿐 아니라 매년 세계 각국에서 새로운 민족지영화가 만들어지고 민족지영화제를 통해 상영되고 있다. 또한 서구에서는 지난 수십 년간 민족지영화에 대한 연구가 점차로 증가하고 있다. 이에 비해 아직 국내에서는 민족지영화에 대한 연구가 미비하고 대표적인 감독이나 주요 작품들 또한 제대로 소개되지 않고 있다. 이러한 실정을 감안할 때 민족지영화에 관한 국내 최초의 저술서인 이 책의 출판을 계기로 국내에서도 민족지영화의 제작 및 연구가 늘어나기를 기대해본다.

끝으로 이 자리를 빌어 이 책의 출판에 도움을 주신 여러분에게 감사의 뜻을 전하고 싶다. 먼저 학회지에 글을 게재할 때마다 유익한 논평을 해주신 익명의 심사위원들에게 감사의 말을 전한다. 또한 인류학에 남다른 애정을 가지고 이 두툼한 책을 선뜻 출판해주신 도서출판 눌민의 정성원 대표와 심민규 실장께 고마움을 표하고 싶다. 그리고 이 책의 원고를 꼼꼼히 보아주신 문유진 편집자에게도 감사드린다.

2014년 여름
지은이 씀

차 례

책을 펴내며　　　　　7

머리말　　　　　11

1부　장 루시 Jean Rouch

1장　참여적 인류학과 시네픽션, 《미친 사제들》(1957), 《재규어》(1967), 《나는 흑인　　28
　　　남자》(1958)

2장　시네마베리테의 효시, 《어느 여름의 기록》(1961)　　　　　89

2부　존 마셜 John Marshall

3장　존 마셜 가족의 서아프리카 탐험과 《사냥꾼들》(1957)　　　　　124

4장　칼라하리 사막의 "쿵 부시먼 시리즈", 《고기 싸움》(1974)　　　　　151

5장　싼 부족 여인의 전기傳記적 민족지영화, 《나이, 쿵 여인의 이야기》(1980)　　　171

3부　로버트 가드너 Robert Gardner

6장　파푸아 뉴기니 탐사 프로젝트와 《죽은 새들》(1964)　　　　　204

7장　베나레스의 도시교향곡, 《축복의 숲》(1986)　　　　　231

4부　티머시 애시 Timothy Asch

8장　베네수엘라의 "야노마모 시리즈", 《축제》(1970)와 《도끼 싸움》(1975)　　　　268

9장　인도네시아의 "타파칸 시리즈", 《발리의 강신의례》(1979), 《저로가 저로를　　　319
　　　말하다: "발리의 강신의례" 보기》(1981)

5부　데이비드 맥두걸 David MacDougall

10장　관찰적 시네마와 《가축들과 함께 살기: 건기의 지에 사람들》(1974)　　　　358

11장　참여적 시네마와 "투르카나 대화 삼부작", 《로랑의 길: 투르카나 남자》(1980),　　　389
　　　《신부대 낙타들: 투르카나의 결혼》(1980), 《부인들 가운데 한 부인: 결혼에 관한
　　　노트》(1982)

본문의 주　　　　　427

참고 문헌　　　　　469

논문 게재 목록　　　　　481

찾아보기　　　　　483

일러두기

1. 이 책은 저자가 2004년에서 2013년까지 발표한 논문들을 수정·보완하여 정리한 것이다. 논문 게재 목록은
   481페이지에 수록했다.

2. 영화, 티비 드라마, 신문 등은 쌍꺽쇠(《 》)로, 그 하위 항목은 홑꺽쇠(〈 〉)로 묶어 표시하고, 단행본, 총서, 저널 등은
   겹낫표(『 』)로, 그 하위 항목이나 논문 등은 홑낫표(「 」)로 묶어 표시했다. 또 대화, 강조, 인용을 표시할 때에는
   큰따옴표를 사용했다.

3. 국내에 개봉된 외국 영화 제목은 개봉 당시의 표기를 따랐다. 이를테면 《부시맨The Gods Must Be Crazy》이 그렇다.

4. 간략한 설명 및 첨언은 본문 속에 괄호로 묶어 표시했다.

"민족지영화"란?

"민족지영화"에 대한 정의는 무척 다양하다. 예를 들어, 칼 하이더^{Karl Heider}처럼 "민족지적^{ethnographic}"이라는 말을 "사람에 대한" 의미로 광범위하게 해석하여 "사람에 관한 모든 영화가 민족지영화가 될 수 있다."는 생각에서부터 "전문적인 인류학자에 의해 만들어진 영화만을 민족지영화로 불러야 한다."는 제이 루비^{Jay Ruby}의 주장까지 그 범위가 매우 넓다. 흔히들 민족지영화를 "이국적異國的인 타자他者"를 대상으로 한 다큐멘터리영화 정도로 생각하는 경향이 있지만, 제이 루비의 말대로 민족지영화는 "가장 복잡한 형태의 영화"[1]라고 할 정도로 규정하기가 쉽지 않다. 이처럼 민족지영화를 한마디로 설명할 수는 없지만, 민족지영화에 대한 대표적인 정의로 민족지영화의 대략적인 윤곽을 파악할 수 있다.

먼저 영상인류학자 칼 하이더는 1976년 출판된 『민족지영화^{Ethnographic Film}』[2]에서 민족지적이라는 말을 사람들에 대한 것으로 해석하여 넓은 의미에서 대부분의 영화를 민족지적 영화라고 보았다. 또한 칼 하이더는 같은 맥락에서 픽션영화 또한 민족지영화가 될 수 있다고 주장하기도 했다. 하지만 이러한 칼 하이더의 매우 포괄적인 정의는 실제로 민족지영화를 규정하는 데 그리 도움이 되지 못한다. 왜냐하면 칼 하이더의 생각대로 민족지적이라는 말을 사람에 대한 것으로 해석한다면, 사람들에 대해 쓴 글을 모두 민족지적 글로 부르는 것과 마찬가지의 모순에 빠지게 되기 때문이다. 한편 칼 하이더는 기능주의 및 실증주의적 시각의 영향을 받아 민족지영화를 "몸 전체, 모든 사람들, 전체적인 행위를 보여주는 영화"로 규정하면서 "전체성"을 강조하고 있으나 이 또한 올바른 해석이라고 볼 수 없다. 왜냐하면 신체의 "전체"나 사람들의 "전체적인 행위"를 보여주는 것이 민족지영화의 필수 조건이 아니기 때문이다.

영상인류학자인 피터 크로퍼드[Peter Crawford] 또한 칼 하이더처럼 민족지영화를 포괄적으로 해석하고 있다. 피터 크로퍼드는 『민족지로서의 영화[Film As Ethnography]』[3]에서 민족지영화를 (1) 민족지 푸티지[ethnographic footage], (2) 연구 필름[research film], (3) 민족지 다큐멘터리[ethnographic documentary], (4) 민족지 TV 다큐멘터리[ethnographic television documentary], (5) 교육 및 정보영화[education and information film], (6) 저널리스트적 리포트[journalistic report], 뉴스 릴[news reel], 여행기와 같은 논픽션영화, 그리고 (7) 인류학적인 내용을 담은 픽션영화 및 드라마의 일곱 가지로 구분하고 있다. 하지만 피터 크로퍼드의 정의 또한 너무 포괄적이며, 민족지영화와 다큐멘터리를 구분하지 않은 점과 저널리스트적인 뉴스 릴이나 여행기 형태의 논픽션영화 및 픽션영화를 모두 민족지영화의 범주에 포함했다는 점에서 민족지영화에 대한 올바른 정의로 받아들이기 힘들다.

한편 독일의 페터 푹스[Peter Fuchs]는 민족지영화의 조건을 다음과 같이 규정하고 있다. "(1) 장소, 시간, 집단 그리고 행위의 통일성과 행위의 시간적 순서를 엄격하게 준수한다. (2) 촬영이나 편집 과정에서 인위적인 조작은 허용되지 않는다. (3) 연출된 장면들을 배제한다."[4] 이처럼 페터 푹스는 민족지영화에 대한 보다 구체적인 조건을 제시하고 있으나 이에 대한 설명이 좀 더 필요하다. 이 점에서 잠깐 데이비드 맥두걸[David MacDougall]의 민족지영화[ethnographic film]

와 민족지 푸티지ethnographic footage의 구분에 대해 살펴볼 필요가 있다. 먼저 데이비드 맥두걸은 카메라로 촬영된 필름을 민족지 푸티지라고 부르면서 이는 인류학자의 "현지조사 노트fieldnote"에 해당한다고 설명했다. 그리고 민족지 푸티지는 차후 민족지영화를 만들거나 다른 연구를 위한 일종의 인류학적 자료라고 생각했다. 반면, 민족지영화는 관객에게 상영하기 위해 만들어진 하나의 완결된 영화 작품이며, 이는 인류학자의 민족지ethnography에 해당한다고 보았다.[5] 이러한 데이비드 맥두걸의 구분을 염두에 두면서 다시 페터 푹스의 민족지영화에 대한 설명으로 돌아가면, 페터 푹스가 말하는 민족지영화의 조건은 데이비드 맥두걸의 민족지 푸티지의 경우에 더 적합한 내용이라고 할 수 있다. 예를 들어, 민족지영화의 목적이 종교적인 의례나 춤과 같은 문화에 대한 기술記述적인 기록에 있다면 어느 정도 페터 푹스의 해석을 받아들일 수 있겠으나 그가 언급한 내용들을 모든 민족지영화의 필수적인 조건으로 받아들이기는 힘들다. 왜냐하면 민족지영화는 민족지와 마찬가지로 문화에 대한 단순한 기술 및 기록이 아니라 민족지영화 감독의 눈을 통한 문화의 해석이기 때문이다.

또 다른 민족지영화의 정의를 살펴보자. 1960년대 말 영화감독 콜린 영Colin Young과 함께 UCLA의 "민족지영화 프로그램ethnographic film program"을 만든 인류학자 월터 골드슈미트Walter Goldschmidt는 민족지영화를 "만약에 카메라가 현장에 없었더라면 나타났을 사람들의 행위를 촬영해 한 문화에 속한 사람들의 행위를 다른 문화의 사람들에게 해석하려는 영화"[6]라고 정의를 내렸다. 하지만 이러한 월터 골드슈미트의 정의 또한 민족지영화에 대한 잘못된 시각을 보여준다. 그 이유는 무엇보다도 민족지영화를 마치 몰래카메라처럼 사람들이 카메라의 존재를 모르는 상태에서 그들의 행위를 기록하는 영화로 잘못 설명하고 있기 때문이다. 하지만 어떠한 민족지영화도 골드슈미트의 주장처럼 카메라의 부재^{不在} 상태에 일어났을 법한 행위를 기록하려 하지 않는다. 오히려 오늘날의 민족지영화는 민족지영화 감독의 존재를 드러내면서 영화작업을 하는 경향이 강하다. 월터 골드슈미트는 마치 카메라의 부재 상태에서 사람들의 행위를 기록하는 것이 객관적이라고 생각하는 것 같으나, 이는 민족지영화를 실증주의의 시각에서 잘못 해석한 것이라고 볼 수 있다. 콜린 영 또한 이러한 월터 골드슈미트의 생각을 반박하면서 "가장 바람직스러운 것은 결코 카메라가 존재하지 않는 것처럼 영화 작업을 하는 것이 아니라 정상적인 행위를 촬영하고 기록하려고 하는 것이다. 그리고 영화화되는 정상적인 행위는, 영화 대상들이 촬영되고 있다는 사실을 '알고 있는 것을' 포함한 상황에서의 행위"[7]라고 보았다. 이러한 콜린 영의 해석은 카메라의 존재에 대한 인식을 고려하고 있다는 점에서 월터 골드슈미트의 생각보다 진일보한 해석이라고 볼 수 있다.

한편 이론적으로 민족지영화에 대한 가장 올바른 해석을 제시한 사람은 제이 루비이다. 그는 민족지영화를 "글로 된 민족지$^{written\ ethnography}$"와 비교하면서 민족지영화는 "영화민족지$^{filmic\ ethnography}$"로 보아야 한다고 주장했다. 이와 더불어 제이 루비는 민족지영화의 기준으로서 "(1) 전체 문화, 또는 정의 내릴 수 있는 문화의 부분들에 대한 영화일 것, (2) 문화이론에 바탕을 둘 것, (3) 연구방법론을 명확히 드러낼 것, (4) 명확한 인류학 용어를 사용할 것"이라는 조건을 제시하고 있다. 또한 제이 루비는 "민족지적"이라는 용어가 올바른 의미를 지니기 위해서는 "정식으로 인류학 교육을 받은 사람이, 민족지를 생산할 의도를 가지고 있고, 민족지적 연구방법론을 사용하고, 민족지로서의 영상 작품을 판단할 수 있는 사람들로부터 평가받으려고 만든 영화에만 적용되어야 한다."[8]고 주장했다. 또한 그는 민족지영화의 기본적인 목적은 상업적인 영화 세계에서 말하는 "좋은 영화"가 아니라 "민족지적 지식"을 전달하는 데 있다고 보았다. 이론적으로 볼 때 민족지영화에 대한 제이 루비의 의견이 가장 타당하지만, 그가 제시한 민족지영화의 조건을 따르자면 오늘날 민족지영화로 불리는 많은 작품들이 민족지영화의 범주에서 제외될 것이다. 하지만 실제적으로 전 세계의 민족지영화제에서 상영되는 많은 민족지영화들을 보면 일반적인 다큐멘터리영화와 유사한 영화에서부터 제이 루비의 정의에 부합되는 영화에 이르기까지 매우 다양한 영화가 있음을 알 수 있다.

　지금까지 간략하게나마 민족지영화의 정의에 대한 여러 학자들의 의견을 살펴보았다. 하지만 민족지영화를 이해하기 위한 가장 좋은 방법은 이러한 연역적인 정의보다는 민족지영화의 이름으로 만들어지는 다양한 영화 작품들을 직접 보고 비교 연구하는 것이라고 생각한다. 왜냐하면 민족지영화는 한 사람의 영화적 방법론이나 작품으로 규정될 수 있는 것이 아니라 영화라는 매체를 통해 민족지적 지식을 전달하고자 하는 다양한 시도로 보는 것이 옳기 때문이다. 이러한 맥락에서 이 책은 민족지영화사를 대표하는 영화감독 다섯 명과 그들의 대표 작품을 통해 민족지영화를 다각적으로 살펴볼 것이다.

민족지영화의 연구

민족지영화에 대한 연구는 민족지영화의 역사보다 조금 늦게 시작되었다. 즉

1950년대부터 장 루시Jean Rouch와 존 마셜John Marshall이 민족지영화를 만들기 시작했지만 1970년대 초까지 민족지영화는 본격적인 학문적 논의의 대상이 되지 못했다. 아마도 이에 대한 가장 큰 이유는 민족지영화가 간閒 학문적인 성격을 띠고 있어서 인류학이나 영화학 양쪽에서 모두 쉽게 접근하기 어려웠기 때문이었을 것이다. 다시 말해서 민족지영화를 올바로 이해하기 위해서는 인류학뿐 아니라 영화에 대한 지식이 필요하기 때문에 오랫동안 인류학자들이나 영화학자들의 주된 연구 대상이 되지 못했다. 이처럼 한동안 민족지영화에 대한 연구가 미비하다가 1970년대 중반에 들어 민족지영화를 다룬 책이 하나둘씩 나타나기 시작했다. 먼저 민족지영화에 대한 연구의 물고를 튼 책은 폴 호킹스Paul Hockings의 『영상인류학의 원리들Principles of Visual Anthropology』(1975)[9]이다. 폴 호킹스는 이 책에서 민족지영화의 역사, 인류학 연구와 영화의 활용, 방송과 인류학, 인류학의 미래에 대한 글뿐 아니라 마거릿 미드Margaret Mead, 장 루시, 콜린 영, 데이비드 맥두걸, 존 마셜이 쓴 초기의 글을 소개하고 있다. 다음 해에는 칼 하이더가 『민족지영화Ethnographic Film』(1976)에서 민족지영화의 성격, 민족지영화의 역사, 민족지영화 제작방법론, 민족지영화와 교육에 이르기까지 폭넓은 내용을 다루었다. 단, 앞서 밝힌 대로 칼 하이더의 민족지영화의 정의와 민족지영화 방법론은 비판적으로 고찰할 필요가 있다.

민족지영화에 대한 보다 본격적인 논의가 시작된 것은 1980년대 중엽부터이다. 하지만 민족지영화에 대한 논의는 민족지영화계의 내부에서 일어났다기보다는 전통적인 민족지에 대한 "재현의 위기crisis of representation"의 논의와 함께 시작되었다. 다시 말해서 몇몇 인류학자들이 전통적인 인류학 분야에서 소외되었던 다른 형태의 재현 방식, 예를 들어 사진이나 영화매체에 논의의 초점을 두면서 민족지영화가 민족지적 재현 방식의 대안으로 떠오르게 되었다. 그리고 이러한 역사적 맥락에서 "영상을 통한 재현 방식"에 관심을 지닌 인류학자들이 "영상(시각)인류학 visual anthropology"이라는 새로운 학문의 정립을 위해 모임으로써 비로소 민족지영화가 인류학의 중심으로 들어오게 되었다. 이는 한편으로 전통적으로 문자에 치우친 민족지의 전통에 도전하고 문화에 대한 새로운 재현 방식을 모색하려는 시도의 하나였다고도 볼 수 있다. 이러한 결과로 1980년대와 1990년에 두 개의 중요한 논문집, 「영상(시각)인류학 Visual Anthropology」과 「영상(시각)인류학 리뷰 Visual Anthropology Review」가 탄생했으며, 차후 이 두 논문집을 통해 본격적으로 민족지영화를 소개하고, 민족지영화에 대한 다양한 의견을 발표하는 장場이 마련되었다.

또한 이와 더불어 1980년대를 시작으로 영상인류학과 민족지영화라는 새로운 학문 분야를 정립하려는 책들이 출간되기 시작했다. 먼저 1988년 잭 롤와겐 Jack Rollwagen이 민족지영화 제작의 실제 경험에 관한 글을 모아 『인류학영화의 제작 Anthropological Filmmaking』[10]을 출판했으며, 이어 피터 크로퍼드와 데이비드 터턴 David Turton이 『민족지로서의 영화 Film As Ethnography』(1992)[11]에서 민족지영화와 관련된 주제를 인류학적 지식의 재현, 이미지, 관객과 미학, 원주민 이미지의 정치학, 윤리학, 텔레비전, 뉴테크놀로지 등으로 나누어 고찰했다. 또한 1993년에 출판된 피터 로이조스 Peter Loizos의 『민족지영화의 혁신: 순진성에서부터 자의식까지 1955~1985 Innovation in Ethnographic Film: From Innocence to Self-consciousness 1955-1985』[12]는 책의 부제에서 알 수 있듯이 1955년을 민족지영화의 출발점으로 보고 이 시기부터 1985년에 이르기까지 민족지영화사의 흐름을 주제별, 작가별, 작품별로 다루고 있다. 특히 이 책은 주요 민족지영화 감독인 존 마셜, 티머시 애시, 장 루시, 데이비드 맥두걸, 로버트 가드너 등을 비교적 쉽게 소개하고 있다.

2000년대에 들어 처음으로 출판된 제이 루비의『문화의 영상화Picturing Culture』(2000)[13]는 본격적인 민족지영화 비평서이자 이론서라고 할 수 있다. 이 책은 영화와 인류학을 주제로 삼아 로버트 플래허티Robert Flaherty, 장 루시, 존 마셜, 로버트 가드너, 티머시 애시와 같은 민족지영화 감독뿐 아니라 민족지영화와 윤리학, 자기성찰성, 민족지영화의 수용, 원주민 미디어, 민족지영화의 정의와 미래에 대해 이론적으로 설명하고 있다. 그리고 다음 해 출판된 안나 그림쇼Anna Grimshaw의『인류학자의 눈: 현대인류학의 관점들The Ethnographer's Eye: Ways of Seeing in Modern Anthropology』(2001)[14]은 민족지영화의 출발 시기를 훨씬 앞당겨 1895년에서 1945년까지의 인류학적 영상화에 대한 초기 역사, 제2차 세계대전 전후의 영화와 인류학의 관계, 장 루시, 데이비드 맥두걸 그리고 TV와 민족지영화에 대해서 설명하고 있다. 이어 파드와 엘 귄디Fadwa El Guindi는『영상인류학Visual Anthropology』(2004)[15]에서 영상인류학의 역사와 더불어 사진, 영화, 비디오, 멀티미디어와 같은 영상미디어가 어떻게 비교문화연구 및 민족지 연구에서 활용될 수 있는가를 보여준다. 끝으로 비교적 최근에 출판된 베아테 엥겔브레히트Beate Engelbrecht의『민족지영화의 기원에 대한 기억들Memories of the Origins of Ethnographic Film』(2007)[16]은 초기의 영상인류학 및 민족지영화의 역사뿐 아니라 연구 및 기록으로서의 민족지영화, 관찰적 시네마와 참여적 시네마, 원주민 미디어 그리고 미국, 호주, 유럽의 민족지영화의 전통을 다루고 있다.

또한 민족지영화 연구의 커다란 성과 가운데 하나는 주요 민족지영화 감독에 대한 글을 모은 단행본이 연이어 출판되었다는 점이다. 먼저 제이 루비가 존 마셜에 관한 글을 모아 『존 마셜의 영화The Cinema of John Marshall』(1993)[17]를 출판했으며, 이어 뤼시앵 테일러Lucien Taylor가 데이비드 맥두걸의 글을 편집하여 『통通문화적 영화: 데이비드 맥두걸Transcultural Cinema: David MacDougall』(1998)[18]을 내놓았다. 장 루시에 관한 책으로는 폴 스톨러Paul Stoller의 『영화적 전승시인: 장 루시의 민족지The Cinematic Griot: The Ethnography of Jean Rouch』(1992)[19], 스티븐 펠드Steven Feld의 『영화민족지: 장 루시Ciné-Ethnography: Jean Rouch』(2003)[20], 조람 텐 브링크Joram Ten Brink의 『문화 잇기: 장 루시의 영화Building Bridges: The Cinema of Jean Rouch』(2007)[21]와 폴 헨리Paul Henley의 『실제 세계의 모험: 장 루시와 민족지영화의 기술The Adventure of the Real: Jean Rouch and the Craft of Ethnographic Cinema』(2009)[22]이 출판되었다. 그리고 더글러스 루이스Douglas Lewis는 티머시 애시에 대한 글을 모아 『티머시 애시와 민족지영화Timothy Asch and Ethnographic Film』(2004)[23]를 출간했으며, 이어 일리사 바바시Ilisa Barbash와 뤼시앵 테일러가 로버트 가드너에 대한 『로버트 가드너의 영화The Cinema of Robert Gardner』(2007)[24]를 집필했다. 이로써 오늘날 주요 민족지영화 감독의 삶과 작품, 영화방법론 그리고 영화 세계에 대해 보다 심층적인 연구가 가능하게 되었다.

민족지영화와 "영상인류학" 또는 "시각인류학"

민족지영화는 종종 "visual anthropology"라는 용어와 동일시된다. 앞서 소개한 민족지영화에 대한 책들을 보더라도 민족지영화를 "ethnographic film", "anthropological film", "visual anthropology", "film as ethnography" 등 다양하게 부르고 있음을 알 수 있다. 특히 이 가운데 ethnographic film 과 visual anthropology를 동일한 의미로 사용하고 있음에 주목할 필요

가 있다. 그러면 두 용어의 혼동을 피하기 위해 ethnographic film과 visual anthropology의 관계에 대해 간략하게 살펴보기로 한다.

일반적으로 서구의 학계에서 visual anthropology를 규정하는 시각은 크게 두 가지로 나뉜다. 그 하나는 visual anthropology를 민족지영화에 관한 학문으로 보는 입장이다. 이 경우 민족지영화는 영상인류학과 동일한 용어로 사용되며, visual anthropology를 우리말로 옮기면 영상인류학이 된다. 민족지영화사의 초기에 출판된 폴 호킹스의 『인류학영화의 제작 Anthropological Filmmaking』(1975)에서부터 앞에서 언급한 파드와 엘 귄디의 『영상인류학』에 이르기까지 여러 학자들이 이러한 입장을 고수하고 있다. 그리고 실제적으로 visual anthropology의 역사를 보면, visual anthropology가 하나의 학문 분야로서 정립되기 시작한 제2차 세계대전 이후부터 1980년대에 이르기까지 민족지영화에 대한 논의가 가장 많은 부분을 차지했음을 알 수 있다. 그리고 아직도 visual anthropology를 민족지영화로 국한해 다루는 학자들이나 대학의 교육기관이 있는 것 또한 사실이다. 한편 visual anthropology에 대한 또 다른 시각은 visual anthropology를 인간이 만들어낸 "시각문화visual culture에 대한 인류학적 연구"로 보는 입장이다. 이 경우 visual anthropology를 우리말로 옮기면 "시각인류학"이 되며, 민족지영화는 시각인류학의 한 분야로 간주된다. 앞서 말한 것처럼 1980년대 이전에는 visual anthropology를 민족지영화에 대한 학문으로 보는 시각이 지배적이었다면, 1980년대 이후에는 서구에서 시각문화에 폭넓은 관심이 모아지면서 visual anthropology를 민족지영화의 제작이나 이에 대한 연구뿐 아니라 다양한 영상문화 및 시각문화 전반에 관한 연구로 보는 시각으로 확대되었다. 이러한 학문적 경향은 미국 "영상(시각)인류학회Society for Visual Anthropology"의 설립 취지를 보면 쉽게 알 수 있다. 즉 1984년 미국인류학회의 분과학회로서 만들어진 영상(시각)인류학회에서는 visual anthropology를 민족지영화뿐 아니라 여러 시각문화에 대한 폭넓은 연구로 규정한다. 여기에는 민족지영화를 포함한 영화매체, 비디오, 사진 및 멀티미디어의 제작과 이에 대한 연구 그리고 시각예술, 건축, 무용, 복식, 전시물 등 다양한 시각문화에 대한 연구가 포함된다. 또한 마커스 뱅크스Marcus Banks와 하워드 모피Howard Morphy의 『시각인류학의 재고Rethinking Visual Anthropology』(1997)와 마커스 뱅크스와 제이 루비의 『시각문화: 시각인류학의 역사에 관한 관점들Made to Be See: Perspectives on the History of Visual Anthropology』(2011)에 실린 글을 보면, 민족지영화뿐 아니라 사진, TV, 미디어와 커뮤니케이션, 디지털 인류학, 원주민 미디어, 컴퓨터 소프트웨어, 예술, 건축, 의복, 바디페인팅 등 다양한 시각문화에 대한 인류학적 연구를 다루고 있다.

지금까지의 이야기를 종합하자면, visual anthropology는 우리말로 영상인류학 또는 시각인류학으로 번역될 수 있으며, 민족지영화에 대한 학문으로 좁게 보는 시각과 시각문화에 대한 인류학적 연구로 폭넓게 보는 두 가지의 시각이 공존하고 있다고 할 수 있다.

5인의 민족지영화 감독들 — 이 책의 구성

이 책에서는 민족지영화사의 출발점을 "작가"로서의 민족지영화 감독이 등장하고 다양한 민족지영화가 만들어지기 시작한 1950년대로 본다. 그리고 1950년대에 민족지영화 작업을 시작한 장 루시Jean Rouch를 비롯하여 존 마셜 John Marshall, 로버트 가드너Robert Gardner, 티머시 애시Timothy Asch, 데이비드 맥두걸

David MacDougall에 이르기까지 대표적인 민족지영화 감독을 집중적으로 다룬다. 한마디로 이들 5인의 민족지영화 감독은 한평생 인류학의 테두리 안에서 영화를 만들었다는 공통점이 있다. 하지만 영화를 만들었던 지역이나 영화적 방법론은 서로 다르다. 따라서 이 책에서는 5인의 민족지영화 감독들의 전기(傳記)와 학문적 배경 그리고 영화 철학 및 민족지영화 방법론을 살펴보고, 이들의 대표 작품 17편을 통해 민족지영화의 세계를 조명하기로 한다.

제1부는 장 루시의 민족지영화를 다룬다. 장 루시는 서구에서 영상인류학과 민족지영화가 학문적으로 정립되기 이전에 민족지영화 작업을 시작하여 40여 년 동안 서아프리카에서 100편이 넘는 민족지영화를 만들었다는 점에서 "민족지영화의 선구자"라고 할 수 있다. 또한 장 루시는 프랑스 인류박물관Musée de l'Homme 민족지영화과의 교수로 재직하면서 프랑스 민족지영화위원회의 설립자이자 위원장으로 활동했으며, 프랑스 시네마테크의 관장을 역임하는 등 민족지영화 분야뿐 아니라 프랑스의 영화계에도 다각적으로 영향을 준 인물로 손꼽힌다. 먼저 1장에서는 장 루시 특유의 민족지영화 방법론이라고 할 수 있는 "참여적 인류학"과 "시네픽션"의 개념을 엿볼 수 있는《미친 사제들Les Maîtres Fous》(1957),《재규어Jaguar》(1967),《나는 흑인 남자Moi, un Noir》(1958)를 다루고, 2장에서는 "시네마베리테"의 효시라고 할 수 있는《어느 여름의 기록Chronique d'un été》(1961)을 살펴본다.

제2부는 존 마셜의 영화 세계를 집중적으로 조명한다. 존 마셜 또한 장 루시와 마찬가지로 한평생 아프리카에서 민족지영화 작업을 한 감독으로 손꼽힌다. 존 마셜의 첫번째 민족지영화인《사냥꾼들The Hunters》(1958)은 아프리카 칼라하리 사막의 혹독한 환경에서 살아가는 싼San 부족의 이야기를 그리

고 있다는 점에서 로버트 플래허티의《북극의 나눅$^{Nanook of the North}$》과 유사한 주제를 이어갔다. 하지만 그 후에 만들어진 "쿵 부시먼 시리즈"부터 보다 인류학적인 주제나 시각이 드러나는 영화를 만들기 시작했다. 그리고 존 마셜은《사냥꾼들》을 만든 후 나미비아 정부에서 강제 추방당하여 1960년대와 1970년대 말까지 미국에서 다이렉트 시네마$^{Direct Cinema}$ 감독으로 활동했다. 존 마셜은 1970년대 말 다시 나미비아로 돌아가 싼 부족 여성의 생애를 그린《나이, 쿵 여인의 이야기$^{N!ai, The Story of !Kung Woman}$》(1980)를 만들었다. 그 후 존 마셜은 영화감독뿐 아니라 실천가로서 싼 부족 사람들을 위한 재단을 만드는 등 세상을 떠날 때까지 싼 부족을 위한 삶을 살았으며, 생을 마감하기 전 생애 마지막 작품인《칼라하리 가족$^{A Kalahari Family}$》(2002)을 완성했다. 2부에서는《사냥꾼들》(3장),《고기 싸움$^{The Meat Fight}$》(4장),《나이, 쿵 여인의 이야기》(5장)를 통해 존 마셜의 민족지영화 방법론이 어떻게 변모해갔는지 차례로 살펴볼 것이다.

제3부는 로버트 가드너의 민족지영화에 대해 살펴본다. 로버트 가드너는 1959년대 초 미국 하버드대학에 민족지영화의 제작을 위한 영화연구소를 만들었으며, 존 마셜의《사냥꾼들》의 편집 작업에 참여하기도 했다. 로버트 가드너는 하버드대학교 피바디 박물관$^{Peabody Museum}$의 후원을 받아 뉴기니 대니^{Dani} 부족의 "의례적 전쟁"을 그린《죽은 새들$^{Dead Birds}$》(1964)을 만들면서 본격적인 민족지영화 감독의 길을 걷기 시작했다. 그 후 아프리카와 인도 등지에서《모래의 강들$^{Rivers of Sand}$》(1974),《딥 하츠$^{Deep Hearts}$》(1981),《축복의 숲$^{Forest of Bliss}$》(1986) 등의 장편 민족지영화를 만들었다. 제3부의 6장과 7장은 로버트 가드너의 첫번째 영화인《죽은 새들》과 후기 작품인《축복의 숲》을 각각 살

펴보기로 한다.

제4부에서는 티머시 애시의 민족지영화를 탐구하기로 한다. 티머시 애시는 존 마셜의 "시퀀스영화" 작업에 관여하면서 민족지영화의 세계에 발을 들여놓았다. 티머시 애시는 1960년대 말과 1970년대 초에 걸쳐 인류학자 나폴레옹 샤농Napoleon Chagnon과 함께 베네수엘라의 야노마모Yanomamo 인디언을 다룬 "야노마모 시리즈"를 만들었다. 그리고 그 후 1976년에서 1982년까지 호주국립대학에 재직하면서 여러 인류학자들과 협업하여 인도네시아에서 총 8편의 민족지영화를 완성했다. 제4부의 8장은 야노마모 시리즈의 대표작이라고 할 수 있는《축제The Feast》(1970)와《도끼 싸움The Ax Fight》(1975)을 살펴보고, 9장에서는 인도네시아의 "타파칸 시리즈" 가운데《발리의 강신의례A Balinese Trance Seance》(1979)와《저로가 저로를 말하다Jero on Jero》(1981)를 집중적으로 고찰할 것이다.

끝으로 5부는 데이비드 맥두걸을 집중적으로 살펴본다. 데이비드 맥두걸은 1960년대 말 UCLA대학원의 "민족지영화 프로그램"에서 교육을 받았다. 그는 대학원 졸업 작품이자 자신의 첫번째 영화인《가축들과 함께 살기To Live With Herds》(1974)를 만들며 민족지영화 감독의 길로 들어섰다. 한마디로 데이비드 맥두걸의 민족지영화 방법론은 "관찰적 시네마"와 "참여적 시네마"로 대표된다. 즉 동아프리카 우간다의 지에Jie 유목민의 삶을 그린《가축들과 함께 살기》는 당시 UCLA의 민족지영화 프로그램의 영향을 받아 관찰적 시네마의 방식으로 만들어졌지만, 이후 케냐의 유목민을 주제로 한 "투르카나 삼부작Turkana Trilogy"은 참여적 시네마의 방식을 따르고 있다. 제5부의 10장에서《가축들과 함께 살기》(1974)을 집중적으로 살펴보고, 11장은 투르카나 삼부작인 《신부대 낙타들The Wedding Camels》(1980), 《로랑의 길Lorang's Way》(1980), 《부인들 가운데 한 부인A Wife Among Wives》(1982)을 통해 데이비드 맥두걸의 민족지 영화 세계를 고찰하기로 한다.

1부

장 루시
Jean Rouch

1장

참여적 인류학과 시네픽션,
《미친 사제들》(1957), 《재규어》(1967), 《나는 흑인 남자》(1958)

민족지영화사에서 장 루시Jean Rouch (1917~2004)[1]만큼 민족지영화의 발전에 커다란 영향을 준 사람을 찾기는 그리 쉽지 않다. 한마디로 장 루시는 인류학과 영화의 접목을 시도한 "민족지영화·영상인류학의 선구자"라고 할 수 있다. 장 루시는 민족지영화 및 영상인류학이 학문적으로 정립되기 이전인 1940년대 말부터 영화 작업을 시작하여 2004년 세상을 떠날 때까지 약 120편의 영화[2]를 만들었다. 본 장에서는 장 루시의 대표작 가운데 1950년대 만들어진 세 작품, 《미친 사제들Les Maîtres Fous》(1957), 《재규어Jaguar》(1967), 《나는 흑인 남자Moi, un Noir》(1958)를 통해 장 루시의 민족지영화 세계를 고찰한다.

본 장에서 장 루시의 초기 세 작품을 선택한 데는 몇 가지 이유가 있다. 첫째, 장 루시는 1946년부터 영화를 만들었지만 《미친 사제들》을 시작으로 장 루시의 독특한 민족지영화 방법론이 나타나기 때문이다. 또한 장 루시의 영화 철학 및 영화적 방법론이라고 할 수 있는 "참여적 인류학anthropologie partagée"과 "시네픽션ciné-fiction" 등의 개념이 이 세 작품들 속에 함축적으로 들어 있다. 둘째, 이 세 작품들은 주제 면에서 식민지 서아프리카 사람들의 이주移住, 도시적 삶, 근대성과 같은 공통점을 지니고 있기 때문에 작품들 간의 관련성을 살펴보며 장 루시의 인류학 및 영화적 관심사를 엿볼 수 있다. 셋째, 장 루시는 1, 2차 세계대전 이후 오랫동안 세계를 지배해왔던 유럽의 헤게모니가 붕괴되고 아프리카의 식민지 지역이 세계사에서 중요한 힘으로 등장하기 시작한 시기에 활동했으며, 특히 세 작품들은 영화의 주요 무대인 니제르와 골드코스트(현재의 가나) 간의 국경 이월移越이 자유로웠던 시기, 즉 서아프리카 국가들이 서구의 식민지에서 벗어나기 직전에 만들어졌다는 점에 주목할 필요가 있다. 이처럼 장 루시의 민족지영화 방법론은 유럽과 식민지 아프리카의 역사 및 정치적 상황과 맞물려 있기 때문에 제작 시기가 유사한 작품들을 서로 비교 고찰함으로써 장 루시의 민족지영화를 보다 잘 이해할 수 있다.

장 루시의 전기傳記적 배경과 민족지영화 감독으로서의 출발[3]

장 루시는 1917년 프랑스의 항구 도시 브레스트에서 카탈로니아 출신의 아버지와 노르망디 출신의 어머니 사이에서 태어났다. 장 루시의 부모는 장 루시가 인류학자와 민족지영화 감독으로 성장하는 데 커다란 영향을 미쳤다.

장 루시의 아버지는 기상학을 전공한 해군장교이자 탐험가였다. 장 루시가 자신을 일컬어 "남극 탐험선 푸르쿠아파Pourquoi Pas의 아들"이라고 말한 것처럼 장 루시의 아버지는 세계 여러 지역을 돌아다니며 근무했다. 따라서 장 루시도 어린 시절은 브레스트에서 보냈지만, 그 후에는 아버지를 따라 알제리, 독일, 파리, 모로코, 발칸, 그리스, 터키 등지에서 살면서 자연스럽게 타他 문화를 접했다. 특히 장 루시는 그의 아버지가 해군사령관으로 근무했던 모로코에서의 생활을 회고하면서 "인생에서 우정이 매우 중요하고, 우정을 통해 상상할 수 없는 세계로 들어갈 수 있다는 것을 배웠다."[4]라고 말했다. 한편 이러한 타 문화에서의 생활은 차후 장 루시가 참여적 인류학의 개념을 정립하는 데 경험적 발판이 되었다. 또한 예술 및 영화 등 다방면에 조예가 깊은 장 루시의 아버지는 늘 장 루시의 존경의 대상이었다. 한마디로 장 루시의 아버지는 장 루시가 따라가야 할 학문적 모델을 설정해주었을 뿐 아니라 그가 인류학자의 길을 걷는 데 결정적인 역할을 했다.

장 루시의 어머니는, 장 루시의 아버지가 근무했던 남극 탐험선에서 펭귄을 연구하던 동료 장교의 여동생이었다. 장 루시의 어머니 또한 그의 아버지 못지않게 장 루시에게 적지 않은 영향을 주었다. 특히 장 루시의 외가外家 친척들은 대부분 파리의 예술계에서 활동했던 화가나 시인들이었는데, 장 루시는 이러한 외가의 영향을 받아 어릴 적부터 시를 쓰고 그림을 그리기 시작했으며, 자연스럽게 시, 그림, 사진 등을 접하면서 성장했다.

또한 장 루시는 부모를 통해 1930년대 초 파리에서 한창 유행하던 아방가르드Avant-garde의 세계를 만나게 되었다. 그리고 장 루시는 살바도르 달리Salvador Dali와 같은 아방가르드 예술가의 작품을 접하면서 재즈, 춤, 연극과 영화의 세계에 빠져들었다.

30년대 프랑스에는 오늘날과 같은 인류학 그 자체는 존재하지 않았다. 어떤 면에서 예술가 또는 인류학자라고 하는 사람들은 모두 철학자, 사상가, 작가, 시인, 건축가이자 영화감독이었으며, 이들은 모두 하나의 매우 넓은 집단에

속한 구성원들이었다. 그것은 사실 아방가르드였다. 이들은 자신들의
실험적 행위를 서로 주고받았다. 당시 파리는 이런 모든 실험을 공유하는
특이한 형태의 워크숍 공간이었다.[5]

또한 장 루시 자신이 "당시 파리는 천국 같았다."라고 회상할 정도로 파리
에서 생활했던 젊은 시절은 장 루시의 인생에서 매우 중요한 시기였다. 실
제로 장 루시의 민족지영화를 보면 이러한 아방가르드의 영향을 엿볼 수
있다.[6]

장 루시는 1937년 대학에 들어가 수학과 공학을 전공했지만, 틈틈이 시
간을 내어 파리의 인류박물관뿐 아니라 마르셀 그리올Marcel Griaule 교수[7]와
그의 동료들이 인류박물관 안에 세운 프랑스 시네마테크를 즐겨 다녔다.
한편 마르셀 그리올은 1938년에 로버트 플래허티를 시네마테크에 초청하
여 그의 작품《북극의 나눅》과《모아나Moana》를 상영했는데, 장 루시는 이
때 로버트 플래허티의 작품을 보고 민족지영화에 깊은 관심을 가지게 되
었다. 이러한 의미에서 프랑스 시네마테크가 세워진 1938년은 장 루시의
민족지영화 세계를 위한 초석礎石이 만들어진 해라고도 볼 수 있다.

장 루시는 1941년 대학 공부를 마치고 독일의 점령하에 있던 프랑스를
떠나 서아프리카로 건너갔다. 그리고 그는 니제르에서 교량과 도로를 건
설하는 토목기사로 일하면서 송하이Songhay의 신들림 현상을 연구하기도
했다. 그 후 장 루시는 1943년에 프랑스로 돌아와 소르본대학교의 인류학
박사 과정에 들어가 공부했으며, 1946년에 서아프리카로 다시 돌아가 이
전에 토목기사로 함께 일했던 친구들과 함께 9개월간 카누를 타고 니제

르 강을 여행하면서 16밀리 카메라로 여행 과정을 기록했다. 하지만 장 루시는 파리에 돌아와 자신이 촬영한 필름을 보고 편집이 불가능한 것을 깨달았다. 결국 장 루시는 니제르 강 여행에 대한 영화를 포기하고 대신 하마 사냥을 소재로 한 첫번째 민족지영화《하마 사냥La chass a l'hippopotame》(1950)을 만들어 파리의 인류박물관에서 상영했다. 장 루시에 의하면, 당시 이 영화를 본 클로드 레비스트로스Claude Lévi-Strauss와 마르셀 그리올 교수가 "영화가 인류학 연구의 새로운 방법이 될 수 있을 것"[8]이라고 말했다고 한다. 그 후 장 루시는 다시 니제르로 돌아가 단편컬러영화 세 편을 만들어 비아리츠영화제Biarritz Film Festival에서 상영했다. 이때 장 루시는 자신의 영화가 장 콕토Jean Cocteau 감독을 포함한 프랑스 지성인들의 주목을 받은 것에 놀랐다고 한다. 장 루시는 후에 이 세 편의 단편영화를 재편집하여 《물의 아들들Les fils de l'eau》(1955)이란 영화를 완성했다.

장 루시는 1953년 마르셀 그리올 교수의 지도하에 "송하이의 종교 연구"로 박사 학위를 받았다. 이로써 장 루시는 클로드 레비스트로스와 마르셀 그리올과 함께 프랑스인으로서 최초로 인류학 박사 학위를 받은 사람들 가운데 한 명이 되었다. 장 루시는 이후에도 서아프리카에 대한 연구를 이어갔으며, 송하이의 젊은이들과 함께 아크라Accra와 아비장Abdijan과 같은 대도시를 여행하면서《미친 사제들》,《재규어》와《나는 흑인 남자》를 만들었다.[9]

장 루시의 민족지영화 방법론: "참여적 인류학"과 "시네픽션"

참여적 인류학anthropologie partagée[10]

장 루시가 자신의 영화방법론에 대한 질문을 받을 때마다 자주 인용하는 일화가 하나 있다.[11] 서아프리카에서 "하마 사냥"에 관한 영화를 만들면서 겪은 경험담이다. 그 일화는 다음과 같다. 장 루시는 1951년에서 1952년까지 니제르와 말리의 국경 지역에 있는 아요로Ayorou의 어촌 마을에서 하마 사냥에 관한 영화인《커다란 강에서의 싸움Bataille sur le grand fleuve》을 만들었다. 그리고 장 루시는 이 영화를 하마 사냥꾼을 비롯한 마을 사람들에게 보여주기로 했다. 영화 상영이 있던 날, 마을 사람들은 오두막집 벽에 붙인 종이 스크린 앞에 둥글게 모여 앉아 영화를 보기 시작했다. 마을 사람들은 20초 정도 지나자 영화 언어를 이해했으며, 종이에 비친 자신들의 모습을 알아보았다. 그러다가 영화 촬영 이후에 죽은 사람들의 모습이 나타나자 사람들이 소리를 내어 울기 시작했다. 영사기에서 나오는 사운드 트랙의 소리도 들리지 않았다. 영화 상영이 끝나자 마을 사람들은 장 루시에게 다시 한 번 영화를 보여달라고 했다. 하지만 두번째 상영 때에도 사람들은 울기만 했다. 세번째가 되어서야 비로소 마을 사람들은 영화를 제대로 보기 시작했으며 장 루시의 영화 작업에 대해 이해했다. 그런데 영화가 상영되는 도중 갑자기 가장 지위가 높은 한 어부가 영화를 비판하기 시작했다. 그는 장 루시에게 "이게 뭐죠? 당신은 하마 사냥도중 음악 소리가 나는 것을 들은 적이 있나요?"라고 물었다. 장 루시는 당시 서구의 영화 관습에 따라 별 생각 없이 하마 사냥의 가장 극적인 장면에서 사냥꾼들의 소리를 흉내 낸 음악(장 루시 나름대로 신중하게 선택한 음악이었다.)을 효과음으로 사용했던 것이다. 하지만 그 어부는 "그래, 그 소리는 맞지만, 물속에 있는 하마는 귀가 매우 밝아 음악 소리가 나면 도 망가버릴 거예요."라고 말했다. 장 루시는 이때 커다란 교훈을 얻었다고 한다.

> 나는 당시 오케스트라를 갖춘 이탈리아식 극장의 희생자라는 것을 알았다.
> 아요로 어부들이 옳았다. 그들은 자신의 사고思考 체계에 따라 추론했다.
> 따라서 그들에 관한 영화를 만든 내가 그들에게 우리의 사고 체계를 강요할
> 하등의 이유가 없다. 그때 이후 나는 촬영 현장에서 나는 소리 외에 어떠한
> 음악 반주도 넣지 않았다.[12]

이처럼 장 루시는 어부들로부터 기대하지 않은 반응, 즉 "피드백feedback"을 통해 커다란 깨달음을 얻었다고 한다. 그리고 이러한 피드백의 개념은 장 루시의 영화 철학의 기반이 되었으며, 피드백에 대한 경험적 깨달음과 생 각을 이론적으로 정립한 것이 바로 장 루시의 민족지영화 방법론[13]의 요 체라고 할 수 있는 참여적 인류학이다.

한편 장 루시는 자신의 영화방법론의 근거를 1920년대에 활동했던 두 명의 영화감독, 로버트 플래허티와 지가 베르토프Dziga Vertov에서 찾았다. 장 루시는 "나의 꿈은, 아직 실현되지 않았지만, 지가 베르토프의 기계적 눈과 귀 그리고 로버트 플래허티의 감각적인 카메라를 갖는 것이다."[14]라 고 말하면서 자신의 영화방법론이 이 두 영화감독의 영화적 시각에서 출 발했음을 밝혔다.[15] 이 가운데 참여적 인류학의 개념과 관련이 있는 것은

로버트 플래허티의 영화방법론이다. 그러면 로버트 플래허티와 장 루시의 영화방법론의 관련성에 대해 간략하게 살펴보자.

사실 장 루시가 주목한 영화는 로버트 플래허티의《북극의 나눅》(1922)[16]이었다. 앞서 말한 것처럼《북극의 나눅》은 장 루시가 생애 처음 본 민족지영화이자 그를 민족지영화의 세계로 이끌어준 영화였다.[17] 장 루시가《북극의 나눅》에서 중요하게 여긴 것은 나눅 사람들에 대한 로버트 플래허티의 영화적 시각과 나눅 사람과의 친밀한 "관계" 그리고 이에 바탕을 둔 영화 제작 방식이었다. 한편 로버트 플래허티의 영화적 목적은 나눅 사람들의 삶과 문화를 "문명의 시각이 아닌, 나눅 사람들의 눈(시각)으로 보여주는 것"[18]이었다. 이를 위해 로버트 플래허티는 영화 촬영지인 북극의 허드슨 베이에 현상실을 만들고 촬영된 필름을 나눅 사람들에게 보여주었으며, 이들로부터 영화에 대한 피드백을 구했다. 그리고 자신의 문화적 해석이나 촬영한 내용이 틀릴 경우 재촬영하면서 영화를 완성해나갔다. 장 루시는 "플래허티와 나눅 사람들이 인간과 혹독한 환경의 싸움이라는 어려운 이야기를 완성할 수 있었던 것은 이들 사이에 있었던 카메라의 힘 때문"[19]이라고 말하면서 이러한 로버트 플래허티의 영화 제작 방식을 "영화 제작자와 대상 간의 상호 참여를 통해 거리를 없앤다."[20]는 의미에서 "참여적 카메라participatory camera"라고 불렀다.

그리고 이러한 피드백과 참여적 카메라의 개념을 근간으로 정립된 인류학적 개념이 바로 참여적 인류학이다. 한마디로 참여적 인류학의 개념은 인류학적 연구에서 연구 대상의 시각을 반영하고, 연구 대상이 인류학자의 작업에 참여한다는 의미로 해석된다. 장 루시는 연구자(인류학자)

와 연구 대상(원주민)이 동등한 위치에서 인류학을 연구한다는 의미에서 참여적 인류학을 "민족 간의 대화ethno-dialogue"라고 불렀다. 또한 장 루시는 "모든 인간을 대상으로 하는 학문은 매우 주관적"[21]이라고 말하면서 카메라가 다른 사람들의 경험과 삶을 그대로 복사할 수 없으며, 오직 참여와 민족 간의 대화를 통해서만 보여줄 수 있다고 믿었다.

> 오늘날 인류학에서 내가 가장 흥미롭게 느끼는 것은 이런 지속적인 민족
> 간의 대화이다. (중략) 이는 인류학자들과 이들이 연구하는 사람들이 참여적
> 인류학이라고 부르는 길에서 끊임없이 만나려고 하는 노력의 결과물이다.[22]

장 루시는 같은 맥락에서 자신의 학문적 목적은 "서로 다른 문화에 속하는 사람들 간에 인류학적 대화를 만들어내는 것"이며, 이것이 바로 "미래의 인문학의 모습"[23]이라고 말했다.

한편 장 루시는 영상매체 및 영상인류학이야말로 참여적 인류학을 실천할 수 있는 가장 좋은 수단이라고 보았다. 이와 관련한 흥미로운 일화가 하나 있다. 장 루시는 12년 동안 아요로에 관한 연구를 마치고 나서 연구 결과가 담긴 논문을 아요로 어부에게 감사의 표시로 증정했다. 그런데 장 루시가 어부에게 논문을 건네주자 어부는 논문에 들어 있는 사진을 조심스럽게 찢어다가 벽에 붙이고 나머지는 다른 용도로 사용했다고 한다. 왜냐하면 프랑스어로 쓰인 논문은 그 어부에게 단지 종잇조각에 불과했기 때문이다. 이 일화에서 보는 것처럼 문자에 의존하는 기존의 인류학 연구에서는 연구 대상자가 연구자의 언어를 모르거나 학문적인 관심

이 없을 경우 연구 과정이나 연구 결과물을 공유할 수 없지만, 영상의 경우 매체의 특성상 연구 대상자들이 연구 과정(중간 영상물)을 볼 수 있을 뿐 아니라 연구 과정(영화 제작)에 참여하고, 연구 결과물(완성된 영상물)을 "공유"할 수 있다고 장 루시는 주장했다.[24]

"시네픽션Ciné-Fiction"과 "시네트랜스Ciné-Transe"

장 루시는 영화를 "상상에 의한 그림엽서"[25]라고 부르면서 모든 민족지적 재현은 민족지영화 감독에 의해 "구성된 진실"이라고 주장했다. 그리고 장 루시는 사실적인 것과 상상적인 것 그리고 객관적인 학문과 주관적인 예술이라는 이분법적 구분을 벗어나려는 시도로서 "시네픽션" 또는 "과학(적) 픽션science fiction"[26]이라는 용어를 즐겨 사용했다.

> 인류학자이자 영화감독인 나에게 다큐멘터리영화와 픽션영화 간의 경계는
> 없다. 어차피 재현의 예술인 영화는 이미 실제 세계에서 상상의 세계로
> 옮겨진 것이며, 다른 사람들의 사고 체계에 대한 학문인 민족지 또한
> 하나의 개념적인 세계에서 다른 세계로 옮겨지는 지속적인 교차점이라고
> 생각한다.[27]

장 루시는 위와 같은 맥락에서 "사실"과 "픽션"이 혼합된 새로운 장르의 민족지영화를 개척하려 했다. 그리고 실제 인물들이 자신의 삶에 대한 이야기를 픽션 또는 판타지와 섞어가면서 영화를 만들어간다는 의미에서 새로운 형태의 영화를 시네픽션이라고 불렀다. 하지만 장 루시의 시네픽

션은 단순히 민족지영화에 픽션적인 요소를 도입하거나 가공의 이야기를 바탕으로 만들어진 영화를 말하는 것이 아니라 당시 유럽의 식민지였던 서아프리카의 사회적 현실과 아프리카 사람들의 목소리를 담기 위한 새로운 재현 방식이라고 할 수 있다. 본 장에서 살펴볼 세 작품들 가운데 《재규어》와 《나는 흑인 남자》가 바로 이러한 시네픽션의 개념에 착안하여 만들어진 영화다.[28]

한편 지넷 드부제크Jeanette DeBouzek는 사회적 리얼리티와 등장인물의 판타지가 혼합된 시네픽션에 대해 언급하면서 장 루시를 "초超현실주의적 인류학자"라고 불렀다.[29] 이처럼 시네픽션의 개념을 통해 식민지 아프리카의 문화와 서구의 사고 체계를 동등한 입장에서 재규정하려 했던 장 루시의 민족지영화 방법론은 제임스 클리퍼드James Clifford가 말한 "민족지적 초현실주의"[30]와도 부합되는 면이 있다. 비슷한 맥락에서 폴 스톨러 Paul Stoller는 장 루시의 《미친 사제들》에 주목하면서 장 루시의 영화는 "적나라한 음향과 이미지, 살과 피를 통해 관객들의 무의식을 두드림으로써 관객을 변화시키려고 했던"[31] 앙토냉 아르토Antonin Artaud의 "잔혹극Theatre of Cruelty"과 유사한 면이 있다고 주장했다. 폴 스톨러에 의하면, 장 루시의 영화는 앙토냉 아르토의 잔혹극처럼 고질적인 유럽 중심의 사고방식과 인종차별에 정면으로 도전하고 탈脫식민지화하는 데 목적이 있으며, "단순히 영화의 이야기만을 전달하는 것이 아니라 관객들에게 혼란스러운 이미지를 보여줌으로써 관객들을 심리적으로나 정치적으로 변화시키려는 것"[32]이라고 보았다.

장 루시의 영화방법론 가운데 또 다른 중요한 개념은 "시네트랜스", 즉

"영화적 신들림"이다. 장 루시는 송하이의 신들림 춤을 촬영할 때 겪은 경험을 언급하면서 시네트랜스의 개념을 다소 신비롭게 설명하고 있다.

신들림 춤꾼들의 "자아"가 춤을 출 때 신이 들려 바뀌는 것과 마찬가지로 나의 "자아" 또한 그들의 눈앞에서 바뀐다. 그것이 바로 신들림 춤꾼들의 "진짜 신들림"을 촬영하는 사람의 "시네트랜스"이다. 이 경험은 나에게 매우 진실한 것이며, 나는 카메라의 렌즈를 조절하면서, 그리고 주변 관객의 반응을 통해 이러한 사실을 알게 된다.[33]

이처럼 장 루시는 영화를 촬영할 때 영화 대상이나 사건 그리고 주위 사람들에 의해 일종의 신들림과 같은 상태에 빠진다고 설명하면서 카메라가 시네트랜스를 위한 촉매제의 역할을 한다고 믿었다. 또한 장 루시는 시네트랜스를 초현실주의 시인과 화가의 예술 행위와 비교하면서 시네트랜스 상태에서의 영화 작업과 무의식에 의존하는 초현실주의 예술가들의 예술 행위가 매우 유사하다고 주장했다.[34] 그리고 이러한 의미에서 영화는 "초현실주의자들의 그림과 같다."[35]라고 말했다. 한편 장 루시가 만든 작품들 가운데 50편 정도가 신들림의 종교 현상 및 의례에 관한 것이라는 사실을 알고 나면 그가 말한 시네트랜스의 의미를 보다 잘 이해할 수 있다.

또한 장 루시는 시네트랜스와 "시네마베리테cinéma-vérité"의 관련성에 대해 다음과 같이 설명하고 있다.

카메라와 마이크를 가지고 있을 때 나는 보통 때의 내가 아니다. 나는
이상한 상태, 즉 시네트랜스의 상태가 된다. 이는 누구나 예상할 수 있는
객관성이며, 우리는 카메라가 저기 있고 사람들이 이러한 사실을 알고
있다는 것을 확실히 의식하고 있다. 그 순간부터 우리는 오디오 비주얼의
세계에 살고 있는 것이다. 여기서 실제 리얼리티와 전혀 관계가 없는 새로운
진실, 즉 "시네마베리테"가 등장하는 것이다.[36]

이처럼 장 루시는 카메라에 의해 만들어지는 새로운 진실을 영화적 진실,
즉 시네마베리테라고 불렀으며, 시네트랜스의 상태에서 시네마베리테가
나온다고 보았다. 장 루시의 시네마베리테에 대해서는 2장에서 보다 자
세히 다루기로 한다.

　　지금까지 참여적 인류학과 시네픽션의 개념을 중점적으로 살펴보았는
데, 한마디로 참여적 인류학이 민족지영화 감독과 연구 대상과의 "관계"
에서 출발한 개념이라면, 시네픽션은 "재현"의 문제에 보다 초점을 둔 개
념이라고 볼 수 있다. 그리고 민족지적 대화에 기반을 둔 참여적 인류학과
새로운 재현 방식으로서의 시네픽션은 장 루시의 민족지영화 방법론을
구성하는 두 개의 축軸이라고 할 수 있다.

《미친 사제들》, 《재규어》, 《나는 흑인 남자》

《미친 사제들Les Maîtres Fous》(1957)[37]

《미친 사제들》은 서아프리카의 신들림 의식儀式인 "하우카Hauka"[38]에 관한
민족지영화다. 하우카는 1920년대에 프랑스의 식민지 정책에 대한 저항

으로 니제르에서 시작된 종교 의례이다. 하우카 신도들은 하우카 의례 도중 식민지 지도자들의 신神이 들려 이들의 모습과 행동을 격렬하게 흉내낸다. 이처럼 하우카는 식민지 제도의 권력과 위계질서에 저항하는 일종의 정치적인 성격을 지닌 의례로 해석할 수 있다.

장 루시는 송하이 지역의 종교를 연구하기 시작한 1942년 이후 줄곧 하우카 신도들을 만나왔다. 장 루시가 1954년 《미친 사제들》을 촬영할 당시 아크라(골드코스트의 수도)에는 적어도 3만 명 이상의 하우카 신도가 있었다고 한다. 《미친 사제들》은 아크라에서 촬영되었으며, 아크라의 하우카 신도들을 주로 다루고 있다.

《미친 사제들》은 다음과 같은 장 루시의 내레이션으로 시작한다.

(장 루시의 내레이션)

젊은 사람들은 현대화의 충격을 받고 있다.

이 영화는 어떻게 이러한 갈등이 시작되고 1927년에 새로운 종교인 하우카 교파가 만들어졌는지 보여준다.

이어 장 루시는 내레이션을 통해 이 영화는 "자신들의 예술(하우카 의식)을 자랑스럽게 생각하는 하우카 사제, 모운티에바와 무카이라의 요청으로 촬영되었다."는 사실을 밝히고 있다. 하우카 사제가 장 루시에게 《미친 사제들》의 촬영을 요청한 데는 두 가지 이유가 있었다. 첫번째는 하우카 의례의 영상기록을 남기고자 한 것이고, 두번째는 영화에 등장하는 이미지와 음악을 통해 하우카 신도들과 관객들을 신들림 상태에 빠지게 하기

위함이었다.[39]

장 루시는 영화의 첫머리에서 하우카의 본부가 있는 아크라의 모습과 이곳에 살고 있는 이주민들을 다음과 같이 묘사한다.

(장루시의 내레이션)

골드코스트의 수도, 아크라는 정말로 "흑인들의 바빌론 성"이다.

사람들이 서아프리카 전역에서 여기로 모여든다. 나이지리아, 니제르,

오트볼타와 수단 사람들이 아프리카 도시의 "대모험"을 즐기기 위해

몰려든다.

여기 도시에는 차량과 소음이 끊이지 않는다.

아크라에서 가장 흥미로운 집단은 자브라마, 송하이 그리고 가오에서 온

드제르마스 사람들과 니아메 지역 사람들이다.

여기 항구 노동자들이 있다.

"수무굴리", 즉 밀수업자들.

"카야카아", 즉 운반공들.

잡초를 제거하는 사람들.

모기를 제거하는 사람들.

소 목동 그리고 아크라와 쿠마시 대시장의 가축상인들.

빈 병을 닦는 사람들.

빈 깡통을 파는 사람들.

목재 일을 하는 사람들.

대도시의 배수관 수리공들.

광부들.

이처럼 하우카의 참가자들은 주로 골드코스트의 아크라와 같은 대도시로 이주하여 벌목공으로 일하거나 부두 또는 광산에서 일하는 니제르 출신 노동자들이다.

한편 장 루시에 따르면, 영화 제목인 미친 사제들은 원래 "광기의 지도자들"을 뜻하지만, 영화 제목에는 "영국 식민지 지도자들은 미친 사람들이다!"[40]라는 의미가 들어 있다고 한다. 따라서 영화 제목에는 "하우카 신도에 대한 존경" 및 "식민지 지도자들에 대한 조롱"의 이중적 의미가 있다고 볼 수 있다.

전체적으로 《미친 사제들》은 세 부분으로 나누어 볼 수 있다. 즉 영화는 주중에 도시에서 일하고 있는 하우카 신도들의 모습, 주말에 시골에서 열리는 하우카 의식, 그리고 다시 도시의 일상으로 돌아와 일하고 있는 하우카 신도들을 차례로 보여준다. 이 가운데 《미친 사제들》에서 논의의 초점은 영화의 중간 부분인 "하우카 의식"에 모아진다.

영화의 중간 부분은 하우카 신자들이 도시를 떠나 시골에 있는 하우카 제단에 이르는 장면으로 시작된다.

(장 루시의 내레이션)

어느 날 일요일 아침, 모든 신도들이 트럭을 빌리거나 자가용 또는 택시를 타고 도시를 떠난다.

그들은 곧 대로를 벗어나 풀이 많이 자란 아프리카 최초의 타맥 포장도로로 들어간다.

그러고 나서 차에서 내려 모운티에바의 제단으로 가기 위해 한 시간을 걸어가야 한다.

모운티에바는 니제르에서 온 사람이다.

그는 코코넛 농장주이자 하우카의 사제이다.

울긋불긋한 천 조각들이 줄에 걸려 있다.

하우카 신자들은 이것을 "유니언 잭"이라고 부른다.

제단의 위쪽에는 수염이 난 "총독의 동상"과 총들 그리고 말의 모형이 있다.

이어 영화는 의식의 첫번째 과정인 새로운 신도의 소개와 입회 의식을 보여준다.

(장루시의 내레이션)

의식의 첫번째 과정은 새로운 신도의 소개이다.

이 남자는 한 달 전에 병에 걸렸다.

그 후부터 그는 계속 위기를 경험했다.

그는 사체를 파내고, 묘지에서 잠을 잤다.

사람들은 그가 하우카의 신이 들렸다는 것만을 알고 있다.

부드러운 모자를 쓰고 있는 무카이라 키리가 그를 쳐다보고 있다.

그는 아직 모자를 쓸 자격이 없다.

그는 2개월, 아마도 3개월 후에 가입을 요청하면 다시 집회에 초청받을 것이다.

오늘은 단지 소개하는 날이다.

의식의 두번째 과정은 공개적인 고해告解이다.

(장 루시의 내레이션)

죄를 지은 하우카 신도들은 철근 콘크리트로 만든 제단 주위에서 참회를

해야 한다.

이 사람이 고백을 한다.

"나는 내 친구의 아내와 성관계를 가졌다.

그러고 나서 나는 두 달 동안 발기가 되지 않는다."

"나는 향수를 뿌린 적이 없다. 나는 더럽다. 나는 고상하지 못하다."

또 다른 사람이 말한다.

"나는 하우카에 관심을 가지지 않았다.

나는 종종 하우카가 존재하지 않는다고 말하곤 했다."

다음으로 하우카 신도들은 벌
을 받을 사람과 그렇지 않은 사
람들 두 줄로 나누어 선다. 그리
고 모운티에바의 조수가 제물
로 쓸 닭을 잡아 하우카 신에게
바치고 닭의 피를 철근 콘크리
트 계단과 "총독부 궁"이라고 불리는 흑백 개미집에 뿌린다. 이어 벌 받을
사람들은 서약을 하기 위해 피 묻은 제단 앞으로 나온다.

(장루시의 내레이션)

"우리는 다시 그런 일을 저지르지 않을 것을 맹세합니다."

"만약 우리가 다시 그런 일을 저지른다면 위대한 하우카에게 우리를
죽여달라고 할 것입니다."

영화의 내레이션에 의하면, 벌을 받은 사람들은 제단 밖으로 내보내지며
이들이 성스러운 신자 집단에 되돌아올 자격을 얻기 위해서는 신이 들려
야 한다고 한다. 이어 모운티에바가 정화 의식을 마치기 위해 성스러운 나
무와 유니언 잭 깃대 및 총독부 궁에 제주祭酒를 뿌린다. 모운티에바는 또
한 총독부 궁의 계단과 발코니에 달걀을 깨어 제물로 바친다. 모운티에바
가 잠시 잠이 들자 사람들이 제물용 개를 준비하고 총과 사령관의 빨간

목도리 등 의례를 위한 물건들을 제단 주위에 모은다. 그리고 사람들은 신들림에 들어가기 위해 모운티에바를 시작으로 외줄 바이올린의 소리에 맞추어 춤을 춘다. 조금 시간이 지나자 신자들이 하나둘씩 신이 들리기 시작한다.

(장 루시의 내레이션)

그리고 첫번째로 신들린 사람이 일어선다.

그는 군대 하사이다.

그는 모든 사람들에게 인사를 한다.

그러고 나서 그는 자신이 더는 보통 남자가 아니라 하우카라는 것을
보여주기 위해 자신의 몸을 불태울 불을 달라고 한다.

이렇게 인사하는 것을 보고 새롭게 신들린 사람이 소리를 지르기 시작한다.

그 사람은 숲 속에서 나온 벌 받은 사람들 가운데 하나인 게르바이다.

게르바는 기관차 운전사인 "삼카키"의 신이 들렸다.

기관차 운전사는 바지를 걷어 올리며 모든 총을 주워 제단에 올려놓는다.

하사가 사령관의 빨간
목도리를 받는다.
그리고 세번째로 신들린
사람이 일어선다.
그는 홍해 해군장교인

마리아이다.

그는 영국 육군 의장대의 느린 행진을 흉내 내면서 걷는다.

기관차 운전사 역시 목도리를 받는다.

여기에 네번째로 신들린 사람인 "로코토로 부인"이 있다.

의사 부인인 로코토로 부인은 히죽히죽 웃으며 여자의 옷을 건네받는다.

하사는 계속 인사를 한다.

그리고 운전사는 계속 총독부 궁과 제단석을 오간다.

다른 사람들도 신이 들린다.

여기에 홍해 해군장교 마리아가 있다.

그는 호흡이 힘들어지고, 동공이 돌아간다.

그 옆에 있는 총독이 신들리기 시작한다.

해군장교가 도움을 요청한다.

그러자 하사가 와서 총독을 도와준다.

총독이 일어난다.

그는 프랑스어로 말한다.

그는 모든 사람들을 모욕한다.

총독은 자신에게 손을 흔든 해군장교를 부른다.

그는 "나는 네가 말하는 것이 들리지만, 아직 신들리지 않았다."고 말한다.

해군장교가 총독에게 인사를 한다.

한 여성이 땅에 쓰러진다.

그녀는 아크라의 대표적인 창녀들 가운데 한 명인 마가그와다.

그녀는 여자의 혼령인 살마 부인의 신이 들렸다.

살마 부인은 지난 세기말 니제르에 온 최초의 프랑스 관리들 가운데 한 명인

살마 장교의 부인이다.

장 루시에 의하면, 신들린 사람들은 "우리는 유럽 사람이다. 우리는 힘이

세다."[41]라고 말한다고 한다. 그리고 하우카 신도들은 의례 도중 신들린

상태에서 유럽의 식민지 권력자들, 즉 식민지 총독, 해군제독, 기사, 의사

의 부인, 사악한 시장, 위병의 모습으로 변해 그들의 모습을 흉내 낸다.

(장루시의 내레이션)

여기에 화려한 군대와 함께

있는 진짜 총독이 있다.

오늘은 아크라의 의회가

열리는 날이다.

대포 발포, 그리고 여기에 실제

사람들을 흉내 내는 신들린

하우카 신자들이 있다.

비록 이 둘은 순서는 다르지만 의전의 규범은 동일하다.

관리 계층 사람들이 총독부의 검사를 받는다.

하사가 입구에 서 있다.

총독과 해군장교가 와서 건물을 다시 칠했는지 확인한다.

건물의 색칠을 책임지고 있는 모운티에바는 총독이 불만을 말할까 봐

걱정한다.

그는 벌금으로 양이나 황소를 내놓아야 할지 모른다.

총독은 만족스러워한다.

파란색 옷을 입은 이 사람은 장군의 신이 들렸다.

총독이 장군을 모욕하자 해군장교가 말한다.

"총독, 제가 장군을 찾아서 데려오겠습니다."

장군은 화를 낸다.

"항상 똑같다."

"아무도 내 이야기를 들으려 하지 않는다."

총독이 그에게 다가가 그를 원탁회의에 초대한다.

장군은 자기가 회의를 주재할 것을 요구한다.

**장 루시는 이처럼 영국 식민지의 정책과 권력을 모방하고 조롱하는 내용
이 담긴《미친 사제들》에 대해 다음과 같이 설명하고 있다.**

하우카는 우리가 따라야 할 매력적인 모델이다. 유럽 사람들은 아무것도

두려워하지 않는다. (중략) 나는 하우카가 이와 동일한 행위를 표현한 것이라고

생각한다. 이는 매우 중요한 문제이다.[42]

영화는 하우카 의례가 끝날 무렵 하우카 신자들이 개를 잡아 서로 나누어 먹는 장면을 보여준다. 장 루시는 내레이션을 통해 하우카 신도들이 금기 음식인 개를 먹는 것은 "하우카 신자들이 다른 모든 흑인들이나 백인들보다 더 강해졌다는 것을 보여주기 위한 것"이라고 말한다. 그리고 장 루시는 이러한 장면을 비롯한《미친 사제들》의 하우카 의례에 대해 "이는 금지되거나 비밀스러운 것이 아니고 이 게임(하우카)을 즐기는 모든 사람들에게 열려 있다. 이 난폭한 게임은 우리 문명의 단순한 반영이다."라고 영화에서 설명한다.

지금까지 살펴본《미친 사제들》은 앞서 설명한 시네트랜스 방식으로 내레이션을 넣은 최초의 민족지영화이다. 즉《미친 사제들》의 즉흥적인 내레이션은 하우카 의례에 관한 민족지적 지식을 바탕으로 시네트랜스의 상태에서 만들어졌다.[43] 그리고 장 루시는 즉흥적인 내레이션을 통해 서구 인류학자의 권위적인 독백의 목소리 대신 아프리카 사람들의 다양한 목소리를 담으려 했으며, 이를 통해 식민주의의 제도화된 담론에 정면으로 도전하고 있다. 하우카 사제 또한 편집실에서 촬영 필름을 보면서 장 루시에게 하우카에 대해 설명해주고 영화의 내레이션에 대해 알려주었을 뿐 아니라 신들린 하우카 신도들의 말을 번역해주는 등 영화의 제작 과정에 적극적으로 참여했다.

한마디로《미친 사제들》은 영화의 등장인물들, 즉 하우카 신도들에게 식민지 경험에 대한 비판의 목소리를 낼 수 있는 기회를 제공하고 영화 텍스트의 구성에 참여하도록 하는 등 장 루시 자신의 참여적 인류학을 실천한 영화였다. 또한 장 루시는 지속적으로 아프리카 사람들에게 영화 교육을 하기도 했다. 그 결과《미친 사제들》의 제작에 참여한 다모레 지카 Damouré Zika는 그 후 음향기사가 되었으며,《나는 흑인 남자》의 주인공 오마로 간다Oumarou Ganda는 영화감독이 되었다.

한편《미친 사제들》의 많은 부분을 차지하는 신들림 의식의 장면들 — 신들린 하우카 신도들이 사지를 떨고, 침을 흘리고, 눈동자가 돌아가고, 금기 음식인 개를 잡아먹는 등 — 은 적나라한 이미지와 영국의 식민지 지도자들을 조롱하고 식민지 제도에 대한 모욕적인 내용을 담고 있다는 이유로 영국의 아프리카 식민지 지역에서 상영이 금지되었다. 당시《미친 사제들》을 본 마르셀 그리올 교수 또한 장 루시에게 이 영화를 폐기할 것을 권했으나 장 루시는 이 영화가 하우카 사제들의 요청으로 만들어졌다는 이유를 들어 거절했다.[44]

또한《미친 사제들》은 1960년대에 아프리카의 지성인들로부터 인종을 일정한 틀에 가두고 아프리카인들의 삶을 사회문화적 맥락 없이 다루었다는 등의 이유로 비난을 받았다.[45] 하지만 장 루시는 이에 대해《미친 사제들》은 "영국과 프랑스 식민지 제도를 매우 정확하게 표현한 이미지이며 식민지 권력에 대한 하우카 신도들의 생각을 반영하는 매우 드문 영상기록"[46]이라고 말하면서 사람들의 의견을 반박했다.

《재규어Jaguar》(1967)[47]와 《나는 흑인 남자Moi, un Noir》(1958)[48]

《재규어》와《나는 흑인 남자》는《미친 사제들》과 유사한 시기(서아프리카 국가들이 독립하기 이전)에 만들어졌다.《재규어》는《미친 사제들》에서 음향을 담당했던 다모레 지카(《재규어》에 나오는 주인공 세 명 가운데 한 사람)

의 제안으로 계획되었고, 《나는 흑인 남자》는 《재규어》를 본 오마로 간다 (《나는 흑인 남자》의 주인공)의 권유로 만들어졌다.

　《재규어》는 장 루시의 첫번째 장편 민족지영화이며, 《나는 흑인 남자》는 픽션적 요소와 주인공의 판타지를 담은 새로운 형식의 민족지영화이다. 그리고 두 작품 모두 장 루시의 참여적 인류학과 시네픽션의 개념을 엿볼 수 있는 민족지영화이기도 하다. 이 가운데 먼저 《재규어》를 살펴보자.

《재규어》

《재규어》는 송하이 지역 사람들의 "계절적 이주移住"라는 사회 현상을 다루고 있다. 즉 《재규어》는 서아프리카의 국가들이 독립하기 바로 전 니제르의 젊은이들이 몇 달 동안 시골을 떠나 골드코스트의 대도시로 모험적인 여행을 하던 시기의 사회상을 담고 있다. 따라서 《재규어》는 장 루시가 오랫동안 관심을 가지고 연구해오던 서아프리카의 "이주"에 대한 연구가 함축된 작품으로도 볼 수 있다. 실제로 《재규어》는 세 명의 니제르 출신 젊은이들(다모레 지카, 람 이브라히마, 일로 가우델)이 돈을 벌고 모험을 즐기기 위해 3개월간 고향을 떠나 골드코스트의 해안과 아크라, 쿠마시와 같은 대도시를 여행하는 내용으로 되어 있다. 영화 제목인 재규어는 서아프리카에서 최고의 자동차로 치는 재규어에서 따온 이름이지만, 영화에서는 서아프리카 대도시의 "세련되고 멋스러운 젊은 남자"를 뜻한다.

(주인공들의 즉흥적인 내레이션)

　나는 지금 길거리를 걷고 있다. 나는 "재규어"가 되었다.

"재규어"가 무슨 뜻이지?

음…… 재규어는 멋진 머리
스타일을 하고, 담배를
피우면서 걸어 다니는 세련된
젊은 남자를 말하지.

모든 사람들이 그를 쳐다보지.
그는 예쁜 여자들을
쳐다보면서 우아하고 자연스럽게 담배를 피우지.
그게 바로 재규어야!
진짜 남자, 진짜 신사, "자조우맨"?

"자조우맨"이 "재규어"야?

맞아, 자조우맨이 재규어야. 프랑스어로는 자조우맨이라고 하지.
프랑스어로 그렇게 말하지, 그렇지 않아?
그래, 영어로는 재규어라고 말하고.

《재규어》는 세 명의 젊은 주인공들이 여행을 하면서 즉흥적으로 연기하
는 모습을 담고 있으며, 촬영이 끝난 후 편집실에서 필름을 함께 보면서
즉흥적으로 대화와 해설을 만들어가는 방식으로 제작되었다. 사실 당시
에는 오늘날과 달리 동시녹음이 불가능했는데, 주인공들이 편집실에서

직접 사운드를 넣는 방식으로 이러한 기술적인 제약을 보완했다고도 볼 수 있다.《재규어》는 1957년에 촬영을 시작하여 1967년 완성되었으며, 최종 작품으로 만들어지기 전에 여러 번 상영되었다.

《재규어》의 이야기 구조는《미친 사제들》처럼 세 부분으로 나뉘어 있다. 영화의 첫번째 부분은 먼저 주인공 세 명을 하나씩 소개하면서 시작된다.

(장 루시의 내레이션)

이야기는 아요로에서 시작한다.

우리 세 명은 친구다.

세 명의 친구들, 람, 일로 그리고 다모레.

여기 람이 있다.

람은 플라니의 목동이다.

그의 본명은 이브라히마 디아이다.

우리는 그를 "람"이라 부른다. 라미노는 "작은"이라는 뜻이다.

그리고 람은 진짜 작은 족장이다.

람은 용감하다.

그는 독실한 모슬렘처럼 말하는 것을 그리 좋아하지 않는다.

그는 우리의 영원한 친구이다.

(람의 즉흥적인 내레이션)

나는 람 이브라히마 디아, 목동입니다.

나는 내 동생 아브둘라이와 함께 강으로 소를 몰고 갑니다.

(장루시의 내레이션)

저곳이 우리의 두번째 친구인 일로 가우델이 살고 있는 곳이다.

일로는 소르코 사람이다.

그의 스승은 마람 아미수이다.

그는 강에 대해 잘 안다.

그는 하마와 이야기할 수 있다.

일로는 강의 마술사이다.

일로는 심오한 사람이다.

그는 모슬렘이 되기를 원한다.

(일로의 즉흥적인 내레이션)

나는 일로 가우델이다.

나는 마람 아미수의 제자이다.

나는 여기에서 고기를 잡는다.

나는 쿠투구의 어부이다.

나는 모든 카누와 강 길을 잘 안다.

어느 누구도 나보다 더 잘 알지 못한다.

이처럼 장 루시가 먼저 내레이션으로 람과 일로를 소개하고, 이어 람과 일로가 카메라를 쳐다보면서 자신들을 소개한다. 끝으로 세번째 주인공인 다모레가 등장한다.

(장 루시의 내레이션)

세번째 친구, 다모레는

작은 악동이다.

다모레는 학교를 좋아하지 않는다.

그가 좋아하는 것은 말 타는 것이다.

(주인공들의 즉흥적인 내레이션)

다모레! 다모레!

지금 우리는 말을 타고 있다.

여자들이 우리를 멋지다고 생각하겠지!

이어 영화의 주인공들은 마을의 큰 장터인 아요로 시장에서 만나 여행을 결심한다.

(장 루시의 내레이션)

목동인 람과

여성들에게 인기 있는 남자, 일로와 다모레는

매주 일요일에 아요로 시장에서 만난다.

아요로 시장은 환상적이다.

강과 마을 사람들이 만나는

곳이다.

모든 것이 여기서 결정된다.

결혼, 탐험, 싸움, 여행…….

우리는 여기서 여행을 떠나기로 결심했다.

람이 보인다.

그는 소를 팔아 여행 경비를 마련하려고 숲에서 소들과 함께 나온다.

그는 소 한 마리를 팔기 위해 소떼 전부를 몰고 왔다!

그러면 소를 잃었다는 느낌을 받지 않을 것이다.

람은 슬프지만 돈을 얻었다.

이제 그는 우리의 만남의 장소인 나무 아래로 간다.

다모레는 공인 대필가이다.

그 나무 아래서 우리는 어부인 일로와 함께 쿠마시를 거쳐 골드코스트로

가기로 결심을 한다.

이어 영화는 세 주인공들이 여행을 떠나기 전 이미 여행 경험이 있는 사
람들의 이야기를 듣고, 앞으로의 길흉을 점치고, 고향을 떠나 여러 지역
을 지나면서 다른 부족 사람들을 만나는 모습을 보여준다.

(주인공들의 즉흥적인 내레이션)

먼저 신에게 길을 물어야 한다.

우리의 모슬렘 친구, 람과 일로가 쿠란이 전해 내려오는 왈리마 의식에 간

이유이다.

(중략)

왈리마 의식에서 또 다른 친구, 두마 베소를 만난다.

골드코스트에 간 적이 있는 그가 그곳에 대해 우리에게 많은 이야기를

해주었다.

그는 여러 층이 있는 집을 보았다고 말한다.

그는 벌써 두 번이나 갔다 왔다.

두마는 행운아다.

그는 2층짜리 집을 가지고 있다.

우리는 아무것도 가지고 있지 않다. 단지 두 다리뿐.

우리는 신을 찬미한다.

그러니 신이 우리의 여행길을 평안하게 해줄 것이다.

우리는 신령에게 우리의 길을 알려달라고 청한다.

우리는 어떤 길을 가야 하는지 물어봐야 한다.

우리는 돈을 벌기 위해 골드코스트에 가기를 원한다.

우리는 길을 알아야 한다.

(중략)

(주인공들의 즉흥적인 내레이션)

모시는 "별"을 던진다.

그리고 짝수와 홀수를 센다.

"지금은 위험하다!"

모시는 우리에게 말한다.

"오늘 밤에 다시 와라. 어두울 때에는 사악한 것이 나타나지 않는다."

그날 밤 모시는 미래를 말해주는 별보배조개 일곱 개를 던졌다.

"위험하다! 가는 길이 좋지 않다! 아주 안 좋아."

"너희는 사고를 당하거나 병에 걸릴 것이다. 길이 좋지 않다."

"수바하나!"

"좋지 않다."

그리고 모시는 다시 말했다.

"골드코스트에 도달하면 가는 길이 훨씬 수월해질 것이다."

"교차로에서 서로 갈라져 따로 가면 사고와 질병을 피할 수 있을 것이다."

"후에 너희는 다시 만날 수 있으며, 신의 가호로 가는 길이 괜찮을 것이다. 가는 길이 괜찮을 것이다."

그리고 모시는 흙으로 우리의 길을 축복해주었다.

"가는 길이 좋을 거야!"

"매우 좋아."

(중략)

(주인공들의 즉흥적인 내레이션)

우리가 넘어 왔던 산을 봐라!

여기가 북부 다호메이이다.

솜바 마을.

솜바?

응, 솜바 마을을 몰라?

알아.

나티팅구가 가까이 있어.

그들의 집은 쥐가 살기 딱 좋다!

저것들은 곡식을 저장하기

위해 사용된다.

학교에서 솜바 사람들은 옷을

입지 않는다고 들었다.

그래서 그들은 비누를 판다.

뭐 하러?

저게 숨바의 방식이다.

그리고 주인공들은 여러 지역을 지나 식민지 정부의 상징이라 할 수 있는
국경에 도착한다.

(주인공들의 즉흥적인 내레이션)

조심. 세관이다.

세관? 뭐? 뭐?

저게 세관 사무실이야. 우리는 여기에서 멈춰야 해.

아냐, 내가 가서 경찰을 만나볼게. 하지만, 조심, 조심.

가서 우리가 어떻게 지나갈 수 있는지 알아보고 올게. 알았지?

지금 우리는 영리하게 행동해야 한다.

세관, 세관,

세관, 세관!

하지만 우리는 가진 게 없잖아.

"안녕하세요? 세관 선생님, 안녕하세요?"

"제가 건너편으로 가고 싶은데요."

"단지 걸어가 보고 싶은데요."

신분증 없이 머물고 싶다고 말하면 안 돼.

그렇지? 람, 그렇지?

맞아. 우리는 신분증이 없어.

"안녕하세요?"

응, 정말 총명하군!

상복을 입고 있는 영국 경찰은 마치 이정표 같다.

그는 나를 상관에게 보냈다.

그가 말한 대로 하자.

여기 상관이 있다. 다른 사람은 떠난다.

아뇨, 그것은……

그가 "안 된다."라고 말한다.

그래서, 나는 친구한테 돌아온다.

다모레, 일로, 가자!

지나갈 수 없어.

내가 영국 경찰을 보러 갔어.

신분증은 없고. 세관, 경찰.

그들은 바보다.

그들은 뒤쪽은 보지 않는다. 우리는 뒤쪽으로 걸어서 통과할 수 있다.

영화의 두번째 부분은 주인공 세 명이 서로 헤어져 각각 도시로 모험을 떠나는 장면으로 시작된다. 이들은 모시(남자 무당)가 각자 흩어져 여행을 해야 악운을 막을 수 있다고 했기 때문에 국경에서 서로 헤어진다.

(주인공들의 즉흥적인 내레이션)

모시는 우리가 교차로에서 흩어져야 한다고 말했다.

그래서 우리는 함께 골드코스트에 가지 않았다.

나는 람과 일로에게 작별
인사를 했다.

람과 일로는 케타로 갔다.

"잘 가, 일로! 잘 가, 람!"

"잘 가, 다모레!"

그들은 케타로 가고, 나는
아크라로 간다.

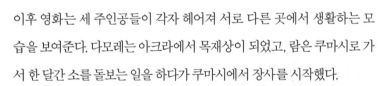

두 달 후에 우리는 아크라에서 만날 것이다.

우리는 우리의 친구인 다모레를 만날 것이다.

나는 내가 원했던 것을 가지고 있다.

나는 어부와 함께 가겠다고 말한다.

"잘 가, 람! 잘 가, 일로!"

이후 영화는 세 주인공들이 각자 헤어져 서로 다른 곳에서 생활하는 모
습을 보여준다. 다모레는 아크라에서 목재상이 되었고, 람은 쿠마시로 가
서 한 달간 소를 돌보는 일을 하다가 쿠마시에서 장사를 시작했다.

(주인공들의 즉흥적인 내레이션)

도로를 봐라, 모두 포장이 되어
있다. 먼지가 없다.

맞다. 맞아.

커다란 도시다. 저기 내가 있는

게 보여?

나는 길을 잃었다.

봐라, 나는 길을 건너고 있다.

아크라는 좋다.

맞아. 아크라는 나쁘지 않다.

너는 뛰어야 한다. 그런데 길을 잃었다.

나는 내가 무엇을 하고 있는지도 모른다.

저기 목재 시장의 사람들이 있다.

무슨 목재?

목재, 목판, 그들은 모두 가지고 있다.

니제르 사람들이 목재 일을 하고 있어?

맞아! 주인 이름은 야쿠바야.

그래, 야쿠바가 나를 일꾼으로 고용했고, 나는 트럭을 민다.

목판을 들어……

트럭에 싣는다.

어느 날, 야쿠바는 내가 정말로 힘이 센지 알아보려고 혼자 트럭을 밀라고 했다.

너는 힘이 세군!

맞아, 정말 힘이 세다.

그리고 주인은 내가 학교에 다닌 적이 있는지 묻는다.

저 사람이 주인이야? 야쿠바?

내가 글을 읽을 줄 안다고 말했더니, 그가 "와봐."라고 말한다.

2, 3, 4, 8.

10 곱하기 10은 100

110, 115, 135······.

좋아. 나는 공책에 숫자를 쓴다.

"오늘 아침, 당신은 목판 263장을 팔았어요."

"정확히 목판 263장."

좋구나, 돈이 쉽게

들어오는구나.

이제 나는 십장이 되었다.

다른 십장들처럼 기분이 좋다!

나는 승진을 했다.

기분 좋다!

그리고 일로는 아크라에서 잠시 운반공으로 일하다가 탄광에서 일하고 있는 고향 친구 두마 베소를 만났다. 이후 일로와 두마 베소는 쿠마시에서 좌판을 벌이고 있는 람을 찾아갔다. 다모레도 쿠마시로 와서 이들과 합류했다. 이들은 함께 람의 좌판을 새로 정비하여 "조금씩 새가 둥지를 만든다"라는 가게 이름을 붙이고 장사를 시작했다.

(주인공들의 즉흥적인 내레이션)

그럼, 정리 좀 하자.

우리 가게 이름은 지금부터 "조금씩 새가 둥지를 만든다"야.

이제 됐다.

"조금씩 새가 둥지를 만든다."
이 뜻은 "한 번에 조금씩
시작해야 한다."는 거야.
알았지?

이건 영어가 좋겠다.
아무도 프랑스어를 할 줄 모르니까.
그리고 여기서 물건을 팔고 있다는 것을 표시하기 위해 "판매 중 for sale"이라고
쓰자.

다모레는 좌판에서 물건을 파는 자신의 모습과 사람들이 가게 앞에서 물
건을 구경하는 광경을 속사포 같은 즉흥적인 내레이션으로 생생하고 재
치 있게 묘사한다.

(다모레의 즉흥적인 내레이션)
이 카메라를 보세요!
사진사에게 갈 필요가 없어요.
가장 좋은 물건이 있는 우리 가게로 오세요.
우리 물건이 가장 싸요. 우리 물건보다 더 쌀 수는 없어요!
이건 자동 칫솔이에요.
여기 칫솔도 있고, 거울도 있습니다. 머리카락이 없으면 머리에 광을 내세요!
먼지를 털면 여자들이 좋아할 거예요.

그러고 나서 검정 모자를 쓰면 "재규어"가 됩니다.

이건 프랑스 파리에서 가져온 안경이에요.

시리아산産 물건 같은 게 아녜요.

가지 말고 보세요.

엘리자베스 여왕의 사진도 있어요.

당신은 처음으로 여왕의 사진을 가진 사람이 될 거예요.

《재규어》의 세번째 부분은 주인공들의 귀향歸鄕에 관한 내용으로 되어 있
다. 주인공들은 좌판을 정리하고 주위 사람들에게 작별 인사를 나눈 뒤,
트럭을 타고 쿠마시를 떠난다.

(주인공들의 즉흥적인 내레이션)

우리는 "조금씩 새가 둥지를 만든다" 가게를 두고 떠난다.

"조금씩 새가 둥지를 만든다" "람, 다모레, 두마와 일로 회사" 잘 있어!

"고급 버스"

야! 저기 우리의 트럭이 있다!

"고급 버스"

짐을 실어.

우리는 집으로 돌아간다. 잘 있어.

안녕, 친구들!

안녕, 빈 깡통들!

안녕, 깡통 장사들!

안녕, 자전거 수리공!

안녕, 쿠마시의 아주머니들!

안녕, 냐마냐마 상인들!

안녕!

안녕, 젊은 여인들!

안녕, 안녕, 엘리자베스 2세!

안녕, 안녕!

영화의 주인공들은 국경의 세관을 지난 후, 트럭에서 작은 자동차로 갈아
타고 3개월 전에 지나왔던 길을 되돌아가 고향으로 돌아온다. 그리고 이
들은 도시에서 번 돈으로 구입한 각종 진귀한 물건들을 사람들에게 보여
주고 부모들과 마을 사람들에게 물건들을 나누어준 뒤, 모두 자신들의 본
업으로 되돌아간다.

(주인공들의 즉흥적인 내레이션)

옛 친구. 이리로 와봐.

가난한 사람들에게 우리가 구입한 매트를 보여주자.

골드코스트에서 가져온 매트들이야. 이들은 본 적이 없는 매트야.

기다려봐. 보여줄게!

이건 사자야.

이 이빨을 봐라. 와, 정말 무섭다!

(주인공들의 즉흥적인 내레이션)

일로는 모든 것을 부모에게 드렸다.

아미사타는 반지를 얻었고,

아버지는 옷 세 벌을 받았다.

이렇게 그는 모든 것을 다른 사람에게 나누어주었다.

"나는 가진 게 없다. 나는 떠날 때와 똑같다.

나는 건강하다. 신에게 감사한다.

나는 여러분을 위해 갔고, 다시 나는 돌아왔다.

그리고 여러분 모두 잘 지내는 걸 보았다.

나는 여러분에게 모든 것을 주었다."

"네 것은 없어?"

"내 것은 없어."

(중략)

(주인공들의 즉흥적인 내레이션)

왈라이! 이제 골드코스트에서 돌아왔으니 힘든 일이 시작된다.

유명한 농부, 두마 베소는 그의 밭으로 돌아갔다.

베소, 가서 열심히 일해라! 왈라이!

너는 행복하고 강한 사람이다.

너는 골드코스트에서 수치심 없이 돌아왔다.

너는 너의 부모를 잊지 않았다.

너는 너의 아버지와 어머니를 위해 일한다.

그리고 그는 말한다. "나는 베소다!"

"나는 골드코스트에 갔다. 그리고 나는 돌아왔다."

어부인 일로 또한 어부의 일을 잊지 않았다.

그는 카누를 타고 많은 고기를 잡았다.

그는 하마도 잡았다.

일로는 그의 집에서 가족들과 함께 하마 고기를 먹었다.

지금까지 본 것처럼《재규어》는 영화의 주인공들이 고향을 떠나 골드코스트의 대도시에서 생활을 하다가 다시 고향으로 돌아가는 이야기로 되어 있다. 안나 그림쇼는 이와 같은 영화의 이야기 구조에 착안하여 반 헤네프Van Gennep의 "통과의례"의 구조(분리-이행-통합)로《재규어》와《미친 사제들》을 분석하고 있는데,[49] 이러한 반 헤네프식 설명이 아니더라도 "여행"이라는 모티브를 가지고 있는《재규어》와 도시에서 시골로의 공간적 이동을 그린《미친 사제들》은 영화의 이야기를 세 부분으로 나누어 보는 것이 작품을 이해하는 데 도움이 된다.

한편《재규어》의 이야기 구조를 좀 더 자세히 살펴보면,《재규어》의 첫번째 부분과 세번째 부분은 시간의 흐름에 따라 이야기가 전개되는 데 반해, 주인공 세 명이 도시에서 모험적인 생활을 하는 모습을 보여주는 두번째 부분에서는 몽타주montage와 교차편집cross-editing의 방식이 많이 나타난다. 즉 두번째 부분에서는 등장인물 네 명이 대도시에서 생활하는 모습을 번갈아 보여주면서 영화의 이야기가 전개된다.

또한《재규어》와《미친 사제들》의 이야기 구조를 비교해보면,《미친 사제들》에서는 영화의 이야기가 "하우카 의식"이라는 사건을 축에 두고 "도시-시골-도시"의 순서로 전개되는 반면,《재규어》는 "시골-도시-시골"의 구조로 되어 있다. 여기서 중요한 것은 "근대화된 도시"의 상징성이다. 먼저《미친 사제들》의 도시는 이주자들에게 억압적인 공간으로 그려지고, 외딴 시골은 하우카 의식을 통해 의례의 참여자들에게 카타르시스를 제공하는 공간으로 묘사된다. 이처럼《미친 사제들》은 "억압적인 도시로부터의 탈출"과 "정신적인 해방구로서의 시골 여행"을 그리고 있다. 하지만 이에 반해《재규어》에 나오는 도시는 완전히 다른 분위기를 보여준다. 즉《재규어》의 도시는 모험, 자유, 활력, 변화, 기회의 공간이자 개인의 정체성이 끊임없이 재창조되는 공간으로 묘사된다. 또한《재규어》의 도시는 일반적인 식민지 담론과 달리 근대화의 상징으로서 그려지지 않으며, 주인공들의 고향인 시골 또한 비非근대적인 공간으로 묘사되지 않는다. 그리고 영화 속의 세 주인공들은 식민지 제도에 의해 억압받는 모습이 아니라 자력自力으로 성공적인 여행을 수행하는 주체적인 인물로 그려진다. 이런 의미에서 장 루시는《재규어》에서 도시로의 모험을 성공적으로 마치고 돌아온 세 명의 주인공을 "근대적 영웅들"이라고 부르고 있다.

매년 50만 명의 사람들이, 람, 다모레, 두마와 일로처럼 우기雨期가 시작되기
전 집으로 돌아간다.

그들은 돈과 모험을 위해 골드코스트나 아이보리코스트에 갔었다.

그들은 옛날, 강을 건너고 체체파리에 의해 시달리면서도 해안을 정복하기
위해 어렵게 북北 구룬시로 갔던 알파 하노, 바바투 또는 가자리가 지나갔던
길, 즉 선조의 길을 따라갔다.

이 젊은 남자들은 현대 세계의 영웅이다.

그들은 100년 전과 달리 죄수들을 데려가지 않는다.

대신 그들은 짐을 가지고 간다.

그들은 멋진 이야기를 가지고 간다.

그들은 멋진 거짓말을 가지고 간다.

이들의 귀향歸鄕은 신화이다.

우리는 몇 달 동안 길을 걸었다.

우리는 열심히 일했다.

하지만 상관없다. 모든 것이 과거의 일이다.

이제 우리는 집으로 돌아간다.

우리는 고대의 기사와 같다.

마을의 여자들이 우리에게 인사를 하기 위해 나온다.

우리는 더는 어려움을 두려워하지 않는다.

한편 장 루시는 "픽션"적 요소와 세 주인공들의 "즉흥연기"를 바탕으로 만들어진《재규어》를 "상상에서 나온 순수한 픽션"[50]이라고 말하면서 픽션이야말로 "리얼리티를 관통할 수 있는 유일한 방법"[51]이라고 주장했다. 이처럼 시네픽션은 주인공들의 즉흥연기를 통해 이들이 경험하는 세계를 "일인칭 시점"에서 보여주려 했다는 점에서 단지 표현 기법상 논픽션 장르의 대립 개념이 아니라 서구 중심의 식민지 담론에 빠지지 않으면서 주인공의 눈과 목소리를 통해 아프리카 사람들의 삶을 주체적으로 보여주기 위한 재현 방식이라고 볼 수 있다.

《나는 흑인 남자》

《나는 흑인 남자》 또한 사회적 리얼리티와 픽션이 혼합된 장편 민족지영화이다.《나는 흑인 남자》는 골드코스트 아비장의 외곽 지역인 트레시빌 Treichville에서 촬영되었으며, 아비장에서 일용직 근로자로 일하는 니제르 출신 노동자들 세 명의 일상과 판타지를 그리고 있다.《나는 흑인 남자》도 《재규어》처럼 영화 촬영이 끝난 후 영화의 출연자들이 편집실에서 영화의 이미지에 맞게 즉흥적인 대화와 해설을 더하는 방식으로 만들어졌다.

《나는 흑인 남자》는 먼저 장 루시의 내레이션으로 영화 제작 과정과 등장인물들을 간략하게 소개한다.

(장 루시의 내레이션)

영화에 나오는 저들과 같은 젊은이들이 현대적인 도시의 삶을 즐기기 위해 학교나 가족을 떠나 날마다 아프리카의 도시들로 몰려든다.

할 일이 없는 실업 청년들은 도시의 새로운 골칫거리다.

그들은 전통과 기계들, 이슬람과 알코올 사이에서 살아가면서 권투나
영화의 현대적인 우상들을 믿는다.

나는 아비장의 근교인 트레시빌에서 6개월간 니제르 이민자들 몇 명을
따라다녔다.

그들은 이 영화에서 자신들이 원하는 대로 자신들의 모습을 보여줬다.

우리는 즉흥적으로 이들의 모습을 촬영했다.

영화의 등장인물 가운데 한 사람인 에디 콘스턴틴은 자신의 본성에 매우
충실했다. 레미 커숑 지맨G-Man(본명 에디 콘스턴틴)은 영화 촬영 중 3개월간
감옥에 있었다.

에드워드 G. 로빈슨은 영화를 통해 진정한 자아를 발견했다.
아버지와 의절한 그는 인도차이나 전쟁에서 패한 참전 용사이다.
그는 영화의 주인공이기 때문에 여기에 서 있다.

이어 "나는 흑인 남자"라는 타이틀이 나타나고 영화의 배경인 트레시빌
을 소개한다.

(장 루시의 내레이션)

여기가 트레시빌입니다!

여러분에게 트레시빌이 어떤지 직접 보여드리죠!

(중략)

아비장은 세 개의 구역이 있다. 옛 아프리카 지구, 공업지대 그리고 석호^{潟湖}

건너편의 새로운 아프리카 지구, 트레시빌.

에드워드 G. 로빈슨은 트레시빌에 산다.

오늘도 그는 일을 찾으려는 헛된 희망을 안고 공업지대로 온다.

다음으로 영화의 주인공인 에드워드 G. 로빈슨(가명. 실제 이름은 오마로 간
다. 后에 영화감독이 되었다.)의 얼굴이 보이고, 이어 자신을 소개하는 오마
로 간다의 목소리가 들린다.

(오마로 간다의 내레이션)

나는 에드워드 G. 로빈슨이다.

이 이름은 내 친구들이 붙여준

별명이다.

왜냐하면 내가 영화 속의

에드워드 G. 로빈슨처럼

생겼기 때문이다.

나는 니제르에서 온 외국인이기 때문에 진짜 이름을 숨기고 다닌다.

나는 니제르의 수도, 니아메에서 태어났다.

우리는 돈을 벌기 위해 아비장에 왔다.

이곳에는 아비장에서 돈을 벌 수 있다는 이야기에 속아 넘어간 니제르

사람들이 100명 넘게 살고 있다.

"돈! 돈이 어디에 있어?"

나는 단지 25프랑밖에 없다. 하지만 다른 사람들은 수천 프랑을 가지고 있다.

나는 돈을 벌지 못한다. 나는 일용직 노동자다.

만약 이러한 사실을 일찍 알았더라면 이곳에 결코 오지 않았을 것이다.

왜냐하면 나는 일용직 노동자가 되는 것에 질렸기 때문이다.

"더러운 생활! 만약 진작 내가 일용직 노동자처럼 살 것을 알았더라면, 제기랄!"

이처럼《나는 흑인 남자》는 간간이 장 루시의 짧은 설명이 더해질 뿐 주인공의 독백 같은 이야기가 영화의 주된 내용을 차지한다. 즉 주인공 로빈슨은 영화를 통해 도시의 한구석에서 어렵게 살아가는 자신의 삶과 개인적인 감정 그리고 일상생활과 동료들에 대해 이야기한다. 로빈슨을 비롯한 다른 젊은 니제르 이주 노동자들 또한 카메라 앞에서 즉흥연기를 통해 도시에서 어렵게 살아가는 자신들의 삶을 보여준다.

한편《나는 흑인 남자》는《미친 사제들》과《재규어》의 영화적 주제를 이어가고 있지만, 서아프리카 사람들의 이주 및 도시와 근대성에 대한 다른 시각을 제공한다. 그리고 영화적 형식이나 도시의 상징성 또한 두 작

품들과 다르다.

《나는 흑인 남자》는 공간적으로 도시의 중심과 슬럼가인 외곽 지역, 그리고 시간적으로는 주중과 주말의 생활로 나누어 살펴볼 수 있다. 영화는 먼저 주중에 골드코스트의 중심 도시인 아비장에서 일하는 이주 노동자들의 일상과 희망 없는 도시의 삶을 보여준다. 주인공 로빈슨 또한 직업도 없고, 살 곳도 없다.

(장루시의 내레이션)

매일 로빈슨과 그의 친구들은, 약간의 돈을 받고 어느 곳으로나 물건을 옮겨주는 짐꾼, 버스 정거장에서 오가는 여행자들 가운데 고객을 잡으려는 호객꾼, 가나에서 온 의류상인, 로빈슨이나 엘리테처럼 고용주들의 요구에 따라 일을 하는 "보조리(일용직 노동자)" 같은 일자리를 찾으러 다닌다. 하지만 밤이 되고, 하루의 수입은 카드놀이에 다 써버린다.

(오마로 간다의 내레이션)

매일매일이 똑같다!

또 건물의 새로운 층이 올라간다!

언제나 새로운 일이 생기지만 나에게는 오지 않는다. 나의 삶은 슬프다.

여기에 친구 두 명이 있다.

나와 우리 모두의 삶…….

그것은 언제나 이렇다.

길을 고치는 등의 모든 일은 항상 니제르 사람들이 한다.

로빈슨은 주말이 되자 동료들과 함께 여자를 데리고 해안가로 놀러가고, 여자들을 보기 위해 교회에 가고, 축구 경기를 보러 가고, 음악가들과 전문적인 춤꾼들의 사회집단인 굼베의 여왕을 뽑는 콘테스트에 가서 춤을 구경한다.

(장 루시의 내레이션)

토요일 오후. 트레시빌은 활기를 띤다.

모든 일이 일어난다. 수영, 권투, 춤, 몽상.

(오마로 간다의 내레이션)

오늘은 토요일이다.

노동자들도 토요일에는 일을 하지 않는다.

안녕? 오늘은 토요일 밤이라 좋다.

우리는 소맷자락을 걷어 올리고 재미있게 놀 것이다.

누가 오고 있지? 타잔이다!

택시 운전사, 타잔!

안녕? 타잔! 잠깐!

잠깐 옷을 갈아입고 칼라를

세우고 올게.

나중에 보자. 나는 간다.

소란 피우지 마!

도로시 라모르, 안녕?

나는 타잔을 좋아한다. 우리는 해변으로 갈 것이다.

(중략)

(에드워드 콘스턴틴의 즉흥적인 내레이션)

이제 최대의 콘테스트가 시작된다.

에디 콘스턴틴과 나탈리 대^對 아마두 시디베와 마리암.

나는 나탈리와 함께 우승할 것이다.

그녀는 아주 매력적이다! 나는 못생긴 여자들을 싫어한다.

왜냐하면 내가 잘생겼기 때문이다.

그녀와 나는 아주 춤이 잘 맞는다!

춤이 끝나면 우리는 집에 갈 것이다.

브라보, 콘스턴틴! 대단하다!

나는 여자들 사이에서 최고다!

나는 최고다!

그녀도 나를 좋아하고, 나도

그녀를 좋아한다!

그녀는 나처럼 춤을 춘다!

올해의 굼베의 왕은 에디 콘스턴틴입니다!

그들은 콘스턴틴을 굼베의 왕으로 뽑았다.

불쌍한 에드워드 G. 로빈슨! 그는 니제르 사람들을 보러 간다.

그들은 매우 가난해서 기름 램프의 불빛 옆에서 춤을 춘다.

로빈슨은 에디 콘스턴틴의 우승을 기념하기 위해 친구들과 바^{bar}에 가서 술을 마시고 난 후 한껏 취해 다른 바에 가서 술을 마시지만 결국 돈이 없어 바에서 쫓겨난다. 그리고 로빈슨의 친구 에디 콘스턴틴은 경찰과 싸워 3개월간 감옥에 투옥된다. 한마디로 주인공과 니제르 이주자 동료들은 도시와 연결 고리를 찾지 못한 채 주변인으로 살아간다.

이처럼 《나는 흑인 남자》는 전반적으로 분위기가 어둡다. 활기찬 분위기의 《재규어》와 대조적이다. 특히 이주 노동자로서 열악한 삶을 살아가는 주인공 로빈슨의 모습은 《재규어》의 주인공들이 도시에서 활개 치며 즐겁게 생활하는 모습과 매우 다르다. 도시의 상징성 또한 다르다. 《재규어》의 도시는 부富의 상징이자 욕망의 공간이다. 그리고 이러한 도시의 상징성은 영화 속에서 자동차, 시장, 바, 영화관, 춤의 행렬 등으로 표현된다. 하지만 《나는 흑인 남자》의 도시는 《재규어》와는 달리 젊은 이주자들을 자유롭고 풍요롭게 만드는 공간이 아니다. 자아를 발견하고 주체적으로 살아갈 수 있는 공간 또한 아니다. 반대로 《나는 흑인 남자》의 도시는 주인공과 그의 동료들의 삶을 제한하는 공간이며, 이들의 주체성을 인정하지 않는 곳이다. 한마디로 영화의 주인공과 이주자 동료들이 스스로 삶을 바꾸기에 주어진 조건이 너무 열악하다.

다른 사람들은 돈이 많아
자동차를 타고 점심을 먹으러
집에 간다.
하지만 우리 노동자들은
그렇지 못하다.
우리는 집이 아닌 우리의
잠자리가 있는 곳으로 간다.

집에 가면 쉴 시간이 없어진다.
우리는 길가 망고나무 그늘에서 잠을 잘 것이다.
여기는 좋은 장소이다.
두 시간 후면 몸이 가뿐해질 것이다.
우리는 잠을 자야 한다.
나는 다른 모든 부자들처럼 아내, 집과 차를 가지게 될 날을 꿈꾼다.

이처럼 주인공 로빈슨은 도시 속에서 실제로 원하는 행복을 찾지는 못하지만, 그래도 행복을 꿈꾼다. 여기서 장 루시는 주인공의 "환상"을 담는다. 왜냐하면 도시에서 발붙일 곳을 찾지 못하는 주인공의 주체성을 보여줄 수 있는 유일한 수단은 주인공의 환상뿐이기 때문이다. 영화 속에서 주인공은 권투 챔피언이 되는 것을 꿈꾸기도 하고, 자기가 좋아하는 여자 친구를 아내로 맞이하여 단란한 가정을 꾸미고 행복해하는 모습을 상상 하기도 한다.

(오마로 간다의 내레이션)

모든 사람들이 행복하지만, 나는 슬프다.

그건 내 생활이 매일 이렇지 않기 때문이다.

나는 토요일만 행복하다.

나의 인생은 불안하다.

내 삶은 항상 이렇지 않다. 나는 무엇인가 필요하다.

도로시 라모르, 나도 아내와 자식이 필요하다.

나도 다른 사람들처럼 행복한 남자가 되고 싶다.

아마도 나는 권투선수가 되어 나 자신을 "레이 슈거 로빈슨"이라고 부를지 모른다.

타잔 조니 와이즈뮬러가 나의 매니저가 될 것이다.

나는 페더급 시합에서 세계 챔피언인 슈거 키드 배시와 15분 3초간 싸울 것이다.

(중략)

나는 페더급 세계 챔피언이 되었다.

브라보, 로빈슨! 세계 챔피언!

나는 레이 슈거 로빈슨이 되고 싶다.

하지만 그건 꿈이다. 여기 현실의 권투선수가 있다.

(중략)

(오마로 간다의 내레이션)

나는 곧 도로시 라모르의 남편이 될 것이다.

그녀는 나의 아내가 될 것이고, 나는 말런 브랜도와 같은 배우가 될 것이다.

그녀는 문 앞에서 나를 기다릴 것이다. 그 집은 내 집이 될 것이고, 나는

주인이 될 것이다.

그녀는 나를 기다리고, 밤에는 문을 닫을 것이다.

아무도 우리를 방해하지 않을 것이다.

우리는 사이좋게 살 것이다.

내 집에는 도로시 라모르와 라디오가 있을 것이다.

그녀는 나에게 사랑을 이야기할 것이다.

또한 주인공 로빈슨은 환상 속에서 집으로 돌아가는 모습을 떠올리기도
하고, 어릴 때 강에서 물장구치던 시절을 회상하기도 한다.

쥘, 저거 보고 뭐가 생각나?

너는 석호를 보면 니아메가 생각나지?

너와 나 그리고 우리 선조들이 태어난 땅!

저 니제르 사람 좀 봐!

정말 멋있다! 지금 니제르에 있으면 참 좋겠다!

어릴 때 우리 모두 수영하러 갔을 때처럼 말이야.

소년들과 소녀들 모두 함께 갔지!

도로시 라모르는 자그마한 여자아이였지.

나는 잘 웃는 어린아이였고.

그 시절 나는 늘 행복했어.

나는 그때 도로시와 즐겁게

놀았어.

수영과 다이빙! 매일매일이

좋았어!

저기 에디 콘스턴틴이 있다.

그는 걸출했지. 우리는 아무것도

아니었어.

그보다 나은 사람은 아무도 없었어.

타잔은 이미 우리보다 몸집이 컸어.

우리 서너 명이 그를 물에 밀어 넣으려고 했지.

그는 힘이 좋았어!

그리고 영화의 끝 장면에서 로빈슨은 인도차이나 전쟁 참전 당시의 군대 생활을 회상하면서 다시 트레시빌로 돌아온다.

지금까지 본 것처럼《나는 흑인 남자》는 사회적 리얼리티와 주인공 로빈슨의 독백과 환상을 번갈아 보여주는 형식으로 되어 있다. 이 점에 대해 장 루시는《나는 흑인 남자》가 영화로서 성공한 요인은 "영화를 만들면서 의도적으로 주관적이려고 했으며, 사회적인 현실과 정치적 상황 속에서 주인공들에게 상상의 세계와 판타지를 연기하도록 한 것"[52]이라고 밝혔다.

종합적으로 볼 때《재규어》가 픽션적 이야기와 즉흥연기로 이루어졌다면,《나는 흑인 남자》는 여기에 주인공의 환상을 더하는 방식으로 만들어졌다. 그리고 장 루시는 이러한 영화적 방식으로 주인공들의 목소리를 담고, 아프리카인의 "눈"으로 본 세계를 보여주려 했다. 한편 이처럼 당시에 주인공의 즉흥적인 연기뿐 아니라 아프리카 사람들의 "일인칭 목소리"를 영화에 담았다는 것은 매우 획기적인 일이었다. 장 루시 또한《나는 흑인 남자》에 대해 "처음으로 흑인이 영화에서 말한 것이며, 그리고 흑인이 자신의 삶, 또는 자신의 삶에 관한 이미지에 대해 말한 것"[53]이라고 설명하면서《나는 흑인 남자》를 일컬어 "진실과의 이상한 대화이며, 영화에 쓴 자서전"이라고 불렀다. 하지만 이러한 영화적 목적과 달리 당시《나는 흑인 남자》는 골드코스트의 부르주아 계급이 아닌 슬럼가의 사람들을 영화화했다는 이유로 정부의 검열을 받았으며, 프랑스의 아프리카 식민지 지역에서는 영화의 주인공이 백인 선원과 싸운 장면을 트집 잡아 영화의 상영을 금지하려 했다. 그러나 이는 어떻게 보면《나는 흑인 남자》에서 아프리카인 주인공의 주체성을 보여주려 했던 장 루시의 시도가 시대적으로 앞선 것임을 반증하는 것으로 해석할 수 있다.

한마디로《나는 흑인 남자》이후 장 루시의 카메라는 더는 단순히 사실을 기록하는 수단이 아니라 사람들의 삶 속에서 인류학적 이야기를 만들어가는 "촉매제"가 되었다.[54] 그리고 픽션이 리얼리티를 관통하는 유일한 방법이라는 장 루시의 철학은 점차로 인류학자나 아프리카 관객들에게 동감을 얻기 시작했다.

영상인류학의 시각에서 본 1950년대의 장 루시 영화의 의미

영상인류학의 시각에서 볼 때 장 루시의 영화방법론과 그의 1950년대 대표작들은 몇 가지의 중요한 의미를 지닌다. 첫째로 장 루시는《미친 사제들》을 비롯한 1950년대 대표작을 시작으로 민족지영화, 즉 인류학적 시각과 방법론에 입각한 영화가 가능하다는 것을 보여주었다. 다시 말해서 1950년대의 이전에 만들어진 장 루시의 작품들은 단지 인류학적 사실들을 기록하는 수단이었으나, 1950년대 대표작들은 다큐멘터리적 리얼리즘을 벗어나 "인류학자의 눈"을 통해 만들어진 본격적인 민족지영화들이라고 할 수 있다.

둘째로 장 루시는 1950년대의 대표작을 통해 인류학의 연구에서 영상매체의 가능성을 부각했다. 즉 장 루시는 영상을 통해 연구자와 연구 대상자 간의 진정한 "대화"가 가능하며, 연구 대상자가 연구 과정에 "참여"할 수 있다는 것을 보여주었다. 그리고 영화감독과 연구 대상자가 상호 협력하여 영화를 만들어가는 참여적 인류학의 방식은 민족지영화사에서 매우 중요한 의미를 지니게 되었다.

셋째로 장 루시는 시네픽션의 개념을 통해 기존의 실증주의적 재현의 관습에서 과감하게 벗어나 사회적 리얼리티와 픽션에 의한 "혼합 장르 blurred genre"[55]를 시도했으며 이를 통해 영화 대상의 시각과 목소리를 드러내려 했다.

지금까지 본 것처럼 참여적 인류학과 시네픽션을 통해 영화 대상들의 목소리를 담으려 했던 장 루시의 영화적 시도는 매우 시대에 앞선 것이며, 장 루시의 이러한 영화 제작 방식은 1960년대의 솔 워스Sol Worth와 존 어데어John Adair에 의한 나바호 프로젝트Navajo Project[56], 카야포 인디언Kayapo Indian[57] 및 호주 왈피리 인디언Walpiri Indian[58] 원주민 미디어indigenous media의 기초가 되었다고 볼 수 있다. 장 루시가 1974년에 쓴 글을 보면, 그가 이러한 미래의 영상문화를 예견한 듯한 생각이 든다.

그리고 미래는……? 미래는 들고 다닐 수 있는 휴대용 컬러 비디오, 비디오 편집 그리고 즉석 뒤로 감기(즉석 피드백)가 가능한 시대가 될 것이다. 다시 말하자면, 베르토프와 플래허티의 꿈, 기계적인 "영화 눈ciné-eye"과 사람들이 전적으로 참여하는 시대가 와서 카메라는 이제껏 카메라 렌즈 앞에 있었던 사람들의 손에 자동적으로 넘어가게 될 것이다. 그때는 인류학자들은 더는 관찰에 대한 독점권을 행사할 수 없을 것이며, 인류학자들의 문화와 인류학자들 자신이 "다른 사람들에 의해" 관찰되고 기록될 것이다. 이렇게 민족지영화는 우리가 인류학을 "공유"하는 데 도움을 줄 것이다.[59]

2장

시네마베리테의 효시,
《어느 여름의 기록》(1961)

장 루시와 사회학자 에드거 모랭Edgar Morin은 1959년 12월 이탈리아의 플로렌스에서 열린 제1회 인류영화제Festival dei Popoli에 심사위원으로 참석했다. 에드거 모랭은 그곳에서 장 루시에게 자신이 구상 중인 다큐멘터리영화에 대해 설명하고 함께 영화를 만들자고 제안했다. 당시 그는 새롭게 개발된 경량輕量 카메라를 이용하여 파리 사람들에 대한 영화를 만들 계획이었는데, 장 루시가 바로 이 영화에 적격이라고 생각했다. 왜냐하면 장 루시가 서아프리카의 민족지영화 작업을 하여 핸드헬드 카메라 방식의 촬영에 능숙한 것을 알고 있었기 때문이었다.

영화제에서 돌아온 에드거 모랭은 1960년 1월 『프랑스 옵세르바퇴르France Observateur』에 「새로운 시네마베리테를 위하여」라는 글을 발표했다. 그리고 자신이 만들고자 하는 새로운 영화에 대한 생각을 다음과 같이 밝혔다.

> 나는 최초의 민족지 및 사회학적 영화제인 "인류영화제"에서 새로운
> 시네마베리테가 가능할 것이라는 인상을 받았다. 나는 지금 픽션영화가
> 아니라 이른바 다큐멘터리영화를 말하고 있는 것이다. 물론 픽션영화에서도

가장 깊은 진실들 — 연인, 부모, 친구 간의 관계에 대한 진실들, 감정과 열정에 관한 진실들, 관객들의 감정적 욕구에 관한 진실들 — 을 추구할 수 있다고 생각하지만, 픽션영화로는 포착할 수 없는 하나의 진실이 있다. 그것은 바로 삶 자체의 진정성이다.[1]

한편 에드거 모랭은 「새로운 시네마베리테를 위하여」를 발표하면서 러시아의 지가 베르토프가 명명한 "키노 프라우다Kino-Pravda" 즉 "영화 진실 cinema-truth"의 개념을 염두에 두고 있었다. 한편 지가 베르토프는 1960년대 당시 러시아에서는 거의 잊힌 존재였으나 프랑스에서는 몇몇 대표적인 영화 비평가에 의해 평판이 유지되고 있었다. 특히 마르크스 계열의 영화사 학자인 조르주 사둘Georges Sadoul[2]과 에드거 모랭이 자신들의 책을 통해 지가 베르토프의 영화 이론을 알리는 데 앞장섰다.[3] 그러면 여기서 잠시 지가 베르토프의 영화방법론에 대해 살펴보자.

지가 베르토프는 다큐멘터리영화사에서 《카메라를 든 사나이Cheloveks Kinoapparatom》[4](1929)라는 영화로 잘 알려진 러시아의 영화감독이다. 지가 베르토프는 1922년 뉴스 릴을 제작하면서 그 이름을 "키노 프라우다"라고 불렀다. 또한 지가 베르토프는, 자신의 동생이자 카메라맨인 미하일 카우프만Mikhail Kaufman과 자신의 부인이자 영화 편집자였던 옐리자베타 스빌로바Yelizaveta Svilova와 함께 키노키Kinoki, 즉 "카메라 눈"이라는 영화 집단을 만들었다. 이 영화 집단은 1923년 자신들의 영화 철학을 담은 성명서를 발표하면서 "'카메라 눈'은 세계를 보는 새로운 방식을 제공하며, 삶의 사실들은 영화 특유의 기술과 표현 양식에 의해 '영화적 사실들'로 전환

된다."라고 선언했다. 그리고 이러한 영화적 사실들을 "영화 특유의 진실"
이라는 의미에서 "시네마베리테"라고 불렀다.

이처럼 지가 베르토프가 명명한 시네마베리테는 영화에 의해 전달되
는 객관적인 진실이 아니라 "영화 눈", 즉 카메라를 통해 드러나는 영화적
진실을 말한다. 그리고 "영화 눈"은 인간의 눈과 다른 "새로운 지각 기관"
이며, 사람들이 모르는 사이에 삶을 포착하는 능력을 가지고 있다고 지
가 베르토프는 주장했다.

> "카메라 눈"은 어느 곳이나 갈 수 있고 어느 곳이나 볼 수 있다. 비행기와 함께
> 공중을 날 수 있고, 기차 밑을 따라가며 위를 쳐다볼 수도 있으며, 숙녀의
> 방을 훔쳐볼 수도 있다.

지가 베르토프는 이러한 영화적 생각을 《카메라를 든 사나이》에서 보여
주었다. 《카메라를 든 사나이》는 클로즈업, 트래킹 쇼트 등의 다양한 쇼
트, 이중 노출, 저속도 촬영 화면 등과 같이 영화 눈에 의해 촬영된 영
화 장면들과 몽타주, 병렬 화면, 겹친 화면, 분할 화면, 빠른 화면, 느린 화
면, 뒤로 가는 화면처럼 편집 과정을 통해 만들어진 영화 이미지를 다양
하게 보여준다. 지가 베르토프는 "카메라 눈"에 이어 영화의 사운드가 출
현하자 영화의 사운드를 "라디오 귀radio-ear"라고 부르기도 했다. 지가 베
르토프에 의하면, 영화는 객관적인 리얼리티의 기록이 아니라 "영화적
리얼리티cine-reality"의 기록이며, 시네마베리테는 "영화 눈"과 "영화 귀"에
의해 지각되고 만들어지는 영화 특유의 재현 방식을 말한다.

장 루시는 이러한 지가 베르토프의 영화 철학 및 영화방법론의 영향을 받아 자신의 시네마베리테의 개념을 정립했다. 즉 장 루시는 지가 베르토프처럼 실증주의적인 입장의 다큐멘터리적 리얼리즘을 배격하면서 카메라에 의해 만들어지는 새로운 진실을 영화적 진실, 즉 시네마베리테라고 불렀다. 그리고 시네마베리테는 "진실의 영화"가 아니라 기계적인 눈과 전자적 귀를 가진 영화에서 보여줄 수 있는 "영화의 진실"이라고 주장했다.[5]

나에게…… "영화 진실"은 "영화 눈"과 같은 방식으로 특정한 의미를 갖는다. 이는 순수한 진실이 아니라 기록된 이미지와 사운드에 특유한 진실이다.[6]

이처럼 지가 베르토프의 영향을 받아 정립된 장 루시의 시네마베리테의 개념은 일면 지가 베르토프의 영화 방식과 유사한 면이 있다. 다시 말해서 장 루시와 지가 베르토프는 영화적 리얼리티의 본질에 관해서는 서로 비슷한 생각을 가지고 있다.[7] 하지만 실제적인 영화 제작 방식에서는 두 감독 간에 상이한 점이 많다. 예를 들어, 장 루시의 영화적 표현 방식은 주로 롱 테이크long take의 촬영 방식과 시간적 순서에 의한 편집에 의존하고 있는 반면,《카메라를 든 사나이》는 시간적 순서에 의한 편집을 따르고 있지 않다. 또한 지가 베르토프는 화려한 몽타주를 비롯한 다양한 영상 효과를 즐겨 사용하지만, 장 루시는 몽타주의 사용이나 영상 효과를 배격하는 입장이다. 이런 의미에서 장 루시의 시네마베리테가 주로 촬영 과정을 통해 나타난다고 본다면, 지가 베르토프의 시네마베리테는 주로 편집 과정을 통해 만들어진다고 할 수 있다.

한편 장 루시와 에드거 모랭은 프랑스 역사에서 중요한 전환점이었던 1960년, 파리 사람들의 삶과 생각을 기록하고 동시에 다큐멘터리영화에서 얻을 수 있는 "진실"에 관한 질문을 던지는 다큐멘터리영화를 만들고자 했다. 그리고 이들은 자신들이 만들고자 하는 영화에 대해 "파리를 배경으로 하는 하나의 연구이자 인간을 연구한다는 의미에서 민족지적 영화의 성격을 지니고 있으며"[8], "감독들과 연기자들에 의해 수행되는 영상 커뮤니케이션의 실험이 될 것"[9]이라고 밝혔다. 또한 장 루시와 에드거 모랭은 새로이 만들어질 영화를 "파리에 사는 이상한 종족에 대한 연구"라고 불렀으며, 영화의 제목은 《어느 여름의 기록Chronique d'un été》(1961)[10]이라고 이름 붙였다.

한마디로 《어느 여름의 기록》[11]은 1960년 여름, 파리에 거주하는 젊은 이들을 밀착 촬영하면서 노동, 사랑, 행복에 대한 이들의 생각뿐 아니라 당시 아프리카의 식민지 전쟁 및 인종차별 등과 같은 사회적 이슈에 대한 다양한 의견을 담고 있다.

《어느 여름의 기록》은 내용상 크게 세 부분으로 나뉜다. 가장 분량이 긴 전반부는, 이른 아침 출근하는 파리의 시민들을 대상으로 한 질문, 식사 시간의 토론, 에드거 모랭과의 일대일 인터뷰 그리고 등장인물들의 일상생활 모습과 함께 주인공들의 다양한 진술이 엮여 전개된다. 장 루시와 에드거 모랭이 중심인물의 역할을 하는 것도 전반부의 특징이라고 할 수 있다. 영화의 두번째 부분은 개인적인 영역을 넘어 알제리 전쟁 및 인종차별과 같은 사회적이고 정치적인 이슈를 다룬다. 영화의 세번째 부분은 주인공들이 여름휴가를 보내기 위해 파리를 떠나는 장면에서 시작되어 이들이 각지에서 휴가를 보내는 모습들로 구성되어 있다. 영화의 끝 부분에서는 휴가에서 돌아온 등장인물들이 편집된 러시 필름rush film을 함께 보면서 영화에 대해 의견을 교환하는 모습을 보여준다. 영화는 장 루시와 에드거 모랭이 자신들의 작품에 대해 서로 이야기를 나누는 장면으로 막을 내린다.

한편《어느 여름의 기록》이 만들어진 1960년대는 다큐멘터리영화사에서 매우 중요한 시기로 간주된다. 기술적인 측면에서 소형 카메라와 동시녹음장비가 상용화되었으며, 영화사조의 측면에서는 두 가지의 새로운 다큐멘터리 양식이 나타났다. 그리고 이때 출현한 프랑스의 시네마베리테와 북미의 다이렉트 시네마는 이후 다큐멘터리영화의 대표적인 양식으로 확립되었다. 특히 "시네마베리테의 실험une experience de cinéma vérité"이라는 부제가 붙은《어느 여름의 기록》은 최초의 시네마베리테 영화[12]로서 다큐멘터리영화사에서 시네마베리테를 규정하고 이를 알리는 데 커다란 역할을 했다.[13]

참여적 카메라participatory camera

《어느 여름의 기록》은 여섯 명의 젊은 파리 사람들과 함께 만들어간다는 생각으로 제작한 영화다. 이런 면에서《어느 여름의 기록》은 장 루시의《재규어》와《나는 흑인 남자》의 제작 방식과 매우 유사하다. 즉《재규어》는 세 명의 젊은 아프리카인들의 눈과 목소리를 통해 이들이 경험하는 세계를 그리고 있으며,《나는 흑인 남자》또한 주인공의 일인칭 시각을 통해 주인공이 처한 사회적 상황을 영화화하고 있다. 이처럼 장 루시는 서아프리카의 민족지영화를 만들면서 주인공들의 시각과 목소리를 담으려 했으며, 이들이 적극적으로 영화의 제작 과정에 참여하는 방식으로 영화를 만들려고 노력했다. 이러한 제작 방식은《어느 여름의 기록》에서도 그대로 이어졌다. 다시 말해서 장 루시와 에드거 모랭은《어느 여름의 기록》의 기획 단계에서부터 영화감독과 등장인물이 공동 "참여"하는 영화를 염두에 두고 있었다. 이러한 맥락에서 에드거 모랭은 "이 실험에서 감독들과 등장인물들 간의 장벽은 없을 것이다. 왜냐하면 감독이 대상자들의 삶에 직접 참여할 것이기 때문"[14]이라고 설명하고 있다. 또한 영화의 제작 방식과 제작 현장의 분위기에 대해서도 "우리가 만드는 영화는 노동 현장이나 길거리의 모습 그리고 일상생활의 몸짓이나 태도를 그릴 것이며, 대화나 즉흥적인 토의가 오고 가는 친근하고 자유로운 분위기 속에서 등장인물들의 성격이나 문제점들이 드러나는 방식으로 영화를 만들려고 노력할 것"[15]이라고 밝혔다.

한편 장 루시는 영화감독이 영화화되는 사건에 최대한 "참여"하는 것이 가장 좋은 영화 작업이라고 생각했다. 사실 에드거 모랭이 장 루시를 높게 평가한 것도 "영화감독으로서가 아니라 한 개인으로서 영화 대상의 삶에 적극적으로 뛰어드는 영화감독filmmaker diver"[16]의 모습 때문이었다. 이처럼 장 루시는 영화의 기술적인 측면보다 감독이 영화 대상들의 삶에 직접적으로 참여하는 것이 더 중요하다고 생각했다. 따라서 장 루시는 최소한의 스태프와 적은 장비로 영화 작업하는 것을 선호했으며, 특별한 상황을 제외하고는 전문적인 영화 기술자를 고용하는 것을 반대했다. 왜냐하면 너무 많은 스태프나 장비, 그리고 기술적인 측면과 영상 미학에 대한 과도한 관심은 영화감독과 영화 대상 간의 관계를 해칠 수 있다고 생각했기 때문이다. 실제로 장 루시는 영화 현장에서 16밀리 카메라와 테이프 레코더만 달랑 메고 영화 작업을 했다. 그리고 장 루시는 아프리카에서 영화를 만들 때처럼 《어느 여름의 기록》을 촬영할 때도 삼각대나 줌 렌즈를 사용하지 않았으며, 같은 장면을 반복 촬영하거나 예쁜 이미지를 우선시하는 촬영 방식을 반대했다. 또한 장 루시는 자연광을 이용하여 촬영하는 것을 선호했고,《어느 여름의 기록》에서는 캐나다 출신의 촬영기사 미셸 브로Michel Brault와 함께 개발한 일명 "걸어가는 카메라walking camera"[17], 즉 트래킹 쇼트tracking shot를 즐겨 사용했다.《어느 여름의 기록》에서 이러한 걸어가는 카메라의 촬영 방식이 가장 잘 나타나는 곳은 마르셀린이 나치 수용소에서 아버지와 함께 지냈던 경험을 회상하며 콩코르드 광장을 걸어가는 장면이다.

(마르셀린의 독백)

오, 아빠, 아빠! 당신이 지금 여기에 있으면 얼마나 좋을까요……. 나는 당신이 돌아오기를 기다리며 살아왔어요……. 내가 돌아왔을 때, 모든 게 힘들었어요…….

힘들었어요……. 나는 기차역 플랫폼에 있는 모든 사람을 보았어요. 어머니 그리고 모든 사람들. 그들은 모두 나에게 키스를 했어요. 내 마음이

돌같이 느껴졌어요. 그때 나를 움직인 건 미셸이었어요. 내가 "나를 못 알아보겠니?"라고 말하자, 그가 "예, 내 생각에, 당신은 마르셀린이죠."라고 말했어요……. 오, 아빠!

이처럼《어느 여름의 기록》의 기조를 이루고 있는 영화적 방법론은 서아프리카의 민족지영화와 마찬가지로 참여적 카메라의 개념이다. 한편《어느 여름의 기록》에서 장 루시의 참여적 카메라의 개념은 다음의 두 가지 측면으로 나타났다고 볼 수 있다. 한 가지는 여섯 명의 젊은 파리인들이 영화 제작 과정에 최대한 참여하는 것이며, 다른 한 가지는 영화감독이 영화 대상들의 삶에 적극적으로 참여하는 방식이다. 특히 장 루시가《어느 여름의 기록》의 영화 작업에서 중요시했던 것은 영화감독과 영화 대상 간의 친밀한 관계와 상호 참여였다. 그리고 장 루시가 소규모의 장비와 스태프 그리고 걸어가는 카메라의 기법을 선호한 것 또한 영화감독과 대상 간의 원활한 상호 참여를 위한 것임을 알 수 있다. 이를 다시 한 번 지가 베르토프의 시네마베리테의 개념과 비교하여 말하자면, 지가 베르토프의 영화적 방식에서는 영화감독과 대상들 간의 실재적인 관계 및 상호 행위에 대한 인식이나 성찰은 보이지 않는 반면, 장 루시의 영화적 방식에서는 영화감독과 대상들 간의 관계나 상호 행위가 매우 중요한 요소들 가운데 하나라고 할 수 있다. 또한 지가 베르토프는 종종 카메라를 숨겨놓고 영화 대상들이 알아차리지 못하는 상태에서 촬영하는 방식을 택하곤 했다. 반면, 장 루시와 에드거 모랭은 이러한 지가 베르토프의 관음증적인 촬영 기법을 넘어서 인류학의 참여관찰 및 현지조사와 유사한 방식에 기초한 새로운 형태의 시네마베리테가 필요하다는 것을 강조했다. 이러한 의미에서 에드거 모랭은 로버트 플래허티가 지가 베르토프보다 새로운 시네마베리테의 "진정한 아버지"에 더 가깝다고 주장하기도 했다[18].

촉매제로서의 카메라

《어느 여름의 기록》은 "촉매제로서의 카메라"의 영화적 방법론을 광범위하게 실험한 영화라고 할 수 있다. 앞 장에서 본 것처럼 장 루시는 카메라가 시네트랜스를 위한 촉매제의 역할을 한다고 믿었다. 즉 카메라가 영화 촬영을 하는 사람과 영화화되는 사람들 사이에서 시네트랜스를 촉발한다고 보았다. 《어느 여름의 기록》에서도 카메라는 카메라 밖에 존재하는 진실이나 사실을 기록하는 매체가 아니라 영화 대상들의 세계에 적극적으로 개입하는 주체이자 영화감독과 영화 대상 간의 직접적인 만남을 통해 영화적 사실을 이끌어내는 촉매제 역할을 한다. 따라서 《어느 여름의 기록》의 카메라는 영화의 시작에서부터 끝까지 등장인물의 삶에 개입하고 말을 건넨다. 특히 《어느 여름의 기록》은 "인터뷰"라는 기제로 사람들의 생각과 삶에 대한 이야기를 이끌어낸다. 《어느 여름의 기록》에서 인터뷰나 대화가 많은 부분을 차지하는 것은 바로 이 때문이다. 한편 이러한 인터뷰 텍스트는 애니 딜라드Annie Dillard가 말한 것처럼 "현장에서 즉흥적으로 만들어지고 새로운 의미가 창출된다는 점에서 능동적이고 수행적 performative이며, 타인의 삶을 재현하는 하나의 수단이자 내러티브 장치"[19]로 볼 수 있다. 《어느 여름의 기록》에서도 인터뷰와 영화 참여자들 간의 대화는 이러한 수행적인 역할을 할 뿐 아니라 영화의 이야기를 전개하는 내러티브의 틀로 사용된다. 그리고 이러한 인터뷰에 의한 영화 제작 방식은《어느 여름의 기록》이후 시네마베리테를 규정하는 주된 영화적 요소가 되었으며, 촉매제로서의 카메라 또한 이후 시네마베리테의 핵심적인 개념으로 자리 잡게 된다.

장 루시는《어느 여름의 기록》을 만들면서 촉매제로서의 카메라가 영화 참여자의 "퍼포먼스"를 유도하고, 퍼포먼스를 통해 영화 대상들의 믿음, 감정, 태도와 꿈을 드러낼 수 있다고 보았다. 에드거 모랭 또한 영화는 카메라에 의해 촉발된 퍼포먼스에 전적으로 의존해야 한다는 데 동의했다. 이러한 맥락에서 장 루시와 에드거 모랭은《어느 여름의 기록》을 기획하면서 영화 참여자들에게 할 질문은 미리 준비할 것이지만 모든 것이 즉흥적으로 이루어질 것이라는 사실을 밝혔다. 따라서 이들에게 사전에 준비된 대본이란 있을 수 없었다. 왜냐하면 등장인물들이 어떻게 행동할 것인지 미리 정해놓는 것은 감독과 등장인물 간의 관계 형성이나 즉흥적인 행위에 방해된다고 생각했기 때문이었다. 실제로 에드거 모랭이 국립영화센터에 제출한 영화 시놉시스를 보면, 미리 준비된 각본 대신 "많은 등장인물들을 모아 그들에게 '어떻게 사십니까?Comment vis-tu?'라는 단순한 질문을 던질 뿐이고, 등장인물들의 응답이 영화의 방향을 결정한다."[20]고 적혀 있다. 사실 영화 제목도 원래는 에드거 모랭이 제안했던《어떻게 사십니까?》였으나 영화가 완성된 후 장 루시의 의견을 받아들여《어느 여름의 기록》으로 바뀌었다. 한편《어느 여름의 기록》에서 영화 대상의 퍼포먼스나 반응을 이끌어내는 방식은 주로 영화감독의 적극적인 개입과 인터뷰 또는 대화였다.《어느 여름의 기록》에서 대화를 통해 영화 참여자의 삶에 개입하고 영화 대상의 반응을 이끌어내는 대표적인 예로 에드거 모랭이 마르셸린에게 팔에 새긴 문신에 대해 묻는 장면을 꼽을 수 있다.

에드거 모랭: 마르셸린, 당신 팔에 새겨진 숫자 문신이 눈에 띄는데, 그건 인간이 경험할 수 있는 최악의 시련을 겪었다는 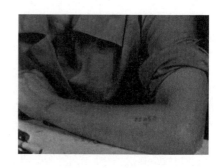 뜻이겠죠. 그리고 얼마 전에 당신과 내가《별》이라는 영화를 본 기억이 있어요⋯⋯. 나치 수용소 생활을 했던 사람들에 대한 이야기였는데, 당신이 영화를 보고 매우 화를 냈던 걸로 알고 있습니다.

마르셸린: 예, 맞습니다⋯⋯. 나는 그때 그 영화를 보고 매우 화가 났습니다. 하지만 지금은 아우슈비츠의 옛 이미지들이 아주 분명하게 되살아나는 걸 깨닫습니다⋯⋯. 왜 그런지 모르겠어요⋯⋯. 지금 내가 살고 있는 시대를 잘 모르겠습니다⋯⋯.

이처럼《어느 여름의 기록》은 질문이나 대화의 형식을 통해 영화 참여자의 과거 기억이나 현재의 삶에 대해 질문을 던지고, 이들의 반응을 유도한다. 또한 영화 전반부에서 길거리 인터뷰를 비롯한 파리의 생활이나 주택 문제 등에 관한 사적인 질문들, 그리고 알제리 전쟁이나 인종차별주의에 대한 사회적인 질문들을 던져 파리 사람들과 영화 참여자들의 삶과 생각에 개입하고 이야기를 이끌어낸다.

(다이닝 룸)

에드거 모랭: 나는 몇 년 동안 주택 문제, 그게 얼마나 당신을 괴롭혔는지…… 얼마나 당신의 삶을 내리눌렀는지 기억하고 있죠. 지금 당신은 크린치에 살고 있죠. 어쨌든 돈이 덜 드는 주택이 더 좋죠. 밝고 평화롭고……. 우리에게 주택 문제에 대해 말해줄 수 있어요?

가비용: 주택 문제는 정말 고통스러웠어요. 집이 없는 것은……. 여러 가지 점에서 다른 사람들에 의해 좌지우지되는 것이 고통스러웠어요. 그건 정말로 괴로운 일이에요. 무엇보다도 당신이 하숙집에 살 때…….

가비용 부인: 들어봐요. 당신은 기억하지 못하는군요! 벽이 너무 얇아서 이웃사람들이 옆방에서 말하는 소리가 모두 들렸어요.

가비용: 물론…… 물론…… 그건 맞아요.

가비용 부인: 방에 난방도 안 되었죠.

가비용: 맞아요.

가비용 부인: 그리고 빈대도 있었어요……. 너무 놀라서 밖에서 자고 싶을 정도였어요.

가비용: 하지만 나는 당신이 밖에서 자는 것을 원치 않았어요……. 당신은 언덕의 공원에서 자고 싶어 했죠.

가비용 부인: 응, 차라리 그게 나았어요.

가비용: 하지만 거기 18가의 공원은……

가비용 부인: 오, 끔찍했어요! 나는 내 평생 빈대를 본 적이 없어요. 내가 빈대를
본 건…… 어느 날……3 아침 5시경에 일어나고 나서였죠. 난
내 손목에 혹 몇 개가 생기기 전까지는 그게 뭔지 알지 못했어요.
그냥 이상한 뾰루지라고 생각했어요……. 그러고 나서 어느 날씨
좋은 날 아침 5시에 일어났는데, 머리를 돌려 침대 쪽을 보니
뒤에서 어떤 벌레가 기어 올라오는 거예요. 나는 그런 빈대를 본
적이 정말로, 정말로 없었어요. 나는 귀청이 찢어질 정도로 비명을
질렀어요. 당신 기억하죠?

(중략)

(긴 테이블)

장루시: 우리는 지금까지 비교적 사적이고 개인적인 세계에 대해
이야기했는데, 이제는 1960년대 여름의 상황 이야기로 옮겨갈 때가
된 것 같습니다.

등장인물들: 예, 예.

장루시: 그럼, 계속 이야기해볼까요?

에드거 모랭: 예. 나는 정말로 사람들의 생각을 알고 싶어요.

장루시: 시작합시다!

에드거 모랭: 오케이. 시작합시다……. 그럼 시작하죠, 시작하죠, 시작하죠.

나는 모르겠어요.
하지만 만약 내가
학생이라면……
그러니까 지금
당장, 특히 남자들,
그러니까 병역의
의무가 있는 나이의 학생들은 알제리의 사건들…… 알제리 전쟁에
대해 생각할 것 같아요. 당신들은 이 이슈, 알제리의 전쟁에 관심이
없겠죠? 그렇죠?

장마르크: 아녜요. 우리는 관심이 있어요……. 이 이유 때문이라면, 언젠가,
그러니까, 모르겠어요. 내년, 후년, 10년 후에는 알제리 전쟁은
좋은 영화 주제가 되겠죠.

에드거모랭: 당신은 예술을 좋아하죠? 그래서 미래에 알제리 전쟁에 대한
영화를 만들고 싶다고 이야기하는 거네요. 좋아요.

한편《어느 여름의 기록》의 많은 부분이 인터뷰나 참여자들 간의 대화로
구성된 것은 소형 카메라와 동시녹음 기술의 발전에 기인한 면이 크다. 이
런 점에서《어느 여름의 기록》은 1960년대에 새롭게 선보인 소형 카메라
와 동시녹음 기술을 십분 활용하면서 다양한 사람들의 목소리와 이들
의 일상적인 삶의 이야기를 담은 최초의 다큐멘터리영화라고 볼 수 있다.
1962년에 장뤽 고다르Jean-Luc Godard도 같은 맥락에서 "나는 처음으로 노동
자가 영화에서 말하는 것을 들었다."[21]라고 말했으며, 장 루시와 에드거

모랭 또한《어느 여름의 기록》과 같은 시네마베리테 영화가 진정한 "토킹 시네마talking cinema"가 될 수 있다고 말했다.

내가 시네마베리테의 주제에 매혹된 또 다른 이유는, 베르토프의
생각들이나 단지 그러한 장르를 되살리는 것이 아니라 (중략)
"시네마베리테"가 진정한 토킹 시네마가 될 수 있다는 점이다. 아마도
우리는 처음으로 진정한 토킹 시네마의 모습을 그려낼 수 있을 것이다.
후시녹음으로 사람들의 목소리를 담는 것이 아니라 화면이 보이는 바로
그 순간 소리가 튀어나온다. (중략) 게다가 이 영화에는 주먹질이나 권총
싸움도 없으며, 키스 신조차 없다. 결국 행동은 말이다. 행동은 대화, 토론,
이야기에 의해 전달된다.[22]

또한 장 루시와 에드거 모랭은 영화의 기획 단계에서부터《어느 여름의
기록》이 "사이코드라마psychodrama"와 비슷한 역할을 수행할 수 있을 것이
라고 믿었다. 즉 장 루시와 에드거 모랭은《어느 여름의 기록》을 기획하면
서 영화가 커뮤니케이션의 수단이자 사이코드라마처럼 심리적 치료의 역
할을 할 수 있을 것이라고 생각했다.

우리는 커뮤니케이션의 수단으로서의 카메라의 가능성을 실험했다.
그리고 우리 계획에는 모든 커뮤니케이션이 사람들을 해방할 수 있을
거라는, 치료에 대한 생각이 들어 있었다.[23]

이처럼 장 루시와 에드거 모랭은 《어느 여름의 기록》을 만들면서 이 영화가 "작가와 등장인물이 집단적으로 만들어가는 사이코드라마의 시도"[24]라는 점을 강조했다. 그리고 이들은 영화 작업을 하며 영화 참여자들이 카메라 앞에서 자신의 삶을 드러내도록 했다. 한편 장 루시는 초현실주의의 측면에서 카메라가 영화 대상의 무의식을 끌어내어 퍼포먼스를 유도할 수 있다고 생각한 반면, 에드거 모랭은 정신분석학 측면에서 영화 제작 과정에서 무의식 속에 억눌려 있던 생각이나 감정들이 표면으로 드러날 것이라고 보았다.[25] 하지만 영화가 사이코드라마의 역할을 수행할 수 있다는 점에서는 서로 동일한 생각을 가지고 있었다.

그리고 장 루시와 에드거 모랭은 영화의 촬영이 끝나고 난 후, 극장에서 상영하기 전에 영화 참여자들을 위한 사전 영화 상영을 계획했다. 이는 장 루시가 《어느 여름의 기록》을 촬영하기 바로 전에 서아프리카에서 만든 영화 《인간 피라미드The Human Pyramid》(1961)에서 시도한 방식이었다. 즉 장 루시와 에드거 모랭은 영화 기획서에 영화 상영 후 등장인물들에게 다음과 같은 질문을 던질 것이라고 밝혔다.

우리는 이 연구가 끝날 즈음, 등장인물을 모아놓고 그때까지 만들어진 필름을 보여줄 것이다. (중략) 이를 통해 등장인물들이 자신에 대해 무엇인가 배웠는가?

다른 등장인물들에 대해 무엇인가 배웠는가? 영화 참여자들이 서로 가까워졌는가? 또는 단지 당황스러움이나 아이러니, 회의를 느꼈는가? 다른 사람들에게 자신에 대해 이야기를 할 수 있었는가? 아니면 감정을 감추고 있었는가? 하지만 궁극적으로 우리가 서로 간의 의사소통에서 성공했건 실패했건 충분히 성공한 것이며, 실패는 그 자체가 일시적인 것이다. 왜냐하면 이러한 사실 자체가, 서로 간의 의사소통이 얼마나 힘든지를 알려주고 우리가 찾고 있는 진실에 대해 밝혀주기 때문이다.[26]

자기성찰성 self-reflexivity

《어느 여름의 기록》의 또 다른 특징은 "자기성찰성"이다. 일반적으로 사회과학 및 민족지 연구에서 자기성찰성은 연구자가, 자신이 연구하는 세계의 일부라는 것을 인식하는 것을 말한다.[27] 이를 다큐멘터리영화와 관련하여 설명하자면 자기성찰적인 영화는, 중립적이고 객관적인 진실의 반영을 강조하는 전통적인 다큐멘터리영화에 반대하는 영화 방식이라고 이해할 수 있다.[28] 또한 자기성찰적이라는 것은 "영화감독이 의도적으로 설정한 질문들을 찾아가는 과정 및 발견된 내용들, 그리고 발견된 내용들을 특정한 방식으로 제시하게 된 인식론적 가정들을 드러내는 것"[29]이라고 볼 수 있다. 이를 영화 텍스트의 구성과 관련하여 말하자면, 자기성찰성은 "모든 영화의 제작 과정을 영화 텍스트 안에 포함하는 것"[30]을 말한다. 따라서 자기성찰적인 다큐멘터리영화는 관객들에게 영화의 메시지뿐 아니라 영화가 만들어진 과정을 드러내는 방식을 취한다.

한편 자기성찰성의 논의는 자연스럽게 다큐멘터리영화의 객관성 및 리얼리즘 그리고 시네마베리테의 개념과 연결된다. 왜냐하면 자기성찰적 다큐멘터리영화는 카메라가 직접적으로 리얼리티의 세계에 접근한다는 생각을 해체하고, 카메라의 세계 밖에 객관적 사실이나 진실이 존재하는 것처럼 리얼리티를 제시하는 영화적 장치와 관습에 대해 질문하고 도전하기 때문이다. 그리고 시네마베리테 영화가 실증주의 시각에서 영화적 재현을 바라보는 시각을 부정하는 것처럼 자기성찰적인 다큐멘터리영화 또한 "객관성의 신화"를 벗어나 다큐멘터리영화의 진실에 대해 성찰할 것을 요구한다. 따라서 자기성찰성과 시네마베리테는 모두 실증주의적인 시각이나 객관적인 리얼리즘에 문제를 제기한다는 점에서 서로 일치한다. 이렇게 본다면, 시네마베리테를 강조한 장 루시가 《어느 여름의 기록》에서 자기성찰적인 영화 방식을 택한 이유를 알 수 있다.

　실제로 《어느 여름의 기록》은 전체적으로 성찰적 다큐멘터리의 구조를 취하고 있다. 먼저 《어느 여름의 기록》은 영화가 시작되면서 "이 영화는 배우들에 의해 연기된 것이 아니라 시네마베리테의 새로운 실험에 자신의 삶을 잠시 할애한 남녀들의 삶을 기록한 것"이라고 영화의 목적을 설명하는 장 루시의 목소리를 들려준다. 이어 본격적인 촬영에 앞서 장 루시와 에드거 모랭이 영화를 만들어가는 방식에 대해 대화를 나누는 모습을 보여준다. 장 루시는 에드거 모랭에게 "사람들을 식탁에 모으는 것은 좋은 생각"이라고 말하면서 《어느 여름의 기록》의 등장인물들 가운데 한 명인 마르셀린과 약간의 고민 섞인 대화를 나눈다.

장루시:　카메라가 없을 때처럼 정상적인 대화를 녹음할 수 있을지는

모르겠는걸. 예를 들어, 당신이 평상시처럼 편안하게 이야기할 수 있을지 모르겠어요.

마르셀린: 조금 어려울 것 같아요.

장루시: 왜죠?

마르셀린: 제가 조금 겁을 내는 편이거든요.

장루시: 무엇이 겁나죠?

(중략)

장루시: 오케이. 이제 겁나지 않죠? 모랭과 내가 당신에게 부탁하는 것은, 재주껏 그냥 말하고, 우리의 질문에 답하는 거예요. 만약 당신이 원하지 않는 것을 말했다면, 언제든지 편집할 시간이 있습니다.

에드거 모랭: 오케이. 어쨌든 시작하겠습니다. 당신은 우리가 뭘 물어볼지 모를 겁니다. 우리도 자세히는 모릅니다. 루시와 내가 만들려고 하는 것은 다음과 같은 생각에 대한 영화입니다. "어떻게 사세요?" "어떻게 사십니까?" 이렇게 시작해서 다른 사람들에게도 "어떻게 사십니까?"라고 물어볼 겁니다. 말하자면, "삶을 어떻게 살아가고 있느냐?"라고 물어볼 겁니다. 어쨌든 당신이 영화에서 중요한 역할을 하고 있고, 어디선가 시작해야 하기 때문에 당신부터

시작하겠습니다.

그리고 나서 장 루시는 가장 먼저 마르셀린에게 간단한 질문을 던진다.

장루시: 당신은 하루 종일 뭘 하죠? 예를 들어, 아침에 일어나면 무엇을 하죠?

마르셀린: 보통, 일하죠.

장루시: 어떤 종류의 일이죠?

마르셀린: 저는 응용심리학 회사에서 사회심리학적인 조사를 하고 있어요.
인터뷰를 하고, 인터뷰 내용을 분석하고, 요약하는 글을 쓰죠.
시간이 꽤 드는 일이라고 생각해요.

장루시: 일이 재미있어요?

마르셀린: 아뇨. 조금도.

장루시: 당신은 아침에 바깥으로 나갈 때…….

마르셀린: 예…….

장루시: 하루 동안 무엇을 할지 생각하나요?

마르셀린: 아침에 나갈 때 무엇인가 할 게 있을 때도 있지만, 내가 그것들을
할 수 있을 거라는 보장이 없어요. 그러니까 나는 매일매일 무엇을
하게 될지 모르죠. 그건 마치 내일 무엇이 일어날지 모른다고
생각하면서 사는 것 같아요. 그리고 나에게 사는 것 자체가
모험이죠.

장루시: 만약, 우리가 당신에게 길에 나가 사람들에게 "행복하세요?"라는
질문을 해달라고 요청한다면 당신은 하겠습니까?

그리고 이어 마르셀린과 다른 여성이 카메라와 마이크를 들고 아침에 출근하는 파리 시민들에게 "당신은 행복하십니까?"라는 질문을 던지는 장면이 나오며, 영화는 마이크와 녹음기를 들고 있는 두 여성이 시민들을 인터뷰하는 모습을 관객들에게 그대로 보여준다.

(바스티유 광장)

마르셀린: 선생님, 행복하세요?

행인: 오, 그런 거 물어보지
마세요.

마르셀린: 행복하세요?

남자: 예. 항상.

마르셀린: 정말요?

남자: 예, 물론이죠!

(판테온 광장)

마르셀린: 행복하세요?

여성: 예. 살 만해요. 이거 새로운 기계네!

(메닐몽탕)

젊은 여성: 그건 행복을 어떻게 생각하느냐에 달려 있죠. 나는 가정생활이
행복해요. 예, 그래서요?

(보레가르드 거리)

마르셀린: 선생님, 왜 당신은 불행하죠?

남자노인: 너무 늙어서요.

마르셀린: 정말요?

남자노인: 예. 저는 일흔아홉 살이에요.

마르셀린: 그럴 리가.

노인: 정말이에요. 나는 1882년생이에요.

나딘: 겁내지 마세요. 겁내지 마세요. 이건 마이크예요! 마이크요!

마르셀린: 당신이 여든이기 때문에, 당신이 일흔아홉 살이라서 불행하다고
            생각하세요?

남자노인: 글쎄, 나는 부인을 잃기도 했어요.

나딘: 그래서 당신은 외로운가요?

남자노인: 아, 예. 나는 외로워요. 그리고 매달 월세로 6,318프랑을 내야 해요.
            나는 호텔에 묵고 있어요.

또한 《어느 여름의 기록》은 노동자들이나 등장인물들의 대화 모습뿐 아
니라 장 루시와 에드거 모랭 그리고 등장인물들이 개인 생활이나 인종차
별에 대해 서로 이야기를 나누는 모습을 여실히 보여준다.

(마릴로의 사무실)

에드거 모랭: 마릴로, 당신은 지금 스물일곱 살이고,

            3년 전에 이탈리아에서 프랑스로 왔고,

지난 3년 동안 온전히
새로운 경험을
했죠. 게다가
크레모나에 있을
때는 프티부르주아인
아버님과 함께 살았죠.
여기 파리에서는 수돗물도 나오지 않는 가정부의 방에서 살고
있고, 외국인으로서의 삶을 경험했고, 몇몇 남자들과 만났죠.
당신은 무엇인가 배웠죠. 파리를 알게 되고, 새로운 친구 몇몇도
사귀었죠. 제가 당신에게 말하고 싶은 것은, 파리에 와서
살아보니까 당신에게 뭔가 새로운 것이 있었느냐는 거예요.

마릴로: 이탈리아에서의 부르주아적인 삶과 가정부의 방에서 살아가는
파리에서의 삶의 차이를 말하는 거군요. 사실 가정부 방에서
난 무엇인가를 배웠습니다. 나는 사실 난방 없이 겨울 한 해,
아니 몇 년을 보냈지요……. 추웠어요. 그렇게 불편하게 산
것은 처음이었어요. 첫해에는 위안이 되었어요……. 내가 처음
파리에 왔을 때는 꺼림칙한 마음이 컸어요……. 그리고……
모르겠어요……. 어리석은 생각인지 모르겠지만, 불편한 생활이
저에게 좋았어요……. 그리고, 그리고…… 생각해보면, 일한
것도 처음이었어요. 처음에 아침 7시에 일어났을 때 피곤했지만,
지하철을 타고…… 분주하게 살고 있는 내 모습을 보는 것이

행복했어요. 내가 무엇인가의 한 부분이라는 것을 마음 깊이
느꼈다고 생각해요. 그러나 그것이 너무 오래 지속되었어요.
이제 나는 가정부의 방에 싫증이 났어요. 겨울에 춥게 사는 것도
지겨웠고요. 러시아워에 지하철 타는 것도 신물이 났고요.
나는 더는 사람들과 의사소통할 수가 없어요. 모든 게 싫어졌고
헛된 것 같아요.

(레스토랑의 테라스)

마르셀린: 개인적으로 나는
흑인과는 절대
결혼하지 않을 거예요.

장루시: 왜죠?

나딘: 자식들 때문인가요?

마르셀린: 아뇨, 그건 전혀
아녜요. 절대로 아녜요. 결코.

장루시: 그러면 왜죠?

마르셀린: 응, 왜냐고요? 왜냐하면······ 그건 인종주의와 관계가 없어요.
나는 인종차별주의자가 아녜요. 나는 누구나 흑인을 사랑할 수
있다는 것을 전적으로 이해해요.

(오프 스크린): 하지만······ 하지만······.

장 피에르: 하지만······ 하지만 당신은 결국 흑인들을 좋아하지 않는 거네요.

마르셀린: 아녜요, 아녜요. 그건 사실이 아녜요.

장 루시: 당신은 성(性)적인 차원에서 인종차별주의자네요.

마르셀린: 아녜요. 나는 성적인 문제에서 인종차별주의자가 아니에요.

그것은 인종차별이 아녜요. 나는 매력적이라고 생각되지 않는

사람과 성적인 관계를 가질 수가, 가질 수가 없거든요. 매력적이지

않은 사람과 그걸 할 수가 없어요.

장 루시: 그럼 당신에게 흑인들은 매력적이지 않군요.

한편 르노 공장에서 일하는 앙헬로는 영화 촬영 때문에 회사로부터 정신적인 압박을 받고 있었다. 이처럼 영화의 제작이 앙헬로에게 부정적인 영향을 주고 있었는데, 장 루시와 에드거 모랭은 영화 작업이 초래한 예상밖의 문제 또한 영화 제작 과정의 한 부분이라고 보고 이를 영화 속에서 드러내고 있다.

장 루시(오프 스크린): 앙헬로,
에드거가 나에게 일이
잘 안 되고 있다고
말했는데…… 정확히
무슨 일이 있나요?

앙헬로: 음, 지금 가게……

그러니까 나는, 음, 나는 당신이 떠난 후 일터로 돌아갔어요.

그들은 내게 와서 사무실로 오라고 했어요. 처음에는 공장 일에

관한 문제일 거라고 생각했어요. 나는 혼잣말을 했어요. "음……

내가 뭔가 실수했음에 틀림없어. 그래서 나를 야단치려고 하는
거야."라고요. 하지만 전혀 그게 아니었어요. 사장은 "지금 영화를
만들고 있지?"라고 물었어요. 그래서 나는 말했어요. "저는 그게
제 일과 무슨 상관이 있는지 모르겠는데요."라고요. 그러자 그는
"좋아. 그건 잊어버리자. 그것은 문제가 아니야. 문제는 우리가
너의 일자리를 옮기려 한다는 거야. 우리는 일이 없기 때문에
너를 다른 곳으로 보내려 해."라고 말했어요. 그러고 나서 그들은
저를 계속 들볶았어요. 그러니까 어제 현장감독이 저에게 와서
이렇게 말하는 거예요. "좋아, 너는 열 개를 만들어야 해. 만약
네가 오늘 아침 열 개를 만들면 너를 가만 봐두겠어." 그래서
나는 상태가 엉망인 밀링머신으로 열 개를 만들었죠. 그리고
내가 열 개를 끝냈을 때, 오후 1시경에 그는 나에게 스무 개를 더
가지고 와서 "너는 여기에 일하러 왔지?"라고 말했어요. 그것은
받아들이기 너무 힘들었어요……. 나는 그를 때려눕힐 뻔했어요.
왜냐하면 나는 그놈이 나를 엿먹이려고 그런다는 것을 알고
있었기 때문이죠. 그래서 나는 휴가를 내고 떠났어요. 당신이
알다시피 자크와 콘트랑이 나에게 와서 "너는 여기서 벗어나야 해.
휴가를 내서 잠시 쉬어라. 그렇게 하지 않으면 네가 사고를 칠 것
같아. 그리고 네가 그러지 않았으면 좋겠어."라고 말했어요. 그게
전부예요.

그리고《어느 여름의 기록》은 영화의 끝 장면에서 관객들이 그때까지 보

았던 영화 장면들이 시사회에서 영화 참여자들이 보고 있는 화면이었음을 보여준다. 이는《카메라를 든 사나이》의 재현 방식과 매우 유사하다. 그리고 이어 영화는 영화 제작 과정과 영화의 성과에 대해 평가하고 토론하는 등장인물들의 모습을 보여준다.

장루시:　여러분은 지금 막 영화 스크린에 등장하는 자신들의 모습을 보았을 겁니다. 이제 에드거와 나는 여러분의 의견을 듣고 싶습니다. 먼저 어린아이들부터 물어보죠. 베로, 지금 본 영화 마음에 들어?

베로니크:　음, 채플린만큼은 못하지만 그러니까⋯⋯.

에드거 모랭:　그래서 결국 영화에 대해 어떻게 생각하지?

베로니크:　모르겠어요. 저에게 설명해주세요!

에드거 모랭:　설명할 게 없어. 어떤 사람들은 그것이 진실이 아니라고 말하고, 어떤 사람들은 그게 진실이라고 말하거든.

베로니크:　무엇이 진실이 아닌지 말해주세요! 그러니까 사람들은 카메라 앞에서는 거짓말을 못 하잖아요.

자크:　사실, 사람들은 자신의 생각을 표현하고 싶을 때면 종종 일반론적으로 말하지만, 실생활에서는 일반론적으로 말하지 않죠.

에드거 모랭:　예, 예, 예를 들어봐요!

자크:　앙헬로와 란드리가 하는 이야기는 매우 일반론적인 논의예요.

나딘:　반대로 앙헬로가 란드리에게 "나는 당신을 아주 좋아해요.

그것은 우리가 서로
접촉이 있었기
때문이에요."라고
말을 할 때는
환상적이었어요.
그러니까 그들도

똑같은 문제들을 가지고 있어요. 앙헬로와…….

마르셀린: 당신은 그들이 똑같은 문제를 가지고 있다고 말할 수 없어요.
그건 사실이 아녜요.

나딘: 그들 사이에는 인간적인 접촉이 있어요. 우리는 그들이 서로를
발견했다고 말할 수 있어요.

마르셀린: 그들은 매우 잘 어울렸어요.

가비용: 감수성을 가진 두 사람들 간의 감수성의 만남이에요.

에드거 모랭: 나는 그게 우리가 촬영한 것들 가운데 가장 진실한 장면이라고
생각해요. 왜냐하면 우리의 바로 눈앞에서 형성된 우정이기
때문이에요.

끝으로 영화 시사회를 마친 뒤 장 루시와 에드거 모랭은 영화 시사회에
대한 생각을 교환한다. 그리고 영화는 이 두 사람이 영화에 대해 이야기
를 나누는 모습을 보여주면서 막을 내린다.

장루시: 그래서 에드거, 당신은 이 시사회에 대해 어떻게 생각하나요?

에드거 모랭: 음, 모든 것을
고려하자면, 지금
이야기한 모든 것들이
두 가지로 요약될
수 있기 때문에
흥미롭다고 생각해요.
하나는 등장인물들이 진실하지 않았다는 것에 대해 비난을 받은
것. 예를 들어 자크는, 앙헬로가 란드리와 함께 있을 때 일종의
연기자의 역할을 했다고 비판했죠. 또 다른 한 가지는 카메라
앞에서 마릴로가 너무 자신을 드러낸 것을 자크의 부인인 마시가
비난한 것처럼 등장인물들이 너무 리얼했기 때문에 비난을
받았죠. 이것은 무엇을 의미하죠? 이것은 일상생활에서의 관계의
진실이 아닌 또 다른 진실에 대해 생각하는 시점에 이르렀다는
것을 의미하죠. 사람들이 실제 생활보다 조금 더 진지해지자마자
다른 사람들은 "너는 연기가 지나친 삼류 배우, 연기자야."라고
말하거나 아니면 "너는 과시욕이 강한 사람이야."라고 말한다는
거죠.

장루시: 맞아요.

(중략)

에드거 모랭: 이 영화에 감동을 받은 다른 사람들이 있어요. 매우 놀라운

것은, 예를 들어 마릴로에게 매우 영향을 받은 사람들이 있는가 하면, 마르셀린에게 매우 감동을 받은 사람들이 있고, 또는 장 피에르에게 감동을 받은 사람이 있고, 앙헬로에게 감동을 받은 사람이 있다는 거예요. 적어도 어느 정도 우리가 시도했던 일부는 전달된 것 같다는 생각이에요.

지금까지 본 것처럼《어느 여름의 기록》은 영화의 시작에서 끝 장면에 이르기까지 영화의 제작 과정을 드러낸다는 점, 장 루시와 에드거 모랭의 모습뿐 아니라 등장인물들이 영화 제작 과정에 적극적으로 참여하는 모습을 보여준다는 점, 그리고 장 루시와 에드거 모랭이 영화를 기획하고 질문을 던지며 이를 찾아가는 과정, 즉 재현의 구성 과정을 여실히 드러낸다는 점에서 "자기성찰성"의 특징을 지닌 영화로 규정할 수 있다. 실제로《어느 여름의 기록》은《카메라를 든 사나이》와 함께 다큐멘터리영화사에서 자기성찰성을 보여주는 대표적인 영화로 손꼽힌다.

다큐멘터리영화사를 보면, 1970년대 말 이후 자기성찰적인 다큐멘터리영화가 나타나기 시작했으나[31]《어느 여름의 기록》이 만들어지던 1960년대에는 성찰적인 다큐멘터리영화를 찾아보기 쉽지 않았다. 따라서《어느 여름의 기록》은 자기성찰성의 측면에서도 새로운 영화적 시도였다고 말할 수 있다. 이를 다른 시각에서 보자면,《어느 여름의 기록》은 자기성찰성의 방식을 통해 영화의 제작 과정을 등장인물뿐 아니라 영화 관객과도 공유하려 했다는 점에서 장 루시의 참여적 카메라 및 시네마베리테의 근본적인 철학과 맞닿아 있다고 결론지을 수 있다.

지금까지 본 것처럼《어느 여름의 기록》은 영화사에서 시네마베리테를 탄생시킨 작품으로 손꼽힐 뿐 아니라 장 루시의 영화 경력에서도 새로운 국면의 시작이었다. 즉 장 루시는《어느 여름의 기록》을 만들기 전에 이미 서아프리카의 민족지영화로 프랑스의 영화계나 인류학계에 이름이 나 있었지만《어느 여름의 기록》의 개봉과 더불어 프랑스 영화의 대표적인 인물로 자리매김했다. 그리고 장 루시의 영화는 장뤽 고다르, 크리스 마르케Chris Marker와 자크 리베트Jacques Rivette와 같은 누벨바그Nouvelle Vague 영화감독들에게도 많은 영향을 주었다. 이 점에 대해『카이에 뒤 시네마』의 저명한 영화 평론가인 뤽 물레Luc Moullet는 장뤽 고다르와 장 루시의 영화적 기법의 유사성을 지적하면서 "고다르는 프랑스의 장 루시가 되기를 원했다."[32]라며 장 루시의 중요성을 강조했다. 장 루시에게서 영향을 받은 또 다른 누벨바그 영화감독 자크 리베트 또한 "장 루시는 지난 10여 년 동안 모든 프랑스 영화의 뒤를 받쳐준 힘이었으며, 프랑스 영화의 진화라는 측면에서 볼 때 고다르보다 더 중요하다."[33]라고 주장했다. 그리고 브라이언 윈스턴Brian Winston은 한 걸음 더 나아가《어느 여름의 기록》을 일컬어 "어떤 면에서 장 루시의 전부"[34]라고 말하기도 했다.

이처럼《어느 여름의 기록》이 장 루시의 대표작이자 영화사에서 한 획을 그은 작품으로 손꼽히는 이유는 무엇보다도《어느 여름의 기록》에서 시도된 시네마베리테의 영화적 방법론 때문이다. 그리고 시네마베리테의 효시로 손꼽히는《어느 여름의 기록》은 영화 기술의 혁신과 시네마베리테의 영화적 방법론의 결합을 통해 일반 사람들의 일상적 경험을 보다 직접적으로 재현한 영화라고 할 수 있다. 그리고《어느 여름의 기록》은 "앙

드레 바쟁Andre Bazin의 리얼리즘에 관한 생각을 영화로 옮기려는 노력의 측면에서 그 이전의 영화들보다 진일보한 영화"[35]라고 할 수 있으며, 진정으로 "영화적 리얼리즘"을 실험한 영화라고 결론지을 수 있다.

장 루시는《어느 여름의 기록》을 완성한 후, 1963년, 1965년, 1966년에 파리에서 픽션영화 세 편을 차례로 만들었다. 이 세 편의 영화 또한 시네마베리테의 영화적 방법론을 픽션영화에 적용하려 한 일련의 시도이자 장 루시가《어느 여름의 기록》의 오프닝에서 말한 "시네마베리테의 실험" 이었다.

2부

존 마셜
John Marshall

3장

존 마셜 가족의
서아프리카 탐험과《사냥꾼들》(1957)

존 마셜John Marshall(1932~2005)[1]은 서아프리카 칼라하리 사막의 쿵 부시
면[2](쌴San 또는 주와시Ju/wasi[3]로도 불림.)의 삶을 기록하는 데 한평생을 바친 민
족지영화 감독이다. 존 마셜은 사업가이자 "서아프리카 탐험연구"를 주
도한 아버지 로렌스 마셜Lorence Marshall(1989~1980)과 함께 1949년에 아프리
카로 탐험여행을 떠나면서 카메라를 처음 접했다. 그 후 존 마셜은 1950
년에서 1958년에 걸쳐 여러 차례 주와시 부족을 찾아가 16밀리 필름으
로 50만 피트(157시간 분량)나 되는 엄청난 분량의 필름을 촬영했다. 그리
고 이 필름의 일부를 편집하여 첫번째 민족지영화인《사냥꾼들The Hunters》
(1957)[4]을 만들었다.《사냥꾼들》은 1958년 영국영화·텔레비전예술아카
데미British Academy of Film and Television Arts가 최우수 다큐멘터리 작품에게 수여하
는 로버트 플래허티상賞을 수상하면서 민족지영화의 고전으로 자리 잡
았으며, 2003년 미국의회도서관으로부터 역사적 중요성을 인정받아 미
국의 국가영화유산National Film Registry에 등록되었다.

존 마셜은《사냥꾼들》을 완성한 다음 해인 1958년 나미비아 정부로부
터 추방되어 1960년대와 1970년대에는 미국에서 다이렉트 시네마 영화
감독으로 활동하면서 프레더릭 와이즈먼Frederick Wiseman과 함께《티티컷 풍

자극$^{Titicut Follies}$》(1967)을 공동 감독했으며, 1968년과 1969년에는 "피츠버그 경찰 시리즈$^{Pittsburgh Police Series}$"를 만들기도 했다. 또한 이 기간 동안 여러 편집자들의 도움을 받아 주와시 사회에 대한 27편의 "시퀀스영화$^{sequence film}$"를 완성했다.

존 마셜은 나미비아 정부로부터 재입국이 허용된 1978년 다시 칼라하리 사막으로 돌아가 "나이$^{N!ai}$"라는 쿵 부족 여인의 이야기를 다룬《나이, 쿵 부족 여인의 이야기$^{N!ai, The Story of !Kung Woman}$》(1980)를 만들었다. 그 후 존 마셜은 주와시 부족의 현실 문제를 해결하기 위한 재단을 설립하여 주와시 부족 사람들을 변호하고 돕는 일을 했다. 또한 존 마셜은 주와시 사회에 대한 영화 작업도 지속하여 2000년 마지막 촬영을 마치고《칼라하리 가족$^{A Kalahari Family}$》(2002)을 완성했다. 여섯 시간의 장편다큐멘터리로 완성된《칼라하리 가족》은 1950년 초부터 2000년에 걸친 주와시 부족 사람들의 이야기를 담고 있으며, 존 마셜이 민족지영화 감독에서 활동가로 변모해가는 과정을 보여주고 있다. 존 마셜은 2005년 세상을 떠날 때까지 주와시 부족 사람들을 위한 활동을 계속했다.

본 장은 존 마셜의 영화들[5] 가운데 첫번째 민족지영화인《사냥꾼들》을 집중적으로 다룬다. 무엇보다도《사냥꾼들》은 존 마셜의 첫 작품이자 민족지영화의 고전이라는 점에서 역사적인 의미가 있을 뿐 아니라 존 마셜의 차후 작품인《나이》및《칼라하리 가족》에 지속적으로 등장하면서 존 마셜의 영화 세계에 많은 영향을 끼쳤다.

그러면 먼저 존 마셜이 민족지영화의 세계로 입문하는 데 커다란 영향을 준 로렌스 마셜의 전기적 배경과 존 마셜 가족의 아프리카 탐험을 비롯한《사냥꾼들》의 제작 배경을 살펴보기로 한다. 그리고 이어《사냥꾼들》에 나타난 영화적 방법론을 "내러티브의 차용"과 "전지적 시각"으로 나누어 고찰하기로 한다.

《사냥꾼들》의 제작 배경

로렌스 마셜과 주와시 부족 사람들과의 만남

존 마셜이《사냥꾼들》을 만들고 한평생을 서아프리카에서 보내게 된 데는 전적으로 아버지 로렌스 마셜의 영향이 컸다. 로렌스 마셜은 미국 동부 보스턴에서 태어나 보스턴 소재 터프스대학에서 토목공학을 전공했다. 그는 한때 뉴욕 시 소재 이스트 강江의 터널 공사장에서 일했으며, 제1차 세계대전 때에는 군에 입대하여 포병관측장교로 근무했다. 로렌스 마셜은 전쟁 중이었던 1918년 미군 장성이 무모한 공격을 내리는 바람에 자신의 팔 안에서 젊은 병사가 죽어가는 모습을 보고 전쟁을 혐오하게 되었다.

로렌스 마셜은 군 복무를 마치고 1922년 레이시언Raytheon사를 설립하여 1949년까지 회장으로 일했다. 한편 로렌스 마셜은 1927년 아내 로르나 마셜Lorna Marshall과 함께 콘덴서를 조사하기 위해 소련의 레닌그라드에 있는 기술연구소를 방문한 적이 있었다. 당시 소련의 볼셰비키 정부는 사회 변화의 기록과 프로파간다를 목적으로 하는 영화를 만들고 있었다. 이때 로렌스 마셜은 러시아 전역의 발전된 모습과 마을 사람들의 일상생활을 기록한 영화를 보고 영화의 유용성에 대해 강한 인상을 받았다. 로렌스 마셜은 프로파간다는 경멸했지만 "기록"이라는 아이디어는 높게 평가했다.

레이시언사는 제2차 세계대전이 발발하면서 큰 호황을 누렸다. 당시 이 회사는 연합군의 소형 레이더에 사용되는 대부분의 부품을 생산하고 있었기 때문이었다. 또한 레이시언사는 1945년 뉴멕시코 앨라모고도의 핵폭발 실험에 사용된 원자폭탄의 뇌관도 개발했다. 하지만 회사가 원자폭탄의 뇌관을 개발한 지 3주가 채 안 되어 히로시마에 원자폭탄이 터지자 로렌스 마셜은 충격에 빠졌으며, 핵전쟁에 대해 커다란 공포를 느꼈다. 그리고 로렌스 마셜은 1949년 9월 소련이 첫번째 원자폭탄 실험을 하자 핵전쟁이 실제로 일어날 수 있다고 믿게 되었다. 한편 당시 이러한 미국과 소련의 핵 개발 경쟁은 로렌스 마셜이 남서아프리카로 떠나게 된 하나의 계기가 되었다. 존 마셜에 의하면, "로렌스 마셜은 남서아프리카의 나이 나이Nyae Nyae에 가 있으면 핵전쟁으로부터 안전할 거라고 생각했다."[6]라고 한다.

로렌스 마셜이 남아프리카를 처음 찾은 것은 1949년이었다. 그는 로르나 마셜과 함께 레이더를 판매하기 위해 남아프리카의 케이프타운 항만청을 방문했다. 그리고 이때 로렌스 마셜은 티거버그 병원의 외과의사인 반 질Van Zyl을 만났다. 당시 반 질은 "칼라하리 사막의 잃어버린 도시"를 찾기 위한 탐험을 계획하고 있었다. 평소 아프리카의 탐험에 관심이 많았던 로렌스 마셜은 반 질에게 탐험대에 합류할 수 있는지 물었고, 반 질은 흔쾌히 로렌스 마셜을 받아들였다.

그래서 우리는 항공용 지도를 보면서 도로가 끝나는 곳까지 가보자고 반 질을 설득했는데, 바로 그곳이 남아프리카의 칼라하리 사막이었다.[7]

한편 로렌스 마셜은 나이나이 지역에 사는 주와시 사람들이 다툼이나 전쟁을 하지 않고 서로 조화롭게 사는 모습에 감명을 받았다. 그리고 로렌스 마셜은 주와시 사람들의 삶의 방식을 따른다면 핵전쟁으로 인한 대량학살을 막을 수 있을 거라고 생각하기 시작했다.

> 우리는 자급자족 생활을 하는 나이나이의 주와시 사람들이 전쟁을 하지 않는다는 것을 알았을 때 감명을 받았다. 주와시 사람들은 패거리를 만들지 않으며, 불화를 일으키거나 보복에 가담하지 않는다.[8]

칼라하리 사막의 잃어버린 도시 탐험과 나이나이 연구

로렌스 마셜은 본격적인 서아프리카 탐험여행을 위해 회사를 그만두었다. 그리고 하버드대학의 피바디 박물관 관장이자 고고학자였던 제이 오 브루J. O. Brew 교수와 로리스턴 워드Lauriston Ward 교수를 만나 탐험여행에 대한 자문을 구했다. 제이 오 브루 교수는 로렌스 마셜에게 칼라하리 사막에서 "야생 부시먼"을 찾아보라고 조언해주었다. 제이 오 브루 교수는, 만약 로렌스 마셜이 칼라하리 사막에서 수렵채집으로 살아가는 사람들을 발견할 수 있다면 어느 누구도 꿈꾸지 못한 먼 옛날 인류의 모습에 대한 단서를 찾을 수 있을 거라고 생각했다.

　로렌스 마셜이 아프리카 탐험여행을 계획한 또 다른 이유는 가족들과 함께 시간을 보내기 싫었기 때문이었다. 제2차 세계대전 동안 로렌스 마셜은 회사 일로 매우 바빴기 때문에 가족과 함께 지낼 시간이 없었다. 특히 로렌스 마셜은 아들인 존 마셜을 아프리카에 데려가길 원했다. 존 마셜 또한 데이비드 리빙스턴David Livingstone이나 헨리 스탠리Henry Stanley와 같은 탐험가들의 이야기를 읽는 것이 취미일 정도로 늘 아프리카에 가길 원했다.

> 나의 아프리카에 대한 신화는 분명히 강했다. 아버지가 나에게 어디를
> 가길 원하느냐고 물었을 때 나는 바로 아프리카라고 대답했다. 집에서 미국
> 공군 지도를 펼쳐보니 모든 도로와 길이 칼라하리 사막에서 끝나는 것처럼
> 보였다.[9]

결국 로렌스 마셜과 존 마셜은 반 질의 "칼라하리 사막의 잃어버린 도시" 탐험대에 합류하여 야생 부시먼을 찾아 나섰다. 이 탐험여행의 목적은 세상에서 "마지막으로 남아 있는 수렵채집인들" 가운데 하나의 집단을 연구하는 것이었다. 그리고 이들이 처음 찾은 곳은 바로 칼라하리 사막의 주와시 마을이었다. 주와시 사람들은 종종 이웃 반투Bantu 사람들, 특히 동쪽의 헤레로Herero 유목민들과 교역을 하거나 전쟁을 하기도 했지만, 1950년 이전에는 유럽인들과 접촉이 거의 없었다.

> 우리는 헤레로 부족이 방목지로 사용했던, 카이 카이라는 주와시 부족의
> 식수원이 있는 곳으로 갔고, 반 질은 아침에 그의 형인 상원의원과 함께
> 잃어버린 도시를 찾기 위해 나갔다. 하지만 그들은 돌아와서 헤레로 부족이
> 거처를 옮겼다고 말했다.[10]

탐험대는 "잃어버린 도시"를 찾지는 못했지만 대신 로렌스 마셜은 두 명

의 주와시 사람들, 즉 아오 "어깨"//Ao "Shoulders"와 퀴 "다리"/Qui "Legs"를 만났다. 로렌스 마셜은 이들에게 "만약 내년에 모든 가족을 데리고 오면 수렵과 채집으로 순수하게 살아가는 당신들 가족들을 만나게 해주겠느냐?"라고 물었다. 그들은 흔쾌히 로렌스 마셜의 청을 들어주었다. 당시 로렌스 마셜이 주와시 사람들을 만난 곳은 존 마셜 가족이 근처의 춤퀴Tshumkwe 지역에 대한 연구를 시작한 곳이자 존 마셜이 평생 동안 영화 작업을 위해 생활했던 나이나이 지역이었다.

로렌스 마셜은 1차 탐험여행을 마치고 1951년에 다시 나이나이 지역으로 2차 탐험여행을 떠났다. 2차 탐험여행은 주와시 사람들을 연구하고 촬영하기 위한 학문적인 성격의 여행으로서는 첫번째 여행이었다. 2차 탐험여행은 하버드대학 피바디 박물관의 후원을 받았으며, 후에 스미스소니언협회가 탐험연구에 합류했다. 로렌스 마셜은 탐험연구를 재정적으로 도왔다.

한편 로렌스 마셜과 제이 오 브루 교수는 2차 탐험여행에 앞서 아프리카의 수렵채집인들에 관심이 있는 인류학자나 인류학 분야의 대학원생을 찾았다. 하지만 그들은 학생 한 명도 발견할 수 없었다. 결국 인류학자 없이 탐험연구팀이 꾸려졌고, 대신 로렌스 마셜은 가족들에게 여러 임무를 부여했다.

아버지는 가족들에게 여러 가지 임무를 주셨다. 우리는 아프리카 평원에서 수렵채집인들의 일상생활을 연구하길 원하는 인류학자나 대학원생을 찾아다녔다. 하지만 우리는 한 명도 찾을 수 없었다. (중략) 몇 달 동안 고고학자인 로버트 다이슨이 우리와 함께 있었을 뿐이다. 그래서 결국 아버지는 "좋아, 로르나 당신은 민족지[11]를 담당하고, 엘리자베스는 책[12]을 쓰고, 존 너는 영화를 만들어라."라고 말씀하셨다.[13]

결과적으로 1951년의 나이나이 탐험연구팀은 하버드대학에 근무하던 고고학자 로버트 다이슨Robert Dyson, 『나론과 그의 부족Naron and His Clan』(1950)의 저자인 독일계 나미비아인 프리츠 메츠가Fritz Metzgar, 트란스발 출신의 형질인류학자 에릭 윌리엄스Eric Williams, 그리고 후에 춤퀴 지역의 첫번째 지역장이 된 클로드 매킨타이어Claude McIntyre와 식물학자 및 음악학자로 구성되었다. 제이 오 브루 교수는 1952년 한 달 동안 이 팀에 합류했다.

존 마셜 가족은 첫번째 탐험여행에서 6주를 이들과 함께 보냈으며, 이후 1951년에서 1961년까지(1951, 1952~1953, 1955, 1956, 1957~1958, 1961) 일곱 번에 걸쳐 나이나이 지역으로 탐험연구를 떠났다.

존 마셜의 영화 입문과 《사냥꾼들》의 제작 배경

앞서 설명한 것처럼 존 마셜은 아버지 로렌스 마셜과 함께 서아프리카 탐험에 참여하면서 처음 영화를 접했다. 그때 존 마셜은 열일곱 살이었다. 존 마셜은 당시의 서아프리카 경험에 대해 다음과 같이 회고한다.

당시 나는 아이였고, 사냥에 사로잡혀 있었다. 그래서 나는 사냥하러 갔다. 나는 사냥이 기술이라고 생각했다. 그러고 나서 처음 만든 영화가 사냥에 관한 것이었다. 그리고 나는 1950년과 1951년에 두 번, 《사냥꾼들》을 촬영하면서 2년 동안 아프리카에서 지냈다. 나는 춤쿼를 잘 알지 못했다. 하지만 나는 어느덧 춤쿼에 대해 이야기하기 시작했고, 사냥하는 데 거의 모든 시간을 보냈다. 나의 열여덟 살, 열아홉 살은 의문의 여지 없이 나의 인생의 최고의 시간들, 가장 행복했던 시절이었다. 그 나이에 정말로 마음씨 좋고 지내기 편한 춤쿼의 사람들과 함께한 것은 한 아이에게는 꽤 놀라운 경험이었다.[14]

로렌스 마셜은 1차 탐험여행 때 존 마셜에게 16밀리 코닥 매거진 카메라와 필름을 사주었다. 영화 촬영에 대한 지식이 전무했던 존 마셜은 영화 촬영을 배우기 위해 코닥사가 출판한 일종의 촬영 지침서인 『영화제작법 How To Make A Movie』을 구입했다. 그리고 그는 『영화제작법』을 통해 촬영의 기초를 배웠으며, 2년 동안 이 책을 교본으로 삼아 촬영을 했다.

이렇게 해서 촬영이 시작되었는데, 나는 영화 제작에 대해 전혀 알지 못했다. 나는 100피트용 코닥 필름과 작은 핸드헬드 벨 앤드 하월 카메라를 가지고 있었다. 필름 롤에는 영화 제작을 위한 간단한 지침서가 있었다. 그 지침서에는 먼저 롱 쇼트로 촬영을 시작하고, 다음은 미디엄 쇼트, 그리고 다음은 클로즈업을 촬영하라고 설명되어 있었다. 그래서 나는 롱 쇼트에서 미디엄 쇼트, 클로즈업 순으로 촬영했다. 초기의 촬영은 매우 부자연스럽고 과장되었다. 대부분의 장면은 카메라를 삼각대에 고정해놓고 찍었다.[15]

당시《사냥꾼들》의 촬영에 영향을 준 또 다른 책은 영국과학진흥학회가 발행한 『기록과 질문$^{Notes \ and \ Queries}$』(1929)이었다. 『기록과 질문』은 문화인류학자의 현지조사를 위한 일종의 연구 지침서였다. 인류학적인 교육이나 연구 경험이 전혀 없던 로렌스 마셜과 존 마셜은 현장 연구 목록이 수록되어 있는 『기록과 질문』을 기초로 연구 및 촬영 계획을 세웠다.

> 그러고 나서 아버지가 가지고 온 것은 조지 P. 머독$^{George \ P. Murdock}$ 교수로부터
> 얻은 『기록과 질문』의 목록이었다. 그것은 현지의 인류학자들을 위한 쇼핑
> 목록이었다. (중략) 그 목록은 기술부터 시작했다. (중략) 아버지는 기술을
> 기록하라고 말씀하셨고, 그래서 내가 주로 한 작업은 기술의 기록이었다.[16]

그리고 실제로 존 마셜은 쿵 부족의 기술 전반에 대해 촬영을 시작하면서 자연스럽게 사냥에 대한 영화를 만들게 되었다.

> 글쎄, 우리는 기술에서 시작했고, 나는 기술에 관한 것을 많이 촬영했다.
> 채집, 덫과 그물 만들기. 그러고 나서 나는 사냥에 관여하게 되었고, 결국
> 《사냥꾼들》을 만들었다.[17]

《사냥꾼들$^{The \ Hunters}$》(1957)

내러티브의 차용

《사냥꾼들》은 서아프리카의 칼라하리 사막을 배경으로 5일간에 걸친 주와시 사냥꾼들의 "기린 사냥"을 주로 다루고 있다. 영화의 주요 장면은 스미스소니언협회와 하버드대학의 피바디 박물관이 후원한 1952~1953년

의 "서아프리카 탐험" 기간 동안 촬영된 것이다.

《사냥꾼들》은 전체적으로 주와시 부족의 기린 사냥이 커다란 주제로 되어 있지만, 내용상 두 부분으로 나뉘어 있음을 알 수 있다. 먼저 영화 전체 80분 가운데 약 22분까지의 앞부분에서는 기린 사냥을 비롯한 본격적인 "사냥 이야기"가 나오지는 않는다. 사냥 이야기는 약 22분경 사냥꾼들이 본격적인 사냥을 시작하는 장면에서 시작되어 영화의 끝 장면까지 이어진다. 물론 영화의 시작부터 기린의 모습을 멀리서 보여주고 사냥꾼들이 기린의 흔적을 찾아간다는 내용이 잠깐 나오지만 기린 사냥이 이야기의 주된 내용은 아니다.

앞부분(영화의 시작부터 22분경)은 먼저 영화 촬영지의 지도를 보여주고, 존 마셜의 내레이션을 통해 칼라하리 사막의 환경을 소개한다.

(존 마셜의 내레이션)

북부 칼라하리는 아주 메마른
땅이다.
이 냉혹한 땅에 자신들을
쿵 또는 주와시라고 부르는
온화한 사람들이 살고 있다.
주와시는, 이방인을 뜻하는

주돌레와 반대로 "우리"라는 말로 번역될 수 있다.

관대함과 거리가 먼 땅은 이를 잘 아는 사람들에게만 생계를 제공하며,

사람들은 계절에 따라 야생 과일들이 익어가는 곳을 찾아 1년 내내 돌아다녀야 한다.

겨울 몇 달 동안은 10월에 간헐적으로 내리는 소나기를 제외하고 비가 내리지 않는다. 그리고 1월에서 3월까지는 우기라 할지라도 운이 나쁜 지역은 한 해에서 다음 해까지 비를 볼 수 없다.

영속적인 식수원은 매우 적고 귀하다. 그것들은 족장의 소유로 간주되며, 물을 마시기 위해서는 족장의 허가를 얻어야 한다. 하지만 물은 언제나 요구하면 마실 수 있다.

영속적인 식수원들 주변에서 여러 작은 부족 사람들이 몇 달간 힘든 삶을 살아간다. 이 힘든 몇 달 동안은 물의 부족으로 사람들의 이동이 제한된다.

이곳은 모든 나무들이 가시를 가지고 있을 정도로 정말로 냉혹한 땅이다.

이어 존 마셜은 여성의 채집 장면을 설명한다.

(존 마셜의 내레이션)

여성들은 땅을 파내어 먹을 것을 꺼내는 일을 반복한다. 이러한 여성들의 끝없는 노동으로 대부분의 음식을 얻는다. 만약 1년 내내 날씨가 고르다면 우기 동안 열매들이 풍족하게 열린다. 야생 뿌리들, 너트와 베리를 채집하는

것은 여성의 일이다. 여성이
채집한 음식은 집으로
가져가 가족들과 함께
나누어 먹는다. 여성들은
아침에 때로는 홀로, 때로는
여럿이서 초원에 나간다.

그들은 작은 덩굴식물들과 깊은 뿌리에서 떨어져 나온 마른 싹을 풀 줄기
속에서 찾으면서 하루를 보낸다. 여성들은 땡볕에 쪼그려 앉고, 땅을 파고,
일어나고, 다시 찾고, 쪼그려 앉고, 땅을 판다. 여성들은 평생 동안 이 일을
한다. 이 일은 젊을 여성들을 강하고 우아하게, 그러고는 늙게 만든다.
그들이 사용하는 도구는 땅을 파는 막대기뿐이다. 여성들은 막대기의
뾰족한 끝으로 딱딱한 땅을 파내어 두툼한 뿌리를 찾아낸다. 뿌리는 맛을
보아야 한다. 어떤 것들은 맛이 쓰다.

하지만 《사냥꾼들》에서 이러한 여성의 채집 장면은 영화 전반부에 약
2분가량 나타날 뿐, 사냥 기술을 배우는 어린아이의 모습, 망구, 야생 돼
지, 거북이를 사냥하는 모습,

독화살을 만드는 모습, 활과 화
살을 만드는 모습 같은 사냥에
관한 단편적인 이야기가 영화
앞부분의 주를 이룬다. 그리고
전반부의 장면들은 "채집은 여

성의 몫이며, 사냥은 남성의 작업"이라는 존 마셜의 설명으로 조합되지만, 장면들 간의 내러티브적인 연결 고리는 약하다. 즉 이들 장면들은 서로 유기적으로 연결되어 있기보다는 독립적인 느낌을 준다. 이처럼《사냥꾼들》의 앞부분은 주로 주와시 부족의 삶을 소↑ 주제별로 설명하고 있는데, 이는 앞서 말한『기록과 질문』의 영향이라고 판단할 수 있다. 특히 여성들의 채집 기술이나 남성들이 활과 독화살을 만드는 기술 그리고 여러 동물들을 사냥하는 기술 등 주와시 부족의 제반 기술에 관한 장면들은 "기술의 기록"을 강조한『기록과 질문』의 지침에 따라 촬영된 것이라고 볼 수 있다.

이와 대조적으로《사냥꾼들》의 22분경 이후의 내용은 사냥 이야기, 특히 "기린 사냥 이야기"가 하나의 커다란 내러티브를 이루고 있다. 존 마셜 또한《사냥꾼들》을 가리켜 "하나의 이야기"[18]라고 말한 것처럼《사냥꾼들》의 많은 장면들은, 기린을 찾아가고, 창과 화살로 기린을 맞히고, 며칠 동안 부상당한 기린을 추적하고, 기린을 죽이고, 기린 고기를 해체하고, 기린 고기를 말리고, 기린 고기를 마을로 가지고 와서 모든 부족들이 기린 고기를 나누어 갖는 장면 등 기린 사냥과 관련된 일련의 사건들로 구성되어 있다.

《사냥꾼들》의 또 다른 내러티브 장치들 가운데 하나는 "주인공의 설정"이다. 즉《사냥꾼들》은 본격적인 기린 사냥 장면을 보여주기 전에 사냥꾼들을 주인공으로 설정하여 이들을 한 명씩 소개한다. 그리고 이때 단지 사냥꾼들의 이름을 알려주고 얼굴만을 보여주는 것이 아니라 각 사냥꾼들의 특징을 설명하면서 각 인물에 드라마적인 캐릭터를 부여하고 있다. 예를 들어,《사냥꾼들》에 등장하는 네 명의 사냥꾼들 가운데 토마는 "지도자, 원기 왕성하고 능력 있는 사람", 아오는 "타고난 사냥꾼이자 공상가", 퀴는 "단순하고 친절한 낙천주의자, 가끔 동물 흉내를 내어 사람들을 즐겁게 해주는 사람", 카오는 "솔직하고 겸손하며 조용한 사람, 그리고 최고의 기술자이자 주술 치료사"라고 소개하고 있다. 이처럼《사냥꾼들》은 각 사냥꾼들에게 개성을 부여하면서 이들의 모습을 보여주고 있다. 하지만《사냥꾼들》은 각 등장인물들을 한 번씩 소개할 뿐 이들의 캐릭터를 구분할 수 있는 시각적인 정보를 거의 제공하지 않아 사실 관객의 입장에서는 한 번의 설명만으로 주인공 네 명을 구분하기가 힘들다. 이런 연유로 존 마셜은《사냥꾼들》을 편집하면서 때로 주인공 역할을 하는 사냥꾼 네 명을 다른 사람들로 대체하기도 했다.

> 《사냥꾼들》에서 네 명의 인물들 외에 다른 대역을 사용했다. 내가
> 내레이션에서 "아름다운 사람"이라고 부른 아오 "어깨"는 때로
> 가이사이라고 불리는 젊은 남자가 대신했다. 그리고 사냥 마지막 날 고기를
> 분배하기 위해 참여한 티카이라는, 중요하지만 질투심 많은 남자가 바로
> 기린의 눈을 찌른 사람이다.《사냥꾼들》을 본 사람들 가운데 몇 명이 이러한
> 등장인물의 변화를 알아차렸는지 모르겠다.[19]

이처럼 존 마셜은《사냥꾼들》에서 각 사냥꾼들을 심층적으로 다루고자 한 것이 아니라 전형적인 부시먼 사냥꾼의 모습을 보여주는 데 목적이 있었기 때문에 필요할 때마다 임기응변으로 대역을 사용한 것이다.

《사냥꾼들》은 사냥꾼 네 명을 모두 소개한 후 본격적으로《사냥꾼들》의 사냥 이야기를 시작한다.

(존 마셜의 내레이션)

그날 밤 남자들은 불가에 앉아 서로 노닥거리거나 다른 불가로 가서 다른 사람들의 말을 듣고 이야기를 나눴다. 네 명, 즉 토마, 아오, 퀴, 카오는 다음 날 사냥을 떠나 고기를  얻기 전까지는 돌아오지 않겠다고 결심했다. 그리고 다음 날 아침, 토마는 아이들에게 뽀뽀를 하고 작별 인사를 했다.

이 장면 이후 여러 동물의 사냥 장면들과 기린 사냥 이야기(영화의 35분경부터 시작됨.)가 이어  진다. 즉 독화살로 암컷 기린의 정강이를 맞히는 장면, 어떤 기린이 독화살을 맞은 기린인지 서로 추측하거나 기린의 배설물 등을 보면서 기린의 흔적을 찾아다니는 장면, 사냥꾼들이 밤에 불가에 모여 다음 날 어느 쪽으로 기린을 추적할 것인가에 대해 이야기를 나누는 장면, 마침내 부상당한 기린을 발견하고 화살과 창으로 기린을 쓰러뜨
리는 장면, 그리고 즉석에서 기
린을 해체하여 기린 고기를 배
부르게 먹고 기린 고기를 마을
로 가져가기 편하게 나무에 걸
어 말리는 장면, 사람들이 말
린 기린 고기를 들고 마을로 돌
아오는 장면, 마을에 도착하여
모든 사람들이 기린 고기를 나
누어 갖고 식사를 하는 장면,
그리고 끝으로 사냥꾼들과 남
자들이 모여 기린 사냥의 무용
담을 나누는 장면 순으로 기린
사냥의 이야기가 전개된다.

　이처럼《사냥꾼들》은 5일간
의 기린 사냥을 하나의 드라마
적인 내러티브로 삼아 이야기를 전개하고 있다. 하지만《사냥꾼들》의 문
제는 기린 사냥의 이야기를 다루고 있을 뿐 기린 사냥의 사회문화적 맥락
과 의미에 대한 탐구는 미약하다는 점이다. 이런 점에서《사냥꾼들》은 문
화에 대한 "심층기술thick description "[20]이라기보다는 서구 관객을 위한 흥미로
운 "기린 사냥 이야기"를 만드는 데 초점을 두었다고 볼 수 있다. 존 마셜
또한 이 점에 대해 "하나의 이야기"를 만들기 위한 목적 때문에《사냥꾼

들》이 심층적인 영화가 되지 못했음을 시인하고 있다.

> 만약 내가 오늘날의 영화 문법을 따랐더라면《사냥꾼들》은 편협한
> 이야기보다는 일련의 사건들이 서서히 전개되는 영화의 모습이 되었을
> 것이다. 그렇다면 영화는 보다 심층적으로 만들어졌을 것이다.[21]

결국《사냥꾼들》은 이러한 내러티브 방식 때문에 사람들로부터 비판을
받았다. 그리고 이에 대해 가장 먼저 부정적인 반응을 보인 사람은 서아
프리카 탐험연구를 주도하고 존 마셜에게 영화 촬영을 적극적으로 권했
던 로렌스 마셜이었다. 특히 그는《사냥꾼들》의 픽션적인 내러티브 방식
에 대해 매우 비판적이었다.

> 아버지는《사냥꾼들》을 좋아하지 않았다. 아버지는 이 영화가 예술영화[art
> film]라고 생각하셨다.[22]

한편 "영화를 통해 나이나이 사람들에 대한 진실을 이야기할 수 있을 것
이라는 믿음"[23]을 가졌던 로렌스 마셜은 2차 탐험여행을 떠나기에 앞서
존 마셜에게 "존, 연출하려 하지 마라. 예술을 하려고 하지 마라. 단지 네
가 보는 사람들의 자연스러운 행위들을 촬영해라. 나는 기록을 원하는 것
이지 영화를 원하는 것이 아니다."[24]라고 말했다. 여기서 로렌스 마셜이
말한 "영화"는《사냥꾼들》과 같은 인위적인 내러티브를 가진 영화였다.
이처럼 로렌스 마셜은 존 마셜이 나이나이 사람들의 삶과 문화를 충실하

게 기록하지 않은 것을 매우 부정적으로 생각했다. 존 마셜은 후에 이러한 로렌스 마셜의 비판에 대해 다음과 같이 피력했다.

나는 《사냥꾼들》을 만든 것을 후회하지는 않는다. 이 영화는 내러티브 다큐멘터리의 좋은 예이긴 하지만 아버지는 1957년 영화가 개봉되었을 때 매우 불편해하셨다. 그는 내가 기록에 좀 더 노력을 기울여야 했다고 생각하셨다. 나는 지금 그것이 예술영화라고 말한 아버지의 말에 동의한다.[25]

《사냥꾼들》의 또 다른 문제점은 이야기의 "연속성continuity"을 강조하는 편집 방식 때문에 관객들이 하나의 기린 사냥 과정을 본다는 환상을 만든다는 점이다. 즉 《사냥꾼들》은 기린 한 마리를 추적하고 사냥하는 이야기로 되어 있지만, 사실 서로 다른 기린 사냥 장면들이나 재연再演된 장면을 섞어 편집하여 만들어진 것이다. 즉 존 마셜의 설명에 따르면, 《사냥꾼들》에 나오는 기린 추적과 사냥 장면[26]은 1953년에 촬영된 것이며, 기린이 죽어가는 장면은 1952년에 촬영된 것이다. 또한 《사냥꾼들》에서 기린은 사냥꾼들의 화살에 맞아 죽은 것이 아니라 지프차에서 쏜 독화살 네 대를 맞아 죽었다. 그리고 《사냥꾼들》에서는 사냥꾼들이 들판에서 밤을 보낸 것으로 되어 있지만, 사실 이들은 기린이 죽은 날 저녁을 제외하고는 밤에 가우차로 돌아와 잠을 자고 다시 그 전날의 장소로 돌아가 기린을 추적했다. 또한 존 마셜은 1955년 3차 탐험여행에서 보충 촬영을 하여 필요한 장면들을 추가하기도 했다. 예를 들어, 사냥꾼 네 명의 클로즈업 얼굴, 사냥꾼들이 경계를 서는 장
면, 사냥꾼들이 골이 파인 곳
을 찾는 장면, 사냥꾼들이 저
녁에 골이 파인 곳을 지나가는
장면, 토마와 카오가 기린을 향
해 창을 던지는 장면 등은 이때
추가 촬영된 장면들이다.[27]

또한《사냥꾼들》은 주와시 부족 사람들의 현실을 무시하고 주와시 부
족 사람들, 즉 부시먼의 삶에 그릇된 신화를 심어줄 수 있다는 것을 문제
점으로 지적할 수 있다. 다시 말해서《사냥꾼들》에서는 사냥을 둘러싼
문화적인 해석이나 사회적인 맥락은 배제된 채 하나의 기린 사냥 이야기
가 이야기의 중심을 이루고 있다. 따라서《사냥꾼들》에서 관객들은 하나
의 기린 사냥 이야기를 볼 뿐 주와시 사회에서 사냥에 관한 사회문화적
맥락을 읽을 수 없다. 이는 주와시 사회를 보는 감독의 역사의식 및 사회
문화적인 인식과도 관련이 있다. 한마디로 "지구상에 마지막 남은 수렵채
집인들"을 찾아 떠난 아프리카 탐험의 과정에서 만들어진《사냥꾼들》은
주와시 부족에 대한 역사적인 의식이 전혀 없으며, 주와시 부족의 현실에
대한 사회문화적인 시각도 전혀 없다. 또한 실제로 주와시 사회의 경제 활
동은 사냥보다는 남성과 여성이 모두 참여하는 채집 경제가 많은 부분을
차지하고 있음에도 불구하고《사냥꾼들》에서는 남성들의 사냥이 너무
강조되어 있다. 따라서《사냥꾼들》은 관객들에게 주와시 부족 사람들이
사냥에 의존하여 생활한다는 그릇된 신화를 심어줄 수 있다. 즉 주와시

부족의 사회문화적인 맥락에 대한 지식이 없는 관객들은 "부시면=사냥꾼들"이라는 도식에 사로잡힐 수 있다. 이에 대해 존 마셜 또한 "《사냥꾼들》의 첫번째 부분은 완전히 내가 만들어낸 이야기이다. 그리고 영화에서 사냥이 필요 이상으로 중요하게 그려져 있다."[28]라고 말했다.

《사냥꾼들》의 내러티브 방식과 관련하여 한 가지 더 언급할 것은 《사냥꾼들》과 로버트 플래허티의 《북극의 나눅》 및 《아란의 남자Man of Aran》의 유사성에 대한 지적이다. 앞서 말한 것처럼 《사냥꾼들》은 한 집단의 사람들을 주인공으로 설정하고, 기린 사냥이라는 하나의 사건을 드라마화하고 있다. 이러한 점에서 혹자는 《사냥꾼들》과 《북극의 나눅》 및 《아란의 남자》의 유사성을 언급하기도 한다.

> 플래허티와 마셜 간에는 많은 유사점이 있다. 둘 다 훈련된 인류학자가
> 아니며, 영화의 주인공들과 오랜 시간을 함께 보냈고, 촬영 필름을 일관된
> 내러티브로 구성했으며, 혹독한 환경에서 생존을 위해 싸우는 용감한
> 남자들을 그리고 있다.[29]

하지만 존 마셜은 《사냥꾼들》을 만들 때 《북극의 나눅》을 보지 않았으며, 아래의 내용처럼 기린 사냥과 관련된 주와시 사람들의 삶의 방식은 《북극의 나눅》과 달리 자연과의 투쟁 방식이 아님을 밝히고 있다.

> 나는 《사냥꾼들》을 만들 때 《나눅》을 보지 않았다. 플래허티의 고전 작품의
> 주제처럼 일종의 자연과의 투쟁으로서 기린의 추적 장면을 보여주는

것은 주와시 사람들이 사냥에 대해 생각하는 방식과 거리가 멀다. 이들이 원치 않는 것이 자연과의 투쟁이다. 칼라하리의 자연은 노력을 허비하는 사람들에게 냉혹하다. 주와시 사람들은 자연과의 대립이나 투쟁을 피하기 위해 기술이나 지식뿐 아니라 상식에 의존한다.[30]

따라서《사냥꾼들》을《북극의 나눅》과 연관해 이해하거나 설명하는 것은 올바른 해석이라고 볼 수 없다.

전지적(全知的) 시각

《사냥꾼들》의 또 다른 영화적 특징은 존 마셜의 "전지적 시각"이다.

> 나의 첫번째 영화《사냥꾼들》은 1952~1953년에 촬영되었다. (중략) 나의 카메라는 전지적이었다. 나는 남자들이 추적하는 장면을 보여주기 위해 많은 기린을 촬영했다. 나는 뷰파인더로 보이는 것들에 나의 해석을 투영할 수 있는 촬영 각도와 거리를 선택했다. 나는 내 생각과 감정들을 가장 잘 전달할 수 있는 장면을 얻기 위해 나무나 지프의 후드 ─ 어떠한 주와시 사람들도 나의 시각을 공유하려고 서 있지 않을 곳 ─ 에 올라가서 촬영했다.[31]

이처럼《사냥꾼들》을 전반적으로 지배하고 있는 것은 존 마셜의 전지적 시각이다. 반면, 사냥꾼들을 비롯한 등장인물의 시각은 전혀 반영되어 있지 않다. 존 마셜 또한 이러한 전지적 시각을 인정하면서 다음과 같이 말하고 있다.

> 영화는 대체로 나의 생각과 감정들을 담았다. 영화를 촬영하면서 나는
> 사냥꾼들에게 중요한 많은 것들을 무시했다.[32]

또한 《사냥꾼들》은 "외부자"의 관점에서 만들어졌다. 즉 "사냥꾼들"이라는 제목이 시사하듯 《사냥꾼들》에 등장하는 사냥꾼들은 각각 정체성을 지닌 개인으로서의 사냥꾼이 아니라 전형典型으로서의 사냥꾼들로 그려지고 있을 뿐 등장인물들의 내부적인 시각이 전혀 드러나지 않는다. 따라서 관객들은 《사냥꾼들》에 등장하는 사람들의 생각이나 감정을 읽을 수 없다. 오로지 전적으로 존 마셜의 생각이나 감정이 영화에 투영될 뿐이다. 《사냥꾼들》에서 이러한 존 마셜의 전지적 시각과 외부적 시각을 전달하는 주된 수단은 존 마셜의 보이스오버 내레이션voice-over narration이다. 그리고 전반적으로 이러한 존 마셜의 해설이 전체적인 이야기를 이끌어간다. 따라서 주와시 사람들의 문화 및 등장인물의 삶과 생각을 설명하는 존 마셜의 보이스오버 내레이션은 "신의 목소리"[33]처럼 절대적인 권위와 설명력을 지닌다.

(존 마셜의 내레이션)

사냥은 남자와 소년들의 열정이다. 소년들은 좋은 사냥꾼이 되기 위해
어릴 적부터 동물들을 추적하고 사냥하기 위한 모든 지식을 배워야 한다.
사냥꾼들이 각 동물에게 갖는 감정이 특별하기 때문에 어떠한 두 상황도

동일하지 않다. 공식적으로 사냥을 가르치지 않기 때문에 소년들은
스스로의 경험으로 사냥을 배워야 한다. 소년들은 열정에 따라 많이 배울
수도 있고, 적게 배울 수도 있다.

한편 존 마셜이《사냥꾼들》에서 전지적 시각에 의존했던 이유는 다음
의 몇 가지로 설명할 수 있다. 첫번째로 존 마셜의 전지적 시각은《사냥꾼
들》의 내러티브 스타일과 관계가 있다. 즉《사냥꾼들》은 하나의 인위적
인 내러티브의 틀을 설정해놓고 영화 장면들을 편집했기 때문에 영화 이
야기의 전개를 위해 존 마셜의 해설에 의존할 수밖에 없었다. 두번째로 보
이스오버 내레이션에 의존하는 다큐멘터리영화의 방식은 존 마셜이《사
냥꾼들》을 만들던 당시 유행하던 영화 제작 방식이었다. 즉 빌 니컬스Bill
Nichols가 "설명적 양식"[34]이라고 부른 보이스오버 내레이션에 의한 영화
방식은《사냥꾼들》에 국한된 것은 아니었다. 주지하다시피 다큐멘터리
영화가 해설에 전적으로 의존하는 재현 방식에서 벗어나기 시작한 것은
1950년대 말부터이다. 존 마셜 또한《사냥꾼들》이후의 작품에서는 해설
에 의존하는 재현 방식을 택하지 않았다. 한편《사냥꾼들》의 제작 당시
에 많은 다큐멘터리영화들이 제삼자의 권위적인 보이스오버 내레이션방
식에 의존했다는 점을 고려한다면, 존 마셜 본인이 직접 해설하는 방식은
그나마 진일보한 재현 방식이라고 평가할 수 있다. 세번째는 기술적인 측
면이다. 존 마셜은《사냥꾼들》의 촬영을 위해 벨 앤드 하월 카메라를 사
용했는데, 이 카메라를 이용하여 필름 한 통으로 연속 촬영할 수 있는 시
간은 불과 10분 남짓했다. 따라서 하나의 사건을 자연스럽게 연속 촬영

하기가 힘들었기 때문에 여러 장면들을 짧게 끊어서 촬영할 수밖에 없었다. 그리고 결국 단편적인 장면들을 "하나의 이야기"로 연결하기 위해 보이스오버 내레이션에 의한 해설 방식에 의존할 수밖에 없었다.

> 나는 1950년대 초에 주로 벨 앤드 하월 70 DL과 20피트용 매거진을
> 사용했다. 기술적인 제약은 왜 그토록 많은 리얼리티와 내용이 영화에서
> 생략되었는지를 부분적으로 설명해준다.[35]

또한 당시에는 카메라가 크고 무거웠기 때문에 존 마셜은 《사냥꾼들》을 촬영하면서 주로 삼각대를 사용했다. 따라서 피사체의 움직임에 따라 자유롭게 카메라를 이동하면서 촬영하는 것은 거의 불가능했다. 게다가 카메라와 피사체 간의 촬영 거리나 각도의 변환 또한 자유롭지 않아 다양한 쇼트를 촬영하거나 각 등장인물을 정교하게 묘사할 수 없었다. 존 마셜이 《사냥꾼들》에서 사냥꾼들의 클로즈업 장면들을 보충 촬영한 것도 바로 이러한 이유 때문이었다.

> 종종 코닥크롬 필름으로는 멀리 떨어져 있는 사람들의 표정을 포착하기가
> 힘들었다. 주요 사건들은 미디엄 쇼트로 촬영하거나 생략했다. 나이나이의
> 초기 기록에서는 하나의 인물로서 사람을 묘사하는 것은 거의 불가능했다.[36]

그리고 당시에는 동시녹음장비가 발달되지 않아 현장에서 주와시 부족 사람들의 대화를 생생하게 담을 수 없었다. 존 마셜도 밝힌 바와 같이 주

와시 부족 사람들은 평소 이야기를 매우 즐기는 사람들이지만 이들의 대화를 가까이서 듣고 녹음하는 것은 불가능했다. 이러한 기술적인 제약은 《사냥꾼들》의 제작 방식에 많은 영향을 미쳤다. 가장 두드러진 것은 존 마셜의 내레이션과 영화의 배경음악으로 사용된 주와시 부족의 전통음악이다. 그리고 결국 《사냥꾼들》은 존 마셜의 보이스오버 내레이션에 의해 지배되는 전지적 시점의 영화로 만들어지게 되었다.

지금까지 살펴본 《사냥꾼들》은 차후 존 마셜의 영화방법론에 커다란 영향을 미쳤다. 먼저 존 마셜은 《사냥꾼들》로 여러 상을 받으면서 민족지영화 감독으로 알려지게 되었지만, 스스로 자신의 작품을 비판적으로 보았다. 그리고 존 마셜은 《사냥꾼들》에 대한 다른 사람들의 비판을 받아들였다. 이러한 존 마셜의 성찰적인 태도는 다음 영화 작업에 직접적인 영향을 주었다. 그 한 예로 "쿵 부시먼 시리즈"를 들 수 있다. 예를 들어, 쿵 부시먼 시리즈 가운데 《사냥꾼들》처럼 사냥 이야기를 다룬 《고기 싸움》은 《사냥꾼들》과 달리 사냥과 고기를 둘러싼 갈등의 문화적 의미를 깊이 있게 보여준다. 즉 《사냥꾼들》에서는 사냥꾼들이 기린 고기를 사냥하고 이를 모든 구성원들에게 나누어주는 이야기로 끝날 뿐, 고기 분배가 사회문화적으로 어떠한 의미를 갖는지는 전혀 다루지 않지만, 이에 반해 《고기 싸움》은 "고기 분배를 둘러싼 싸움"이라는 미시적인 문화적 사건에 주목하면서 사회문화적 의미를 드러내는 데 초점을 두고 있다. 다시 말해서 존 마셜은 쿵 부시먼 시리즈를 만들면서 《사냥꾼들》과 달리 하나의 커다란 이야기에 의존하는 재현 방식에서 벗어나 주와시 부족 사람들의 미시적인 사회문화적 사건의 기록에 주목하기 시작했다. 쿵 부시먼 시리즈와《고기 싸움》에 대해서는 다음 장에서 자세히 다루기로 한다.

또 한 가지 주목할 점은 존 마셜의 각 작품들은 차후 작품이나 그의 인생사에 연속적으로 영향을 주었다는 점이다. 즉 존 마셜은 1970년대 말에 만든《나이, 쿵 여인의 이야기》에서《사냥꾼들》을 주요 텍스트로 사용하고 있다. 그리고《나이, 쿵 여인의 이야기》또한 존 마셜의 차후 인생사에 커다란 영향을 주어 존 마셜이 주와시 부족을 위한 실천적 삶을 살아가는 데 결정적인 계기가 되었다. 또한 전체 다섯 편으로 구성된《칼라하리 가족》을 보면, 존 마셜이 1950년대에 촬영한《사냥꾼들》의 장면과《나이, 쿵 여인의 이야기》의 장면을 발견할 수 있다.

이처럼《사냥꾼들》은 존 마셜의 주요 작품에 자주 등장하면서 영화로서의 생명을 이어갔을 뿐 아니라 존 마셜과 주와시 사람들의 삶의 궤적에서 매우 중요한 의미를 지닌 작품이라고 할 수 있다.

4장

칼라하리 사막의 "쿵 부시먼 시리즈",

《고기 싸움》(1974)

존 마셜은 일찍이 《사냥꾼들》을 통해 민족지영화 감독으로 알려지기 시작했지만 전지적 시각과 픽션영화적인 내러티브 형식으로 만들어진 《사냥꾼들》에 대해 스스로 비판적인 생각을 갖기 시작했다. 또한 존 마셜은 1950년에서 1958년까지 주와시 사회에서 촬영한 방대한 양의 필름을 활용할 방도를 찾는 동시에 주와시 사회를 영화화할 새로운 재현 방식을 모색했다. 이때 존 마셜이 생각해낸 영화적 방법론이 바로 본 장에서 다루고자 하는 "시퀀스영화sequence film"이다. 이런 점에서 시퀀스영화는 《사냥꾼들》에 대한 성찰적 비판과 주와시 필름의 활용 방안에 대한 고민에서 나온 새로운 발상의 영화적 형식이라고 할 수 있다.

한마디로 존 마셜의 시퀀스영화는 주와시 부족의 "작은 사회문화적 사건"을 다룬 단편 민족지영화라고 할 수 있다. 일명 "쿵 부시먼 (영화) 시리즈!Kung Bushmen (Film) Series"라고 불리는 시퀀스영화는 총 27편으로 완성되었다. 본 장에서는 먼저 존 마셜이 시퀀스영화를 생각해낸 계기와 시퀀스영화의 영화적 방법론을 여러 각도에서 살펴볼 것이다. 그리고 이어 시퀀스영화의 구체적인 사례의 하나로 《고기 싸움The Meat Fight》(1974)을 집중적으로 고찰하기로 한다. 무엇보다도 존 마셜의 시퀀스영화는 《사냥꾼들》이후 변화된 존 마셜의 영화적 방법론을 이해하는 데 많은 도움을 줄 것이다.

시퀀스영화의 제작 배경

존 마셜은 1949년 영화를 처음 접했을 당시 촬영이나 영화 문법에 대한 지식이 전무했다. 하지만 그는 아프리카 현지에서 촬영을 하면서 촬영 기술이나 영상 언어에 점차 익숙해져 갔다.

> 1953년 말 이후의 내 영화를 보면, 내가 점점 사건들 안의 작은 세계에 좀 더 가까이 다가가 영화화하려는 생각을 갖기 시작했음을 알 수 있다. 내가 사건들 안에 들어가 사람들 가까이서 촬영하고 실제의 이야기를 따라가 만든 첫번째 영화가 《통과의례 A Rite of Passage》였다. (중략) 이 영화는, 스타일은 내러티브적이지만 카메라가 참여관찰자라는 생각뿐 아니라 내가 어떻게 촬영 각도와 거리에 대해 생각했는지 보여준다.[1]

위의 글을 보면, 존 마셜이 초보적인 영화 기술에서 벗어나 자신만의 영화방법론이나 인류학적 시각을 정립하기 시작한 것은 1953년 이후였음을 알 수 있다. 특히 이때부터 존 마셜이 "참여관찰자"로서의 카메라를 통해 하나의 "작은 사건"을 영화화하려는 생각을 갖게 되었음을 알 수 있다.

한편 존 마셜이 시퀀스영화에 대한 보다 구체적인 생각을 갖게 된 것은 1956년 즈음이었다. 즉 1956년 뉴욕 주 로체스터 소재 이스트먼 코닥 Eastman Kodak 도서관에서 《탱크와 맞싸우는 사람들 Manner Gegen Panzer》이라는 단편영화를 본 것이 직접적인 계기가 되었다. 이 영화는 제2차 세계대전 당시 독일국방군이 "독일군의 탱크는 독일인처럼 강하다."는 믿음을 독려하기 위해 만든 극영화 형식의 선전영화였다. 존 마셜은 이 영화가 여러 장면을 모아 편집하는 영화적 관습을 따르지 않고 "하나의 사건"을 연속적으로 보여준다는 점에 주목했다.

> 이 영화는 하나의 사건을 다루면서 그 행위를 지속적으로 보여주었다.
> 사람들이 어디에 있고, 그들이 항상 무엇을 하고 있는지 알 수 있도록 다양한
> 촬영 각도나 거리에서 촬영하여 편집했다. 사건은 스스로 이야기되었다.
> 그리고 내레이션으로 갖가지 탱크, 공격용 무기들과 기술들에 대해
> 설명했다.[2]

그리고 존 마셜은 이 영화를 본 뒤 아프리카에서 이와 유사한 영화적 형식을 실험해보는 것을 생각하게 되었다.

> 나는 주와시의 실제 사건들로《탱크와 맞싸우는 사람들》과 같은 영화를
> 만들 수 있을 거라고 생각했다. 또한 독일국방군이 절박한 시점에서
> 영웅적인 뉴스 릴이나 지루한 훈련용 영화들보다 하나의 에피소드를 가진
> 세심하고 일관성 있는 영화가 더 효과적일 것이라고 생각했다면 이러한
> 영화에는 관객들을 사건에 몰입시키는 어떤 힘이 있었을 것이다.[3]

실제로 존 마셜은 차후 시퀀스영화를 만들면서《탱크와 맞싸우는 사람들》처럼 하나의 사건을 연속적으로 보여주고 내레이션을 통해 설명하는

방식을 사용했다.

또한 존 마셜은 점차 주와시 사람들의 일상생활과 사회에 대한 보다 미시적인 영화를 만드는 데 관심을 갖고 주와시 사람들의 일상생활과 작은 사회문화적 사건들을 촬영하기 시작했다.

> 나는 하나의 영화를 만들기 위해 단지 사냥과 춤과 같은 극적인 것들을
> 촬영하는 대신 주와시 사람들의 일상생활을 기록하려는 생각을 갖기
> 시작했다.[4]

한편 존 마셜은《사냥꾼들》을 완성하고 나서 1959년《사냥꾼들》의 편집에 참여했던 하버드대학의 로버트 가드너와 함께 미국의 국립연구재단으로부터 주와시 필름을 편집할 수 있는 많은 연구비를 받았다. 그리고 마거릿 미드 교수의 소개로, 컬럼비아대학을 갓 졸업한 티머시 애시가 하버드대학의 피바디 박물관에 고용되어 주와시 필름의 정리와 편집을 맡았다. 티머시 애시는 방대한 양의 주와시 필름을 본 그때의 소감을 다음과 같이 피력하고 있다.

> 나는 50만 피트나 되는 존 마셜의 부시먼 촬영 필름을 정리하면서 그 안에서
> 사람들의 사회적 행위를 매우 자세히 촬영한 작은 시퀀스를 발견했다.
> 이는 존 마셜의 아버지가 존에게 어떤 행위를 촬영할 때는 아주 자세히
> 촬영하라고 말했기 때문이다. 존 마셜의 부시먼 필름에는 눔 차이 의식도
> 있었고, (중략)《결혼에 대한 논쟁》(중략)《고기 싸움》도 있었다.[5]

존 마셜은 티머시 애시와 함께 주와시의 필름을 정리하고 편집해가면서 점차 시퀀스영화에 대한 개념을 정립해나갔다. 따라서 큰 틀에서 보자면 시퀀스영화는 존 마셜과 티머시 애시의 협력관계에서 나왔다고 볼 수 있다. 하지만 시퀀스영화를 처음 생각해낸 사람은 존 마셜이었으며, 티머시 애시도 시퀀스영화는 존 마셜의 발상임을 분명히 밝혔다.[6] 한편 티머시 애시 또한 자신만의 시퀀스영화의 개념을 발전시켜 베네수엘라에서 나폴레옹 샤농과 함께 39편의 "야노마모 (영화) 시리즈Yanomamo (Film) Series"를 만들었다. 이에 대해서는 이 책의 6장에서 자세히 다룰 것이다.

시퀀스영화의 특징

존 마셜은 한마디로 시퀀스영화를 "작은 사건의 영화적 기록"[7]이라고 정의 내렸다.

> 나는 카메라로 보다 세심하게 사건을 기록하기 시작했다. 그리고 사람들이 실제로 행동하고 말하는 것을 따라가려고 했다. 또한 머릿속의 생각이나 비非공식적인 대본에 의해 몇 개의 쇼트로 복잡한 사건을 보여주는 대신 하나의 사건을 전체적으로 촬영했다.[8]

그리고 존 마셜은《사냥꾼들》의 경우처럼 내러티브를 가진 한 편의 영화를 만들기 위해 흥미로운 장면을 촬영하여 편집하는 방식에서 벗어나 일상생활에서 일어나는 사건에 대한 친밀하고 세밀한 기록이 담겨 있는 영화를 만들려 했다. 피터 로이조스는 이러한 존 마셜의 시퀀스영화에 대해 언급하면서 "주와시 사람들의 싸움 그리고 치료의례의 극적인 강렬함은 물론 수렵채집인의 삶을 전달하는 친밀함과 생생함에 비길 영화가 없다."[9]라고 말했다.

한편 존 마셜은 주와시 사회에서 일어나는 많은 사건들이 하나의 드라마처럼 시작과 끝을 가지고 전개되며, 훈련된 인류학자의 카메라는 이러한 하나의 단위로서의 사건의 흐름을 포착할 수 있다고 생각했다.

> 인류학자는 연구하는 대상들과 친해지면서 그들의 삶 속에서 패턴을 볼 수 있고, 그들이 생각하는 방식대로 명확히 시작과 끝을 가진 삶의 단위들을 발견할 수 있다. (중략) 시퀀스 방법으로 촬영된 르포르타주영화reportage film는 훈련된 인류학자가 연구하는 하나의 행위 단위를 전체적으로 보여준다.[10]

따라서 일상생활에서 일어나는 하나의 작은 사건을 기록한다는 것은 그 사회에서 사람들이 중요하다고 생각하는 사회적 행위를 영화화하는 것을 의미한다고 볼 수 있다.

시퀀스영화의 또 다른 특징은 존 마셜이 "참여관찰자"로서의 감독의 역할에 주목하면서 주와시 사람들의 생각과 행동을 영화에 담으려 했다는 점이다.

> 영화감독으로서 나의 작업은 관찰에서 시작된다. 그들에 대한 나의 생각보다 내가 실제로 촬영하고 있는 사람들의 행동과 말이 흥미롭고 중요하다.[11]

또한 존 마셜은 시퀀스영화감독의 작업이 인류학자의 참여관찰 행위와 같다고 말하면서 자신을 "카메라를 가진 참여관찰자"[12]로 생각했다. 이런 의미에서 시퀀스영화는 "대본에 의한 영화나 방송다큐멘터리처럼 영화 대상에게 행동하고 말하는 것을 지시하는 대신 실제 사건 안에서 일어나는 사람들의 행위와 말을 보고 듣는 것을 뜻한다."[13]라고 존 마셜은 설명했다.

> 나는 내가 촬영하고 있는 사람들의 시각에 근접한 각도와 거리에서
> 촬영하기 시작했다. 나는 외부적인 관찰자의 시각에서 촬영하기보다는
> 집단의 구성원으로서 촬영하려 했다.[14]

이처럼 존 마셜은 시퀀스영화를 만들면서 "참여관찰"과 영화 대상의 "내부적인 시각"에 주목했다. 이러한 점에서 시퀀스영화는 영화감독 자신만의 시각을 담으려 했던 《사냥꾼들》과는 매우 다른 영화 방식이라고 할 수 있다. 즉 《사냥꾼들》은 존 마셜의 전지적인 시각에 의해 촬영되고 편집되었을 뿐 주와시 사람들의 시각에 대한 고려가 전혀 없는 반면, 시퀀스영화는 영화감독 자신의 생각이나 시각보다 사건의 참여자들, 즉 주와시 사람들의 내부적인 시각을 반영하려 했다.

또한 시퀀스영화는 시네마베리테의 영화적 방식과 관련되어 있음을 알 수 있다. 즉 존 마셜이 한때 시퀀스영화를 가리켜 "리포팅영화reporting film"라고 부른 영화 장르는 당시 시네마베리테로 알려진 영화 스타일로부터 나왔음을 알 수 있다.

1957년 내가 나이나이에서 사용하기 시작한 영화방법론은 후에 시네마베리테로 알려진 스타일의 영화(동시녹음 영화방법)와 같은 것이었다. 당시 내 영화의 사운드는 동시녹음된 것이 아니라 나중에 편집 과정에서 고생스럽게 영화에 더해진 것이지만, 나는 사람들이 말하는 것을 들을 수 있을 만큼 가까이 다가가려고 노력했다. 나는 사건 현장에서 멀리 서 있는 대신 몇 개의 쇼트를 촬영하기 위해 사람들 속에 들어가 주의 깊고 포괄적으로 촬영하려 했다.[15]

여기서 존 마셜이 시네마베리테라고 부른 영화 방식은 보다 정확히 말하자면 "아메리칸 다이렉트 시네마"를 가리킨다.

존 마셜은 실제로 다이렉트 시네마의 영화적 방식을 차용하여 시퀀스 영화를 만들었다. 그리고 존 마셜은 아메리칸 다이렉트 시네마의 방식처럼 관찰자로서 사건의 흐름과 사람들의 행위를 따라가려 했으며, 사건의 시공간과 맥락을 유지하는 방식으로 영화를 촬영하고 편집했다. 특히 롱테이크 방식으로 전체적인 사건의 흐름을 보여주려는 존 마셜의 촬영 방식은 다이렉트 시네마의 촬영 방식과 매우 유사하다. 이처럼 시퀀스영화는 통상적으로 하나의 주제를 가진 영화를 만들기 위해 여러 장면을 촬영하여 편집하는 영화 제작 방식과 달리 사건의 자연스러운 전개 과정을 따라가면서 사람들의 상호 행위를 처음부터 끝까지 연속적으로 촬영한다. 한편 존 마셜의 시퀀스영화는 대체로 다이렉트 시네마 방식을 따라 만들어졌지만, 영화 내용에 대한 배경지식이나 맥락에 대한 설명이 필요할 경우에는 영화 중간 중간에 화면자막이나 짧은 내레이션을 덧붙였다.

그렇다면 존 마셜이 시퀀스영화를 만들려고 했던 의도는 무엇일까? 그것은 한마디로 당시 외부 사람들이 쿵 부족 사람들, 즉 부시먼에게 투영한 신화 및 정형화된 시각에서 벗어나 그들의 리얼리티를 보여주기 위한 것이었다.

> 주와시 같은 사람들에 대한 신화의 영향력은 빠르고 파괴적이기도 하지만, 영화가 리얼리티를 직면하는 대신 그대로 신화를 투영하는 것은 궁극적으로 관객들에게도 상처를 줄 수 있다.[16]

이처럼 존 마셜은 시퀀스영화를 통해 주와시 사람들의 내부적인 시각과 실제 삶의 모습을 보여줌으로써 오랫동안 서구 사회에 의해 만들어진 "부시먼"에 대한 그릇된 편견을 깨고자 했다.

끝으로 시퀀스영화와 관련하여 한 가지 더 언급할 것은 시퀀스영화와 카메라 기술의 관계이다. 앞 장에서 설명했듯이 존 마셜은 《사냥꾼들》의 경우 벨 앤드 하월 70 DL 카메라와 20피트용 매거진을 사용했다. 하지만 몇 년 후 시퀀스영화를 만들 때는 이보다 기술적으로 발전된 카메라로 촬영했다. 즉 존 마셜이 시퀀스영화에서 사용한 아리플렉스 카메라는 카메라를 자유롭게 움직이면서 초점을 맞출 수 있고 피사계 심도가 깊어(즉 초점을 맞출 수 있는 구간이 넓어) 움직이는 피사체를 초점 안에 잡아두면서 촬영할 수 있었다. 그리고 실제로 존 마셜은 시퀀스영화에서 피사체의 움직임을 따라가며 사람들의 행위를 보다 자세하게 촬영했다. 동시녹음 기술 또한 점차적으로 발전되어 초기의 시퀀스영화는 후시녹음으로 편집되었지만, 이후에는 동시녹음으로 촬영되었다. 즉《쓴맛의 멜론Bitter Melons》(1971)(30분),《눔 차이: 쿵 부시먼의 의식적인 치료 춤N/um Tchai: The Ceremonial Curing Dance of the !Kung Bushmen》(1969)(20분),《치료의식A Curing Ceremony》(1969)(8분)과 같은 초기의 시퀀스영화들은 후시녹음 방식으로 만들어졌지만,《고기 싸움》을 시작으로《농담관계A Joking Relationships》(1962)(13분),《결혼에 관한 논쟁An Argument About a Marriage》(1969)(20분)과 같은 시퀀스영화들은 동시녹음 방식으로 촬영되었다.

존 마셜은 1961년에서 1970년까지 티머시 애시와 프랭크 갤빈Frank Galvin 등 여러 편집자들의 도움을 받아 27편의 시퀀스영화를 완성했다. 이 가운데《데베의 화내기Debe's Tantrum》(1972)(9분)는 육아,《말벌 집The Wasp Nest》(1972)(20분)은 음식의 채집,《노아 타마: 멜론 던지기 게임N!owa T'ama: The Melon Tossing Game》(1970)(13분)은 여성들의 사회적 행위,《농담관계》는 나이와 삼촌 간의 사회적 행위를 보여준다. 그 외에《전갈 놀이Playing with Scorpions》(1972)(5분)와《사자 게임The Lion Game》(1970)(5분)은 어린아이들의 놀이,《통과의례》(1972)(15분)는 첫번째 산양을 죽인 소년의 통과의례,《고기 싸움》(1972)(14분)은 사냥감을 둘러싼 갈등과 해결,《남자들의 목욕Men Bathing》(1973)(15분)은 남성들의 사회적 행위,《결혼에 관한 논쟁》은 결혼 체계의 변화에 대한 논쟁,《눔 차이: 쿵 부시먼의 의식적인 치료 춤》은 부시먼의 치료행위적인 춤을 다루고 있다. 위에서 볼 수 있듯이 모든 시퀀스영화들은 놀이, 게임, 목욕, 채집 생활, 일상생활에서의 소소한 사회적 행위 및 관계, 통과의례 그리고 치료행위적인 춤과 같은 의례적인 사건을 주로 다루고 있다. 특히 이들 가운데《고기 싸움》,《통과의례》,《눔 차이》,《치료의식》,《농담관계》 등은 호혜성, 통과의례, 치료의례, 기피행위 등의 인류학적 주제를 직접적으로 다루고 있으며,《고기 싸움》,《결혼에 관한 논쟁》,《통과의례》와 같은 작품들은 영화의 내용이나 인류학적 배경지식을 담은 필름 가이드가 함께 출판되었다.

그러면 존 마셜의 대표적인 시퀀스영화라 할 수 있는《고기 싸움》을 통해 시퀀스영화의 특징과 존 마셜의 영화방법론을 구체적으로 살펴보기로 한다.

《고기 싸움The Meat Fight》(1974)[17]

《고기 싸움》은 1958년 우기 중 오아우O!Au 지역에서 촬영되었다.《고기 싸움》은 다른 시퀀스영화처럼 주와시 사회에서 일어난 "고기 싸움"이라는 하나의 작은 사건을 다루고 있다. 따라서《고기 싸움》에 등장하는 사람들은 열 명 남짓이고, 영화의 상영 시간도 15분밖에 되지 않는다.

사건의 발단은 다음과 같다. 어느 날 남시N!amshi라는 소년이 생애 처음으로 자신의 독화살을 쏘아 커다란 산양을 맞혔으나 밤중에 내린 폭우로 그 흔적을 놓쳐버렸다. 주와시 사회에서는 소년이 처음 잡은 커다란 동물로 성인식을 치르고, 첫 사냥으로 결혼할 자격이 주어지기 때문에 생애 첫번째로 잡은 동물은 매우 중요한 의미를 지닌다. 한편 다음 날 다른 부족의 유능한 사냥꾼인 카나Khan//a가 남시가 쏜 산양을 발견하여 마을로 가져와 자기네 부족원들에게 나누어주고 일부는 요리하여 먹고 있었다. 이로부터 사냥 고기를 둘러싼 싸움이 시작되었다.

《고기 싸움》은 영화의 제목대로 사냥 고기를 둘러싼 이야기다. 이 영화는 남시와 그의 삼촌인 젊은 토마$^{Young=/Toma}$, 그리고 사냥 고기를 둘러싼 다른 부족 사람들 간의 논쟁 및 해결 과정, 그리고 주와시 사회의 관습에 따른 사냥 고기의 재분배 과정을 다루고 있다.

《고기 싸움》은 다른 시퀀스영화처럼 먼저 삽입자막을 통해 사건의 발단에 대해 설명한다.

(삽입자막)

우기의 어느 날 오후, 남시는 처음으로 커다란 산양을 쏘았다. 하지만
폭풍우로 동물의 흔적이 없어지자 남시는 집에 돌아와 그의 삼촌에게
도움을 청했다.

한편 다음 날 아침 카나는 남시가 쏜 산양을 발견하여 같은 부족원들에게 고기를 나누어주었다. 이 사실을 안 남시와 그의 삼촌 젊은 토마는 사냥 고기의 소유권을 주장하기 위해 사람들이 고기를 먹고 있는 현장에 왔다. 그리고 고기를 둘러싼 논쟁이 일어나자 또 다른 부족의 지도자인 토마워드$^{=/TomaWord}$가 중재에 나섰다.

(삽입자막)

다음 날 아침, 다른
부족의 유능한 사냥꾼인
카나가 동물을 발견하고
부족원들에게 고기를

2부 존 마셜

나누어주기 시작했다. 남시와 그의 삼촌, 젊은 토마는 고기의 소유권을
주장하기 위해 현장에 왔다. 논쟁이 일어났고, 세번째 부족의 지도자인
토마워드가 중재에 나섰다.

일반적인 고기 분배 방식을 따르자면, 사냥꾼이 잡은 고기는 먼저 처갓집
식구들에게 나누어주고 나서 함께 사는 모든 사람들에게 재분배된다.
이 경우 고기의 소유권을 정하고, 고기 분배의 수단을 합의하면 논쟁은
해소된다.

《고기 싸움》은 이와 같은 사건의 상황에 대한 설명이 끝난 후 다이렉트
시네마 방식으로 사건의 현장을 보여준다. 처음 장면은 카나가 자신의 부
족 사람들에게 고기를 나누어주는 장면이다. 이 장면에 등장하는 인물
은 카나를 포함하여 주와시 부족 사람들 네 명이다. 존 마셜은 등장인물
의 행위를 관찰하듯이 롱 테이크로 사건의 현장을 밀착 촬영하여 보여
준다. 하지만 다이렉트 시네마 방식과는 달리 중간 중간 존 마셜이 내레
이션을 통해 상황을 설명한다. 예를 들어, 첫 장면 다음에 아래와 같은 존
마셜의 내레이션이 이어진다.

(존 마셜의 내레이션)

오후에 데미Demi(카나의 아버지) 부족 사람들이 죽은 산양을 발견했다.
카나는 자신의 부족 사람들에게 고기의 일부를 나누어주었다. 젊은 토마와
그의 조카인 남시가 현장에 도착했을 때는 이미 다른 사람들이 고기의

일부를 요리하여 먹어버린
상태였다. 젊은 토마와
남시는 사람들 주위에 앉아
사건에 이의를 제기하기 위해
기다리고 있다.

이후 영화는 사건의 현장을 담은 장면과 상황에 대해 설명하는 존 마셜의 내레이션이 섞여 전개된다. 하지만 존 마셜의 내레이션은 사건의 맥락을 설명하기 위해 간간이 사용될 뿐 전체적으로《고기 싸움》은 사건의 자연적인 흐름에 따라 촬영되고 편집되었다. 특히 존 마셜의 시퀀스영화들 가운데 처음으로 동시녹음으로 촬영된《고기 싸움》은 주와시 사람들의 목소리를 생생하게 담고 있다.

이어 또 다른 장면이 이어지고 토마워드가 중재하는 모습이 나온다. 이후 영화는 "실제 상황을 보여주는 장면"—"존 마셜의 내레이션"—"실제 상황을 보여주는 장면"의 식으로 고기 싸움의 과정을 보여준다.

(존 마셜의 내레이션)

젊은 토마는 다시 이 사건에 이의를 제기했다.

(젊은 토마)

이 고기는 남시의 것이다.
그는 자신의 화살로 그 동물을 맞혔다.

우리는 남시의 성인식을 위해
고기를 가져가야만 한다.
이 사람은 단지 동물을
발견했을 뿐이다.
어떻게 그가 고기의 소유권을
주장할 수 있는가?
그는 남시의 고기를 요리하고 있다. 그는 도둑놈이다.

The meat belongs to N!amshi.

(존 마셜의 내레이션)

세번째 부족의 지도자인 토마워드가 분쟁을 중재하기 시작한다.

(토마워드)

만약 화살이 남시의 것이라면,
우리는 그 동물이 남시의
소유라는 것을 알고 있다.
동물의 몸에서 누구의 화살이
발견되었는가?

If the arrow was given to N!amshi,
we know the animal belongs to him.

(젊은 토마)

그게 바로 제가 말하는 거예요. 그 화살은 남시 거예요.

이어 카나가 자신을 도둑놈이라고 부른 것에 발끈 화를 내자 사람들이

그를 말리면서 사건 현장에서 떨어진 곳으로 데려간다. 그리고 사건의 중재를 맡은 토마워드는 화를 낸 카나를 꾸짖는다. 카나의 아버지도 아들이 화를 낸 것에 대해 사과한다. 결국 토마워드의 중재와 데미의 사과로 사냥 고기를 둘러싼 분쟁은 마무리되고, 데미가 고기를 다시 재분배한다. 그리고 남시는 자신의 통과의례에 사용할 고기를 가지고 집으로 돌아가고, 나머지 고기는 세 부족 사람들에게 골고루 분배된다.

이처럼《고기 싸움》은 주와시 사회에서 사냥 고기를 둘러싼 세 부족 구성원들 간의 논쟁과 해결 과정, 지도자의 중재와 리더십, 남성의 사냥과 결혼의 관계, 그리고 사냥 고기와 관련된 사회적 규칙 및 재산의 개념 등을 다루고 있다. 이런 의미에서《고기 싸움》은 고기 싸움을 둘러싼 주와시 사람들의 문화와 정치학의 "심층기술"을 담은 단편 민족지영화라고 할 수 있다.

지금까지 살펴본《고기 싸움》은 여러 면에서 존 마셜의 첫번째 장편 민족지영화인《사냥꾼들》과 비교된다. 즉《사냥꾼들》과《고기 싸움》은 모두 주와시 부족의 "사냥"을 소재로 삼고 있지만, 그 소재를 다루는 감독의 시각과 영화적 방식은 매우 다르다. 예를 들어,《사냥꾼들》은 다섯 명의 쿵 부시먼 사냥꾼들의 4일간에 걸친 기린 사냥을 내러티브 구조로 삼고 있다. 이런 면에서《사냥꾼들》은 일종의 내러티브 민족지영화라고 할

2부 존 마셜

수 있다. 반면《고기 싸움》은《사냥꾼들》과는 달리 극적인 장면들을 포
착하려 하거나 인위적인 내러티브를 설정하지 않고 한 사건의 시간적 흐
름에 따라 촬영되고 편집되었다. 특히《고기 싸움》은 다이렉트 시네마의
관찰적 카메라와 롱 테이크의 촬영 방식으로 사건의 현장성과 맥락을 관
객들에게 전달하고 있다. 또한《사냥꾼들》은 전적으로 존 마셜의 전지적
시각과 보이스오버 내레이션에 의존하고 있다. 따라서《사냥꾼들》에서
는 존 마셜의 시각만 나타날 뿐 사냥꾼들이나 부족원들의 내부적인 시각
은 전혀 드러나지 않는다. 반면《고기 싸움》은 존 마셜의 내레이션 대신
부족원들의 목소리와 의견이 영화의 전반적인 내용을 차지하고 있다. 즉
《고기 싸움》은 쿵 부족 사람들의 내부적인 시각을 드러내려고 노력하고
있다. 다음으로《사냥꾼들》은 기린 사냥의 이야기로 구성되어 있을 뿐 주
와시 부족의 사회문화적인 정보를 제공하지 않는다. 한편 아래의 설명대
로 주와시 사회에서 사냥 고기의 분배는 매우 중요한 사회적 행위임을 알
수 있다.

> 나는《사냥꾼들》을 촬영할 때, 사람들이 가끔 기린을 잡으면 어떻게
> 분배할지 이야기하는 것을 듣곤 했다. 그들에겐 사냥감을 추적하는
> 어려움보다 커다란 사냥 고기의 분배를 둘러싼 시기심과 분노에 대한 걱정이
> 더욱 컸다.[18]

이처럼 주와시 사회에서 사냥 고기의 분배 문제가 매우 중요한 사회문화
적 의미를 지니고 있음에도 불구하고《사냥꾼들》을 보면 끝 장면에서 사

냥꾼들이 사냥 고기를 마을로 가지고 돌아와 사람들에게 나누어주는 장면이 잠깐 나올 뿐, 누가 고기를 나누어줄 권리가 있고, 사냥 고기가 어떤 과정을 통해 분배되는지 등에 대한 사회문화적인 설명은 나오지 않는다. 반면《고기 싸움》은《사냥꾼들》과 달리 사냥 고기의 분배 과정에서 일어난 고기 싸움이라는 작은 사건을 포착하고 이를 통해 주와시 사회에서 고기 분배가 갖는 사회문화적 의미를 생생하게 다루고 있다. 이러한 점에서《고기 싸움》을 비롯한 시퀀스영화들은 영화적 시각이나 방법론에서《사냥꾼들》보다 진일보한 영화라고 할 수 있다. 또한 이는 감독의 영화적 시각이나 방법론에 따라 동일한 문화적 사건을 보다 심층적으로 다룰 수 있으며, 고기 싸움과 같은 작은 사건을 통해 한 사회의 중요한 측면을 드러낼 수 있다는 것을 보여준다.

지금까지 본 것처럼 주와시 사회에서 일어난 다양하고 작은 사건을 소재로 만들어진 시퀀스영화는 실험적이며 매우 독특한 형식의 영화라고 할 수 있다. 존 마셜 또한 "대부분의 영화감독들은 시퀀스영화를 영화라고 부르지 않을 것"이라고 말한 것처럼 시퀀스영화는 "다른 일반적인 영화들과 달리 개념적이거나 맥락적인 틀을 가지지 않는 영화"[19]라고 할 수 있다. 따라서 존 마셜이 시퀀스영화를 만들던 과거뿐 아니라 오늘날에도 시퀀스영화의 형식으로 민족지영화를 만드는 감독은 거의 없다. 하지만 시퀀스영화가 존 마셜의 영화 작품에서 끝난 것은 아니다. 예를 들어, 티머시 애시는 존 마셜의 시퀀스영화의 편집을 마친 후 1968년에서 1971년까지 인류학자 나폴레옹 샤농과 함께 베네수엘라의 야노마모 사회에 대한 약 39편의 "야노마모 시리즈"를 만들었다. 이때 티머시 애시가 모델로 삼은 것은 바로 존 마셜의 시퀀스영화였다. 이런 의미에서 티머시 애시와 나폴레옹 샤농의 야노마모 시리즈는 "야노마모판版 시퀀스영화"라고 할 수 있다. 특히 야노마모 시리즈 가운데 가장 널리 알려진《축제》와《도끼 싸움》은 시퀀스영화방법론의 전형을 보여준다고 할 수 있다. 또한 티머시 애시는 인도네시아의 민족지영화에서도 부분적으로 시퀀스영화방법론을 사용했다. 이러한 점에서 티머시 애시의 부인이자 영화감독인 패치 애시Patsy Asch는 존 마셜의 시퀀스영화와 티머시 애시의 영화적 방법론의 관련성을 언급하면서 "티머시 애시의 영화 스타일에 영향을 준 것은 존 마셜의 시퀀스영화였다."[20]라고 밝혔다. 그리고 티머시 애시 외에 존 마셜의 시퀀스영화의 영향을 받은 사람으로는 다큐멘터리 감독인 프레더릭 와이즈먼을 꼽을 수 있다. 즉 아메리칸 다이렉트 시네마의 대표적인 감독이자 존 마셜과 함께《티티컷 풍자극》을 공동 감독하기도 한 프레더릭 와이즈먼 감독의 영화적 방법론에서 시퀀스영화의 영향을 읽을 수 있는 부분이 발견된다. 예를 들어, 롱 테이크로 사건의 흐름과 인물의 행위를 자연스럽게 따라가면서 촬영하는 방식, 적은 수의 쇼트로 하나의 신scene을 구성하거나 설명적인 코멘트를 사용하지 않는 영화적 방식은 부분적으로 시퀀스영화의 영향이라고 볼 수 있다.

존 마셜은 시퀀스영화를 완성한 후 1970년대 말에 주와시 사회를 다룬 두번째 장편 민족지영화인《나이, 쿵 여인의 이야기》(1980)를 만들었는데,《나이》에도 나이가 등장하는 다수의 시퀀스영화가 포함되어 있다. 그리고 존 마셜이 세상을 떠나기 전에 완성한《칼라하리 가족》(2002)에서도 다시 한 번 시퀀스영화가 등장한다. 이런 면에서 존 마셜의 시퀀스영화

는 존 마셜의 서아프리카 영화에서 매우 중요한 위치를 차지한다고 결론
내릴 수 있다.

5장

싼 부족 여인의 전기傳記적 민족지영화,
《나이, 쿵 여인의 이야기》(1980)

존 마셜은 1940년대 말 주와시 사람들을 처음 만났다. 그리고 그들에 대한 영상기록을 하기 시작하면서 주와시의 언어와 문화를 배우고 이들과 친해졌다. 하지만 오히려 이러한 친밀한 관계가 존 마셜에 대한 악성 루머를 만들었다. 결국 존 마셜은 남서아프리카 정부로부터 비자 연장을 거부당하고 나미비아로부터 강제 출국 조치를 당했다.

> 나는 남서아프리카에서 쫓겨났다. 그렇지 않았더라면 1960년에도 계속 춤퀴에 관한 영화를 만들었을 것이다. 나는 1958년 쫓겨나 출국 요청을 받은 신분이 되었다. (중략) 당시는 나미비아에서 인종차별정책이 강제로 시행되고 있을 때였다. 그리고 백인들은 흑인들과 일반적인 사회관계를 가질 수 없다는 등의 수많은 법이 있었다. 그 법 가운데는 백인은 흑인과 성관계를 가질 수 없다는 법도 있었다. 사람들은 내가 미국인이라는 것을 알고 있었기 때문에 내가 춤퀴 여성과 애를 가졌다는 이야기를 꾸며냈다. 그리고 1978년까지 그 문제가 해결되지 않았다. 그래서 1978년에야 그곳에 다시 돌아갈 수 있었다. 그때《나이》(1980)를 만들었다. 나는 한동안 영화 속으로 들어갔다가 다시 영화에서 나왔다 한 셈이다. 그때 내가 "인류학자가

되어가고 있구나." 하는 생각이 들었다.[1]

존 마셜은 1978년 다시 나미비아의 주와시 부족을 방문할 수 있는 허가를 받았다. 하지만 20여 년 만에 다시 찾은 주와시 부족의 삶은 예전의 모습이 아니었다.《사냥꾼들》을 만들던 1950년대 당시 주와시 부족의 경제적 기반이었던 땅은 외부의 세력에게 빼앗기고 주와시 사람들은 천연 식수원이 있던 원래의 주거지에서 한나절 거리에 있는 춤퀴의 강제보호구역에서 살고 있었다. 또한 이들은 굶주림과 폐결핵 같은 질병에 시달리고 있었으며, 교회, 서구식 의술, 군대와 같은 서구적인 제도의 영향을 받고 있었다. 이러한 광경을 목격한 존 마셜은 20여 년 동안 주와시 사회에서 일어난 엄청난 "변화"를 영화로 담기로 했다. 그리고 존 마셜이 영화의 초점을 둔 것은 "나이"라는 주와시 부족의 여인이었다. 20여 년 전 존 마셜이 처음 보았을 때 여덟 살의 어린 소녀였던 나이는 군다Gunda라는 주술치료사의 아내이자 다섯 명의 자식을 둔 어머니가 되어 있었다. 그리고 나이 또한 정부가 만든 강제보호구역에서 만족스럽지 않은 삶을 영위하고 있었다.

존 마셜은 2년에 걸친 영화 작업 끝에《나이, 쿵 여인의 이야기N!ai, The Story of !Kung Woman》(1980)[2](이후《나이》로 표기함.)를 완성했다. 한마디로《나이》는 나이라는 쿵 부족 여인의 이야기이자 주와시 부족의 이야기를 담은 민족지영화이다. 존 마셜의 두번째 장편 민족지영화인《나이》는 영화적 형식이나 내용 면에서 첫번째 작품인《사냥꾼들》과 확연히 다르다. 먼저《나이》는 주와시 부족의 50년대 삶의 모습과 70년대 말의 모습을 번갈아 보여주면서 지난 20년 동안 쿵 부족의 사람들에게 일어난 변화에 주목한다. 그리고 이를 위해 존 마셜은 50년대에 주와시 부족 사람들을 촬영한 장면들과 70년대 말에 촬영한 장면을 섞어 영화화했다. 즉《나이》는 일종의 아카이브 필름과 현재 시점에서 촬영된 장면이 혼합된 독특한 구성으로 되어 있다. 또한《나이》에서 중요한 점은 나이를 통해 이야기가 전개된다는 점이다. 이처럼《나이》는 나이라는 한 주와시 부족 여성의 삶을 보여준다는 점에서 일종의 "전기傳記"적 형식의 영화라고도 할 수 있다. 그리고 존 마셜은《나이》에서는《사냥꾼들》의 경우와는 달리 나이를 비롯한 주와시 사람들의 시각을 드러내려 하고 있으며, 존 마셜의 영화 경력이 시사하듯 주로 다이렉트 시네마 방식을 차용하고 있다.

《나이》는 존 마셜의 영화 경력이나 인생행로에서 볼 때 여러 가지로 중요한 의미를 지닌 영화라고 할 수 있다. 즉 존 마셜의 첫번째 작품인《사냥꾼들》[3]은 민족지영화의 고전으로 간주되지만, 존 마셜이 영화 언어에 완전히 익숙하지 않았던 시기에 만들어진 초기 작품이라는 점에서 이 한 편의 영화로 존 마셜의 영화 세계를 논하기에는 부족한 면이 있다. 이와 달리《나이》는 존 마셜이 다이렉트 시네마 감독으로서 영화 경력을 쌓고 주와시 부족 사람들에 대한 문화적 이해나 인간적 관계가 깊어진 후에 만들어진 영화라는 점에서 존 마셜의 대표작으로 손꼽아도 손색이 없다.

또한《나이》는 존 마셜의 인생행로에서도 매우 중요한 작품이기도 하다. 그 이유는 존 마셜이《나이》를 분기점으로 민족지영화 감독에 머물지 않고 주와시 사회를 변호하고 돕기 위한 실천가의 삶을 살았기 때문이다. 그리고 이러한 그의 행적은 죽을 때까지 계속되었다. 한편 존 마셜은 주와시 사람들을 위한 실천적 삶을 살면서 영화 작업 또한 병행하여 세상을 떠나기 전, 50년간의 주와시 사회에서의 삶을 담은 장편 다큐멘터리영화인《칼라하리 가족》을 완성했다. 이렇게 본다면《나이》는 칼라하리 사막에서 보낸 존 마셜의 영화 인생의 중간 시점에서 만들어진 작품이라고 할 수 있다.

본 장에서는 세 가지 측면에서《나이》에 대해 고찰할 것이다. 첫번째는 "슬롯slot"이라는 개념을 통해 존 마셜이 어떻게 영화적으로《나이》를 구상하고 영화화했는지 살펴보기로 한다. 그리고 이어《나이》에 나타난 영화적 특징을 "현재와 과거의 교차편집"과 "전기적 방식의 차용"이라는 시각을 통해 분석하고, 끝으로《나이》와《사냥꾼들》을 비교 고찰할 것이다.

그러면 먼저 존 마셜이《나이》를 만들면서 어떠한 영화적 방법론을 생각하고 있었으며, 구체적으로 어떠한 촬영 방식으로 나이와 주와시 사람들의 삶을 영화화하려 했는지 슬롯이라는 개념을 통해 알아보기로 한다.

슬롯: 촬영 장면의 구상

존 마셜은《나이》를 만들면서 슬롯의 개념에 착안했다. 한마디로 슬롯은《나이》를 만들기 위한 존 마셜의 영화적 시각이자 영화 제작 방식이라고 할 수 있다.

슬롯이라는 용어는 일반적인 영화 용어가 아니라 존 마셜이《나이》를 촬영하면서 스스로 생각해낸 개념이다. 존 마셜에 의하면, 슬롯은 "촬영할 장면을 머릿속으로 생각해두거나 보관하는 곳"[4]이다. 이처럼 슬롯은 실재하는 물리적 공간이 아니라 "감독의 '머릿속에 있는 지도', 즉 '상상의 공간'"[5]이다. 이렇게 본다면, 존 마셜의 슬롯은 일종의 "촬영 장면에 대한 구상"으로 해석할 수 있다.

> 슬롯은 다큐멘터리영화를 만드는 과정을 분명하게 만든다. 어떻게 하면
> 슬롯의 대부분을 적절한 내용으로 채워 관객들을 혼동시키거나 지루하지
> 않게 하면서 될 수 있는 한 풍부한 영화를 만들 수 있을까?[6]

슬롯의 개념은 여러 각도에서 고찰할 수 있다. 먼저 슬롯의 개념은 다이렉트 시네마의 제작 방식과 관련이 있다. 앞서 밝힌 대로 존 마셜은 《나이》를 만들기 전 오랫동안 다이렉트 시네마 감독으로 활동했다. 따라서 그가 선호하는 영화 방식은 다이렉트 시네마였으며, 《나이》에서 나이 및 주와시 사람들의 현재 모습을 보여주는 장면은 대체로 다이렉트 시네마 방식으로 촬영되었다. 한편 다이렉트 시네마는 영화화되는 사건이나 인물의 행동에 개입하지 않고 현장에서 일어나는 사건이나 사람들의 행위를 시간적 흐름에 따라 기록하려 한다. 이런 의미에서 존 마셜은 다이렉트 시네마를 일컬어 "스크립트에 의해 만들어지는 영화나 방송다큐멘터리처럼 사람들에게 어떻게 행동하고 무엇을 말할지 지시하는 대신 실제 사건의 현장에서 사람들이 보고 듣는 것을 기록하는 것을 의미한다."[7]라고 말했다. 하지만 현장성을 강조하는 다이렉트 시네마 방식에서는 영화 현장에서 일어나는 사건의 흐름이나 결말을 예측하기 힘들다. 따라서 존 마셜은 《나이》를 촬영하면서 슬롯이라는 개념을 통해 촬영 장면을 머릿속으로 구상하면서 촬영하는 방식을 택했다.

대부분의 리얼리티는 보이지 않거나 볼 수 없기 때문에, 나는 촬영에 도움이

되면서 어떤 사건을 촬영할지 안내해주는 슬롯의 개념을 사용하기 시작했다.[8]

이러한 의미에서 존 마셜은 슬롯을 일러 "시네마베리테[9]를 촬영하기 위한 나의 스크립트"[10]라고 말했다. 이렇게 본다면 존 마셜의 슬롯 개념은 미리 사건의 흐름을 예측하기 힘든 영화의 현장에서 영화적 이야기를 만들어가기 위한 일종의 "머릿속의 촬영대본"이라고 할 수 있다. 한편 극영화에서는 슬롯이란 개념은 특별히 의미가 없다. 왜냐하면 극영화에서는 촬영대본에 의해 카메라가 무엇을 촬영하고 배우가 어떻게 행동할지 미리 정해져 있기 때문이다. 즉 극영화에서 슬롯은 이미 영화대본에 의해 "채워져" 있다고 말할 수 있다.

존 마셜은 슬롯을 "시각적 슬롯$^{visual\ slot}$"과 "스토리 슬롯$^{story\ slot}$"으로 구분했다. 존 마셜에 의하면 "시각적인 슬롯은 촬영 각도나 거리에 의해 만들어지고, 스토리 슬롯은 영화 속 사건들의 순서에 의해 만들어진다."[11]고 보았다. 이처럼 시각적인 슬롯은 촬영할 쇼트에 보다 주안점을 둔 것이며, 스토리 슬롯은 이야기의 전개에 중점을 둔 개념이라고 해석할 수 있다.

두번째로 슬롯의 개념은 영화 대상의 "관점"과 관련이 있다. 존 마셜의 설명을 따르자면, 일반적으로 다큐멘터리영화에서 슬롯은 감독과 영화 속의 사람들에 의해 채워진다고 할 수 있다. 존 마셜은 이와 관련하여 "누가 슬롯을 채울 것인가?"라는 질문을 던지면서 "에믹^{emic}"과 "에틱^{etic}"이라는 개념을 언급했다.

"에믹"은 연구의 대상자에 의해 제공된 정보와 생각들이며, "에틱"은 연구자에 의해 제공된 데이터와 분석을 의미한다. 그 차이는 단순하다. 누가 슬롯을 채울 것인가?[12]

한마디로 에믹은 내부자, 즉 영화 대상의 관점이며, 에틱은 외부자, 즉 영화감독의 관점이라고 할 수 있다. 한편 존 마셜의 설명에 따르자면, 다큐멘터리영화에서 슬롯은 영화감독이나 영화 속의 인물들에 의해 채워질 수 있다. 즉 다큐멘터리영화는 영화감독의 시각에 의해 만들어질 수도 있고, 영화 대상의 시각을 따를 수도 있다. 이 가운데 존 마셜이《나이》에서 선택한 것은 "나이와 주와시 사람들의 시각"을 담는 방식이었다. 따라서 존 마셜은 《나이》에서 누가 슬롯을 채울 것인가?"라는 질문을 던지고 나서 "나이를 비롯해 영화 속의 사람들이 알고 있는 내용으로 슬롯을 채울 것이다."[13]라고 답했다. 이처럼 존 마셜은《나이》를 촬영하면서 나이를 비롯한 주와시 사람들의 내부자적인 관점을 중시했으며, 전적으로 주와시 사람들의 시각을 영화에 담으려 노력했다. 존 마셜이《나이》에서 나이라는 쿵 부족 여성의 전기적 방식을 차용한 것도 바로 이러한 이유 때문이다. 따라서《나이》는 나이의 목소리를 통해 전개되며 나이의 개인사 및 가족 이야기가 영화의 많은 부분을 차지한다. 한편《나이》의 이야기는 주로 나이와 주와시 사람들을 통해 전달되지만, 주와시 사람들이 잘 모르고 있는 사실을 존 마셜이 알고 있을 경우에는 존 마셜의 내레이션을 통해 직접 설명하는 방식을 따랐다. 따라서《나이》는 전반적으로 다이렉트 시네마 방식으로 만들어졌지만, 때로 존 마셜의 내레이션이나 약간의 인터뷰가 섞인 영화로 완성되었다.

　세번째로 슬롯의 개념은 영화의 사회문화적인 맥락과 관련이 있다. 즉 슬롯은 주와시 사회의 사회문화적인 맥락을 영화 속에 담으려는 시도와 밀접한 관계가 있다. 한마디로《나이》가 영화의 주인공인 나이에 대한 이야기이자 주와시 사회에 대한 이야기가 될 수 있었던 것은 바로 이러한 슬롯의 개념에 따른 제작 방식의 결과라고 할 수 있다.

> 남아프리카 공화국의 경제, 남아공 정규군, 분노, 절망, 계속 늘어나는
> 사망률은 우리가《나이》를 처음 촬영하기 전에 그곳에 있었고, 촬영을
> 끝낸 후에도 그대로 남아 있을 것이다. 나는 영화에서 어떻게 슬롯을 채울
> 것인가에 대해 자문한다. 누가 죽어가고 있는가? 군대가 이곳에 도착할
> 것인가? 나이의 친지들 가운데 누가 가장 나이에게 화가 났는가? 화가 난
> 우I U를 촬영하기 위해 어떤 촬영 각도를 사용할 것인가? 사건의 내용을
> 왜곡하지 않으면서 영화에 맞는 시퀀스를 만들기 위해 어떻게 촬영을 할 수
> 있을까?[14]

이처럼 존 마셜은《나이》를 촬영하면서 등장인물이나 주와시 사회를 둘러싼 복잡다단한 사회적 맥락을 영화 속에 담으려 했다. 이를 위한 개념이 바로 슬롯이다. 즉 존 마셜은 촬영 현장에서 일어나는 사건들뿐 아니라 주와시 사람들을 둘러싼 사회문화, 정치, 경제의 제諸 상황을 보여줄 수 있는 장면들을 계속 머릿속에 저장해두면서 영화를 만들어갔다. 이러한 의미에서 슬롯은 영화 속 사건이나 인물을 둘러싼 사회문화적인 맥락

을 고려한 촬영 방식이라고 해석할 수 있다.

> 우리가《나이》를 촬영할 때, 영화 속의 세계보다 더 커다란 세계의 사람들과
> 사건들이 모든 측면에서 주와시 사람들의 삶에 영향을 주고 있었다. 나는
> 나이의 구술사를 영화화하면서 주와시 사회에서 영향력 있는 사람들과
> 사건들을 머릿속의 지도를 통해 보여주기 시작했다. 그리고 카메라를 통해
> 주변의 리얼리티들을 맥락 속에 넣기 시작했다.[15]

《나이》에서 주와시 사회의 사회문화적인 맥락을 영화 속에 담으려는 시
도들 가운데 한 예는 "사냥금지구역"에 대한 장면이다. 당시 남아프리카
정부는 동부 부시먼랜드Eastern Bushmanland에 사냥금지구역을 만들 계획이었
다. 이는 부시먼들을 사냥금지구역에 살게 하고 이 지역에서만 사냥을 허
용하려는 계획이었다. 이 계획은 주와시 사람들을 한곳에 정주하게 하여
이들을 쉽게 통제하는 한편, 관광객들에게는 부시먼의 사냥 모습을 볼
수 있게 하여 관광객을 유치하려는 이중=ᅠᅟ의 효과를 노린 정책이었다.
하지만 존 마셜이《나이》를 촬영하던 당시에 나이를 비롯한 주와시 사람
들은 이러한 사냥금지구역에 대한 계획을 알지 못했으며, 몇 년 동안 이와
관련된 작업이 진행 중이라는 것 또한 눈치 채지 못했다. 하지만 존 마셜
은 이를 감지하고 있었다. 예를 들어, 수맥탐사용 시추공으로 바위를 뚫
어 주와시 사람들이 천연 수자원을 이용하지 못하도록 하거나 주와시 사
람들의 영구적인 정착을 막기 위해 펌프를 제거하는 등 동부 부시먼랜드
에 사냥금지구역을 만들기 위한 정황이 주변에서 하나둘씩 나타나고 있

었다. 따라서 존 마셜은 영화에서 이러한 상황을 다루어야 한다고 생각하고 사냥금지구역에 대한 이야기를 영화 속에 넣기로 했다. 즉 존 마셜은 사냥금지구역에 대한 이야기로 슬롯을 채우기로 한 것이다. 그리고 싼부족 사람들이 원래 살던 지역에서 쫓겨난 이야기도 또 다른 슬롯에 포함했다. 이 밖에《나이》에서 슬롯이라는 개념을 통해 사회적 맥락을 다룬 장면으로는 스와포SWAPO[16] 군대의 이야기, 서구에서 온 선교사의 예배 장면, 서구인 의사의 진료 장면,《부시맨The Gods Must Be Crazy》의 촬영 현장에 대한 장면 등을 들 수 있다. 이러한 의미에서 슬롯은 "영화감독이 서로 다른 원주민의 시각을 다루면서 모든 사건을 사회문화적인 맥락 안에 넣으려는 영화적 시도"[17]라고 할 수 있다. 이렇게 본다면,《나이》는 나이를 비롯한 주와시 사람들의 이야기와 이들을 둘러싼 사회문화적인 정황들이 잘 버무려져 만들어진 영화라고 할 수 있다.

《나이, 쿵 여인의 이야기N!ai, The Story of !Kung Woman》(1980)

《나이》는 1978년 춤퀴의 강제보호구역에서 시작한다. 영화의 첫 장면은 옥수수 가루를 배급받는 나이의 모습이다. 나이는 카메라를 정면으로 바라보면서 자신의 감정을 토로한다. 이어 영화는 과거로 돌아가 여덟 살남짓의 어린 나이를 보여준다. 나이는 계절마다 어머니를 따라 베리, 뿌리음식, 너트 등을 채집하러 다닌다. 나이는 채집 음식의 좋은 점을 설명한 뒤, 유능한 사냥꾼이었던 아버지를 회상하면서 부시먼의 사냥 이야기를 들려준다. 영화는 다시 1978년의 현재로 돌아가고, 나이는 "지금, 우리는 배급 음식만을 먹는다. 배급 음식이 나를 싫어한다."라고 말한다. 이어 영화는 또다시 과거의 장면으로 돌아가 나이가 불과 여덟 살 때 원치 않은 결혼의 신부로 정해진 뒤, 남편을 거부하고 결혼 생활에 저항했던 이야기, 출산의 고통과 위험에 대한 두려움, 남편 군다가 주술치료사가 되면서 변화하는 그녀의 감정, 그리고 다섯 명의 자식을 둔 어머니로 성숙해가는 과정을 나이의 고백적인 목소리와 함께 보여준다. 영화의 후반부는 남아프리카 정부의 보호구역이 있는 춤퀴의 현재 모습을 보여준다. 그리고 주와시 사람들이 자신들의 땅을 빼앗기고 모든 사람들이 굶주림과 질병에 시달린다는 이야기, 남아프리카의 군대가 스와포 게릴라에 맞서 싸울 쿵 부족의 전사를 징용하려는 장면, 전통적인 치료 방식과는 다른 서구 의료진의 진료, 백인 선교사의 예배 장면, 밀렵감시인의 거만한 태도, 화폐 경제에 따른 부족 사람들 간의 돈과 성^性적인 시기, 취중 싸움 등의 장면이 이어진다. 영화의 끝 부분에서는 남아프리카 군인에 의해 설득되어 징집에 응한 한 늙은 쿵 부족 남자가 사람들에게 작별 인사를 나누고 떠나는 장면을 보여준다. 영화는 나이가 자그마한 현악기를 튕기며 "죽음이 나에게 거칠게 춤춘다."라는 자신이 만든 노래를 부르는 모습과 함께 막을 내린다.

앞서 밝혔듯이《나이》의 주된 영화적 목적은 주인공 나이의 이야기를 통해 주와시 사회의 "변화"를 보여주는 데 있다. 한편 존 마셜이 영화적 메시지를 전달하기 위해 사용한 영화적 전략은 크게 두 가지로 나누어 볼 수 있다. 그 하나는 현재와 과거의 교차편집을 통한 이야기 전개 방식이며, 다른 하나는 전기적 방식의 차용이다.

현재와 과거의 교차편집

《나이》에서 가장 두드러진 특징들 가운데 하나는 주와시 부족의 "현재"
와 "과거"의 모습을 번갈아 보여주면서 이야기를 전개한다는 점이다. 즉
《나이》는 나이의 어린 시절을 담은 과거의 필름과 영화의 현재 시점인
1978~1979년에 촬영한 필름을 영화의 주된 텍스트로 삼고 있다. 존 마셜
또한 영화의 첫 부분에서 《나이》가 1951년부터 27년에 걸쳐 제작되었음
을 밝히고 있다.

(삽입자막)

1970년 남아프리카 정부는 나미비아와 보츠와나 국경에 쿵 부족의 원래
영토 크기의 반에 해당하는 보호구역을 만들어 800명의 쿵 부족 사람들을
관리하고 있었다. 이 보호구역에는 쿵 부족 사람들이 계속 수렵채집 생활을
영위하기 위한 음식이나 식수가 부족하다.

이 영화는 쿵 부족 사람들이 독립적으로 살던 1951년 촬영을 시작하여
27년에 걸쳐 만들어졌다.

춤퀴, 나미비아. 남서아프리카, 1978년.

(첫번째 남성)

그들은 배고프다. 그들은 배고프다.

(두번째 남성)

배급표를 가진 사람은 배급을 받는다.

(나이)

나는 다섯 명의 자식들을 위해
옥수수 가루를 배급받는다.
그리고 나는 결핵환자이기도
하다. 우리 모두는
결핵환자들이다.

이처럼《나이》에서 관객이 처음 보게 되는 장면은 춤퀴의 강제보호구역
에서 옥수수 가루를 배급받는 나이의 모습이다. 이어 나이가 내레이션으
로 과거를 이야기한다.

(나이)

백인들이 처음 왔을 때, 나는 이미 가슴이 나온 젊은 여자였다. 백인이 오기

전, 우리는 무엇이든지 마음이 원하는 대로 했다. 우리는 이곳에서 멀리

떨어진 다른 곳에 살았고, 우리의 마음이 떠나기를 원하면 우리는 언제나

떠났다. 우리는 가난하지 않았다. 우리는 가지고 다닐 수 있는 모든 것을

가지고 있었다. 어느 누구도 우리에게 무엇을 하라고 말하지 않았다. 이제

백인들은 우리에게 이곳에 살라고 말한다. 여기에는 너무 많은 사람들이

살고 있다. 여기에는 채집할 음식이 없다. 사냥감도 멀리 떨어져 있다.

사람들은 결핵으로 죽어가고 있다. 그러나 내가 어린 소녀였을 때는 우리가 이동할 때 질병 또한 우리 뒤에 두고 떠났다.

그러고 나서 나이는 카메라를 정면으로 바라보면서 이야기한다. 이처럼 나이가 카메라를 정면으로 보고 말하는 것은《나이》의 독특한 내러티브 방식 가운데 하나라고 할 수 있

People called me Little Squirrel.

다. 즉《나이》는 이러한 내러티브 장치를 축으로 삼아 주와시 사람들의 "과거"와 "현재"의 삶을 보여준다. 영화는 나이의 모습을 한 번 보여준 뒤 과거로 돌아간다.

《나이》는 먼저 나이가 어머니나 다른 부족 사람들과 함께 음식을 채집하러 다니는 등 어린 시절의 즐거운 모습을 보여준다.

(나이)

우리가 숲에서 함께 살았을 때, 나는 어린아이, 단지 어린, 단지 덩치가 큰 어린아이였다. 우리는 아주 많은 것들을 채집했다. 우리는 올레이베리를 따고 나 나무를

쓰러뜨렸다. 나는 어머니를 따라다니는 것을 좋아했다. 우리 둘은 서로 붙어 있곤 했다. 만약 어머니가 나를 떼놓고 채집하러 갔다면 나는 울어버렸을 것이다. 왜냐하면 나는 단지 어린 여자아이였기 때문이다.

우리가 나 나무를 때렸을 때 달콤한 베리가 떨어졌고, 우리는 그것을 주워 한곳에 모아두었다가 집으로 가져왔다. 나는 그때 그런 덩치가 큰 어린 여자아이였다. 우리는 모든 것을 캤다. 우리는 팔이 아팠다. 우리는 움베 뿌리를 찾고, 코아를 캐고, 땅속 깊은 곳에서 물이 들어 있는 뿌리를 캐냈다. 숲 속에서 우리는 너트를 채집했다. 가을에는 치 열매와 윈드 프루트인 마도 아주 많았다. 우리는 그것들을 맛보아야 했다. 그중에는 쓴 것이 있었기 때문이다. 어떤 사람들은 자두를 먹었고, 어떤 사람들은 먹지 않았다. 겨울에는 베리가 말랐지만, 봄에는 오이가 있었다. 그리고 당신들이 야생 커피라고 부르는 콩과 갖가지 곤충들이 있었다. 그리고 날씨가 따뜻해지면 나무에는 우리가 쿰이라 부르고 당신들이 껌이라 부르는 진액이 나왔다. 쿰은 아주 달콤했다.

이처럼 나이는 즐거운 마음으로 채집 음식의 다양함과 좋은 점을 설명한다. 하지만 1978년으로 돌아가 현재의 상황을 이야기하는 장면에서는 침울하게 "여기서 우리는 옥수수 가루로 된 단 한 가지 음식만을 먹는다. 그리고 배급 음식과 나는 서로 싫어한다."고 말한다. 그리고 영화는《사냥꾼들》의 장면으로 이어져 나이의 목소리를 통해 과거 시절을 이야기한다. 한편 중간 중간 등장하는 존 마셜의 내레이션은 보다 객관적인 사실을 전달한다.

(나이)

내가 어렸을 때, 남자들이 동물을 죽이지 않았을 때에는 사람들은 채집을
하러 나갔다. 하지만 남자들이 사냥을 나가 동물을 보고 쏘았을 때는,
"예!" (중략) 나의 아버지는 정말 훌륭한 사냥꾼이었다. 사람들이 고기를 먹지
못해 아버지가 사냥을 나가면 동물은 죽은 거나 다름없었다. 기린조차도
마찬가지였다. 우리는 그렇게 고기를 먹었다.

(존 마셜의 내레이션)

남자 네 명이 상처를 입은 기린을 추적하는 데는 5일이 걸렸다. 자그마한
화살로 그토록 커다란 동물에 좀처럼 충격을 줄 수 없다. 화살의 독은 기린의
혈관으로 들어가 천천히 퍼진다. 겨울에는 땅이 딱딱하여 기린의 흔적을
찾기 힘들다. 토마는 기린을 찾아 갈 곳을 생각했다. 기린을 죽이는 데는 세
시간이 걸렸다. 기린은 500킬로그램이 넘었고, 50명의 사람들이 10일 동안
아껴 먹을 만큼의 고기를 제공한다.

(나이)

남자들은 고기와 동물의 내장 그리고 심장을 가지고 돌아와서 우리
모두에게 나누어주었다. 우리는 고기를 두드려 요리했다. 우리 부족의
여자들은 음식을 나누어 자신의 외투에 넣어 가져가곤 했다. 우리는 고기는
말리고, 지방 덩어리는 몸에 바르기 위해 남겨두곤 했다.

이처럼《나이》에서 묘사되는 주와시 부족 사람들의 과거와 현재의 모습은 판이하다. 한마디로 과거는 좋았던 시절에 대한 기분 좋은 회상이고, 현재는 주와시 부족의 불만족스럽고 부조리한 삶의 모습에 대한 불만과 탄식이다. 이처럼《나이》는 과거 모습과 현재 모습의 대비를 통해 나이의 "생물학적 노화"와 주와시 부족의 "사회적 노화"를 하나의 통합된 이야기로 보여주고 있다.

한편《나이》를 전체적으로 살펴보면,《나이》의 전반부와 후반부의 이야기 구성 방식이 다름을 알 수 있다. 즉《나이》의 전반부는 나이의 고백적인 설명,《사냥꾼들》을 비롯한 옛 아카이브 필름, 그리고 간간이 존 마셜의 보이스오버 내레이션에 의한 "과거 이야기"가 주를 이룬다. 그리고 이 과거 이야기는 부족 구성원들이 천연 식수원이 있는 곳에서 전통적인 믿음을 지키면서 자유롭고 독립적으로 수렵채집 생활을 영위하는 장면으로 구성되어 있다. 나이의 개인사 및 가족사에 대한 이야기 또한 과거 이야기의 한 부분을 이룬다. 즉 나이가 어릴 적 자신이 원치 않은 남편을 만나 억지로 결혼 생활을 해왔던 이야기, 남편이 마음에 들지 않아 잠자리를 거부했던 이야기, 출산에 대한 두려움, 그리고 다섯 명의 아이를 둔 어머니가 되는 과정에 대한 이야기가 영화를 통해 전달된다. 이처럼 과거와 현재의 교차편집을 통해 나이가 어린 소녀에서 중년이 되기까지의 과정을 보여주는 방식은 영화의 현재

시점인 1978년에 이르기까지 《나이》의 주된 내러티브 스타일이라고 할
수 있다.

반면 《나이》의 후반부는 "현재 이야기"로 구성된다. 그리고 《나이》의
현재 이야기는 주로 다이렉트 시네마의 방식으로 촬영되었지만, 나이의
목소리와 존 마셜의 보이스오버 내레이션, 그리고 약간의 짧은 인터뷰가
함께 섞여 전개된다. 하지만 《나이》의 현재 이야기는 전반부와 달리 영화
의 내용이나 톤 또한 유쾌하지 않고, 과거 이야기와 달리 전체적으로 부
조리한 삶에 대한 이야기가 주를 이룬다.

영화의 후반부는 대체로 세 개의 주제로 나뉘어 전개된다. 이 가운데
첫번째 주제는 남아프리카 군인들이 주와시 마을에 와서 스와포에 맞서
싸울 쿵 부족 전사를 모집하는 장면이다.

(존 마셜의 내레이션)

1978년 8월, 남아프리카 군대가 춤퀴 근처에 최초의 부대를 세웠다. 그들은
군인을 징집하고 스와포 게릴라에 맞서 싸우기 위해 왔다.

(쿵 부족의 예술가)

스와포 사람들이 나를 쏠
거예요.

(첫번째 군인)

당신 참 겁쟁이네.

(세번째 군인)

우리가 당신에게 풀 속에 엎드려 숨는 법을 가르쳐줄 거예요. 그리고 스와포 사람들이 당신 옆을 지나가면 그들을 쏘면 돼요.

(쿵 부족의 예술가)

나는 그냥 집에 있을래요. 나는 요리사이기도 하거든요.

(세번째 군인)

그래! 요리사일 뿐이지!

두번째 주제는 돈 문제이다. 《나이》를 보면, 당시 춤퀴에서 촬영 중이었던 남아프리카의 픽션영화 《부시맨The Gods Must Be Crazy》(1980)의 촬영 현장이 나온다. 즉 존 마셜이 《나이》를 촬영하고 있을 때 마침 제이미 유이스Jamie Uys 감독이 영화를 찍고 있었다. 이 영화는 순박하고 원시적인 부시먼 사회에 갑자기 "콜라 병"이라는 문명세계의 물건이 등장하여 벌어지는 코믹한 해프닝을 다루고 있으며, 다른 한편으로는 부시먼을 원시인의 모습으로 희화화하고 있다. 《나이》에 나오는 영화의 촬영 장면은, 한 부시먼 사냥꾼이 부시먼 사회에 혼란을 주었던 콜라 병을 세상 끝(산속)에 버리고 마을로 돌아와 가족들과 재회하는 신

scene이다.

한편 나이는 존 마셜로부터《나이》의 촬영 대가로 돈을 받고 있었을
뿐 아니라《부시맨》의 배우로 발탁되어 출연료를 받고 있었다. 결국 이 때
문에 나이는 부족 사람들의 시기의 대상이 되었다.

(나이)

사람들은 내가 많은 것을 가졌고, 자신들은 하나도 가지고 있지 않다고

말한다. 그리고 남아프리카 사람들이 내가 예쁘다고 생각하기 때문에 나를

촬영한다고 말한다. 그리고 바로 그게 내가 돈을 받고 있는 이유이다.

(중략)

(나이)

나는 백인 사람들로부터 하루에 3랜드^{rand}를 벌었다. 나는 물건을 살 수 있는

여자다. 그러나 사람들은 내가 물건들을 숨기고 있다고 말한다. 때로 나는

사람들과 물건을 나누기도 하지만, 가끔 내 아이들이 먹을 것을 아주 많이

원하기 때문에 다른 사람들에게 나누어주고 싶지 않을 때가 있다.

나이 또한 영화 속에서 존 마셜에게 "당신과 다른 백인들이 나를 촬영하
고 돈을 주기 때문에 사람들의 질투의 대상이 되었다."라고 말하고 있다.
이처럼 존 마셜은《나이》의 영화 촬영이 부분적으로 주와시 부족 사회에
악영향을 미치고 있다는 사실을 숨기지 않고 영화 속에서 드러낸다.

세번째 주제는 백인 선교사들, 의료진, 사냥금지구역 관리인의 거만한 태도, 돈 문제, 나이의 딸이 연루된 성(性)적인 시기와 취중 싸움과 같은 정부보호구역의 부정적인 삶의 모습이다.

그들은 돈 때문에 내 딸이 외국인과 잠을 잤다고 말한다. 나는 일을 가진

사람이다. 사람들은 나를 괴롭히기 위해 내 딸에 대해 거짓말을 하고 있다.

이처럼 《나이》의 후반부는 수렵채집 생활을 해오던 땅을 빼앗기고 강제 이주하게 되어 보호구역에서 배급 음식에 의존한 채 굶주림과 폐결핵과 같은 질병에 시달리고 있는 사람들

Filthy daughter! Filthy wife!

의 모습들, 그리고 교회, 서구식 의료 진료, 군대 조직 등 서구적 제도에 의한 폐단, 화폐경제와 술의 유입에 따른 부족들 간의 시기, 갈등, 음주, 싸움 등의 부정적인 모습으로 채워진다. 한마디로 《나이》의 전반부가 주와시 부족 사람들의 호(好)시절을 이야기하고 있다면, 후반부는 자치권을 잃고 백인 사회의 지배를 받으며 살아

We're good with SWAPO and good with these soldiers, too.

가고 있는 주와시 사회의 "퇴락"을 주된 주제로 하여 주와시 사회의 비참한 현실과 암울한 미래를 그리고 있다. 그리고 이러한 영화적 메시지를 전달하는 수단은 "과거와 현재의 교차편집"에 의한 이야기 전개 방식이라고 요약할 수 있다.

전기적 방식의 차용

《나이》는 영화의 제목이 말해주듯 "나이"가 영화의 주인공이다. 영화의 시작과 끝 모두 나이의 이야기로 시작하고 끝맺으며, 주와시 부족에 관한 과거 이야기나 현재 이야기 또한 나이를 중심으로 전개된다. 그리고 나이의 어린 시절부터 영화의 현재 시점인 1978~1979년에 이르기까지 나이의 개인사와 가족사가 영화의 많은 부분을 차지한다. 이처럼《나이》는 전체적으로 전기적 방식을 차용하여 만들어졌지만,《나이》의 또 다른 특징은 나이의 전기적 이야기와 주와시 부족의 사회사가 뫼비우스의 띠처럼 연결되어 있다는 것이다. 따라서《나이》는 나이의 "개인사"이자 주와시 부족의 "사회사"를 담고 있다고 볼 수 있다.

먼저《나이》는 "전기적 방식의 차용"이라는 시각에서 보았을 때 몇 가지 특징을 지닌다. 첫번째는 나이의 일인칭 시점과 주관적인 목소리를 통해 영화의 이야기가 전개된다는 점이다. 즉《나이》는 "나이에 대한" 이야기가 아니라 "나이의 이야기"라고 할 수 있다. 이처럼 나이는 영화의 첫 장면에서 일인칭으로 자신을 소개한다.

(나이)

나는 나이, "짧은 얼굴"이다. 사람들은 나를 "작은 다람쥐"라고 부른다. 작은 다람쥐, 짧은 얼굴, 작은 다람쥐, 짧은 얼굴.

여기서 한 가지 주목할 점은 나이의 목소리의 "더빙" 효과이다. 즉《나이》의 가장 앞부분에 해당하는 6분 동안은 나이의 목소리를 하단자막과 함께 들려주지만, 후에 이어지는 부분에서는 나이의 목소리가 자그마하게 깔리고 남아프리카 출신의 흑인 여가수인 레타 음불루^{Letta Mbulu}가 영어로 나이의 목소리를 대신한다.

(레타 음블루의 목소리)

짧은 얼굴. 그들은 말한다. "저 여자는 추함을 모른다." 내 여동생은 말한다. "언니, 나에게 언니의 얼굴을 줘! 내 얼굴은 너무 길어." 이렇게 내 여동생과 나는 내 얼굴에 대해 노래를 하곤 했다.

이러한 더빙 방식은 영어에 익숙한 관객들에게는 직접 나이의 목소리를 듣고 있는 듯한 착각에 빠지게 하는 효과가 있을 뿐 아니라 나이의 개성을 더욱 돋보이게 한다.

《나이》의 또 다른 특징은 나이가 자신의 개인사를 이야기할 때는 "나"라는 일인칭 단수형을 사용하고, 주와시 부족에 대해 이야기할 때는 "우리"라는 일인칭 복수형을 사용한다는 점이다.

춤퀴, 1952년

(나이)

우리 부족에겐 물이 있었다. 움 계절일 때에도 바위가 많은 곳에는 깨끗한
물이 고여 있었다. 우리는 물로 배를 채울 수 있는 곳 — 타조 알과 우리의
배를 물로 채울 수 있는 곳 — 에 살았다.

(중략)

(나이)

내가 어렸을 때, 나는 여자 친구들하고만 놀았다. 나는 내 남편인 군다를
택하지 않았다. 그러나 군다의 어머니와 아버지가 나의 결혼에 대해
이야기하고 있었다. 사람들은 나를 군다에게 주는 것에 대해 이야기하고
있었다. 나는 그의 어머니의 집에서 놀곤 했지만, 그들이 결혼 이야기를
하고 나서는 그곳에 가지 않았다. 그들은 군다에게 새로운 창을 주었고, 내
생각에는 웃기지 않는 농담을 했다.

우리는 어린 사내아이들과 노는 것조차 좋아하지 않았다. 사내아이들은
항상 우리와 결혼 놀이를 하고 싶어 했다. 그들은 우리를 쫓아다녔다! 그들은
우리의 공을 빼앗곤 했고, 우리는 그들을 쫓아다녀야 했다. 우리는 말하곤
했다. "너희는 사내아이들이다. 우리는 너희랑 놀기 싫다. 우리는 여자들끼리
놀기를 원한다. 우리는 너희 사내아이들이 항상 우리를 괴롭히는 것을
원하지 않는다."

하지만 나의 가족은 내 결혼
준비를 했다. 그들은 나를
씻기고, 내가 몸이 마르지
않도록 내 몸에 기름을
바르고 화장을 해주었다.
나의 사촌인 참코는 말했다.
"야, 저기 네 남편이 있다." 나는 말했다. "저 빨간 얼굴? 왜 삼촌은 저
사람이 내 남편이라고 말하세요?" 그리고 나의 시어머니가 "야, 나의 작은
며느리야."라고 말하면서 내게 인사를 했을 때, 나는 말했다. "며느리, 나는
원치 않아요."

이처럼 《나이》는 "나"와 "우리"라는 일인칭 호칭을 번갈아 사용함으로써
자연스럽게 나이의 "개인사"와 주와시 부족의 "사회사"를 엮어가고 있다.
그리고 이러한 내러티브 방식을 통해 주와시 부족의 사회사가 나이의 개
인사로, 거꾸로 나이의 개인사가 주와시 부족의 사회사로 자연스럽게 전
환된다. 즉 《나이》에서 나와 우리라는 일인칭 호칭을 통해 나이의 개인사
와 주와시 부족의 사회사가 서로 유리遊離되지 않고 하나의 통합된 이야기
로 전달된다. 또한 이러한 이야기 전개 방식은 주와시 사람들을 타자화他
者化하지 않고 관객들에게 보다 친숙하고 생생하게 전달하는 효과가 있다.
　《나이》의 또 다른 특징은 나이의 진술과 존 마셜의 내레이션이 대비를
이룬다는 점이다. 이 가운데 존 마셜의 보이스오버 내레이션은 전체적으
로 "외부자"의 관점과 이야기의 커다란 그림을 제공한다. 다시 말해서 존

마셜의 내레이션은 주와시 사회 및 문화에 대한 객관적인 정보를 전달하거나 상황을 설명하는 데 사용된다.

(존 마셜의 내레이션)

싼 부족은 남부 아프리카의 수렵채집인들이다. 싼 부족은 적어도 2만 년 동안 서부 칼라하리 사막에서 살아왔다. 1952년 현재 싼 쿵 부족은 1만 5,000평방의 지역에 걸쳐 독립적인 생활을 하고 있다.

이처럼 존 마셜의 내레이션이 객관적이고 일반적인 정보를 전달하는 것과 달리 나이의 발언은 쿵 부족에 대한 "내부자"의 시각을 제공한다.

(나이)

이게 우리가 먹었던 음식이다. 이 음식들은 우리를 건강하고 배부르게 해주었고, 우리에게 각양각색의 맛을 주었다. 어머니는 바오바브 열매를 잘라 우리에게 먹겠느냐고 묻곤 하셨다. 일하지 않거나 배고픔에 시달릴 때도 우리는 먹을 게 있었다. 그리고 음식을 모두 먹어버리거나 힘들고 더운 계절이 찾아오면 우리는 다른 곳으로 이동했다. 돈에 대해 알기 전 우리는 오랫동안 이렇게 살아왔다.

여기서 중요한 것은 나이가 《나이》의 이야기를 주도한다는 점이다. 즉 존 마셜은 내레이션으로 전체적인 상황을 설명할 뿐 개입을 자제하면서 나이의 목소리를 전달하는 데 초점을 두고 있다. 따라서 존 마셜의 내레이션과 비교할 때 나이의 발언이 영화의 훨씬 많은 부분을 차지한다. 예를 들어, 영화 앞부분의 6분 동안 관객들이 듣는 것은 나이의 목소리뿐이다. 한편 민족지영화에서 원주민 사람들이 직접 이야기하는 방식은 1970년대부터 점차 일반화되었지만 원주민들의 목소리가 영화의 이야기를 주도하지는 않았다. 이런 점에서 주인공 나이에게 강한 내레티브의 역할을 주고, 등장인물들의 주관적인 목소리를 드러내고자 한《나이》는 당시의 다른 민족지영화들보다 시대에 앞선 영화라고 볼 수 있다.

그리고《나이》에서 나이의 발언이 쿵 부족 사회에 대한 강한 메시지로 전달되는 것은 그녀의 발언이 "메타코멘터리meta-commentary"의 역할을 하기 때문이다. 즉《나이》에서 나이의 주관적인 발언은 개인의 이야기이기도 하지만 동시에 주와시 부족 사회의 이야기이기도 하다. 또한《나이》는 주와시 사회에 대한 나이의 메타코멘터리일 뿐 아니라 존 마셜의 영화적 발언이기도 하다. 이러한 점에서《나이》는 "'제3의 목소리third-voice'의 시도, 즉 연구 대상과 연구자의 목소리가 혼합되어 누가 작가인지 알 수 없는 형태"[18]의 영화라고 할 수 있다. 다시 말해서 나이와 존 마셜의 협력관계에 의해서 만들어진《나이》는 이러한 "제3의 목소리"의 경향을 가진다고 말할 수 있다.

그러면 끝으로《사냥꾼들》과《나이》를 비교 고찰하면서 존 마셜의 영화적 방법론이 어떻게 "진화"해나갔는지 살펴보자.

먼저 기술적인 측면에서 보면,《사냥꾼들》의 경우에는 카메라를 삼각대에 올려놓고 촬영했기 때문에 피사체와 카메라 간의 촬영 거리나 각도의 변환이 자유롭지 않았다. 따라서 다양한 쇼트의 촬영이 어려웠을 뿐 아니라 피사체의 동작에 따라 자유롭게 카메라를 움직이면서 촬영하는 것 또한 거의 불가능했다. 그리고 당시에는 동시녹음 기술이 발달되지 않았기 때문에 현장에서 주와시 사람들의 대화를 생생하게 녹음할 수 없었다. 결국 이러한 기술적인 제약으로《사냥꾼들》은 존 마셜의 보이스오버 내레이션에 의한 "설명적 양식"의 영화가 되었다. 한편 1960년대 들어 소형 카메라와 동시녹음장비의 등장으로 핸드헬드 방식의 촬영이 가능해지고 사람들의 대화와 현장음을 자유롭게 녹음할 수 있게 되었다. 따라서 1970년대 말에 만들어진《나이》는 다이렉트 시네마 방식으로 촬영된 사람들의 모습이나 사운드를 생생하게 전달하고 있다. 예를 들어, 치료사인 나이의 삼촌이 산모를 치료하는 장면은 혼신을 다해 치료하는 그의 몸짓

과 음성, 산모를 바라보는 주위 사람들의 걱정 어린 모습들을 실감나게 전달하고 있으며, 나이의 딸을 둘러싼 사람들의 시기와 욕설 섞인 싸움 장면 또한 시각적으로뿐 아니라 청각적

으로도 현장의 분위기를 생생하게 들려주고 있다.

또한 이 두 작품들은 영화의 맥락 및 사회문화적인 인식의 측면에서도 차이가 드러난다. 예를 들어《사냥꾼들》의 경우, 관객들은 "기린 사냥 이야기"를 볼 뿐 사냥의 사회문화적 맥락을 읽을 수 없다. 반면,《나이》는 사건의 "맥락"을 중시한다. 이는 주와시 사회를 보는 영화감독의 역사의식과 사회문화적인 인식과도 관련이 된다. 즉 "지구상에 마지막 남은 수렵

채집인들"을 찾아 떠난 "아프리카 탐험"의 과정에서 만들어진 《사냥꾼들》은 주와시 부족에 대한 역사적인 의식이 전혀 없다. 그리고 주와시 부족의 현실에 대한 사회 및 정치경제적인 시각 또한 전혀 없다. 이에 반해 《나이》는 영화의 시작에서부터 주와시 부족의 역사와 현실적인 상황에 주목한다. 그리고 백인 사회와 남아프리카 정부로 대표되는 외부 세력과 이들에 의해 땅과 권리를 빼앗긴 주와시 부족의 역사와 삶을 대조적으로 보여주기 위해 존 마셜이 선택한 영화적 방식은 과거와 현재의 대비이다.

《사냥꾼들》과 《나이》의 또 다른 커다란 차이점은 주와시 부족의 삶과 문화를 보는 영화감독의 시각과 재현 방식이다. 한마디로 《사냥꾼들》은 "외부자"의 관점이고, 《나이》는 "내부자"의 관점을 보여준다. 이는 민족지영화사에서 보았을 때 커다란 시각의 변화라고 할 수 있다. 즉 민족지영화의 목적 가운데 하나가 내부자의 시각에 주목한다는 점에서 《나이》의 재현 방식은 《사냥꾼들》보다 매우 진일보했다고 평가할 수 있다. 다시 말해서 존 마셜의 전지적 시점과 해설이 《사냥꾼들》의 외부적인 시각을 대표한다면, 《나이》의 내부자적인 시각은 나이의 주관적인 목소리를 통해 전달된다. 영화의 재현 방식 또한 다르다. 《사냥꾼들》은 전형典型으로서의 "사냥꾼들"을 재현하려 하는 반면, 《나이》는 주와시 부족의 역사를 살아온 "나이"라는 한 주와시 부족 여성의 삶에 초점을 두고 있다. 또한 《사냥꾼들》은 기린 사냥이라는 인위적인 내러티브를 설정하고 이에 따라 여러 장면을 편집하는 데 초점을 두었기 때문에 《사냥꾼들》에서는 주인공의 생각과 감정이 전혀 나타나지 않는다. 하지만 《나이》에서는 나이를 비롯한 영화 대상들의 감정이나 생각이 생생하게 드러난다.

《나이》의 또 다른 특징은 나이의 개인사를 따라가는 이야기 방식이다. 그렇다고 해서《나이》가 단지 나이의 이야기로만 구성되어 있는 것은 아니다. 즉《나이》는 전기傳記의 형식으로 만들어졌지만, 나이의 이야기가 아니라 나이의 개인사와 주와시 부족의 역사가 동전의 양면처럼 맞물려 전개된다. 이는《나이》가 주와시 부족 사회에 대한 심층기술을 담은 영화이자 민족지영화로서 강력한 메시지를 지니는 이유이기도 하다.

끝으로《나이》를 통해 존 마셜의 차후 관심사와 행적을 엿볼 수 있다. 《나이》는 불과 몇십 년 만에 독립적인 집단에서 사회문화, 정치경제적으로 "퇴락"해버린 주와시 부족의 부조리한 현실을 고발하듯 보여준다. 그리고 이러한 현실을 목격한 존 마셜은 주와시 부족의 삶을 영화화하면서 자연스럽게 실천가로 변모한다. 즉 존 마셜은 1970년대 말 이후 주와시 부족 사람들이 스스로의 권리를 되찾고 경제적으로 자립할 수 있는 방법을 모색하면서 주와시 부족의 현실 문제를 해결하기 위한 재단을 설립했다. 그리고 그는 주와시 자치정부의 수립, 식수원 개발, 영농 등 주와시 부족의 열악한 상황을 개선하고 주와시 사람들을 변호하고 돕는 일을 하면서 1980년대를 보냈다. 하지만 그가 민족지영화 감독으로서의 본업을 버린 것은 아니었다. 존 마셜은 주와시 사회에 대한 다큐멘터리 기록을 계속하여 2000년 마지막 촬영을 마치고 2002년《칼라하리 가족》을 완성했다. 장장 여섯 시간의 장편 민족지영화로 완성된《칼라하리 가족》은《사냥꾼들》과《나이》의 영화 장면뿐 아니라 1950년에서 2000년까지 50년이라는 긴 세월에 걸친 주와시 사회의 변화상을 담고 있다. 그리고 존 마셜은 2005년 세상을 떠나기 전까지 주와시 부족 사람들을 변호하고 돕는 일을 계속했다.

　한마디로 존 마셜에게 주와시 사람들의 아프리카 땅은 민족지영화 감독으로서의 인생이 시작된 곳이자 삶을 마무리한 종착점이었다.

3부

로버트 가드너
Robert Gardner

6장

파푸아 뉴기니 탐사 프로젝트와
《죽은 새들》(1964)

로버트 가드너^{Robert Gardner}(1925~2014)는 영상인류학 분야의 초석을 만드는 데 공헌한 인류학자[1]이자 민족지영화 감독이다. 로버트 가드너의 모든 작품들을 민족지영화로 볼 수는 없지만[2] 1951년 이후 로버트 가드너가 자신의 이름을 올린 영화들 가운데 4분의 3에 해당하는 작품들이 타문화의 원주민 사회를 배경으로 하고 있으며, 특히 네 편의 대표적인 장편영화들은 모두 민족지영화와 관련된 주제 및 소재를 다루고 있다. 예를 들어, 첫번째 장편 민족지영화인《죽은 새들^{Dead Birds}》(1964)은 파푸아 뉴기니 원주민의 의례적 전쟁을 다루고 있으며, 이어 아프리카에서 촬영된 《모래의 강들^{Rivers of Sand}》(1974)과《딥 하츠^{Deep Hearts}》(1981)는 각각 에티오피아 하마르^{Hamar} 부족의 문화와 니제르 보로로^{Bororo} 부족의 남성미인 선발대회를 소재로 하고 있다. 또한 7장에서 집중적으로 살펴볼《축복의 숲 Forest of Bliss》(1986)은 인도 베나레스 사회의 죽음과 관련된 문화를 주제로 하고 있다. 이처럼 로버트 가드너는 비^非서구 사회에서의 죽음, 신화, 생존, 경쟁, 정체성, 예술, 종교적 의식을 주제로 다루고 있다.

본 장에서는 로버트 가드너의 초기 대표작인《죽은 새들》[3]을 집중적으로 고찰하기로 한다. 1960년대 초에 만들어진《죽은 새들》은 네덜란드의 지배를 받던 뉴기니 두굼^{Dugum} 지역에 살고 있는 대니⁴ 부족의 "의례적 전쟁^{ritual war}"을 다루고 있다. 로버트 가드너의《죽은 새들》은 이보다 5년 앞서 개봉된 존 마셜의《사냥꾼들》과 함께 미국에서 민족지영화의 새로운 시작을 알리는 작품으로 손꼽힌다.

본 장에서는《죽은 새들》을 보다 심층적으로 이해하기 위해 먼저 로버트 가드너의 영화적 성향 및 학문적 배경,《죽은 새들》의 제작과 관련된 "하버드 피바디 탐사대"의 성격, 그리고《죽은 새들》의 제작 과정을 차례로 살펴보고, 이어 영화 텍스트로서의《죽은 새들》의 내용을 분석하기로 한다.

로버트 가드너의 영화적 성향

로버트 가드너는 다른 대표적인 민족지영화 감독들과는 달리 본인의 영화방법론을 정확히 밝히지 않았다. 하지만 그의 영화적 성향을 알 수 있는 몇 가지 단서들이 발견된다. 본 장에서는 젊은 시절 로버트 가드너의 예술적 취향과 초기 작품 그리고 배질 라이트^{Basil Wright}를 비롯한 실험영화 감독과의 관계를 통해 그의 영화적 성향을 알아보기로 한다.

먼저 로버트 가드너의 영화적 성향을 이해하기 위해서는 그가 젊은 시절 실험영화감독 마야 데렌^{Maya Deren}과 시적^{詩的} 다큐멘터리영화로 유명한 배질 라이트의 신봉자였다는 점을 알 필요가 있다. 즉 로버트 가드너는 1950년대에 마야 데렌 감독이 만든 아이티^{Haiti}의 부두교에 관한 실험영화를 보고 깊은 감명을 받았으며, 배질 라이트의《실론의 노래^{Song of Ceylon}》(1934)를 매우 좋아했다. 특히 로버트 가드너는《실론의 노래》의 초반부

장면(돌, 새, 공기와 물이 어우러져 지극히 성스러운 분위기를 만들어내는 장면)을
비롯한 배질 라이트의 시적인 영상 스타일에 매료되었다고 한다.[5] 로버트
가드너는 배질 라이트를 일러 "사람의 마음을 움직이는 영화적 통찰력
을 가진 사람"이라고 극찬하면서 "영화를 통해 타 문화에 대한 경외와 존
경심을 갖게 하는 배질 라이트와 같은 영화감독의 영상 작업이 인류학에
거의 반영되지 않은 것은 유감스러운 일"[6]이라고 말하기도 했다.

이러한 로버트 가드너의 영화적 성향은 그의 초기 작품에 보다 구체적
으로 나타난다. 피터 로이조스에 따르면, 콰키우틀 인디언^{Kwakiutl Indians}을
다룬《블런던 항구^{Blunden Harbor}》(1951)에서《실론의 노래》의 영향을 읽을
수 있다고 한다.

> 이 영화는 비非실재적이고 비非서술적이며, 감정적이면서 암시적인 스타일과
> 부자연스러운 영상이 돋보이는 작품이다. 그 내용을 보면, 위대하고
> 완벽했던 인디언의 지난날을 노래하는 신화적 시詩가 어두운 분위기에서
> 사운드 트랙으로 흘러나와 지난날 융성했던 인디언 문화와 오늘날 쇠락한
> 인디언 문화를 암시적으로 대비한다. (중략) 이러한 스타일은 가드너가 감탄해
> 마지않았던《실론의 노래》의 극화劇化된 서정미와 회화적 구성을 떠올리게
> 한다.[7]

이처럼 로버트 가드너의 초기 작품에 이미 그의 영화적 성향이라고 할 수
있는 "비非실재적" 영상과 예술적 "실험성"이 발견된다고 할 수 있다.

또한 아래의 글을 보면 민족지영화에 대한 로버트 가드너의 생각을 엿

볼 수 있다.

> 내가 좋아하는 민족지영화들을 꼽는다면,《모던 타임스Modern Times》,
> 《게임의 법칙The Rules of the Game》,《품행 제로Zero de conduite》이다. 내가 이렇게
> 말하는 것은 이 세 작품에서 돋보이는 감독의 관찰력이 예나 지금이나
> "민족지적ethnographic"이라고 불리는 대부분의 다른 영화기록물보다 인간의
> 조건을 이해하는 데 더 많은 공헌을 했다고 생각하기 때문이다.[8]

먼저 위에서 보는 것처럼 로버트 가드너가 "민족지영화"라고 말하는 작품들은 모두 픽션영화들이다. 이 점에서 민족지영화에 대한 로버트 가드너의 생각은 영상인류학자 칼 하이더와 매우 유사하다. 이 책의 머리말에서 밝힌 것처럼 칼 하이더는 "민족지적"이란 말을 "사람에 대한" 의미로 해석하여 민족지영화를 "사람에 대해 만들어진" 모든 영화로 광범위하게 해석하고 심지어 상업영화도 민족지영화가 될 수 있다고 보았다.[9] 한편 이러한 민족지영화에 대한 생각은 인류학적 방법론과 시각을 담고 있는 영화만을 민족지영화라고 불러야 한다고 보는 제이 루비와 같은 학자들의 주장과 정면으로 대치된다.[10] 일반적으로 민족지영화를 보는 시각은 제이 루비처럼 엄격한 학문적 기준에 따라 민족지영화를 좁게 보는 시각과 로버트 가드너나 칼 하이더처럼 학문적으로 느슨하고 폭넓게 보는 시각 사이에서 규정된다고 볼 수 있다. 이렇게 본다면, 로버트 가드너의 영화를 민족지영화의 범주에 넣을 것인가에 대한 학자들 간의 이견異見은 민족지영화에 대한 서로 다른 해석에서 생겨나는 문제로도 볼 수 있다.

로버트 가드너의 영화적 성향을 읽을 수 있는 또 다른 단서는 그가 《죽은 새들》을 만들기 전인 1957년에 쓴 「인류학과 영화Anthropology and Film」[11]라는 논문에서 찾아볼 수 있다. 그는 이 논문에서 영화가 특별한 매체가 될 수 있는 이유로 "강도intensity"와 "유연성plasticity"을 들었다. 먼저 로버트 가드너는 영화가 인류학과 민족지에 유용한 이유는 단지 물질문화나 기술을 기록하는 데 있는 것이 아니라 영화가 지닌 "감정과 의미를 불러일으키는 힘", 즉 강도强度에 있다고 주장했다. 예를 들어, 한 부족의 사람이 나무로 불을 지피는 장면을 영화화한다고 할 때, 이 장면은 불을 지피는 기술뿐 아니라 불을 지피는 시간이나 장소, 불을 지피는 사람의 표정, 또는 홀로 불을 지피느냐 아니면 다른 사람과 함께 있느냐 등의 여부에 따라 실제 환경의 분위기와 감정 및 의미를 전달할 수 있으며, 때로는 관객에게 추가적인 감정이나 지知적인 반응을 불러일으킬 수 있다는 것이다. 그리고 영화적 의미를 만들어내고 감정을 불러일으키는 영화의 힘이 어떤 의미에서 영화의 기술적記述的 능력보다 중요하다고 보았다. 또한 로버트 가드너는 두번째 영화적 특성인 "유연성"에 대해 "영화 장면들의 비실재적인 조작"이라고 정의 내리면서 관객들을 영화의 세계에 감정 이입시키는 유일한 방법은 바로 "유연성"이라고 주장했다. 결국 로버트 가드너가 주장한 영화의 두 가지 특성을 종합하자면, 영화는 세상을 기술하는 능력 외에 리얼리티의 비실재적인 조작을 통해 관객의 감정을 움직여 관객을 영화에 감정 이입시킬 수 있는 매체로 본 것이다. 이렇게 본다면 로버트 가드너는 초기 작품에서부터 비실재적인 이미지를 통한 감성적 표현 방식에 많은 관심이 있었음을 알 수 있다. 하지만 로버트 가드너가 인류학적 시각이나 지식의 전달보다 영화의 예술적 표현 및 감정적 측면을 강조한 점은 오늘날의 민족지영화의 시각에서 볼 때 비판의 여지가 있는 것이 사실이다. 많은 학자들이 로버트 가드너의 작품에 대해 민족지영화로서의 타당성을 논하는 것도 바로 이 때문이다.

《죽은 새들》의 제작 배경과 제작 과정

"하버드 피바디 탐사" 프로젝트

1925년 미국 동북부의 매사추세츠 주 소재 브루클린에서 태어난 로버트 가드너는 보스턴 지역에서 회화, 조각, 시와 같은 예술 장르를 접하면서 젊은 시절을 보냈다. 로버트 가드너는 하버드대학에서 학부를 마치고 워싱턴대학에서 역사를 공부한 뒤, 1950년대에 다시 하버드대학원의 박사 과정에서 수학했다. 한편 로버트 가드너가 《죽은 새들》을 만들게 된 계기는 당시 하버드대학의 학문적 활동과 밀접한 관계가 있기 때문에 이를 자세히 살펴볼 필요가 있다.

　　로버트 가드너가 하버드대학원에서 공부할 당시 그에게 학문적인 영향을 준 학자들이 몇 명 있었지만, 로버트 가드너에게 가장 직접적인 영향을 준 사람은 고고학자인 제이 오 브루 교수였다. 당시 피바디 박물관 관장이었던 제이 오 브루 교수는 인류학 연구에서 영화매체의 중요성과 가능성을 누구보다 먼저 이해하고, 하버드대학 안에 민족지영화의 연구 기반을 만드는 데 공헌을 한 인물이다. 앞서 3장에서 살펴본 대로 존 마셜의 《사냥꾼들》도 제이 오 브루 교수의 도움을 받아 만들어졌다. 즉 제이 오 브루 교수는 1950년대 초, 인류학적 지식이 전혀 없던 존 마셜 가족이 칼라하리 사막에서 인류학적 연구를 하기 위해 자문을 구하러 왔을 때 부시먼의 문화에 대한 영상기록을 독려했다. 또한 그는 존 마셜이 부시먼의 문화를 기록한 방대한 양의 필름을 가지고 돌아왔을 때도 하버드대학 안에 영화연구소의 설립을 주선하고, 피바디 박물관의 지하실에 영화연구소를 위한 공간을 만들어주었다. 이때 로버트 가드너는 영화연구소에서 존 마셜의 《사냥꾼들》의 편집을 도우면서 민족지영화를 접하게 되었고, 결국 자신의 작품인 《죽은 새들》을 기획하게 되었다.

1961년 로버트 가드너는 네덜란드 뉴기니 정부와 하버드대학의 피바디 박물관 그리고 미국의 국립연구재단의 지원을 받아 뉴기니 "대니" 부족의 연구를 위한 "하버드 피바디 탐사The Harvard-Peabody Expedition"(1961~1963) 팀을 꾸렸다. 그는 하버드 피바디 연구 프로젝트의 목적에 대해 다음과 같이 언급하고 있다.

> 2000년이 되면 사람이 살고 있는 대륙 간에 큰 차이가 없어질 것이다. 교통과
> 커뮤니케이션의 발달로 가장 외진 곳에 있는 골짜기와 고원지대가 기술의
> 중심지와 연결될 것이다. 그리고 관개시설의 발달로 사막에 물이 들어오고
> 습지에는 배수시설 덕분에 물이 빠질 것이며, 이제까지 다른 세계와
> 격리되어 있어 전통을 유지하던 사회집단의 문화는 지구상에서 사라질
> 것이다.[12]

마거릿 미드 또한 로버트 가드너와 칼 하이더가 공동 집필한 대니 부족에 대한 사진집인 『전쟁의 뜰Gardens of War』의 서문에서 하버드 피바디 탐사대

의 성격에 대해 다음과 같이 설명하고 있다.

지금 대니 부족의 삶을 영화로 기록하지 않는다면 우리의 미래를 이해하기
위해 필요한 과거의 풍부한 보고寶庫를 잃게 될 것이다. (중략) 바라건대
인류학자는 지금 변화의 기로에서 아직 변화되지 않은 문화를 기록해야
한다. 하버드 피바디 뉴기니 탐사대는 바로 이 일을 할 수 있었다.[13]

한편 위의 글을 보면, 로버트 가드너가 하버드 피바디 프로젝트를 기획하던 당시에는 "구제인류학salvation anthropology"의 풍토가 강했음을 알 수 있다. 로버트 가드너 또한 민족지영화의 가치를 언급하면서 "사라지는" 문화들을 영상으로 남기려는 민족지영화 프로젝트는 일반인들을 위한 영화를 만들 수 있는 기회뿐 아니라 미래의 세대를 위한 귀중한 자원을 제공할 것이라고 보았다. 또한 로버트 가드너는 타 문화를 영화화하는 목적에 대해 "인간의 삶에 대한 영화기록들은 인간의 행동적 특성에 대한 세밀하고 집중된 정보를 제공하는 변함없는 기록들이며, 영화기록의 가장 중요한 장점은 많은 사람들이 기록된 증거를 바로, 또는 오랫동안 볼 수 있다는 데 있다."[14]라고 주장했다. 이러한 맥락에서 로버트 가드너는 전 세계에 존재하는 기본적인 문화유형을 가능한 한 많이 체계적으로 기록하려고 했다. 그리고 그는 일단 문화에 대한 기록이 모아지면 이를 통해 한 편의 영화를 만들 수 있다고 생각했다. 또한 당시 인류학계는 인간의 환경적 적응 패턴과 경제적 양상에 따라 세계의 여러 문화를 유형화하려는 학문적 모델이 유행했는데, 로버트 가드너 또한 수렵채집 사회, 유목 사회, 농경

사회 등 다양한 문화유형을 영화화하려는 계획을 가지고 있었다.

한편 로버트 가드너가 서西이리안Iryan 지역에서 민족지영화를 만들어야 겠다고 생각한 것은 존 마셜이《사냥꾼들》을 만든 바로 직후였다. 로버트 가드너는《죽은 새들》을 기획하게 된 배경을 다음과 같이 설명하고 있다.

이미 원시수렵 사회에 대한 영화[15]가 만들어졌으니 그다음으로 농경 사회에 대한 민족지영화를 만드는 것이 적절해 보였다. 이렇게 되면 인간의 환경적 적응의 세 가지 기본적 패턴들 가운데 적어도 두 가지가 영상으로 만들어지는 셈이다. 그리고 내가 에티오피아에서 촬영한 세 개의 유목 사회에 대한 영상 자료들이 1970년대 초에 장편영화[16]로 만들어져 개봉될 것이다. 이 작품들이 완성되면 인간의 적응 패턴의 세번째 형태에 대한 영화가 만들어지는 셈이다.[17]

당시《죽은 새들》의 배경이 된 뉴기니의 서이리안 고원지대는 그때까지 서구인들의 발길이 닿지 않은 지역들 가운데 하나였다. 로버트 가드너에 의하면, 이 프로젝트의 전반적인 목적은 "신석기 시대의 문화를 가지고 있는 전사戰士 농경민의 거주 지역에 대한 전반적인 연구를 수행하고, 그 지역의 전체적인 사회문화적 풍토를 문자와 영상으로 기록하는 것"이었다.[18] 특히 로버트 가드너는 대니 부족의 문화 가운데 "의례적 전쟁"[19]에 많은 관심을 가지고 있었다.

결국 하버드 피바디 프로젝트는 다양한 분야의 연구자들이 한 지역에서 각자 자신의 연구를 수행하는 19세기의 자연사 연구 및 과학탐험대와 유사하게 구성되었으며, 실제로 이 프로젝트에는 다양한 분야의 전문가들이 참여했다. 즉 하버드대학에서 대니 부족을 연구하던 인류학자 칼하이더는 이 지역에 대한 전반적인 민족지 연구와 집필을 담당했고, 픽션 및 논픽션 작가인 피터 매티슨Peter Matthiessen은 일반 독자를 위해 대니 부족에 대한 단행본의 집필을 약속했다. 그리고 네덜란드 정부는 네덜란드 출신 사회학자인 얀 브뢰키스Jan Broekhuyse를 소개해주었다. 또한 피바디 박물관의 전문 사진작가인 엘리엇 엘리소폰Eliot Elisofon은 사진 작업을 위해 몇 주간 이 지역을 방문했으며, 당시 하버드대학을 갓 졸업한 마이클 록펠러 Michael Rockefeller[20]는 사진작가 및 음향조수로 일했다. 그리고 로버트 가드너 는 대니 부족에 대한 연구가 끝난 후, 원래의 계획대로 영화[21], 학문적 논문[22], 일반 독자를 위한 단행본[23], 사진집[24]과 녹음 채록집 등 다양한 형태로 연구 결과를 발표했다.

그러면 이어 하버드 피바디 탐사대의 결과물 가운데 하나인《죽은 새들》의 제작 과정을 살펴보기로 한다.

《죽은 새들》의 제작 과정

로버트 가드너는 1961년 2월 얀 브뢰키스와 함께 칼 하이더가 현지조사 중이던 서이리안의 "두굼 대니" 지역을 사전조사 했다. 당시에 대니 부족 은 석기 기술을 사용하고 있었으며, 이웃 부족 간에 의례적 전쟁을 수행하는 농경 사회로 알려져 있었다. 로버트 가드너는 이 지역이 정부나 선교 활동 등의 외부적 영향권에서 벗어나 있어 원주민의 문화가 순수하게 보존되어 있다고 생각했다. 하지만 1961년 선교사와 정부 간의 평화조약에 의해 이리안 지역의 바림 계곡에 위치한 마을들이 의례적 전쟁을 포기했으며, 외부의 신기술과 종교적 영향으로 빠르게 변화하고 있었다. 따라서 로버트 가드너는 대니 부족의 의례적 전쟁을 영화기록으로 남기기를 원했다.

한편 로버트 가드너는 두굼 대니 마을을 처음 방문했을 때 "전쟁"과 "죽음"에 대한 대니 사람들의 생각과 행위에 강한 충격을 받았다. 특히 로버트 가드너는 대니 사람들이 이웃 집단과의 위험한 의례적 전쟁에 많은 시간을 소비하고, 마을의 경계에는 언제 닥칠지 모르는 습격과 잠복에 대비한 망루들이 세워져 있으며, 부녀자들은 망루의 시야에서 벗어난 곳으로 다니지 않고, 남자들 또한 항상 무장을 하고 다닌다는 사실을 알아냈다. 이처럼 대니 사회에는 폭력적 행위가 발발할 가능성이 상존했으며, 모든 사람들은 죽음을 피하기 위한 행동법칙에 따라 살고 있었다. 따라서 로버트 가드너는 "폭력"과 관련된 대니 부족 사람들의 문화와 행위에 영화의 초점을 맞추기로 했다.

로버트 가드너는 영화의 주제를 정하고 나서 영화 이야기를 풀어나갈 방법에 대해 골몰히 생각했다.

1961년에는 대니 사회의 민족지영화를 위한 분명한 모델이 거의 없었다. 그나마 가장 중요한 작품은 《북극의 나눅》, 《모아나》, 《아란의 남자》처럼 한 남자가 역경을 이겨내는 이야기를 그린 플래허티의 모델이었다. 또 다른 모델은 충격적인 쇼트로 실론을 묘사한, 배질 라이트와 존 그리어슨[John Grierson]의 《실론의 노래》였다.[25]

결국 로버트 가드너는 로버트 플래허티가 한 남자 주인공("나눅"을 말함.)에 초점을 두고 영화의 이야기를 만들어나간 것처럼 대니 사회의 주요 인물에 초점을 맞추기로 했다. 그리고 이들을 통해 대니 사회에 대한 인류학적 사실들과 대니 부족 사람들의 삶을 영화화할 계획을 세웠다. 또한 대니 부족 사회에서는 남성들만이 의례적 전쟁에 참여하기 때문에 남자 두 명을 영화의 주인공으로 삼아 반년 동안 이들의 삶의 모습을 담기로 했다. 한편 로버트 가드너는 몇 달 동안 두굼 대니 지역을 탐사하고 영상에 담을 내용을 찾아다니면서 《죽은 새들》에 등장하는 주요 인물들을 알게 되었다. 그리고 그 후 로버트 가드너는 "웨약Weyak"이라는 성인 남성과 "푸아Pua"라는 소년을 선택하여 6개월 동안 그들을 따라다니면서 대니 사회에서 중요하다고 생각되는 사건들을 선택하여 촬영했다. 따라서 로버트 가드너의 말대로 1961년 2월부터 9월까지 촬영된 《죽은 새들》은 대니 사회에서 일어난 사건들의 정확한 연대기적 기록은 아니다.[26] 오히려 로버트 가드너는 상업영화와 같은 내러티브를 만들기 위해 의도적으로 사건들을 선택하여 촬영했다. 이 점에 대해서는 뒤에서 자세하게 설명하기로 한다.

한편 로버트 가드너는 현지에서 촬영한 필름을 미국에 보내 현상된 필름을 받곤 했다. 하지만 현지에서는 이를 상영하거나 대니 사람들에게도 보여주지 않았다. 로버트 가드너는 대니 사람들에게 촬영된 필름을 보여주지 않았던 이유에 대해 다음과 같이 설명하고 있다.

나는 대니 사람들이 카메라 앞에서 자의식을 갖는 것을 원치 않았다. 대니 사람들은 사진 이미지가 영혼을 빼앗거나 해를 끼친다고 생각했고, 나는 이러한 그들의 믿음이 염려스러웠다.[27]

또한 로버트 가드너는 대니 사람들이 카메라에 대해 모르는 것이 영화 작업에 매우 유리했으며, 대니 사람들이 사진을 보지 못하도록 모든 사진과 잡지를 숨김으로써 대니 사람들의 순수성을 보호할 수 있었다고 말한다. 하지만 일찍이 로버트 플래허티가《북극의 나눅》을 만들 때 어려운 환경 속에서도 북극에 현상실을 만들어 촬영한 필름을 이누이트 사람들에게 보여주고 이누이트 사람들의 시각을 영화에 반영하는 방식으로 영화 작업을 한 것과 매우 대조적이라고 볼 수 있다.

로버트 가드너는 현지에서 4만 피트 분량의 필름을 촬영하고 하버드대학의 영화연구소에서 몇 달간의 편집 과정을 거쳐《죽은 새들》의 가편집본을 완성했다. 그리고 1962년 7월 계속 현지에 머물면서 연구를 진행하고 있던 칼 하이더에게 가편집본을 보여주고 영화의 문제점이나 의견을 구했다. 당시 가편집본을 본 칼 하이더에 의하면,《죽은 새들》의 첫번째 가편집본은 현재의 80분짜리 영화보다 약 한 시간 정도 길었고, 5개월 동안 일어난 사건을 보다 충실하게 그리고 있었다고 한다. 또한 삶과 죽음, 새와 관련한 상징들이 보다 자세하고 광범위하게 나타났고, 이에 대한 내레이션도 훨씬 더 분명했다고 한다.[28] 로버트 가드너는《죽은 새들》을 완성한 후 네덜란드 총독의 궁전에서 네덜란드 식민지 정부의 고급관료들이 참석한 가운데《죽은 새들》의 시사회를 가졌다. 하지만 당시《죽은 새들》을 본 사람들은 영화 자체에 대해서는 높이 평가했으나 의례적 전쟁을 중지시킨 지 얼마 되지 않은 지역의 전쟁을 다시 보여준 것에 대해 기분이 언짢아했다고 한다.

한편 로버트 가드너가 대니 부족의 문화 가운데 의례적 전쟁에 관심을 가진 것은 당시 미국 사회의 분위기와 무관하지 않다. 즉 1960년대 초 미국 사회에서는 동남아시아에 대한 군사적 개입과 관련한 논의가 들끓었으며, 사람들 또한 문명화된 사회에서의 전쟁에 대해 많은 관심을 가지고 있었다. 바로 이러한 사회적 분위기에서《죽은 새들》이 나옴에 따라 많은 사람들이 인간 사회에서의 폭력성과 전쟁에 대해 깊은 생각을 하게 되었다. 제이 루비에 의하면, 실제로 로버트 가드너는《죽은 새들》의 상영회에서 여러 차례 자신의 영화가 미국과 베트남 간의 대화에 공헌하기를 희망한다고 말했다고 한다.[29]

지금까지 로버트 가드너의 학문적 배경과《죽은 새들》의 제작과 관련된 하버드 피바디 탐사대의 성격과 시대적 배경, 그리고《죽은 새들》의 제작 과정을 살펴보았다. 그러면 이어 텍스트로서의《죽은 새들》의 내용을 자세히 고찰하기로 한다.

《죽은 새들 Dead Birds》(1964)

《죽은 새들》의 전체적인 줄거리는 다음과 같다.

먼저 영화는 하늘을 유영하듯 날고 있는 한 마리의 새를 따라가면서 마을의 위치, 밭,

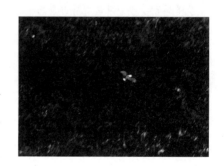

길, 시냇물, 전쟁터, 부족 간의
경계 역할을 하는 언덕과 산과
같은 대니 부족의 자연경관과
지리적 환경을 보여준다. 그리
고 로버트 가드너의 내레이션
을 통해 죽음의 기원 및 인간과
새의 차이점에 관한 대니 부족의 신화를 설명한다. 이어 영화는 주인공
가운데 한 명인 웨약을 소개한다.

(로버트 가드너의 내레이션)

사람들은 왜 그들이 죽어야
하는가에 대해 이야기한다.
그들 중에 웨약이 있다.
그는 어렸을 때 마구잡이로
분노를 드러내곤 했기 때문에
"잘못된"이라는 뜻의 이름을
갖게 되었다. 성인이 되면서 그는 자신의 분노를 다스리는 법을 배웠고, 아주
부자이거나 권력을 가진 것은 아니지만 그와 함께 살고 있는 모든 사람들의
존경을 받고 있다. 그는 전사이자 농부이며, 가장 위험한 경계지역을 지키는
남성들의 지도자이기도 하다.

다음으로《죽은 새들》의 또 다른 주인공인 푸아가 등장한다.

(로버트 가드너의 내레이션)

그의 이름은 푸아이다. 푸아라는 이름은,

친척이 죽임을 당하거나 또는 적이 죽임을 당할 때,

아니면 때로 아무런 이유

없이 부족 사람들이 얼굴에

묻히는 노란색의 진흙에서

비롯된 말이다. 눈가와 어깨

주변의 색깔은 새의 이미지를

완성하는 데 도움을 준다.

그는 늘 혼자서 의붓아버지의 돼지를 키우고 있다. 대부분의 친구들보다
신체가 작고 미숙한 푸아는 어른이 되기를 기다리고 있다.

**이어 로버트 가드너는 내레이션을 통해 대니 부족은 언제 닥칠지 모르는
이웃 마을의 공격에 대비하기 위해 항상 높은 곳에서 적의 모습을 정탐해
야 한다고 설명한다.**

(로버트 가드너의 내레이션)

복잡하게 만들어진 도랑과 채소밭 너머가 두 부족 간의 접경 지역이다.
이곳과 적의 경계 사이는 농사를 짓지 않는 빈터이다. 호젓한 언덕에서
돌출해 나온 낮은 산등성이에 워러바라라는 주요 싸움터가 있다. 이른 아침,
골짜기에서 가장 오래 살아온 거주자들이 접경 지역으로 몰려온다.

부족들 사이에는 각 부족에서 공터를 보다 잘 볼 수 있도록 만든 높은 망루들이 접경 지역을 따라 세워져 있다.

접경 지역의 길이는 약 3마일이며, 그곳을 따라 30개가량의 망루가 세워져 있다.

영화는 웨약이 이른 아침, 마을 길을 따라 자신의 망루가 있는 곳으로 가는 모습과 마을 경계에 높이 솟아 있는 망루를 보여준다. 이어 웨약의 부인인 라카와 대니 남자들이 일하는 모습을 보여준다. 그리고 며칠 후, 대니 사람들이 적과 한바탕 싸움하는 장면을 보여준다. 관객은 거의 매일같이 일어나는 이러한 싸움은 누군가가 다칠 때

까지 계속되며, 대니 부족 남성의 정체성과 영혼에 대한 믿음과 관계가 있다는 사실을 알게 된다.

(로버트 가드너의 내레이션)
적들은 오늘 아침, 2주 훨씬 전에 웨약 사람들에 의해 죽임을 당한 전사의

영혼에 앙갚음을 하고 대니 부족 사람들을 죽이기 위해 왔다. 그들은
복수를 하기 전까지 영혼이 쇠한다고 생각한다. 그리고 두 부족 사람들은
모든 사람들이 씨앗 형태의 영혼을 가지고 있다고 믿는다. 이 씨앗들은
태어날 때 명치에 심어진다고 한다. 그들은 이 씨앗들을 타야켄, 또는
노래의 씨앗이라고 부른다. 어린아이가 걷고 말할 수 있을 때까지 타야켄은
발달하지 않고 머문다. 어린아이가 나이가 들면서 타야켄 또한 자란다.
하나의 영혼, 또는 씨앗은 특히 친구나 가족 구성원의 죽음에 민감하다.
이와 대조적으로 적을 죽이는 것은 영혼을 강하게 하고, 영혼을 고양한다.

다음으로 영화는 푸아가 돼지를 들판으로 끌고 나가 먹이를 먹이고, 웨약
이 땅을 일구고, 어린아이들이 두 팀으로 나누어 싸움 놀이를 하고, 마을
사람들이 웨약의 망루를 수리하는 광경을 보여준다. 그리고 다시 한바탕
싸움이 펼쳐진다. 이번 싸움에서는 한 웨약 부족 남자가 적의 화살에 맞아
상처를 입자 동료들이 화살을 빼내어 주고 조심스럽게 집으로 데려간다.
　영화의 후반부는 먼저 웨약 부족이 한 달 전에 적을 죽인 것을 기념하
기 위해 "돼지 보물"이라는 종교의례를 준비하는 과정을 보여준다.

(로버트 가드너의 내레이션)
그들이 적을 죽인 지 한 달이
되던 어느 날, 웨약 부족
사람들은 중요한 종교적
의식을 치르기로 했다. 그것은

"돼지 보물"이라는 뜻의 카네케이라고 불린다. 이때 많은 사람들이 돼지를 도살하고, 잔치를 벌이고, 그들에게 힘을 주는 성스러운 흑녹색 돌 등의 성스러운 보물들에 대한 주술적 행위와 육체적, 정신적 쇄신을 위한 의례를 행하기 위해 모인다.

하지만 의례를 준비하는 도중, 웨약의 부족에서는 한 소년이 전날 밤 강가에 물을 먹으러 갔다가 적이 쏜 화살에 맞아 죽었다는 사실이 알려지고, 부족 사람들은 소년의 죽음을 애도한다. 자신의 망루 근처에서 소년이 죽임을 당한 것에 매우 화가 난 웨약은 망루에 올라가 소년이 죽은 장소를 바라보면서 소년의 죽음을 자축하는 적들의 노랫소리를 듣는다. 한편 대니 부족에서는 마을의 풍습에 따라 죽은 소년과 가까운 어린 여자아이들 세 명의 손가락을 부러뜨린다. 그리고 며칠 후 웨약 부족 사람들은 적을 한 명 살해하고 모두 모여 축하의 춤을 춘다. 끝으로 로버트 가드너의 해설을 통해 폭력과 전쟁이 대니 부족 사회에서 매우 중요한 삶의 한 부분이라는 것을 강조하면서 영화는 막을 내린다.

그러면 왜 로버트 가드너는 대니 부족의 의례적 전쟁을 영

화화하려 했을까? 그리고 로버트 가드너는 《죽은 새들》을 통해 무엇을 말하려 했을까? 이에 대해 로버트 가드너는 《죽은 새들》의 제작 의도를 다음과 같이 밝히고 있다.

나 자신의 영화적 목적과 대니 사람들에 대한 나의 첫번째 임무는, 대니 사람들에게 가장 특징적이고 중요한 삶의 양상들을 될 수 있는 대로 올바로 기록하는 것이다. (중략) 나는 대니의 문화를 통해 인간 삶의 근본적인 문제점에 대해 말할 수 있는 기회를 얻었다. 따라서 대니의 문화 자체는 내가 탐구하고자 하는 문제들보다 덜 중요하다. 이 영화에서 나는 우리 모두가 인간으로서 맞이해야 하는 죽음이라는 동물적 운명을 어떻게 대처해야 하는지 말하고자 했다.[30]

위의 글을 보면, 로버트 가드너의 영화적 관심은 "대니 문화" 자체라기보다는 대니 사회를 통해 자신의 철학적 관심사를 탐구하는 데 있다고 볼 수 있다. 즉 《죽은 새들》은 도입부의 "인간과 새"에 관한 대니 부족의 신화로부터 영화 종결부의 인간의 죽음에 대한 로버트 가드너의 해설에 이르기까지 죽음에 대한 사색이 영화의 전반적인 기조를 이루고 있다. 이처럼 《죽은 새들》은 대니 문화에 대한 인류학적 설명이나 해석보다 죽음에 대한 로버트 가드너의 철학적 사고가 많은 비중을 차지한다. 따라서 어떻게 보면, 로버트 가드너는 인간의 보편적인 문제인 죽음을 탐구하는 수단으로서 대니 문화를 이용하고 있다고 볼 수 있다. 이처럼 민족지영화의 핵심인 인류학적 정보와 문화적 해석보다 로버트 가드너의 철학적 사색이 우선하고 있다는 점은《죽은 새들》이 지닌 문제점들 가운데 하나라고 지적할 수 있다. 한편 피터 로이조스는 이에 대해 로버트 가드너의 영화적 목적은 대니 문화의 기록이나 두굼 대니의 전쟁에 대한 상세한 민족지를 제시하는 것이 아니기 때문에 로버트 가드너의 영화적 시도는 문제가 없다고 주장한다.[31] 로버트 가드너 또한 자신이 인류학자로서가 아니라 예술가와 휴머니스트로서《죽은 새들》을 만들었다고 말하면서 자신의 입장을 옹호하고 있다.[32] 하지만 예술적 표현이나 행위가 민족지영화의 정당한 근거가 될 수 없다는 점에서 로버트 가드너의 주장은 설득력이 약하다. 왜냐하면 민족지영화를 판단하는 기준은 영화의 미학적 측면이 아니라 "인류학적 시각"이기 때문이다.

한편《죽은 새들》에서 영화적 메시지를 전달하기 위한 수단들 가운데 하나는 "우화偶話"이다. 예를 들어《죽은 새들》[33]의 첫 부분은 대니 부족의 우화에 대한 로버트 가드너의 해설로 시작된다.

(로버트 가드너의 내레이션)

뉴기니의 옛 고원지대에 살고 있는 사람들은 새와 뱀의 시합에 관한 우화를 가지고 있다. 인간의 운명을 결정하는 경기에서 만약 인간이 새처럼 된다면 죽을 것이고, 뱀처럼 된다면 뱀이 껍질을 벗듯이 영원한 삶을 얻을 것이다. 하지만 새가 이겼기 때문에 그때부터 모든 인간은 새처럼 죽어야 하는 운명이 되었다.

한마디로 "새와 뱀의 시합"에 대한 대니 사람들의 신화는 인간의 죽음에 대한 신화적인 정당화라고 볼 수 있다. 칼 하이더에 의하면, 두굼 대니의 신화에 나타나는 "새로서의 인간" 이야기는 "대니 부족의 상징(체계)에서 때로는 명확하게, 때로는 암시적으로 나타나며"[34]《죽은 새들》에 나오는 우화와 유사한 이야기들은 바림 계곡에 사는 다른 대니 부족에서도 발견되지만《죽은 새들》의 배경이 되는 두굼 대니 부족에서는 전혀 발견되지 않는다고 한다. 또한 다른 대니 지역에서는 이러한 우화가 종종 새와 뱀 간의 시합의 형태로 나타나지만 두굼 대니 지역에서는 새와 뱀 간의 "시합"이 아니라 "논쟁"의 형태로 이야기되며, 대니 부족의 시조始祖인 낙마투기Nakmatugi가 중재하면서 새가 논쟁에서 이긴다는 내용으로 되어 있다고 한다.[35] 하지만《죽은 새들》에서는 새와 뱀 간의 시합의 형태로 나타나고, 낙마투기에 대한 이야기는 한 번도 언급되지 않는다. 또한 칼 하이더는 "대니 부족의 신화는 그리 정교하지 않고 대니 부족 사람들의 삶 속에서 현저하게 드러나지 않으며, 두굼 대니의 신화의 대부분은 시조인 낙마투기와 다른 사물의 기원起源에 관한 다양한 이야기로 구성되어 있다."[36]라고 설명하고 있다. 하지만 이러한 민족지적 내용과는 달리 로버트 가드너는《죽은 새들》에서 새와 뱀에 관한 우화를 영화의 시작과 끝에 배치함으로써 마치 새와 뱀에 관한 이야기가 대니 사회에 널리 유포된 일반적 신념체계 및 세계관이라는 생각을 갖게 한다. 영화의 끝 부분 또한 도입부와 수미쌍관首尾雙關 관계를 이루면서 죽음의 기원에 대해 다음과 같이 말하고 있다.

(로버트 가드너의 내레이션)

곧 인간과 새들은 밤을 맞이할 것이다. 그들은 다가올 삶과 죽는 날을 위해 휴식을 취할 것이다. 인간과 새들 모두 죽음을 기다리지만, 운명을 미리 알고 있는 인간은 자신들의 삶에 특별한 열정을 가지고 있다. 인간은 죽음을 단순히 기다리지 않으며, 죽음을 맞이할 때 이를 가볍게 넘기지 않는다. 대신 인간들은 자신들의 운명을 스스로 만들기 위해 계획된 폭력으로 대응한다. 그들은 자신들의 영혼을 구하고, 새들이 모르는 것을 알고 있는 부담을 덜기 위해 서로를 죽인다.

한편 로버트 가드너는 대니 부족의 우화를 통해 대니 사회의 폭력과 전쟁에 대해 말하고 있는 듯하지만, 궁극적으로는 영화를 통해 인간의 폭력성과 전쟁, 삶과 죽음에 대한 자신의 철학적인 생각을 드러내고 있다. 로버트 가드너 또한 이 점에 대해 "《죽은 새들》은 우리 모두가 인간으로서 동물적 운명을 맞이한다는 사실에 대한 성찰이며"[37] "만약 《죽은 새들》이 성공한다면 그것은 단지 뉴기니의 외진 고원에서 일어나는 폭력에 대한 이야기가 아니라 세상의 폭력에 대한 이야기이기 때문"[38]이라고 밝혔다.

　다음으로 《죽은 새들》의 내러티브와 인물 설정의 관계를 살펴보자. 《죽은 새들》에서는 웨약이라는 성  인 남자와 푸아라는 소년의 행동과 생각을 따라가면서 이야기가 전개된다. 예를 들어, 영화의 한 장면에서 어린 소년 푸아가 노인들의 농사일을 쳐다보고 있는 모습을 묘사하면서 "그는 자신이 농부가 될 날을 생각하면서 노인들을 바라보고 있다."는 식으로 설명하고 있다. 하지만 이는 두 주인공의 생각과 행위를 실제로 묘사한 것이라기보다는 영화의 이야기를 전개하기 위한 하나의 수단이라고 볼 수 있다. 예를 들어, 로버트 가드너는《죽은 새들》의 한 장면에서 웨약이라는 인물을 통해 싸움과 죽음, 영혼에 관한 대니 부족의 문화를 설명하고 있다.

(로버트 가드너의 내레이션)

오늘 웨약은 특별히 긴장하며 경계를 서고 있다. 왜냐하면 적의 전사를 죽인 것을 자축한 지 이미 2주나 지났으며, 대니 사회의 방식에 따라 적들이 보복을 가할 것이라는 것을 알고 있기 때문이다. 대니 사람들의 전쟁과 습격의 대상은 영토나 죄수도 아니며, 약탈도 아니다. 그들은 살인(사실 죽임을 당한 사람의 혼령)에 대한 산 자들의 의무를 수행하는 것이다. 대니 사람들은 앙갚음을 하지 않으면 혼령들이 병, 불행과 혹은 재난을 가져온다고 믿는다. 이게 그들이 전쟁에 나가는 이유이다.

이처럼 로버트 가드너는 두 인물의 행위와 생각을 통해 대니의 문화에 대해 설명하고 자신의 생각을 드러낸다.

《죽은 새들》의 또 다른 특징은 "전지적 내레이션의 사용"이다. 다큐멘터리의 역사를 보면, 1960년 이전에는 이른바 "신의 목소리"라 불리는 보이스오버 내레이션에 의한 "설명적 방식"[39]이 주를 이루었다. 하지만 1960년대에 소형 카메라와 동시녹음장비가 등장하면서 전지적인 내레이션에 의한 텍스트의 구성 방식에서 탈피하고 영화 대상의 목소리를 담기 시작했다. 그러나 로버트 가드너는 이러한 새로운 영화 제작 방식을 따르지 않고 오히려 전지적인 내레이션으로 영화의 내용을 설명하는 방식을 택했다. 예를 들어, 《죽은 새들》은 웨약과 푸아를 둘러싼 사건들이 주를 이루지만, 두 주인공들의 세계관이나 생각은 로버트 가드너의 전지적인 내레이션을 통해 설명될 뿐 대니 사람들의 목소리는 드러나지 않는다. 이처럼 《죽은 새들》에서는 대니 사람들의 관점이나 목소리가 철저히 배제되었다. 하지만 앞서 말한 것처럼 로버트 가드너는 이 점에 대해 "(대니 사람들) 어느 누구도 내가 하고 있는 일을 알지 못했기 때문에 영화 작업이 더욱 쉬웠다."[40]라고 말하면서 오히려 대니 사람들에게 영화에 대해 설명하지 않는 것이 영화를 만드는 데 유리하다고 생각했다. 이처럼 로버트 가드너에게는 로버트 플래허티나 장 루시의 영화에서 볼 수 있는 참여적 인류학 (영화감독과 영화 대상들이 협력하여 영화를 제작하는 방식)과 같은 생각이 전혀 없었으며, 오히려 대니 문화의 인류학적 기록보다 자신의 예술 및 철학적 사고를 드러내는 데 보다 많은 관심이 있었다고 볼 수 있다.

한편 로버트 가드너는 대니 사람들이 카메라에 대해 전혀 알지 못하는 순진성을 이용하여 "진짜" 대니 문화를 기록하려 했다고 밝힌 적이 있다.[41] 이런 점에서 《죽은 새들》은 한 사회의 전통문화 가운데 진짜 문화라고 생각되는 것만을 부각해 기록하려고 했던 구제인류학의 사고방식을 보여주는 영화라고 할 수 있다.

《죽은 새들》의 또 다른 영화적 특징은 전체적으로 상업영화의 영상 관습을 따르고 있다는 점이다. 즉 로버트 가드너 자신이 《죽은 새들》의 시작부분에서 영화 속의 이야기는 "실제 사건들을 촬영한 필름으로 구성된 진짜 이야기"라고 밝혔듯이《죽은 새들》은 하나의 사건을 시간적 흐름에 따라 보여주기보다는 여러 사건을 부분적으로 선택 촬영하여 이를 하나의 이야기로 재구성하는 상업영화의 재현 방식을 따르고 있다. 또한《죽은 새들》은 대니 부족의 전쟁에 초점을 두고 있지만 실제 전쟁의 장면을 처음부터 끝까지 보여주지는 않는다. 따라서 관객들은 대니 사회에서 일어나는 의례적 전쟁의 전체적인 범위와 구조를 정확히 알 수 없다. 칼 하이더가 "《죽은 새들》의 주요 전쟁 시퀀스는 여러 장소에서 일어난 전쟁의 쇼트들을 합쳐 편집한 것"이라고 밝힌 것처럼 로버트 가드너는 여러 전쟁 장면들을 모아 이른바 "영화적 전쟁cine-battle"[42]을 만들었다고 할 수 있다. 예를 들어, 동일한 대니 부족의 사회문화적 사건을 시간적으로 자세히 기록한 칼 하이더의 민족지[43]와《죽은 새들》을 비교해보면, 로버트 가드너가 사회문화적 사건을 충실하게 기록하기보다 하나의 인위적인 이야기를 만들기 위해 상업영화의 관습에 의존하고 있음을 알 수 있다. 이 점과 관련하여 크레이그 미슐러Craig Mischler는《죽은 새들》이 "너무 많은 픽션 영화의 겉치레와 기교적인 장식에 치우친 나머지 사회과학적인 기록으로서 쓸모없다."[44]며 혹평하기도 했다.

이러한《죽은 새들》의 상업영화적 관습은 음향에서도 나타난다. 즉《죽은 새들》의 음향은 상업영화처럼 상당히 매끄럽고 강렬한 것을 느낄 수 있다. 예를 들어, 대니 부족 사람들이 소년의 죽음을 애도하는 장면의 음향은 관객들의 감정을 고조시키기에 충분할 만큼 매우 강렬하고 인상적이다. 이는 영화의 분위기와 감정적인 측면을 강조했던 로버트 가드너의 영화적 성향이 반영된 것이라고 볼 수 있다. 한편《죽은 새들》의 모든 음향은 후반 작업으로 만들어졌으며, 웨약의 목소리 또한 실제는 대니어[語]로 말하는 칼 하이더의 음성을 스튜디오에서 녹음한 것이다.[45] 하지만 이와 달리 관객들이 현장에서 동시녹음된 음향을 듣고 있는 것처럼 느낄 정도로 정교하게 사운드를 녹음한 것 또한《죽은 새들》의 특징이라고 할 수 있다.

로버트 가드너의 작품에 대한 평가는 학자에 따라 철저히 양분된다. 예를 들어, 미국의 대표적인 영상인류학자인 제이 루비는 로버트 가드너가 자신의 철학적 사유를 위해 비서구문화를 이용하고 있으며, 그의 민족지영화 작업에는 해당 언어의 습득, 장기간의 참여관찰, 인류학적 이론 틀 등과 같은 인류학적 방법론이 결여되어 있기 때문에 그의 작품들은 궁극적으로 인류학과 관계가 없다고 주장했다.[46] 반면, 또 다른 영상인류학자인 피터 로이조스는 로버트 가드너의 실험적 정신을 높이 평가하면서 로버트 가드너는 "민족지영화사에서 적어도 로버트 플래허티만큼의 위치를 차지한다."[47]라고 극찬했다. 이처럼 로버트 가드너의 작품에 대한 평가가 학자들 간에 서로 엇갈리는 이유는 로버트 가드너의 독특한 영화적 시각과 영화방법론 때문이라고 결론 내릴 수 있다.

7장

베나레스의 도시교향곡,
《축복의 숲》(1986)

로버트 가드너의 영화들 가운데 후기 작품에 속하는《축복의 숲Forest of Bliss》(1986)[1]은 로버트 가드너의 지속적인 관심사인 "죽음"과 관련된 문화를 다루고 있다. 로버트 가드너의 죽음에 대한 탐구는《죽은 새들》에서 시작하여《축복의 숲》에서 완성되었다고 할 수 있을 만큼《축복의 숲》은 로버트 가드너의 영화적 관심사를 함축적으로 보여준다. 또한 앞 장에서도 살펴보았듯이 로버트 가드너는 "상징"과 "은유"를 즐겨 사용하는 영화감독으로 잘 알려져 있다. 이러한 로버트 가드너의 영화적 성향은 초기 작품인《죽은 새들》에서도 나타나지만《축복의 숲》은 전적으로 "시청각적인 상징"을 주된 영화적 재현 수단으로 사용하고 있다. 이런 의미에서《축복의 숲》은 로버트 가드너의 영화 세계를 요약하여 보여주는 작품이라고 할 수 있다.

본 장에서는 먼저 "베나레스의 도시교향곡"과 "등장인물의 설정"이라는 두 가지 시각에서《축복의 숲》의 내러티브의 특징을 살펴보고,《축복의 숲》에 나타난 영화방법론을 "일상적 사물의 상징성 차용", "프롤로그, 상징의 수렴과 요약 쇼트", "상징적 의미 창출을 위한 편집", "사운드의 상징성"으로 나누어 고찰할 것이다. 그리고 끝으로《축복의 숲》에 관한 다양한 찬반논란을 비판적으로 살펴보기로 한다.

《축복의 숲》의 내러티브 구조

로버트 가드너는 화장터에서 쓰이는 나무가 삶의 "재탄생"을 가져오고, 이 화장용 장작이 "숲"에서 나온다는 점에 착안하여 영화의 제목을 "축복의 숲"이라고 정했다.

> 나는 "축복의 숲"이라는 영화 제목이 갖는 단순한 의미 이상의 것을 전달하기 위해 "숲"과 "축복"의 놀라운 모호성에 대해 생각하고 있었다. 숲은 매혹적이며, 또한 무섭기도 하다. (중략) 또한 화장터는 때로 성스러운 경전에서 "축복의 숲"으로 불린다. (중략) 나에게 축복의 숲은 이상하게도 황홀하게 느껴지는 개념이다.[2]

이처럼 로버트 가드너는 "나무"와 "숲"이 갖는 상징성에 주목했다. 그리고 "축복의 숲"이 갖는 "모호성"을 영화의 제목에서 나타내고자 했다. 본 장의 뒷부분에서 자세히 설명하겠지만 《축복의 숲》에서 나무는 베나레스의 죽음과 관련된 문화를 나타내기 위한 상징물로서 지속적으로 등장하며, 모호성 또한 로버트 가드너가 영화 전체를 통해 드러내고자하는 영화의 분위기를 대표한다고 할 수 있다.

그러면 다음으로 《축복의 숲》의 줄거리와 주요 장면을 살펴보자.

《축복의 숲》은 갠지스 강 "건너편"을 보여주는 열한 개의 쇼트와 영화적 메시지의 은유적 요약이라고 할 수 있는 우파니샤드의 구절로 시작된다. 이어 영화의 주요 등장인물들 가운데 한 사람인 미타이 랄^{Mithai Lal}이 이른 아침 갠지스 강에서 의례적인 목욕을 하는 모습이 나오고, 두번째 주요 등장인물인 돔 라자^{Dom Raja}가 등장한다. 다시 영화는 미타이 랄이 목욕을 마치고 집으로 돌아오는 모습을 보여준다. 그리고 한 남자가 종교적 의례에 사용되는 마리골드 꽃³을 채집하는 장면, 한 여인이 채집된 마리골드 꽃을 마을로 운반하는 장면, 남자들 여럿이 거대한 목재를 선착장으로 운반하는 장면, 그리고 배가 목재를 싣고 떠나는 장면이 차례로 나오고, 다음으로 집에서 기도하는 미타이 랄, 마리골드 꽃을 다듬는 여인들, 갠지스 강가, 배에서 물건을 내리는 사람들, 마리골드를 운반하는 사람들, 그리고 베나레스 시내에서 갠지스 강으로 시신^{屍身}을 운반하는 사람들과 세번째 주요 등장인물인 라굴 판딧^{Ragul Pandit}과 그의 사원^{寺院}을 보여준다. 이어 영화는 시신 운반용 들것을 만드는 사람들, 호스피스 병동, 시신을 뜯어 먹는 개, 시신을 운반하는 배, 계단으로 끌려 내려오는 동물의 사체들, 시끌벅적한 거리의 시신 운반 행렬, 노래하는 거지의 모습 등 어수선한 베나레스의 시내와 골목의 모습, 나무의 무게를 재는 저울, 그리고 돔 라자와 수행원들의 모습, 호스피스 밖으로 시신을 옮기는 사람들, 화장터로 들어오는 배와 화장터의 모습을 보여준다. 다음으로 한 남자가 새로이 수리된 배에 노란 물감을 묻혀 강에 띄우는 장면과 시신을 침수시키는 장면이 교차편집되어 보이고, 이어 시내에서 갠지스 강으로 시신을 운반하는 행렬과 배에서 나무를 내리는 장면이 나온다. 그리고 영화는 돔 라자의 생활 모습과 미타이 랄이 환자를 치료하는 모습을 보여주다가 로버트 가드너가 이른바 "요약 쇼트"라고 부르는 장면으로 이어진다.

다음 장면은 시신이 갠지스 강가의 화장터에 도착해 화장되는 모습이다. 이후 영화는 돔 라자, 화장터, 갠지스 강, 배, 연을 날리는 소년, 배에서 시신을 강으로 넣는 사람들, 배에서 물건을 실어 나르는 사람들, 마리골드를 재배하는 사람들, 두르가 사원, 마리골드를 파는 사람들, 두르가 사원에서 기도하는 남녀들의 모습 등을 차례로 보여준다. 영화의 후반부는 프롤로그와 유사한 장면들(연을 날리는 소년, 지는 해, 강가를 거니는 개의 모습)과 저녁 시간에 두르가 사원에서 신들림 의식을 행하는 미타이 랄, 아침 기도를 하는 라굴 판딧, 목재를 싣고 가는 배, 화장터의 장면들로 구성되어 있다. 그리고《축복의 숲》은 영화의 시작처럼 안개 속을 유영하듯 천천히 움직이는 배의 모습을 보여주면서 막을 내린다.

그러면 이어《축복의 숲》의 내러티브 구조를 "베나레스의 도시교향곡"과 "등장인물의 설정"이라는 두 가지 각도에서 살펴보기로 한다.

베나레스의 도시교향곡

《축복의 숲》의 배경은 인도의 베나레스Benares다. 갠지스 강을 끼고 있는 베나레스는 인도의 대표적인 성지聖地이자 인도 사람들이 죽음을 맞이하기 위해 찾아오는 곳이다. 또한 베나레스는 마니카르니카 가트Manikarnika Ghat라는 커다란 야외 화장터가 있는 곳이기도 하다. 로버트 가드너가《축복의 숲》의 영화적 공간으로 베나레스를 선택한 건 바로 이러한 이유들 때문이다.

로버트 가드너는《축복의 숲》을 촬영하기 전에 이미 몇 차례 베나레스를 방문한 적이 있었다. 그리고 그가《축복의 숲》의 촬영을 위해 다시 베나레스를 찾은 것은 1984년 12월 5일이었다. 로버트 가드너는 영화적 공간으로 베나레스를 선택하고, 죽음을 주제로 한 영화를 만들게 된 동기에 대해 다음과 같이 설명하고 있다.

> 내가 영화를 만들어 이 도시에서 빠져나오려면 주저함 없이 이 도시 속으로 들어가야 한다는 것을 알았다. 나는 베나레스가 나에게 주는 의미에 대해 골똘히 생각해보았다. 베나레스로부터 받은 강렬한 느낌은 1975년 처음 베나레스에 와서 혼자 다니다가 길을 잃어버려 만나게 된 커다란 화장터, 즉 마니카르니카 가트에 의해 채색되었다. 10여 년 만에 다시 이곳에서 죽음과 관련된 것들을 만나 영화 작업을 시작하게 되었다.[4]

이처럼《축복의 숲》의 영화적 공간은 베나레스, 갠지스 강, 화장터, 호스피스 등 인간의 죽음과 관련된 장소들이 중심을 이룬다.

한편《축복의 숲》의 영화적 시간은 "하루"라는 시간에 의해 구조화되어 있다. 즉《축복의 숲》은 동틀 무렵에서 시작하여 다음 날 동틀 무렵까지 시간의 흐름에 따라 이야기가 전개된다. 하지만《축복의 숲》의 하루는 실재적인 하루가 아니라 하나의 "가상적인" 하루다. 즉《축복의 숲》은 하루 동안 촬영된 것이 아니라 10주에 걸쳐 촬영한 내용을 하루의 시간 구조로 편집한 것이다.

> 사실상 전체적으로 영화의 장면들을 하루의 시간 구조로 재배열했다. 즉 10주간에 걸쳐 촬영된 장면들을 마치 하루 동안 일어난 것처럼

편집했다. 오후에 촬영된 시퀀스들이 아침에 일어난 것처럼, 또는 그 반대로 재현되었다고 볼 수 있다. 새벽이나 일몰에 촬영된 시퀀스들에 대해서도 똑같이 말할 수 있다. 따라서 우리의 영화는 이 점에서 민족지적 르포르타주ethnographic reportage의 영역과는 확실히 동떨어져 있다.[5]

또한《축복의 숲》은 "순환적인 시간"의 구조로 되어 있다. 즉《축복의 숲》은 하루 24시간의 순환적 구조에 따라 이야기가 전개된다. 다시 말해서 《축복의 숲》은 일출의 장면으로 시작하여 다시 처음의 이미지로 되돌아가는 일종의 수미쌍관의 구조로 되어 있다. 로버트 가드너가 이와 같은 시간적 구조를 택한 것은 영화적 이야기의 전개를 위한 수단이기도 하지만, 다른 한편으로는《축복의 숲》의 주제이기도 한 힌두교의 "순환적인 삶"에 대한 가르침을 영화로 보여주기 위함이었다. 이러한 영화의 주된 메시지가 가장 잘 드러나는 곳은 바로 영화의 오프닝 장면이다.

《축복의 숲》은 인도의 성전聖典 가운데 하나인 우파니샤드의 내용을 담은 자막으로 시작된다.

(삽입자막)

이 세상의 모든 것들은 포식자이거나 희생자이다. 씨앗은 음식이고, 불은 포식자이다.

로버트 가드너는 매우 철학적이고 상징적인 내용을 담고 있는 우파니샤드의 구절을 다음과 같이 설명하고 있다.

이 구절은 영화가 보여주려는 것과 아주 유사하다. (중략) 내가 사람들에게 말하고 싶은 것은 세상의 모든 것이 영원히 존재할 수 없으며, 불태워지거나 누군가에 의해 먹히는 등 여러 방식으로 파괴되어 다시 생겨나고, 계속 똑같은 일이 반복된다는 것이다.[6]

한편《축복의 숲》의 영화적 메시지의 요약문이기도 한 우파니샤드의 구절은 영화에서 일종의 라이트모티프leitmotiv의 역할을 한다. 이처럼《축복의 숲》의 시간적 구조는 로버트 가드너의 말대로 "사람들의 마음속에 심어놓고 싶은 주요 개념의 하나"[7]이며, 영화의 주요한 내러티브로 사용되고 있다. 그리고 "인간 삶의 순환성"에 대한 영화적 메시지는 전체적으로 하루라는 순환적 시간 구조를 통해 표현된다.

위에서 본 것처럼《축복의 숲》은 "베나레스의 하루"를 다루고 있다는 점에서 "도시의 하루"를 그린 "도시교향곡city symphony"[8] 다큐멘터리영화들과 닮아 있다. 이런 점에서《축복의 숲》은 한마디로 "베나레스의 도시교향곡"이라 부를 수 있으며, 도시교향곡의 다큐멘터리 전통에 속한다고 볼 수 있다.

등장인물의 설정

《축복의 숲》에는 미타이 랄, 돔 라자, 라굴 판딧이라는 주요 인물 세 명이 등장한다. 이 세 명의 인물들을 영화의 주인공이라고 부를 수는 없지만, 이들은 영화 내내 지속적으로 등장하면서 내러티브의 커다란 축을 형성한다.

로버트 가드너가《축복의 숲》에서 등장인물을 다루는 방식에는 몇 가지 특징이 있다. 첫번째는 주요 인물들의 재현 방식이다.《축복의 숲》에서 첫번째로 등장하는 사람은 미타이 랄이다. 영화는 프롤로그 바로 다음에 미타이 랄이 매일 아침 의례적인 목욕을 하기 위해 갠지스 강으로 가는 모습을 보여준다. 뒷부분에서 프롤로그의 재현 방식에 대해 자세히 다루겠지만, 미타이 랄을 보여주는 장면의 재현 방식은 프롤로그보다 훨씬 관찰적이다. 이어 등장하는 돔 라자나 라굴 판딧의 묘사 방식도 마찬가지로 관찰적이다. 예를 들어, 영화는 갠지스 강가에서 아침 기도를 하는 미타이 랄 모습을 71초 동안 거의 리얼타임으로 보여준다. 이와 달리 프롤로그는 "몽타주" 방식으로 재현된다. 한마디로 프롤로그가 보다 개념적이고 상징적인 데 반해, 주요 등장인물의 재현 방식은 보다 서술적이다. 따라서 관객들은 주요 등장인물들을 보다 친숙하게 바라보게 되고 그들의 일상과 마주 보고 있다는 느낌을 받는다.

《축복의 숲》의 또 다른 특징은 세 명의 등장인물들이 서로 상징적인 대조를 이룬다는 점이다. 예를 들어, 첫번째 등장인물인 미타이 랄은 자신의 사원을 책임감 있게 운영하는 승려로 나온다.《축복의 숲》의 제작에 참여한 아코스 오스토Ákos Östör가 미타이 랄을 "의례주의자ritualist"라고 묘사했듯이 그는 세 명의 등장인물 가운데 가장 종교적이고 냉철한 사람으로 지혜, 평온, 순수성과 같은 일련의 긍정적인 가치를 표현한다고 할 수 있다. 이와 대조적으로 로버트 가드너가 "아주 악의적인 사람"이라고 묘사한 불가촉천민 돔 라자는 화장터에서 화장용 장작을 감독하고 의례용 불을 판매하는 일을 한다. 뚱뚱하고 병든 몸, 거친 목소리, 탐욕 그리고 건

방진 태도로 사람을 대하는 그
의 모습은 매우 세속적이다. 이
대조적인 두 인물들 중간에 세
번째 등장인물인 라굴 판딧이
있다. 라굴 판딧은 두르가 사원
의 치료사로 미타이 랄처럼 종
교적인 일에 종사하지만, 돔 라
자처럼 일반 사람을 상대하는
세속적인 일을 한다. 그는 영화
에서 선과 악 그리고 세속성과
종교성을 가진 애매모호한 인
물로 묘사된다. 이처럼 영화 속
에서 성격상 대조를 이루는 세
명의 등장인물은 세상에 존재
하는 인간군상을 상징적으로
보여주기 위해 설정되었다고
볼 수 있다.

　한편《축복의 숲》의 주요 등장인물들은 영화 속에서 자주 모습을 드러
내지만 한 인간으로서의 개성이 드러날 만큼 그리 심도 있게 그려지지는
않는다. 이에 대해 로버트 가드너 또한 어느 누구도 "내러티브적 의미에
서 볼 때 하나의 중요한 인물로 묘사되지는 않는다."[9]라고 밝혔다. 이러한
인물 설정 방식은 로버트 가드너 특유의 영화방법론과도 관련이 있다. 즉

로버트 가드너는《죽은 새들》에서도 두 명의 남자를 영화 주인공으로 설정했지만 이들에 대한 민족지적 묘사보다도 자신의 철학적 사고思考의 표현 수단으로 이용했다.《축복의 숲》의 인물 설정 방식 또한 이러한 로버트 가드너의 영화적 성향을 반영하고 있다. 즉《축복의 숲》에 등장하는 세명의 인물은 베나레스의 문화나 종교적 삶을 인류학적으로 탐구할 수 있는 인물임에도 불구하고 세 인물의 구체적인 삶의 모습이나 생각을 드러내지 않는다. 이는 로버트 가드너가 세 등장인물을 자신의 영화적 메시지를 전달하기 위한 수단으로 이용하고 있기 때문이다. 이 점은 로버트 가드너의 민족지영화가 여러 학자들 사이에서 비판의 대상이 되는 이유 가운데 하나라고 지적할 수 있다.

《축복의 숲》의 영화방법론

《죽은 새들》에서도 보았듯이 로버트 가드너의 민족지영화의 특징들 가운데 하나는 "상징"과 "은유"에 의한 재현 방식이다.《축복의 숲》도 예외가 아니다. 로버트 가드너는 이와 같은 영화적 성향에 대해 다음과 같이 밝히고 있다.

> 나는 항상 직접적인 진술보다는 암시를 통해 표현하는 것에 관심이 많다.
> 그러나 내가 소박한 리얼리즘에 대한 신뢰가 없기 때문이라고는 생각하지
> 않는다. 아마도 나의 영화적 성향은 무엇보다도 초현실주의에 대한
> 관심에서 비롯되었을 것이다. 내 생각으로는, 내가 만든 많은 영화들이
> 평범하고 통상적인 세계관과 상당히 부합되지만 (중략) 거의 모든 내 영화에는

분명히 정통적인 다큐멘터리의 길에서 벗어나려는 흔적이 보인다. 아마도 나는 후회하는 초현실주의자일지 모른다.[10]

이처럼 로버트 가드너는 구체적인 진술이나 해석보다 "암시"와 "은유"를 통해 표현하는 것을 선호하는 경향이 있다. 따라서 로버트 가드너가 상징 및 은유를 주요한 표현 수단으로 삼은 것은 《축복의 숲》이 처음은 아니다. 그는 일찍이 《죽은 새들》에서도 상징을 주된 영화적 방법으로 사용했다. 하지만 《축복의 숲》은 《죽은 새들》보다 상징적 요소들이 더욱 많이 등장할 뿐 아니라 보다 다양하고 복잡하다. 게다가 《축복의 숲》은 《죽은 새들》과 달리 내레이션이나 자막 등의 언어적 요소를 배제하면서 오로지 시각 및 청각적인 상징을 주된 표현 수단으로 사용하고 있다. 본 장에서는 이러한 로버트 가드너의 영화적 성향에 주목하면서 《축복의 숲》의 영화적 재현 방식을 "일상적 사물의 상징성 차용", "프롤로그, 상징의 수렴과 요약 쇼트", "상징적 의미 창출을 위한 편집", "사운드의 상징성"으로 나누어 다각적으로 분석하고자 한다.

일상적 사물의 상징성 차용

로버트 가드너는 《축복의 숲》을 만들면서 "일상적 사물의 상징성"에 주목했다.

우리는 세상이 스스로를 드러내는 방식으로 세상을 이해하는 것 같다. 그리고 상징은 바로 우리 가까이에 있는 수단들 가운데 하나이다.[11]

특히 로버트 가드너는《축복의 숲》의 영화 배경인 베나레스의 일상에 존재하는 계단, 배, 나무, 마리골드 등과 같은 사물들의 상징성을 드러내는 재현 방식을 택했다.

> 여기에 제도화된 무질서의 도시가 있다. 그렇다면 이 무질서를 가지고
> 어떻게 하겠는가? (중략) 이 도시를 촬영하고 나면 그것은 단지 시각적인
> 소음이 될 뿐이다. 따라서 내가 베나레스의 시각적 소음에서 벗어나기 위해
> 할 수 있는 유일한 방법은 마리골드나 나무, 또는 매우 단순하지만 의미를
> 가지고 있는 사물에서 거의 말 그대로 은신처를 찾는 것이다.
> 이처럼 단순하다고 사람들이 말하는 것들이 세상에 존재하고, 이 세상,
> 이 무질서한 세계에서 의미를 드러낸다는 사실은 암시를 통해 세상을 그릴
> 수 있다는 것을 뜻한다.[12]

이렇게 본다면 로버트 가드너가《축복의 숲》에서 일상적 사물의 상징성에 초점을 둔 것은 무엇보다도 그의 영화적 성향이기도 하지만, 또 다른 한편으로는 그에게 매우 혼란스러운 도시로 다가온 베나레스를 영화적으로 접근하기 위한 현실적인 해결책이라고도 볼 수 있다. 즉 로버트 가드너는 혼란스럽게 느껴진 베나레스를 영화적으로 다루기 위해 일상적 사물의 상징성을 수단으로 찾았다고 볼 수 있다.

그 예로서《축복의 숲》에 지속적으로 등장하는 "계단" 장면을 꼽을 수 있다. 베나레스의 계단은 사람들이 도시에서 갠지스 강을 오고 가기 위해 매일같이 이용하는 일상적이고 평범한 사물들 가운데 하나이다. 하지

만 로버트 가드너는《축복의 숲》에서 계단이 지닌 상징성에 주목하고 계단에 상징적 의미를 부여했다.

계단 자체 또한 매우 중요한 시각적인 모티브다. 나는 여기에 오기 오래전부터 계단이 강과 도시 사이뿐 아니라 삶과 죽음과 같은 변이變移를 나타내는 중요한 상징이 될 것이라고 생각했다. 사람들은 강으로 가기 위해 계단으로 내려가고, 또한 도시로 가기 위해 계단으로 올라간다. 물론 계단을 통해 화장터에 이른다.[13]

이 밖에도 로버트 가드너는《축복의 숲》에서 일출과 일몰, 강, 배, 나무, 연, 마리골드 등과 같은 일상의 사물이나 자연물의 상징적 의미를 통해 베나레스의 리얼리티에 접근하려 했다.

영화는 단순한 모티브나 상식적인 것을 이용할 때 가장 잘 만들 수 있는 것 같다. 복잡한 것들을 복잡한 방식으로 촬영하고, 그것들을 자막이나 보이스오버 내레이션으로 어렵게 설명하는 대신, 개, 나무, 연, 마리골드 등과 같은 평범한 리얼리티를 찾아 그들이 스스로 의미를 드러낼 것이라고 믿고 그들 속으로 뛰어 들어가고자 하는 것이 이 영화의 발상이다.[14]

프롤로그Prologue, **상징의 수렴**Convergence of Symbol**과 요약 쇼트** Summary Shot

《축복의 숲》에는 수많은 상징물이 등장한다. 이 영화를 처음 보는 관객들은 그 의미를 파악하기 힘들 정도로 줄지어 상징물이 나온다. 하지만 이들을 세밀하게 관찰하면 상징물을 다루는 로버트 가드너 특유의 영화적 방법론이 있음을 알 수 있다.

《축복의 숲》은 타이틀에 앞서 프롤로그, 즉 오프닝 쇼트로 시작된다. 열한 개의 쇼트로 구성된 프롤로그는 특별한 내러티브 구조를 가지고 있지 않지만《축복의 숲》에 나오는 장면 가운데 가장 상징성이 강한 쇼트들로 구성되어 있다. 프롤로그는 총총걸음으로 강가를 걸어가는 개, 유유히 안개 속을 지나가는 배, 외로이 강가에 앉아 있는 새, 또다시 배의 모습, 머리에 짐을 지고 안개 속을 걸어가는 여인, 연을 날리는 소년, 일출, 갠지스 강가의 계단, 클로즈업된 배의 앞모습, 화장터의 성스러운 불, 개 두 마리가 다른 개 한 마리를 물어뜯는 장면으로 이루어져 있다. 이 쇼트들은 각각 상징성을 지니고 있지만 열한 개의 쇼트를 전체적으로 보았을 때 프롤로그는 몇 가지 중요한 역할을 한다.

첫째로 프롤로그는 장소의 상징성을 나타낸다. 로버트 가드너는 프롤로그의 배경이 되는 곳을 "강 건너편"이라고 불렀다. 베나레스 쪽에서 볼 때 "갠지스 강 건너편"이라는 뜻이다. 로버트 가드너는 이러한 프롤로그를 통해 강 건너편의 장소에 강한 상징성을 부여했다.

영화는 검은색의 리더 필름에 이어 길게 페이드인$^{fade-in}$되어 개 한 마리가 내가 이른바 강 건너편이라고 부른 곳을 걷고 있는 장면으로 시작한다. 이 장면이 영화의 첫번째 쇼트이다. 강 건너편은 갠지스 강의 다른 쪽, 즉 동쪽 둑을 말한다. 나는 이번 영화의 촬영을 위해 베나레스에 오기 전부터 이 강 건너편에 특별한 의미가 있을 거라고 생각했다. 나는 그것에서 매우 무서운

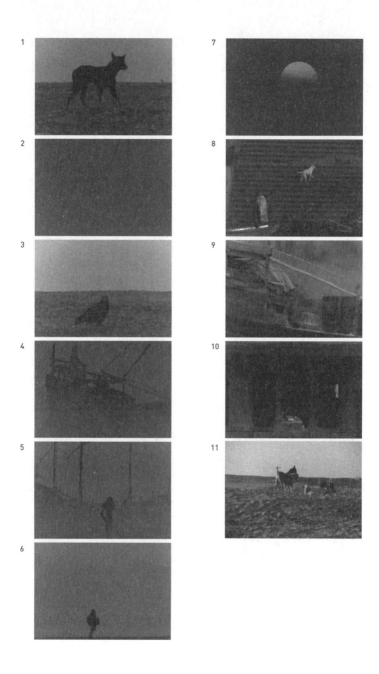

신비감을 느꼈다. 그것은 결국 우리 모두가 가야만 하는 곳이자 비유적인 의미에서의 강 건너편이다.[15]

이처럼 프롤로그의 대부분은 모두 갠지스 강 건너편을 담은 쇼트들이나 강 건너편 쪽에서 화장터를 촬영한 장면이다. 로버트 가드너의 말을 빌자면, 이 강 건너편은 "삶의 세계의 반대편인 죽음의 세계"[16]이다. 즉 로버트 가드너는 상징적으로 강가의 먼 쪽은 죽음, 가까운 쪽은 생명의 세계로 보았다. 흥미로운 것은 그가 강가에 있는 화장터를 "생명의 세계"라고 부른 점이다. 이는 죽음을 "고통의 수레바퀴에서의 벗어나는 것"이라고 생각하는 힌두교의 가르침을 염두에 둔 것으로 풀이된다. 즉 갠지스 강에는 삶과 죽음의 양면이 존재한다는 영화적 메시지를 프롤로그를 통해 전달하려고 한 것으로 해석할 수 있다.

또한 프롤로그는 영화의 모티브를 전달하는 역할을 한다. 예를 들어, 프롤로그의 첫번째 쇼트에서 등장한 개는 프롤로그의 끝 장면인 열한번째 쇼트에서 다시 그 모습을 드러낸다. 하지만 첫번째 쇼트에서는 개 한 마리가 총총걸음으로 생명력 있게 평원을 걷는 모습을 보여주고 있는 데 반해, 열한번째 쇼트에서는 잔인한 개들의 싸움 장면을 보여준다. 로버트 가드너는 열한번째 쇼트의 "개싸움" 장면에 대해 다음과 같이 설명하고 있다.

이 개싸움 장면은 영화에서 매우 중요한 이미지이다. 그것은 영화적 톤을 설정하고, 또한 영화를 통해 무엇을 말할 것인지를 암시하는 데 매우 중요한 역할을 한다. 아마도 이는 내가 생각하기에 잔인한 이미지의 개싸움 장면이 영화의 첫 부분에 나오기 때문에 그런 것 같다. 나는 또한 이 장면이 우리가 살고 있는 세상이 살 수 있는 모든 곳들 가운데 최고가 아니며, 생존하기 위해서 끔찍한 고통이 많을 것이고, 때로 우리가 이를 잘 대처하지 못한다는 것을 모든 사람들에게 상기시키는 역할을 할 것이라고 생각했다.[17]

이처럼 프롤로그의 첫번째 쇼트와 열한번째 쇼트를 연결해보면 프롤로그에 나타난 영화적 모티브는 오프닝 쇼트에 등장하는 우파니샤드와 같은 의미를 지닌다고 볼 수 있다.

또한 프롤로그는 영화의 전체적인 톤을 설정하는 역할을 한다. 예를 들어, 안개 속에서 모습을 완전히 드러내지 않은 채 서서히 강가를 헤쳐 나가는 신비로운 배의 모습을 담은 두번째 쇼트나 개 두 마리가 연약한 개 한 마리를 물어뜯는 섬뜩한 열한번째 쇼트는 영화의 전체적인 톤과 닮아있다.

끝으로 프롤로그는 영화를 전체적으로 구조화하는 역할을 한다. 즉 프롤로그는 말 그대로 영화의 도입부로 사용되어 영화의 끝 장면들과 함께 수미쌍관의 서사적인 관계를 형성한다. 예를 들어, 프롤로그에 등장하는 개와 배는 영화의 끝 장면에서 다시 등장한다. 그리고 프롤로그에서 연을 날리는 소년의 모습과 일출의 모습 또한 영화의 끝에서도 다시 나타난다. 이처럼 프롤로그는 영화의 결말부와 함께 영화의 전체적인 구조를 만드는 역할을 한다.

다음으로 "상징의 수렴"과 "요약 쇼트"의 개념에 대해 살펴보자. 이 두 용어는 일반적인 영화 용어가 아니라 로버트 가드너가《축복의 숲》을 설명하면서 사용한 개념들이다.

　먼저 상징의 수렴이란 여러 상징들을 하나씩 등장시킨 후 이들을 서서히 통합하면서 상징적인 의미를 드러내는 방식을 말한다.《축복의 숲》에 등장하는 나무를 예로 들어보자.《축복의 숲》에서 나무는 매우 중요한 상징성을 지닌다.《축복의 숲》에는 나무와 관련된 장면이 여러 번 나온다. 즉 나무를 자르는 장면, 나무를 배달하는 장면, 저울로 나무를 재는 장면, 나무를 배로 운반하는 장면 등이 차례로 나타난다. 하지만 이 장면들을 독립적으로 보면 그 의미를 잘 알 수 없다. 영화 속의 나무의 상징적 의미는 나무와 관련된 다른 상징물과 연관됨으로써 비로소 드러난다. 즉 나무를 중심으로《축복의 숲》의 여러 장면들을 연결해보면, 나무는 숲에서 노동자에 의해 벌목되고, 계단을 통해 옮겨지고, 저울로 측량되고, 배로 운반된다. 이처럼 나무는 숲, 계단, 저울, 배라는 다른 상징물과 연관되어 그 전체적인 의미를 드러낸다. 이것이 바로 상징의 수렴이다. 이렇게 본다면, 로버트 가드너가 말한 상징의 수렴이란 여러 상징물의 연관성을 통해 상징물의 의미를 드러내는 재현 방식이

라고 할 수 있다. 즉 나무의 상
징성과 의미는 나무를 중심으
로 여러 상징물을 통합, 수렴하
는 방식을 통해 나타난다고 볼
수 있다. 한편 로버트 가드너가
수렴이라는 말을 사용한 것은,

영화의 초반부터 사물의 상징적인 의미를 명확히 드러내는 방식이 아니
라 영화가 진행되면서 서서히 여러 사물들의 상호관계를 드러내는 영화
적 방식을 설명하기 위해 나온 용어임을 알 수 있다. 로버트 가드너는 관
객들 또한 이러한 영화적 전개 방식을 통해 사물의 상징성을 서서히 발견
할 것이라고 기대했음을 짐작할 수 있다.

《축복의 숲》의 상징성과 관련된 또 다른 영화적 요소는 "요약 쇼트"의
개념이다. 로버트 가드너는 영화의 후반부에 등장하는 "마니카르니카 가
트"의 쇼트를 요약 쇼트라고 불렀다. 요약 쇼트는 총 453개의 쇼트로 이
루어진 《축복의 숲》 가운데 334번째 쇼트(전체 상영 시간 90분 가운데 67분

32초에서 68분 2초까지의 장면)에
해당한다. 이 요약 쇼트의 전경
前景은 강에 떠 있는 배의 모습,
중경中景과 원경遠景은 화장터와
화장터에 모여 있는 수많은 사
람들의 모습을 보여준다.

나는 이 장면이 정말로 효과가 있는지 모르겠지만, 그것은 확실히 내가 찾고 있는 모든 요소들을 포함하고 있다. 즉 배, 강, 불, 옮겨지는 시신. 그리고 배는 강가에서 강을 건너기 위해 기다리고 있는 것처럼 보인다. 주의 깊게 보면, 그것은 엄청난 정보를 포함하고 있는 일종의 요약 쇼트이다.[18]

로버트 가드너의 설명대로 요약 쇼트는 영화에 등장한 사물들이 하나의 쇼트에서 종합적으로 나타나는 것을 말한다. 즉 334번째의 화장터 쇼트는 영화의 전반부에 하나씩 등장하던 배, 강, 불 등 여러 사물들이 전체적으로 나타나 관객들에게 상징적 의미를 드러낸다. 또한 이러한 화장터의 요약 쇼트는 영화의 내러티브 측면에서 영화의 클라이맥스에 해당한다. 다시 말해서 영화가 요약 쇼트에 이르면서 점차로 더 많은 시신이 강가로 옮겨지는 등 영화가 전개되는 속도나 내용 면에서 정점頂点을 향하는 것을 알 수 있다. 따라서《축복의 숲》은 화장터의 요약 쇼트 이후 영화적 톤이나 표현 방식이 달라진다. 즉 요약 쇼트 이후의 영화적 수사법은 강렬한 톤에서 휴식의 톤으로, 그리고 은유 및 상징을 통한 재현 방식에서 보다 관찰적인 표현 방식으로 바뀐다.

상징적 의미 창출을 위한 편집

《축복의 숲》은 로버트 가드너의 작품들 가운데 가장 정교하게 편집된 영화로 손꼽힌다. 마이클 오피츠Michael Oppitz의 지적대로《축복의 숲》의 편집 유형은 서사적 편집narrative editing, 순차적 편집serial editing, 개념적 편집conceptual editing, 연상적 편집associative editing 등 다양하게 나타나지만[19], 무엇보다도《축복의 숲》의 편집 방식의 가장 두드러진 특징은 일종의 몽타주 편집에 의해 은유적인 의미를 만들어내는 방식이라고 할 수 있다. 따라서《축복의 숲》의 편집 방식을 "상징적 의미 창출을 위한 편집"이라고 규정하고 이에 대해서 집중적으로 살펴보기로 한다.

《축복의 숲》의 첫번째 편집의 유형은 전체적으로 서사적이거나 연속적인 쇼트의 중간에 다른 쇼트를 삽입함으로써 새로운 의미를 만들어내는 방식이다. 예를 들어, 계단을 내려오는 눈먼 늙은이의 쇼트 사이에 사람들이 계단에서 당나귀를 질질 끌고 내려오는 쇼트들 삽입하는 장면이 이에 해당한다. 이처럼 로버트 가드너는 계단 장면에서 눈먼 늙은 남자와 동물의 사체를 병치함으로써 인간 또한 결국 "동물의 운명"이라는 상징적 의미를 전달하고자 한 것이다. 삽입 쇼트의 또 다른 경우는, 신^{scene} 전체가 리얼타임으로 보이지만

실제로는 편집에 의해 쇼트를 삽입하여 만든 장면이다.《축복의 숲》에서 배에 실린 커다란 나무를 보여주는 일련의 쇼트 중간에 두 개의 쇼트, 즉 하늘을 나는 독수리와 강 위에 떠 있는 시신의 쇼트를 삽입한 장면이 이에 해당한다. 로버트 가드너는 이 두 쇼트에 대해 "실제 장면이 아니라 편집에 의

해서 연결된 것"[20]이며, 이 장면의 편집 의도는 "죽음과 관련된 의미를 암시하기 위한 것"[21]이라고 밝히고 있다. 또 다른 경우는 연속적인 쇼트들 사이에 은유적인 쇼트를 배합한 장면이다. 《축복의 숲》에서 치료사 미타이 랄이 아침에 갠지스 강으로 목욕을 하러 가는 긴 오프닝 시퀀스를 그예로 들 수 있다. 영화는 미타이 랄이 강으로 내려가는 모습을 보여주면

서 중간에 의도적으로 미타이 랄이 저울과 장작더미를 지나가는 쇼트를 삽입한다. 관객들은 영화의 초반에 등장하는 이 두 사물의 상징적 의미를 알 수 없지만 영화가 진행되면서 저울과 장작더미의 용도를 알게 된다.

두번째 편집의 유형은 교차편집에 의해 상징적인 의미를 만들어내는 방식이다. 예를 들어, 《축복의 숲》에서 한 남자가 새로 고친 배를 마리골드가 뿌려진 강에 진수進水하는 장면이 이에 해당한다. 즉 영화는 배를 강에 진수하는 장면과 시신을 마리골드가 뿌려진 강에 침수시키는 장면을 교차편집하여 보여준다. 이 부분은 로버트 가드너가 《축복의 숲》을 만들기 시작하면서 처음부터 계획한 장면이었다.

> 나의 의도는 "새로 태어난" 배의 진수 장면과 "갠지스 강에 새로 죽은" 사람의 침수 장면을 교차편집하여 대조하는 것이었다.[22]

따라서 이 장면은 새로 수리된 배의 진수 장면과 죽은 사람의 침수 장면을 교차편집하여 영화의 주된 메시지라고 할 수 있는 "삶의 순환성"을 표현하고자 한 것이라고 해석할 수 있다. 라디카 초프라Radika Chopra 또한 교차편집된 장면들의 상징적 의미를 다음과 같이 설명하고 있다.

우리는 물리적으로 비슷하게 시신과 배가 갠지스 강에 떠워지는 것을 본다. 이 시각적인 이미지들은 다른 설명이 없어도 우리에게 "시작"과 "끝"이 같은 의미를 지닌다는 것, 즉 죽음이 분명히 끝이 아니라 다른 여행을 위한 시작이라는 것을 깨닫게 해준다. 이러한 교차편집은 다른 상태의 존재로 떠나는

여행을 위한, 물질적이고 형이상학적인 변화를 가져다주는 강 자체를 보다 잘 이해하도록 해준다.[23]

세번째 편집의 유형은 상징적인 사물들의 "이항二項대립"에 의한 편집이다. 이러한 편집 방식은《축복의 숲》의 전반에 걸쳐 나타난다. 즉《축복의 숲》을 전체적으로 살펴보면, 지속적으로 두 개의 대립된 사물의 모습이

대조를 이루면서 나타난다. 예를 들어,《축복의 숲》에는 인간과 동물, 산자와 죽은 자, 땅과 하늘, 도시와 강, 강 쪽의 화장터와 강 건너편, 물어뜯는 개와 물어뜯기는 개, 새롭게 진수되는 배와 새로이 죽은 시신, 새롭게 수확된 마리골드와 소에 의해 먹히는 마리골드, 무거운 화장용 장작과 화장터에서 나오는 가벼운 연기, 하늘을 나는 연과 강으로 떨어지는 연, 일출과 일몰 등 서로 대조를 이루는 장면들이 많이 등장한다. 라디카 초프라는 이러한 편집 방식에 대해 "일상의 사물들이 서로 떨어져 있는 것이 아니라 영속적으로 상호 연결되어 존재한다는 것"[24]을 보여주는 것이라고 해석했다. 한마디로 로버트 가드너는 이러한 사물들의 상징적인 대립을 통해 삶과 죽음에 관한 힌두교의 변증법적인 내세관을 보여주려 했다고 볼 수 있다.

사운드의 상징성

《축복의 숲》을 보면 로버트 가드너가 시각적 이미지뿐 아니라 청각적 요소를 매우 중요시했음을 알 수 있다. 그러면《축복의 숲》의 청각적 요소와 사운드의 상징성에 대해 하나씩 살펴보자.

　《축복의 숲》에는 다양한 사운드가 등장한다. 개가 으르렁거리는 소리, 노 젓는 소리, 나무를 자르고 태우는 소리, 망치질 소리, 독경 및 종교적 의례를 위한 소리, 종소리, 마당에서 물청소하는 소리, 새소리, 도시에서 나는 각종 소음과 사람들의 대화 등 여러 소리가 등장한다. 또한《축복의 숲》에는 노를 젓는 소리와 같이 규칙적으로 반복되는 소리와 도시의 소음과 같은 비규칙적인 소리가 혼재되어 있다. 그리고 어떤 소리들은 상징적인 의미가 강한 반면, 어떤 소리는 단지 배경음으로 사용될 뿐이다. 하지만 어떤 소리든지 정교하게 녹음되고 편집되었음을 알 수 있다. 특히 일반적으로 민족지영화나 다큐멘터리영화들이 내재적 사운드, 즉 촬영 현장에서 동시녹음된 사운드를 주로 사용하는 데 비해《축복의 숲》은 여러 가지 종류의 사운드를 섞어 사용하고 있다.

《축복의 숲》의 사운드의 종류를 살펴보면, 크게 내재적 사운드^{diegetic sound}, 외재적 사운드^{extradiegetic sound}, 그리고 내·외재적 사운드^{interdiegetic sound}로 나뉜다. 이 세 가지 사운드 가운데《축복의 숲》에서 가장 많은 부분을 차지하는 것은 현장에서 동시녹음된 내재적 사운드이다. 하지만《축복의 숲》에서는 내재적 사운드를 증폭하여 사용한 장면이 여러 번 등장한다. 예를 들어, 영화에서 한 목수가 시신 운반용 대나무 들것을 짜다가 잠시 일을 쉬면서 담배 연기를 내

뱉는 장면이 있다. 그런데 이때 담배 연기를 내뱉는 소리가 상당히 크게 들리는 것으로 보아 내재적 사운드를 증폭한 것임을 알 수 있다. 또한 죽은 당나귀를 계단 아래로 끌고 내려오는 소리나 미타이 랄이 힘들게 계단을 오르내리면서 투덜거리는 소리 또한 내재적 사운드를 스튜디오에서 증폭한 것으로 추측할 수 있다. 실제로 로버트 가드너는《축복의 숲》에서 적어도 네 번 현장음을 증폭하여 사용했음을 밝히고 있다.

《축복의 숲》에 나타나는 두번째 종류의 사운드는 외재적 사운드, 즉

촬영 현장에서 녹음되지 않은 사운드이다. 예를 들어, 프롤로그에 등장하는 개의 발걸음 소리가 이 경우에 속한다. 영화 속에서 개가 걸어가는 소리는 언뜻 들으면 내재적 사운드일 것 같으나 그 소리가 매우 큰 것으로 보아 외재적 사운드임에 틀림없다. 이 장면은 익스트림 롱 쇼트로 촬영되었기 때문에 실제로 개가 걸어가는 소리는 영화에서처럼 그렇게 선명하게 녹음될 수 없다. 이는 로버트 가드너가 이 장면에 이어지는 개싸움 쇼트의 폭력성을 암시하기 위해 외재적 사운드를 사용한 것으로 짐작할 수 있다. 또 다른 예는 들판에서 마리골드를 수확하는 장면의 사운드이다.

이 장면에서도 한 남성이 마리골드의 꼭지를 따는 소리가 상당히 또렷하게 들린다. 따라서 이 경우 꽃을 따는 모습을 클로즈업으로 촬영하고 마리골드를 따는 소리는 스튜디오에서 만든 사운드임을 알 수 있다.

《축복의 숲》의 또 다른 유형의 사운드는 내·외재적 사운드[25]이다. 내·외재적 사운드란 같은 종류의 사운드를 필요에 따라 내재적 사운드와 외재적 사운드를 혼합하여 사용하는 경우를 말한다. 영화 속에 나오는 나무의 사운드가 이에 해당한다. 즉《축복의 숲》을 보면, 어떤 장면에서는 나무를 자르거나 장작을 패는 장면과 소리가 일치하지만 또 다른 장면에서는 나무를 자르는 소리만 들릴 뿐 실제 장면은 보이지 않는다. 특히 나무가 쓰러지는 사운드는 외재적인 사운드로 매우 드라마적이다. 로버트 가드너와 마이클 오스터가 도시에서 멀리 떨어진 숲에서 어렵사리 이 소리를 녹음했다는 것으로 보아 나무가 쓰러지면서 내는 사운드는 외재적 사운드임을 알 수 있다. 따라서 영화 전반에 등장하는 나무 소리는 촬영 현장에서 녹음된 소리와 외재적인 사운드가 혼용되었음을 알 수 있다.

지금까지 설명한 것처럼《축복의 숲》의 사운드는 촬영 현장에서 동시 녹음된 것이 분명한 사운드, 증폭된 사운드, 그리고 스튜디오에서 편집된 사운드 등 여러 사운드가 혼합되어 있다. 하지만 어떤 경우에는, 내재적 사운드를 단순히 증폭한 것인지 아니면 스튜디오에서 외재적 사운드를 편집한 것인지 분명히 구분되지 않을 때도 있다. 예를 들어, 영화에서 반복적으로 들리는 삐걱거리는 노 젓는 소리는 언뜻 들으면 동시녹음된 것 같지만, 노 젓는 속도나 리듬이 일치하지 않은 것으로 보아 스튜디오에서 편집된 사운드임을 알 수 있다.

또한 로버트 가드너는《축복의 숲》에서 시각적 이미지와 별도로 사운드를 통한 상징적 의미를 만들어내고 있다. 다시 한 번 노 젓는 사운드를 예로 들어보자. 관객들은 영화가 시작되면서 어디선가 들려오는 노걸이의 삐걱거리는 소리를 듣는다. 로버트 가드너가 말한 것처럼 이 노 젓는 소리는《축복의 숲》에서 가장 강력한 상징성을 지닌 사운드이다.

노 젓는 소리는 아마도 영화에서 가장 중요한 사운드일 것이다. 여기서 언급해야 할 또 다른 점은 사운드가 매우 중요하다는 것이다. 이 장면에서 돋보이게 하고 싶었던 사운드는 삐걱거리는 노걸이의 사운드이다.[26]

처음에 관객들은 안개 속에서 들려오는 이 소리가 무슨 소리인지 분간하기 힘들다. 천천히 그리고 규칙적으로 들려오는 이 정체불명의 사운드는 반쯤 가라앉은 시신을 씹어 먹는 개 한 마리, 배의 앞부분, 하늘을 나는 새들, 그리고 강에 떠 있는 시신, 강에서 목욕을 하는 사람의 쇼트와 결합되어 신비스럽기도 하고 때로는 섬뜩한 분위기를 만들어낸다. 그러다가 영화가 좀 더 진행되면서 이 소리의 정체가 서서히 드러난다. 그것은 바로 갠지스 강에 떠 있는 자그마한 배의 노가 삐걱거리며 내는 소리이다.

나는 어느 누구도 이른 아침의 안개 속 장면을 언뜻 보고 나서 무엇이
지나갔는지 알지 못할 거라고 생각하지만, 노 젓는 소리가 물과 관련되어
있음은 알 수 있을 것이다.[27]

마이클 오피츠가 "뛰어난 솜씨"[28]라고 부른 이 노 젓는 사운드는 전체적으로 영화의 라이트모티프 가운데 하나인 "신비감"과 "모호함"의 분위기를 연출한다. 《축복의 숲》에 등장하는 종소리 또한 로버트 가드너가 영화의 신비감과 모호함을 표현하기 위해 사용한 사운드이다. 로버트 가드너는 종소리의 상징적 의미에 대해 다음과 같이 설명했다.

나는 단지 종소리가 어떤 때는 즐겁기도 하고, 때론 그렇지 않다는 것을
말하려 했다. 즉 종소리가 즐거움과 동시에 슬픔으로 가득 차 있다는 것을
암시적으로 표현하고자 했다. 나는 어떤 불확실성을 표현하고자 했다.
그것은 바로 종소리가 만들어낸 영화의 분위기이다. 모호함은 영화의

분위기를 만드는 데 매우 중요한 역할을 한다. 정말로 모든 것이 분명해져 신비로움이 사라지기 전까지 영화 전체에 지속되었으면 하고 바라는 것이 바로 이러한 분위기이다.**29**

이처럼 로버트 가드너가 다른 무엇보다도《축복의 숲》의 사운드로 표현하고자 한 것은 신비로움과 모호함의 영화적 분위기였다. 이는 로버트 가드너가 베나레스로부터 받은 느낌을 표현한 것이자 영화적 메시지이기도 하다.

> 나는 한때 언어가 매우 중요하다고 생각한 적이 있었다. (중략) 나에게《죽은 새들》은 중요한 글쓰기 작업이었다. 그때 나는 유창한 말과 서정적인 설명을 매우 중요하게 생각했지만, (중략) 돌파구가 된 것은 (중략) 이전의 영화에서 과격하게 벗어나 완전히 보이스오버 내레이션을 포기한《축복의 숲》이었다. 나는 보이스오버 내레이션의 권위를 믿지 않기 때문에 이렇게 말한 것이다. 하지만 또한 관객들이 신비로움과 모호함의 분위기를 통해 내가 영화에서 표현하고자 하는 것을 이해하기를 바랐다.**30**

한마디로《축복의 숲》은 전체적으로 매우 비⾮언어적인 영화라고 평가할 수 있다.《축복의 숲》에는 내레이션이 없을 뿐 아니라 원주민의 목소리를 해석해주는 자막 또한 없다. 언어가 등장하는 곳은 영화의 첫 장면인 우파니샤드의 인용 구절뿐이다. 이처럼《축복의 숲》은 다른 민족지영화들뿐 아니라 로버트 가드너의 영화 전체 가운데서 가장 언어에 인색한 작품이다. 한편 로버트 가드너가《축복의 숲》에서 언어적 요소를 배제한 것은 이미지와 사운드만으로 영화의 메시지와 분위기를 전달하고자 했기 때문이다. 따라서 관객들 또한 로버트 가드너의 의도대로 자막이나 감독의 설명 대신 이미지와 사운드에 보다 집중하게 된다. 이는 관객의 입장에서 보자면 내레이션이나 자막이 있는 영화보다 더 어렵고 지知적인 해독解讀을 요구한다고 할 수 있다. 하지만 이 또한 영화를 통해 이미지와 청각적 사운드의 상징성을 드러내고자 했던 로버트 가드너의 영화적 의도라고 결론 내릴 수 있다.

《축복의 숲》이 1985년 개봉된 지 2년이 지나『영상인류학회 회보Society for Visual Anthropology Newsletter 』에 다양한 비평이 실렸다. 이들 가운데 알렉산더 무어Alexander Moore[31], 조너선 패리Jonathan Parry[32]와 제이 루비[33]는《축복의 숲》에 대한 비판적인 글을 실었고, 라디카 초프라[34], 헤라르도 레이첼돌마토프Gerardo Reichel-Dolmatoff[35] 그리고 로버트 가드너와 영화 작업을 같이했던 아코스 오스토[36]는《축복의 숲》을 옹호하는 글을 발표했다. 여기서 흥미로운 점은《축복의 숲》에 대한 학자들의 의견이 극단적인 양상을 띨 정도로 서로 의견이 다르다는 점이다. 예를 들어, 헤라르도 레이첼돌마토프는《축복의 숲》을 "예술적인 대작"[37]이라고 극찬한 반면, 톰 워Tom Waugh는 "인도판版《몬도카네》"[38]라고 비하했다.

《축복의 숲》의 평가 가운데 가장 첨예한 대립을 보이는 부분은 민족지적 리얼리티의 재현에 관한 문제이다.《축복의 숲》에 호의를 보이는 사람들은 대체적으로《축복의 숲》이 베나레스의 민족지적 리얼리티를 잘 반영하고 있다고 주장한다. 예를 들어, 엘리엇 와인버거Eliot Weinberger는 베나레스에서 몇 년에 걸쳐 많은 시간을 보냈다고 말하면서《축복의 숲》이 베나레스의 리얼리티를 충실하게 반영하고 있다고 피력했다.[39] 반면, 찰스 워런Charles Warren은 자신이 베나레스에서 보낸 시간은 영화와는 달리 "깔끔하고 평온한 경험이었다."[40]고 밝히고 있다. 또한《축복의 숲》에 대한 중도적인 입장을 표방하고 있는 민족지영화 감독 데이비드 맥두걸은 자신의 베나레스의 경험은《축복의 숲》의 내용과는 매우 다르다고 진술하면서도《축복의 숲》을 사실로 받아들인다는 찬성 조讚의 입장을 피력했다.[41] 하지만 이와 달리 제이 루비나 조녀선 패리와 같은 학자들은 로버트 가드너가 민족지적 탐구보다 자신의 철학적인 사유를 위해 영화적 대상을 이용했다는 점을 들어 로버트 가드너를 강하게 비판했다. 즉《축복의 숲》은 베나레스 사람들의 생각이나 삶을 보여주려고 한 것이 아니라 로버트 가드너 자신의 주관적인 생각을 전달하려 했다고 비난했다. 한편 로버트 가드너의 영화에 대해 방어적인 의견을 제시한 피터 로이조스는 이점에 대해《축복의 숲》은 "'민족지적 베나레스'나 더욱이 '베나레스에서의 죽음'에 대한 영화가 아니라 삶, 시간, 죽음, 육체, 영혼에 대해 사유하도록 하는 작품"[42]이라고 말하면서 이 영화를 민족지적 베나레스보다는 보다 일반적인 사고思考의 측면에서 이해해야 한다고 주장했다. 물론 어떠한 형태의 영화든지 감독의 경험과 생각과 연관된다는 점에서 로버트 가드너의 사유나 주관성 자체가 문제가 되는 것은 아니다. 다만 민족지영화의 주된 목적 가운데 하나가 영화 대상의 문화나 삶에 대한 내부적인 시각에 주목하는 것이라는 점에서 민족지적 기록보다 자신의 철학적인 사유를 드러내고자 했던 로버트 가드너의 영화적 방법론에는 문제가 있다고 지적할 수 있다. 또한 로버트 가드너는 베나레스의 리얼리티를 해석하면서 사물의 상징성을 통해 영화적 메시지를 전달하려고 했으나 상징에 대한 해석이 때로 매우 자의적이라는 생각이 들 정도로 주관적이다. 따라서 사물의 상징성에 대한 로버트 가드너의 해석이 영화 대상의 생각이나 해석과 일치하는지 의문이 들 때가 있다. 특히 로버트 가드너가 베나레스의 언어와 문화에 익숙하지 않았다는 점을 고려할 때 사물의 상징성에 대한 해석의 진위에 더욱 의문이 간다.

두번째는《축복의 숲》의 재현 방식에 대한 논란이다.《축복의 숲》을 옹호하는 학자들은《축복의 숲》의 예술성을 높이 평가했다. 예를 들어, 알렉산더 무어는《축복의 숲》을 "미학적인 대작"[43]이라고 말하면서《축복의 숲》의 파격적인 재현 방식과 실험성에서 영화의 가치를 찾으려 했다. 이처럼《축복의 숲》에 찬성 의견을 보내는 사람들은《축복의 숲》의 독특한 재현 방식을 영화의 장점으로 보고 있다. 반면,《축복의 숲》에 반대 의견을 피력하는 사람들은 다른 각도에서《축복의 숲》의 재현 방식을 비판적으로 보았다. 특히 이들은 로버트 가드너가 등장인물의 목소리에 주의를 기울이지 않았다는 점을 지적한다. 즉《축복의 숲》에는 등장인물들이 자신의 의견을 표현하는 장면이 나오지 않으며, 또한 그들의 목소리가 드러나는 곳에서도 번역된 자막이나 설명이 없기 때문에 관객들은 이들이 무슨 이야기를 하고 있는지 전혀 알 길이 없다. 이처럼《축복의 숲》에는 최근의 민족지영화들이 점점 더 영화 대상의 생각과 목소리를 담으려고 노력하고 있는 것과는 달리 베나레스 사람들의 시각이나 생각이 전혀 반영되어 있지 않다. 따라서 관객들은 베나레스의 삶에 대한 내부자적 시각을 전혀 알 수 있다. 이와 관련하여 《축복의 숲》에 가장 비판적인 의견을 제시한 제이 루비는 "나는 영화에 나오는 사람들의 언어도 모르는데, 영화에는 자막 또한 없다. 나는 영화에 묘사된 사람들이 무엇을 하고 있는지 잘 알 수 없으며, 만약 이해한다 해도 그 행위의 중요성을 모르겠다."[44] 라고 말하면서 《축복의 숲》을 "이해하기 힘든 이미지들의 잡동사니"[45]라고 혹평했다.

한편 로버트 가드너 자신은 이러한 찬반논란에 대해 모호한 태도를 보이고 있다. 즉 로버트 가드너는 때로 민족지에 관심을 보이기도 하다가 때로는 자신의 작품이 민족지적 의미나 의도와 무관하다고 주장한다. 예를 들어, 로버트 가드너는 《축복의 숲》에 대해 언급하면서 "민족지영화가 아니라 개인적인 영화"[46]라고 말했지만, 이와는 달리 《축복의 숲》의 여러 장면에서 민족지적 관심을 보이기도 했다. 예를 들어, 《축복의 숲》에서 배의 주인인 듯한 한 남자가 새로 수리한 배를 강에 띄우기 전에 노란 황토 물감을 땅바닥과 배 전체에 묻히는 장면이 나온다. 로버트 가드너는 이 장면에서 다음과 같이 분명하게 민족지적 정보를 담으려고 했음을 피력하고 있다.

배의 "재탄생"에 관한 의례를 아주 완벽하게 보여주었다는 것을 여러분도 알 것이다. 예를 들어, 땅바닥에 노란 황토로 손바닥 도장을 찍는 쇼트에서

나는 실제로 그 남자가 한 것처럼 다섯 번 손바닥 도장을 찍는 동작을 모두 보여주었다. 그 장면의 의도는 영화의 앞부분에서 조개피리를 세 번 울리는 장면을 보여준 것과 조금 비슷하다. 민족지적으로 말해서 나는 5라는 숫자가 상서로운 숫자라는 것을 보여주기 위해 그 장면이 모두 포함되도록 촬영하고 편집했다.[47]

그리고 로버트 가드너는《축복의 숲》뿐 아니라 1960년대부터 민족지영화의 제작과 관련된 하버드대학의 피바디 박물관과 카펜터 영상예술센터Carpenter Center for Visual Arts의 소장으로 일하는 등 지속적으로 민족지영화와 관련된 작업을 해왔다. 또한 그는 대표적인 민족지영화 감독인 존 마셜과 티머시 애시의 영화 작업에도 참여했다. 따라서 때로 로버트 가드너가 민족지영화의 세계와 거리를 두려고 한다고 하여도 그의 직업적인 경력이나 작품 성향을 보았을 때 민족지영화와 별개로 로버트 가드너의 작품을 논하는 것은 이치에 맞지 않는다. 그리고《축복의 숲》은 1989년 영국에서 최고 민족지영화상을 받는 등 학계나 영화계에서도 이 영화를 민족지영화로 생각하고 있음을 알 수 있다.

간단히 말해서《축복의 숲》이 학자들 간에 논란이 되는 것은 무엇보다도《축복의 숲》의 실험성과 파격성 때문이다. 즉《축복의 숲》은 영화를 "언어화"하기 위한 수단을 거부하고 순전히 시각과 청각에 의한 영화를 시도했다는 점에서 로버트 가드너의 영화들 가운데 가장 새로운 시도로 볼 수 있다. 이는 동전의 양면처럼《축복의 숲》의 장점이자 단점이라고 볼 수 있다. 또한《축복의 숲》을 둘러싸고 학자들 간에 의견이 분분한 또 다른 이유는 민족지영화에 대한 시각이 다르기 때문이다. 즉 영상인류학자 제이 루비처럼 민족지영화를 엄격하게 규정하는 학자들의 시각에서 보았을 때《축복의 숲》은 비판을 받을 만한 점이 있는 것은 사실이지만, 다른 시각에서 본다면 데이비드 맥두걸이 말한 것처럼 "민족지영화의 하나의 가능성을 제시한 영화"[48]라고 말할 수 있다.

4부

티머시 애시
Timothy Asch

8장

베네수엘라의 "야노마모 시리즈",
《축제》(1970)와 《도끼 싸움》(1975)

티머시 애시Timothy Asch(1932~1994)는 미국에서 다양한 다큐멘터리영화와 민족지영화가 만들어지기 시작한 1960대 말부터 영화 작업을 시작하여 생을 마감한 1994년까지 아프리카, 베네수엘라, 아프가니스탄과 인도네시아에서 70편 이상의 민족지영화를 만들었다. 또한 그는 자신이 만든 영화에 관한 스터디 가이드를 비롯하여 민족지영화에 관한 글을 집필했으며, 미국, 유럽, 호주, 아시아에서 수많은 강의와 워크숍을 해 영상인류학의 보급에 힘썼다. 한편 티머시 애시는 평생 동안 수많은 민족지영화를 만든 것만으로도 높이 평가받지만, 무엇보다도 그의 가장 큰 업적은 대학교의 인류학 수업을 위한 민족지영화를 지속적으로 만들었다는 점이다. 이런 의미에서 티머시 애시는 훌륭한 민족지영화 감독이자 교육자였다고 할 수 있다.

티머시 애시는 1968년에서 1971년까지 베네수엘라의 야노마모 사회에서 나폴레옹 샤농과 함께 만든 "야노마모 (영화) 시리즈Yanomamo (Film) Series"를 통해 민족지영화 감독으로 알려지기 시작했다. 본 장에서는 "야노마모 시리즈" 가운데 티머시 애시의 대표작으로 손꼽히는 《축제The Feast》와 《도끼 싸움The Ax Fight》을 집중적으로 다루기로 한다. 그러면 먼저 티머시 애시의 전기적 배경, 예술 및 학문적 영향, "야노마모 영화"의 제작 과정을 차례로 살펴보고, 《축제》와 《도끼 싸움》을 통해 티머시 애시의 민족지영화 방법론을 고찰하기로 한다.

티머시 애시의 민족지영화의 출발점: 성장 배경과 여러 스승들과의 만남

티머시 애시는 1932년 뉴욕 주 롱아일랜드의 사우샘프턴^{Southampton}에서 태어났다. 티머시 애시의 아버지는 뉴욕 정신분석학회의 설립자들 가운데 한 명이자 지역에서 30년간 병원을 운영한 의사였다. 티머시 애시의 아버지보다 스무 살 연하인 어머니는 티머시 애시의 아버지를 매우 존경했으나 티머시 애시의 아버지가 세상을 떠나자 온 가족이 뿔뿔이 흩어졌다.

티머시 애시가 어릴 적 살던 동네는 매우 가난한 사람들과 비교적 부유한 사람들이 각각 거리의 반을 나누어 생활하던 곳이었다. 티머시 애시는 이러한 주거환경 속에서 동네 패거리들과 어울려 다니면서 문제아가 되었고, 다니던 학교에서 번번이 쫓겨났다. 티머시 애시의 어머니는 할 수 없이 티머시 애시가 열 살이 되던 1942년에 그를 집에서 멀리 떨어진 산골의 노스 컨트리 학교^{North Country School}로 보냈다. 하지만 티머시 애시는 의외로 학교와 시골 생활을 매우 좋아했다. 티머시 애시는 그곳에서 1년 정도 생활하던 어느 날 누군가로부터 작은 브라우니 카메라를 선물 받았다. 당시 말을 매우 좋아했던 티머시 애시는 카메라를 들고 다니면서 말을 사진으로 찍기 시작했다. 이때 티머시 애시는 점차 사진에 흥미를 붙이면서 미래에 자신이 사진가가 될 것을 알았다고 한다. 그 후 티머시 애시는 버몬트 주에 있는 퍼트니고등학교^{The Putney School}에 진학했으며, 그곳에서 당시 이름난 언어학자의 아들인 데이비드 사피어David Sapir를 만났다. 데이비드 사피어는 고등학생 때부터 아버지를 따라 인류학자가 되겠다는 생각을 하면서 늘 인류학에 관한 책을 읽었다. 티머시 애시 또한 그를 따라 인류학 관련 서적을 읽으면서 인류학자의 꿈을 키워갔다. 티머시 애시는 고등학교 시절을 회상하면서 "나는 고등학교 때 이미 두 가지를 알았다. 나는 인류학자가 될 것이며, 또한 사진가가 될 것이라는 것을 알았다. 나는 그걸 목표로 삼아 계속 갔을 뿐이다."[1]라고 말했다. 또한 티머시 애시는 고등학교에서 훗날 유명한 사진가가 된 중국 학생 존 양John Yang과 친하게 지내면서 함께 사진을 찍곤 했다. 그리고 티머시 애시는 사진잡지로 유명한『라이프The Life』지의 기사배치 담당실장이었던 누나를 통해『라이프』지에 실린 사진들을 보곤 했다. 그러던 어느 날, 티머시 애시는 세계적으로 유명한 포토 저널리스트 유진 스미스Eugene Smith의 스페인 마을 이야기를 보고 "바로 이거다. 나는 이 두 가지를 모두 할 거다. 나는 앞으로 사진과 인류학을 함께 할 것이다."[2]라고 생각했다고 한다. 이렇게 본다면 티머시 애시는 이미 어렸을 때 영상인류학자로서의 인생의 목표와 진로를 정했다고 볼 수 있다.

또한 티머시 애시는 고등학교 재학 시절이던 1950년과 1951년의 여름을 캘리포니아에서 보내면서 언셀 애덤스Ansel Adams, 마이너 화이트Minor White, 에드워드 웨스턴Edward Weston과 같은 당시의 유명 사진가들로부터 사진 수업을 받았다. 특히 티머시 애시는 마이너 화이트의 집에 머물면서 혹독한 도제 수업을 받았다. 티머시 애시는 매일 동트기 전에 집을 나가 오후 늦게까지 사진을 촬영하고, 저녁에는 현상과 인화를 하는 고된 작업을 반복했다. 그리고 티머시 애시는 마이너 화이트에게서 사진미학과 기술을 배우면서 자신이 풍경을 찍는 것보다 사람을 찍는 데 더 많은 재능이 있다는 것을 발견했다고 한다.

티머시 애시는 1951년에 고등학교를 졸업하고 다음 해에 미국의 FSA(농업안정국) 소속 사진가이자 『깨어나는 계곡The Awakening Valley』의 저자인 존 콜리어John Collier의 소개로 캐나다 북부의 작은 어촌 마을인 케이프 브레턴 섬Cape Breton Island에 7개월간 머물면서 사진 작업을 했다.[3] 티머시 애시는 당시의 사진 작업에 대해 "탐구와 현지조사는 잘하지만 이야기로 발전시키는 데는 약하다는 것을 처음으로 깨달았으며, 문제의식과 탐구하고자 하는 주제의식이 부족하다는 것을 느꼈다."[4]라고 회고하고 있다.

그 후 티머시 애시는 바드대학Bard College을 1년 다니다가 1953년 미국 육군에 징집되었다. 이때 티머시 애시는《스타스 앤드 스트라이프스Stars and Stripes》지에 자원하여 일본에서 사진기자로 복무했으며, 그 후《아사히朝日》,《마이니치每日》및《니폰 타임스Nippon Times》에서 일을 했다. 또한 티머시 애시는 2년 동안 일본 시골 마을의 가정집에 머물면서 마을에 관한 사진을 찍기도 했다. 한편 티머시 애시가 고등학교 졸업 후 7개월간 살았던 케이프브레턴 섬이 사진 작업을 시작한 첫번째 마을이었다면, 일본은 이국땅에서 살면서 사진 작업을 한 첫번째 나라였다. 티머시 애시는 당시의 일본 생활이 인생에서 가장 뜻깊은 시절이었다고 회고하고 있다.

티머시 애시는 1955년에 미국으로 돌아와 컬럼비아대학에서 인류학을 공부하기 시작했다. 그는 당시 인류학과 교수였던 마거릿 미드의 조교가 되었으며, 그녀는 민족지영화에 대한 티머시 애시의 열정을 한층 키워

주었다. 또한 티머시 애시는 당시 모턴 프리드^{Morton Fried} 교수의 인류학개론 수업에서 인류학과 관련된 영화를 보고, 민족지영화 감독이 될 것이며 "인류학을 소재로 한 좋은 영화를 만들어 학생들이 인류학을 훨씬 더 흥미롭게 느끼도록 하겠다."⁵고 결심했다. 또한 티머시 애시는 학부 시절 (1956년 또는 1957년) 로버트 가드너의 《죽은 새들》의 가편집본을 보기도 했다.

그 후 티머시 애시는 마거릿 미드의 소개로 1959년부터 1962년까지 하버드대학의 피바디 박물관에서 존 마셜과 로버트 가드너의 편집자로 일을 했다. 그리고 1961년에는 우간다에서 존 마셜의 누나인 엘리자베스 마셜을 도우면서 사진작가 겸 카메라맨으로 도도스^{Dodoth} 부족에 관한 영상 작업에 참여하기도 했으며, 1963년 우간다를 떠나기 바로 전에 도도스의 아침에 관한 이야기를 촬영하여 《도도스의 아침^{Dodoth Morning}》이라는 단편영화를 완성했다.

티머시 애시는 1963년 보스턴대학에서 아프리카학學을 공부하다가 하버드대학으로 학교를 옮겨 토마스 베이델만^{Thomas Beidelman} 교수의 지도하에 석사 학위를 받았다. 그리고 1965년에서 1967년까지 제롬 브루너^{Jerome Bruner} 교수가 책임연구를 맡은 "마코스^{MACOS: Man A Course of Study} 프로젝트" (중·고등학교 학생들을 위한 인류학 교재 개발 프로젝트)⁶에 참여했다. 또한 티머시 애시는 존 마셜과 함께 민족지영화를 전문적으로 제작하고 배급하는 정부 비영리단체^{DER: Documentary Educational Resources}를 설립하기도 했다. DER은 오늘날까지 티머시 애시, 존 마셜, 로버트 가드너의 작품을 비롯한 세계 각국의 민족지영화를 배급해오고 있다.

티머시 애시는 1967년에서 1976년까지 브랜다이스대학, 뉴욕대학, 하버드대학에서 영상인류학을 가르치면서 영상과 인류학을 접목한 수업 교재의 개발에 힘썼다. 특히 티머시 애시는 1968년부터 1971년까지 베네수엘라의 야노마모 사회를 연구해온 나폴레옹 샤농과 함께《축제》와《도끼 싸움》을 포함하여 39편의 민족지영화를 만들었다.

이후 티머시 애시는 1976년 초에서 1982년까지 호주국립대학의 태평양학 대학의 연구교수로 있으면서 인류학과에 민족학·민족지영화제작실Human Ethnology and Ethnographic Film Laboratory을 만드는 데 공헌했으며, 호주의 인류학자들과 함께 동인도네시아의 로티Roti 섬[7], 발리Bali 섬[8]과 플로레스Flores 섬[9]에서 다수의 민족지영화를 제작했다.

또한 티머시 애시는 1994년 암으로 세상을 떠날 때까지 13년 동안 미국의 남가주대학에 재직하면서 영상인류학연구소Center for Visual Anthropology를 설립하고 영상인류학 프로그램을 통해 민족지영화 및 영상인류학을 보급하는 데 힘썼다.

티머시 애시의 민족지영화 방법론

티머시 애시의 초기 민족지영화 방법론의 특징은 두 가지 측면에서 살펴볼 수 있다. 그 가운데 하나는 인류학 교육을 위한 민족지영화의 제작이며, 또 다른 하나는 티머시 애시의 초기 민족지영화 방법론의 요체라 할 수 있는 "시퀀스영화"의 개념이다.

민족지영화와 인류학 교육방법론

티머시 애시는 항상 인류학 교육의 테두리 안에서 민족지영화를 연구하면서 인류학 교육에 민족지영화와 같은 영상매체를 적극적으로 도입해야 한다고 주장했다.

> 요즈음 학생들은 고전적인 교육 방식이 개발되었던 시대와는 확연히 다른 세계에서 자라났다. 따라서 오늘날 텔레비전, 영화, 라디오, 축음기, 사진 및 전화와 같은 커뮤니케이션 매체에 익숙한 학생들을 교육하기 위해 새로운 교수법과 교육 전략이 요구된다.[10]

하지만 1960대와 1970년대의 학자들은 영상매체를 통한 인류학 교육에 별로 관심이 없었다. 게다가 인류학 교육을 위한 영화 또한 거의 없었다. 티머시 애시의 말대로 그가 하버드대학의 피바디 박물관에서 민족지영화를 만들기 시작하던 1960년대에 모델로 삼을 만한 영화로는 고작해야 로버트 플래허티의 《북극의 나눅》, 메리언 쿠퍼Merian Cooper와 어니스트 쇼드색Ernest Schoedsack의 《목초Grass》, 그리고 배질 라이트의 《실론의 노래》뿐이었다.[11] 이처럼 당시에는 "민족지적 전원시ethnographic pastoral"[12]와 같은 대서사大敍事 전통의 영화들이나 존 마셜의 《사냥꾼들》과 로버트 가드너의 《죽은 새들》 정도가 인류학과 관련된 영상의 전부였다. 하지만 티머시 애시는 무엇보다도 이러한 영화들은 상영 시간이 길어서 수업 시간에 사용하기에 적당하지 않다고 생각했다. 따라서 티머시 애시는 상영 시간이 길고 전지적인 내레이션을 가진 영화는 수업에서 사용하지 말아야 한다고 보았다. 또한 그는 수업을 위한 민족지영화는 문화에 대한 단정적인 해답을 제공해서는 안 된다고 주장했다. 왜냐하면 관객을 위해 이미지들을 잘 포장하여 보여주려는 일반 영화들은 학생들의 인류학적인 사고를 향상하는 데 도움이 되지 못하며, 학생들이 능동적으로 문화를 탐구하는 데 방해가 된다고 생각했기 때문이다. 즉 민족지영화는 단정적인 진술의 형태가 아니라 질문을 통해 (학생)관객의 생각을 유도하는 "열린 텍스트"의 방식이 되어야 한다고 강조했다. 하지만 티머시 애시는 인류학적 해답에 대한 길잡이 없이 단지 질문을 던지는 것은 옳지 않으며, 스터디 가이드를 통해 민족지영화의 대상 및 영화 제작 과정에 대한 민족지적 정보를 제공하여 학생들 스스로 해답을 찾아내도록 해야 한다고 피력했다. 왜냐하면 민족지영화에 담긴 문화적 내용이나 재현 과정에 대한 충분한 설명 없이 단지 영상만을 보여주는 것은 오히려 학생들에게 무의식적으로 타 문화에 대한 편견을 가지게 할 수 있다고 보았기 때문이다. 따라서 티머시 애시는 민족지영화뿐 아니라 전문 인류학자가 쓴 스터디 가이드나 단행본을 통해 학생들이 "친숙하지 않은 사회의 문화적 형태와 사회적 관계에 대해 보다 정확하게 이해할 수 있는 기회를 갖도록 해야 한다."[13]고 주장했다.

한편 티머시 애시는 민족지영화야말로 학생들에게 인류학에서 다루고 있는 문화의 개념을 가장 잘 전달할 수 있으며, 인류학자가 현지에서 어떻게 문화를 연구하는지 보여줄 수 있는 가장 이상적인 매체라고 생각했다. 즉 학생들은 민족지영화를 통해 "전문적인 인류학자가 되는 것이 무엇을 의미하는지 알 수 있으며, 문화이론과 모델에 대한 지식을 토대로 사람들의 행동과 문화를 이해할 수 있다."[14]고 주장했다. 이처럼 티머시 애시는 영화를 궁극적으로 "교육 수단"의 하나라고 생각하면서 영화와 인류학 교육을 통합할 수 있는 보다 새롭고 효과적인 교육 방법을 모색했다.

> 솔직히 말하면, 나는 인류학자이자 예술가로서 이 작업을 하고 있다고
> 말할 수 있다. 왜냐하면 내가 만든 70여 편의 영화들은 나의 교육 경험을
> 통해 만들어졌기 때문이다. (중략) 대부분 예술가들은 작은 방에서 작품을
> 만들어 일반 관객에게 보여준다. 그게 끝이다. 하지만 내 경우는 다르다.
> 나는 학생들을 위해 영화를 만든다. (중략) 나는 예술가이고, 학생들이 나의
> 관객이다. 나는 살아 있는 관객을 가지고 있다. 나는 인류학적인 작품이자
> 창조적인 작품인 내 영화를 학생들에게 보여줄 때마다 창조적인 경험을
> 한다.[15]

실제로 《축제》와 《도끼 싸움》을 비롯한 수많은 작품들은 수업 시간에 학생들의 피드백을 듣고 만들어졌다. 이처럼 티머시 애시는 "작가auteur"가 되거나 대작大作을 만드는 데 관심을 두지 않았으며, 오로지 학부 학생들의 인류학 교육을 위한 민족지영화를 만드는 데 영화 작업의 초점을 두었다.

시퀀스영화

티머시 애시의 초기 민족지영화 방법론은 한마디로 시퀀스영화로 요약할 수 있다. 앞서 4장에서 살펴본 것처럼 시퀀스영화의 영화적 방법론은 존 마셜로부터 출발되었지만, 티머시 애시는 존 마셜을 비롯한 여러 학자

들의 영향을 받아 스스로 시퀀스영화의 개념을 발전시켰다.

먼저 티머시 애시가 인류학적 연구에서 시퀀스의 중요성을 발견하는
데 영향을 준 사람은 그의 스승이었던 마거릿 미드였다. 마거릿 미드는
1930년대 발리 섬을 집중적으로 연구하면서 발리의 문화적 형태를 밝히
기 위해 기본적인 사회화 과정에서 자연적으로 일어나는 행위, 즉 "자연
적 행위 시퀀스natural activity sequence"를 면밀히 관찰할 필요가 있다고 강조했
다. 그리고 마거릿 미드는 각 행위의 시퀀스를 촬영한 사진으로 발리 사
람들의 성격을 규명하려 했다.[16] 이러한 마거릿 미드의 연구는《발리의
성격Balinese Character》(1942)에 잘 나타나 있으며, 마거릿 미드의 연구방법론
은 차후 티머시 애시가 시퀀스영화의 개념을 정립하는 데 많은 도움을
주었다.

그 후 티머시 애시의 시퀀스영화 방법론에 가장 직접적인 영향을 준 것
은 존 마설의 "부시먼 필름"이었다. 티머시 애시는 1950년대 말 대학을 마
치고 하버드대학의 피바디 박물관에 고용되어 50만 피트 분량의 부시먼
필름을 정리하면서 사회문화적 행위가 시퀀스를 통해 일어난다는 사실
을 발견했다. 또한 티머시 애시는 상대적으로 길이가 짧은 시퀀스영화들
은 인류학 수업에 매우 유용하다고 생각했으며, 실제로 하버드대학의 인
류학 학부 수업에서 시퀀스영화를 보여주고 학생들로부터 좋은 반응을
얻었다. 티머시 애시는 4년간 피바디 박물관에 재직하면서 부시먼 필름
을 편집하고 시퀀스영화를 제작하는 작업을 주도했다.

나는 50만 피트나 되는 존 마설의 부시먼 촬영 필름을 정리하면서 그 안에서

사람들의 사회적 행위를 매우 자세히 촬영한 작은 시퀀스를 발견했다. 이는 존 마셜의 아버지가 존에게 어떤 행위를 촬영할 때는 아주 자세히 촬영하라고 말했기 때문이다. 존 마셜의 부시먼 필름에는 눕 차이 의식도 있었고, (중략)《결혼에 대한 논쟁》(중략)《고기 싸움》[17]도 있었다. 나는 이 작은 시퀀스에서 인류학 수업을 위한 훌륭한 재료를 보았다. 이처럼 시퀀스가 담겨 있는 필름은 길이가 짧기 때문에 수업 시간에 다른 교재와 함께 사용하기가 훨씬 쉽다는 것을 알았다. 이 필름에는 보는 사람들이 무엇을 찾아야 하고, 어떻게 해석해야 하는지 말하는 무거운 목소리가 없었으며, 수업 내용에 맞게 필름을 사용할 수 있었다.[18]

티머시 애시는 "영화를 통한 인류학 교육을 위해서는 먼저 좋은 교육적인 영화가 있어야 한다."[19]고 생각했으며, 인류학을 가르치는 데 가장 유용한 영화는 시퀀스영화, 즉 한 사회 내에서 자연적으로 일어나는 사회적 상호 행위를 세밀하게 관찰하고 촬영한 영화라고 보았다. 또한 하나의 사건을 다룬 시퀀스영화는 인류학 강의에 사용하기 쉬울 뿐 아니라 학생들에게 토론을 유도하고 다른 시퀀스영화와 함께 여러 사회를 비교 연구할 수 있기 때문에 매우 훌륭한 교육 수단이 될 것이라는 확신을 가졌다. 한편 티머시 애시에 의하면 시퀀스영화는 사람들의 행위를 순서대로 보여주어야 하고, 시퀀스의 흐름을 깨는 인서트 컷insert cut을 넣거나 다른 시퀀스와 교차편집을 하지 말아야 하며, 내레이션 또한 사용해서는 안 된다고 주장했다.[20] 티머시 애시는 같은 맥락에서 시퀀스영화를 만들기 위해서는 당시의《사냥꾼들》이나《죽은 새들》같은 "작가적인 영화" 방식에서 벗어나야 한다고 생각했다. 또한 시퀀스영화는《사냥꾼들》이나《죽은 새들》처럼 하나의 주제나 내러티브를 가진 장편의 민족지영화를 만들기 위해 필요한 장면들만 촬영하여 편집하는 영화 제작 방식과 달리 영화 대상의 행위나 사건에 될 수 있는 대로 개입하지 않기 때문에 보다 풍부한 민족지적 정보를 담을 수 있다고 보았다.

한편 티머시 애시는 인류학적 연구와 교육을 위한 시퀀스영화의 제작을 강조했지만 여러 개의 시퀀스영화를 합쳐 내러티브를 가진 민족지영화를 만드는 가능성을 배제하지는 않았다.

로버트 가드너는《죽은 새들》을 만들 당시, 현지에 가기 전, 아니면 분명히 거기 가서 이미 머릿속에 하나의 이야기를 생각하고 있었음에 틀림없다. 그리고 본인이 생각한 이야기에 맞추어 장면들을 촬영했을 것이다. 내 생각으로는, 감독이 보다 열린 마음을 가지고 다른 인류학자와 함께 작업하면서 그 문화에서 중요한 사건들을 촬영한다면 보다 다양한 사건들을 담아 올 수 있었을 것이다. (중략) 하지만 가드너는 6만 피트나 되는 필름을 촬영하고 단 한 편의 영화, 즉《죽은 새들》을 만들었다. (중략) 마음속에 단 한 편의 영화밖에 없었기 때문에 한 편의 영화만 만들어진 것이다. 그러나 나는 마셜의 필름을 보면서 (중략) 먼저 자연적인 시퀀스들로 연구 필름을 만들고 (중략) 이들을 가지고 더 큰 주제를 가진 내러티브 영화를 만들 수 있다고 생각했다.[21]

티머시 애시는 1966년 하버드대학의 제롬 브루너 교수의 주도하에 이루어진 "마코스 프로젝트"에 참여하면서 시퀀스영화에 대한 관심이 더욱 커져갔다. 마코스 프로젝트의 기본적인 교육원리는 다음과 같다. (1) 인류학 교육에서 영화를 사용할 것, (2) 시퀀스영화를 제작하고 이를 교육에 활용할 것, (3) 두세 개의 문화를 심층적으로 연구할 것, (4) 영화가 상이한 사회 및 사람들의 행동을 비교하고 인식하는 데 중요한 역할을 할 수 있다는 것을 보여줄 것, (5) 학생들에게 인류학자가 현지에서 실제로 무엇을 하는지 보여줄 것.[22] 특히 이 가운데 마코스 프로젝트에서 가장 혁신적인 것은 시퀀스영화를 제작하고 이를 인류학 교육에 활용하려 한 점이었다. 특히 제롬 브루너 교수는 하나의 문화에서 자연적으로 일어나는 인간 행위를 다룬 시퀀스영화는 중·고등학교 학생들에게 귀납적인 사고를 가르치는 데 매우 유용하다는 점을 강조했다. 그리고 내레이션이 없는 시퀀스영화를 마코스 프로젝트의 중심적인 교육매체로 삼았다. 티머시 애시는 또한 마코스 프로젝트에 참여하면서 인류학 교육과 민족지영화를 결합하는 방안을 보다 심도 있게 숙고했다. 이렇게 본다면, 마거릿 미드와 존 마셜에 의해 관심을 갖게 된 "시퀀스영화" 방법론은 마코스 프로젝트를 통해 티머시 애시의 머릿속에 보다 확고히 자리 잡게 되었다고 볼 수 있다.

또한 티머시 애시는 좋은 시퀀스영화를 만들기 위해서는 특정 문화에 정통한 인류학자와의 협업이 매우 중요하다고 생각했다. 그리고 그는 영화감독과 인류학자 간의 협력적 제작 관계에는 영화 주제의 선정, 촬영할 사건이나 사람들의 행위에 대한 논의, 그리고 대화의 녹취, 자막, 스터디 가이드의 제작 같은 편집과 후반 작업까지 모두 포함되어야 한다고 설명하면서 이러한 모든 과정이 "민족지적 탐구"[23] 형태의 하나라고 보았다. 실제로 티머시 애시는 야노마모 영화뿐 아니라 다른 지역에서도 여러 인류학자들과 함께 성공적으로 민족지영화 작업을 한 영화감독으로 잘 알려져 있다.

한편 시퀀스영화는 넓은 의미의 민족지영화의 관점에서 보았을 때 몇 가지 제약이 있다. 먼저 티머시 애시는 하나의 사건을 다룬 시퀀스영화가 자체적으로 설명력이 있다고 보았지만, 때로는 한 편의 시퀀스영화만으로 사건의 전체적인 사회문화적 의미를 이해할 수 없는 경우도 있다. 또한 낸시 곤잘레스[Nancie Gonzales]의 지적대로 "삶이 항상 연속적인 시퀀스를 따라 일어나지 않을 수도 있으며"[24] 시퀀스영화를 촬영할 때 중요한 사건이 일어나지 않을 수 있다. 그리고 시퀀스영화는 한 사건과 다른 사건 간의 관계성이나 한 사건을 둘러싼 보다 넓은 사회문화적인 맥락을 제공하지 못한다는 단점이 있다. 다시 말해서 시퀀스영화는 미시적인 사회 행위의 분석에는 매우 유용하지만, 시퀀스와 시퀀스 간의 관계 속에서 나타나는 보다 거시적인 사회문화적 행위나 의미를 보여주는 데는 한계가 있다고 볼 수 있다.

티머시 애시와 나폴레옹 샤농의 "야노마모 (영화) 시리즈"

티머시 애시의 초기 민족지영화는 일명 "야노마모 (영화) 시리즈"로 대표된다. "야노마모 영화"는 민족지영화 감독 티머시 애시와 인류학자 나폴레옹 샤농[25]이 함께 만든 단편 민족지영화 시리즈이다. 티머시 애시와 나폴레옹 샤농이 야노마모 영화를 만들게 된 경위는 다음과 같다.

나폴레옹 샤농은 1968년 야노마모 연구로 박사 학위를 받은 후 줄곧 야노마모에 대한 영화를 만들 계획을 가지고 있었다. 그러던 어느 날, 나폴레옹 샤농은 티머시 애시에게 전화를 걸어 함께 영화 작업을 하자고 제안했다. 하지만 야노마모 사회에 대한 무서운 이야기를 들은 적이 있는 티머시 애시는 영화 작업에 참여하기를 꺼렸다. 그러자 나폴레옹 샤농은 티머시 애시에게 마르셀 모스^{Marcel Mauss}의 『증여론^{Essai sur le don}』에 나오는 "교환과 증여", "결연^{結緣}" 및 "호혜성"과 같은 주요 핵심적인 인류학 개념을 영화화할 수 있는 좋은 기회라고 말하면서 그를 설득했다. 평소 인류학의 핵심적 개념을 보여줄 수 있는 영화를 만들기를 원했던 티머시 애시는 결국 나폴레옹 샤농의 제안을 받아들였다.

> 나는 가지 않기로 결심했다. 가고 싶었지만, 너무 무서웠다. 샤농이 전화했을
> 때, 나는 못 가겠다고 말하려 했다. 그러자 그는 계속 나에게 1923년인가
> 1924년에 마르셀 모스가 쓴 『증여론』을 읽었다고 말했다. 나는 생각했다.
> 샤농은 자신이 만들고 싶은 영화의 내용이 이 책에 담겨 있다고 말했다.
> 그것은 정말 놀라운 일이었다. 인류학을 하는 사람으로서 인류학적 핵심
> 개념이 담긴 영화를 만들 수 있다는 것은 정말 매력적이었다. 결연이나
> 호혜성 그리고 교환과 증여 등과 같은 인류학의 핵심 개념, 또는 다른 여러
> 개념이 담긴 영화를 만드는 것이 정말 내가 하고 싶었던 일이었다. 그래서
> 나는 가겠다고 말해버리고 말았다.[26]

티머시 애시는 먼저 1968년대 말 나폴레옹 샤농과 함께 《축제》를 비롯한

영화 두 편을 만들었다. 그리고 이들은 본격적으로 야노마모에 대한 민족지영화를 만들기 위해 1971년 6월, 미국 국립연구재단에 연구계획서를 제출했다. 그들은 여기서 야노마모 사회가 외래문화와의 접촉으로 완전히 변화되기 전에 영화로 기록할 필요가 있다는 점을 강조했다.

> 야노마모 사회처럼 작고 상당히 동질적인 사회는, 거대하고 다원론적이며
> 기술적으로 발달한 사회와 접촉함으로써 문화변용의 압력에 노출될 수
> 있으며, 이는 종종 광범위한 사회적 행동양식의 변화 및 사회체계의 분열과
> 붕괴로 이어지곤 한다. 야노마모 사회는 다른 세계와 고립되어 있기 때문에
> 야노마모 사회를 영화화하는 것은 외래문화와 접촉하기 이전의 아메리칸
> 인디언 사회를 영화화할 수 있는 마지막 기회다. 우리는 여기서 얻은 지식과
> 통찰력으로 사람들의 전통적인 삶의 방식에 대해 많은 것을 배울 수 있을
> 뿐 아니라 그러한 사회에서 각 개인들이 생각하고 변화에 대응하는 방식을
> 보다 더 많이 이해할 수 있을 것이다.[27]

이처럼 야노마모 영화의 주요 목적은 곧 사라질지 모를 문화를 기록하는 것이었지만, 한편으로 수렵채집 사회, 유목 사회, 농경 사회 같이 당시 인류학계의 학문적 관심사이기도 한 다양한 사회집단의 생태학적 생존양식을 영화화하는 데 있었다. 즉 티머시 애시와 나폴레옹 샤농은 연구계획서에서 야노마모의 정치적 조직과 사회를 다룬 30분짜리 영화 두 편과 야노마모 사람들의 다양한 사회적 역할에 대한 단편영화 열 편을 만들어 남서아프리카의 수렵채집 사회인 쿵 부시먼과 북서 우간다의 농경 사회인

도도스에 대한 영화 및 민족지와 비교 연구할 것이라는 점을 밝혔다. 이처럼 티머시 애시와 나폴레옹 샤농은 당시 많은 인류학자들이 문화 간 비교 연구를 위해 비교문화연구파일Human Relations Area Files에 많은 관심을 가진 것처럼 민족지영화를 통한 "비교문화연구 프로젝트"를 기획하고 다양한 민족지영화를 만들려고 했다. 특히 여기서 중요한 점은 티머시 애시가 야노마모 영화의 제작에 시퀀스영화의 개념을 적용하려 한 점이었다. 즉 티머시 애시는 야노마모 사회에서 일어나는 사회문화적 사건들을 주제별로 다룬 시퀀스영화를 만들어 야노마모 사람들의 다양한 사회적 행위를 보여주기를 원했다. 그리고 이러한 시퀀스영화들이 만들어지면 차후 인류학 수업에서 다양하게 교육 자료로 활용될 수 있을 것이라고 생각했다.

《축제The Feast》(1970)[28]

《축제》는 티머시 애시가 야노마모 사회에서 시퀀스영화의 개념을 적용하여 만든 첫번째 민족지영화이자 마르셀 모스의 호혜성의 이론을 영화화한 작품이기도 하다.《축제》는 1968년 촬영을 시작하여 1970년 완성되었다.

티머시 애시와 나폴레옹 샤농은 1968년 야노마모 부족들 가운데 파타노와테리Patanowa-teri에서 "축제"를 다룬 영화를 만들려고 계획했다. 당시 파타노와테리는 나폴레옹 샤농이 미국의 의료팀을 보냈던 커다란 규모의 마을이었다. 나폴레옹 샤농은 파타노와테리 부족이 결연관계에 있는 부족들 가운데 한 부족을 선택하여 조만간 축제를 열 것이라는 사실은 알고 있었지만, 그것이 어느 부족인지는 감을 잡을 수 없었다. 의료팀이 떠나고 난 후, 티머시 애시와 나폴레옹 샤농은 원래 계획한 대로 야노마모에 대한 민족지영화를 만들기 위해 파타노와테리에 남았다.

> 나는 그때 이들이 분명 축제를 열 거라는 사실을 알고 있었지만,
> 어느 부족과 함께 축제를 열 것인지는 분명하지 않았다. 그들은 결국
> 마케코도테리^{Makekodo-teri} 부족을 위해 축제를 열었다. 나는 이 축제를
> "연출하지" 않았다. 그것은 자연스럽게 일어났다. 그들은 우리의 영화
> 작업에는 관심이 없었다. 두 부족 사람들은 단순히 외부인들의 영화 작업을
> 돕기 위해 시간과 비용이 많이 드는 일을 할 사람들이 아니었다.[29]

마침내 티머시 애시와 나폴레옹 샤농은 파타노와테리와 마케코도테리
부족 간의 축제를 촬영할 수 있었다. 실제 축제는 준비나 협상 과정을 포
함하면 며칠이 걸렸겠지만, 영화《축제》는 이틀에 걸친 두 부족 간의 축제
과정을 그리고 있다. 두 부족들 가운데 파타노와테리 부족은 축제의 주
최 측이고, 마케코도테리 부족은 손님 측이다. 그리고 축제가 벌어지는
장소는 파타노와테리 부족의 거주지이다. 그러면《축제》의 내용과 구성
을 하나씩 살펴보기로 하자.

전체적으로 볼 때,《축제》의 재현 방식은 일반적인 민족지영화와 다르
다. 먼저《축제》의 커다란 특징은 영화의 내용이 두 부분으로 나뉘어 있
다는 점이다. 즉《축제》는 전반부의 정지 화면과 후반부의 동영상으로 구
성되어 있다. 그리고 영화의 전반부는 나폴레옹 샤농의 설명적인 내레이
션을 통해 축제의 배경, 목적 및 의미에 대해 설명하고, 후반부는 다이렉
트 시네마의 방식으로 촬영된 축제의 전 과정을 원래의 순서대로 보여준

다. 티머시 애시와 나폴레옹 샤농이 왜 이러한 독특한 영화 형식을 택했는지에 대해서는 뒷부분에서 다루기로 한다.

앞서 밝힌 대로《축제》의 전반부는 전체적으로 정지 화면, 나폴레옹 샤농의 내레이션과 현장음으로 구성되어 있다.《축제》의 첫 장면은 남미의 지도에서 파타노와테리와 마케코도테리의 위치를 보여주면서 나폴레옹 샤농의 내레이션으로 야노마모 사회를 설명한다.

(나폴레옹 샤농의 내레이션)

남부 베네수엘라와 북부 브라질에 걸쳐 넓게 퍼져 있는 지역에 약 125개의
상호 적대적인 마을이 분포되어 있으며, 이곳에 만 명이 넘는 야노마모
인디언들이 살고 있다.

그리고 나폴레옹 샤농이 파타노와테리 사회에서의 축제의 필요성과 목적에 대한 배경 설명을 한다.

(나폴레옹 샤농의 내레이션)

파타노와테리 마을에는 약 225명의 사람들이 살고 있다. 함께 평화롭게
지내기엔 사람들이 너무 많아서 마을 내에서 지속적으로 다툼이 일어난다.
여성을 둘러싸고 자주 싸움이 일어나지만 마을 주변에 적이 많기 때문에
둘로 갈라설 수 없다. 파타노와테리는 지난 16개월 동안 이웃 마을에게
스물다섯 번이나 습격을 당했으며, 10명의 사람들이 살해되었다. 이처럼
호전적인 이웃 마을에 둘러싸여 있는 파타노와테리는 다른 마을과의

결연을 절실히 원한다. 결국 이들은 서쪽으로 걸어서 하루 걸리는 곳에 살고 있는 마케코도테리의 부족원 125명을 축제에 초대했다.

이어 영화는 티머시 애시가 나무 위에 올라가 와이드앵글 쇼트로 촬영한 파타노와테리 마을의 모습을 보여준다. 그리고 다시 나폴레옹 샤농의 내레이션으로 이어진다.

두 마을은 몇 년 전 파타노와테리 여성의 유괴사건으로 서로 싸우기 전까지 동맹관계를 유지해왔었다. 마케코도테리 또한 결연이 필요하다는 것을 알고 있기 때문에 축제와 물물교환으로 동맹관계가 재개되기를 원하고 있다.
하지만 많은 파타노와테리 사람들은 아직도 마케코도테리를 적으로 여기고 있으며, 이들이 손님으로 오는 것을 두려워하고 있다. 왜냐하면 많은 축제가 배신이나 갑작스러운 감정의 폭발로 결국 폭력으로 끝나버리기도 한다는 것을 알고 있기 때문이다.

이처럼 영화는 나폴레옹 샤농의 내레이션을 통해 파타노와테리 부족이 생존을 위해 다른 마을과의 결연이 절실히 필요하다는 사실을 밝히고 있다. 이런 의미에서 야노마모의 축제는 경제적이거나 의례적인 의미도 중요하지만 마을 간의 "연합의 형성"이라는 정치적인 의미가 훨씬 더 크다고 할 수 있다. 1993년에 출판된 『야노마모 영화 연구 가이드$^{Yanomamo\ Film}$ $Study\ Guide$』[30]를 보더라도 야노마모의 축제는 연합관계에 있는 두 부족들 간에 일어나는 일종의 정치적인 행위임을 알 수 있다. 따라서 축제의 주요 목적은 음식 제공과 물물교환이라는 친밀하고 사교적인 분위기 속에서 마을 간의 결속을 재확인하고 부족 간의 연합 형태를 구축하는 것이다. 한편 대접을 받은 동맹 부족은 훗날 자신의 마을에서 다시 축제로 화답해야 한다는 의무감을 가짐으로써 부족 간의 보다 커다란 결속관계가 유지된다. 이렇게 본다면, 《축제》를 통해 마르셀 모스의 결연과 호혜성의 이론을 보여주려고 한 티머시 애시와 나폴레옹 샤농의 취지[31]는 매우 적절했다고 볼 수 있다.

　다음에 이어지는 장면은 주요 축제 과정을 촬영한 동영상의 정지 화면이다. 첫번째 정지 화면은 본 축제의 주선자이자 파타노와테리 부족의 족장인 크리히시와가 광장을 청소하는 장면이다.

(나폴레옹 샤농의 내레이션)

　축제의 주선자이자 파타노와테리의 족장인 크리히시와는 사람들에게

　　일하라고 명령할 수 없다. 그는 직접 광장을 청소하고 사람들에게 많은

음식을 제공하면서 청소에 동참하라고 독려한다.

두번째, 세번째 정지 화면은 파
타노와테리의 한 젊은 부족원
이 축제용 음식인 플렌테인[32]
수프와 피치 펌프 수프를 만드
는 장면이며, 다음은 크리히시
와 부인이 크리히시와의 머리
에서 이를 잡아주는 장면이다.

(나폴레옹 사냥의 내레이션)

파타노와테리의 젊은 남자가 플렌테인 수프와 피치 펌프 수프를 요리하는

동안 크리히시와는 쉬면서 음식의 분배에 대해 생각한다. 사냥꾼들이

사냥을 아주 못했기 때문에 그는 필요한 양보다 더 많은 음식을 준비해야

한다.

그리고 다음의 정지 화면은 크리히시와가 마을에 첫번째 손님으로 들어온

마케코도테리 족장의 아들인 아시아와에게 수프를 따라주는 모습이다.

(나폴레옹 사냥의 내레이션)

마을에 첫번째로 들어온 손님은 마케코도테리 족장의 아들인 아시아와다.

나머지 동료들은 문밖에서 기다리고 있다. 아시아와는 아버지의 마을을 대표해서 공식적인 노래로 파타노와테리의 초청을 수락한다. 크리히시와는 뜨거운 플렌테인 수프를 호리병박에 담아 아시아와에게 건네준다. 예의상 아시아와는 수프를 한 번에 들이켜야 한다.

이처럼 나폴레옹 샤농의 내레이션은 단순히 상황을 묘사하는 것이 아니라 "수프를 한 번에 들이켜야 한다."는 식으로 야노마모 사회의 문화적 규칙을 설명하고 있다. 이러한 설명 방식은 다음 내레이션에서도 계속 이어진다.

(나폴레옹 샤농의 내레이션)

아시아와는 정중하게 기다리고
나서 채소와 훈제 고기가 가득
담긴 선물 바구니를 받는다.
이 음식은 사람들이 치장을
마친 후 모두 함께 먹을 것이다.
많은 사람들이 평화의 표시로
대머리수리의 깃털 장식을 한다.

한편 주최 측은 선물할 품목의 준비를 끝냈다. 종종 교환 품목의 목록에는 화살, 화살촉, 진흙 항아리, 해먹과 환각성 약이 포함되어 있다. 선물을 받은 방문객들은 다음번 돌아오는 축제에서 되갚아야 하는 의무를 가짐으로써 두 부족 간의 결연이 더욱 공고해진다.

이후 주최 측이 손님들이 있는
곳으로 달려가는 장면, 손님들
이 마을로 들어와 의례적으로
사람들을 협박하는 장면, 손님
들이 창을 들고 춤을 추는 장
면, 손님 측 부인들이 마을에

들어오는 장면, 주최 측이 손님들을 해먹에 초청하는 장면, 주최 측이 해
먹에 누워 있는 손님을 위협하는 장면, 손님이 해먹에 태연한 척 누워 있
는 장면을 차례로 보여준다. 영화는 해먹에서의 위협 장면에 대해 다음과
같이 해설하고 있다.

(나폴레옹 샤농의 내레이션)

크리허시와의 부족원들이 신이 나서 손님들을 둘러싸며 그들을 자신의

해먹에 초대한다.

크리허시와의 무용수들이 위협을 가하는 동안 손님들은 해먹에서 미동도

하지 않고 누워 있다. 모든

사람들은 이 순간 주최 측이

배신하여 손님들을 죽일 수

있다는 것을 알고 있다.

그러나 손님들은 이때

어떠한 감정이나 두려움을

나타내서는 안 된다. 왜냐하면 진정한 야노마모 남자들은 사납기 때문이다.

이어 영화는 해질 녘까지 주최 측과 손님들이 마을 한복판에서 춤을 추는 장면을 보여준다.

춤은 날이 어두워지면서 끝났다. 그리고 주최 측과 손님들은 밤늦도록 물건을 요구하거나 물건을 주기로 약속하면서 함께 노래를 불렀다.

다음 날 아침 파타노와테리 부족의 추장인 쿠마에이와와 마케코도테리 부족의 추장인 쉬나호카와가는 함께 노래를 부르며 지금까지 거의 무시해온 정치적인 사건을 승인한다. 그리고 이어 영화는 라코이와가 손님에게 활을 달라고 하는 모습을 보여준다.

나머지 아침 시간은 서로 방문을 하거나 연합공격을 계획하고, 서로의 물건을 살펴보면서 보낸다. 라코이와는 아시아와 동생의 대나무 화살촉 몇 개를 원한다. 이것은 중요하다. 왜냐하면 지난해 습격 때 아시아와가 이

화살촉으로 라코이와를 쏘았기 때문이다. 물건의 교환은 서로 간의 우정을 확인하는 일이다.

나머지 영화 장면은 사람들이 크리히시와의 집 밖에서 물물교환을 하는 장면, 쿠마에이와가 본인의 개를 선물로 달라고 요구하는 남자에게 손가락으로 위협하는 장면, 계속 물물교환이 이루어지는 장면, 한 손님이 크리히시와와 활을 교환하는 장면, 그리고 쿠마에이와의 클로즈업 장면들로 구성되어 있다.

(나폴레옹 샤농의 내레이션)

오후 늦게 손님들은
물물교환을 위해 크리히시와의
집 앞에 모인다. 사람들의
신경이 날카로워진다.
많은 파타노와테리 사람들은
과거의 적들을 즐겁게 하는 데
열정적이지 않다.

인색하게 굴거나 지키지 않은 약속을 비난하다가 물물교환이 중단된다.
손님들은 담배, 해먹과 개들을 요구한다.

손님 측은 이번에 받은 각 품목을 다른 물건으로 되갚아야 하는 강한 의무가

있지만, 주최 측 사람들은
이들이 되갚지 않을까
걱정하면서 물건을 주는 것을
꺼린다.

마침내 손님들이 떠나기
시작한다. 남아 있는 사람들은
야자나무 활을 같은 야자나무
활로 바꾸는 등 끝까지 물건을
교환한다. 물건의 가치는
중요하지 않다. 왜냐하면

교환의 목적은 상호 간에 되갚을 의무감을 만드는 것이기 때문이다.

크리히시와의 수염 난 형은 손님들이 자신의 개를 요구하자 고민스러워한다.
그는 다음 축제에서 값진 것을 요구할 것이고, 상대방은 손님으로서 이를
쉽게 거절하지 않을 것이다.

이처럼 정지 화면들로 구성된 영화의 전반부는 6분이 채 못 된다. 이어
"다음 영상은 조금 전 묘사된 사건들을 상세하게 보여준다."라는 화면자
막과 함께《축제》의 후반부가 시작된다.
　《축제》의 후반부는 먼저 와이드앵글 쇼트로 파타노와테리 마을의 전
경을 보여준다. 동시에 화면에는 "PATANOWA-TERI March 3, 1968,

2:30 P.M."이라는 자막이 나타난다. 이후 영화는 두 부족 간의 축제를 일어난 순서대로 보여준다. 《축제》의 후반부에 나오는 축제의 구성은 다음과 같다.

1. 축제 준비
   A. 마을 청소
   B. 플렌테인 수프 만들기
   C. 빗질과 머리 장식하기
   D. 주최 측 부족 사람들의 기다림

2. 손님 입장
   A. 아시아와가 파타노와테리 마을에 들어옴
   B. 주최 측 부족 사람들의 기다림
   C. 손님들이 짝을 짓거나 소小그룹을 만들어 들어옴
   D. 모든 손님들이 들어옴

3. 손님 대접
   A. 주최 측과 손님들이 배부르게 먹음
   B. 주최 측이 손님들을 사납게 대함

4. 오전 활동
   A. 노래 부르기

B. 잠자는 사람들 깨우기

C. 물물교환

D. 차후 다른 마을의 습격에 대해 논함

5. 오후 활동

A. 물물교환 계속하기

B. 마을을 떠남

이처럼 축제의 시작에서 끝까지의 전 과정을 보여주는 후반부는 전체적으로 다이렉트 시네마의 관찰적 방식으로 만들어졌다. 즉 후반부는 축제 과정을 자연스럽게 따라가는 방식으로 촬영, 편집되었다. 따라서 후반부에는 나폴레옹 샤농의 설명적인 내레이션 대신 야노마모 사람들의 목소리를 비롯한 현장음과 함께 영어자막이 등장한다. 한편 일반적인 민족지 영화 및 다큐멘터리영화의 재현 방식을 따른다면, 영화 전체는《축제》의 후반부와 같은 방식으로 구성되거나, 아니면 후반부의 영상과 전반부의 설명적인 내레이션이 합쳐진 형태가 될 것이다. 실제로 티머시 애시와 나폴레옹 샤농이 가편집을 마치고 여러 시사회에서 보여주었던 영화는 후반부의 동영상과 나폴레옹 샤농의 설명적인 내레이션이 함께 섞인 영화였다. 하지만《축제》의 최종적인 형태는 이와 달라졌다. 그 이유는 무엇일까? 이를 알기 위해서는《축제》의 편집 과정을 좀 더 자세히 살펴볼 필요가 있다.

　나폴레옹 샤농과 티머시 애시는《축제》의 촬영이 끝난 후, 각자 미시간

대학과 브랜다이스대학으로 돌아갔다. 그 후 《축제》의 실질적인 편집을 맡은 사람은 티머시 애시였다.

> 샤농은 영화의 편집에 거의 관여하지 않았다. 편집 작업은 꽤 간단했기 때문에 샤농이 개입할 필요가 없었다. 영화의 대부분은 내가 촬영하는 동안 이미 편집이 되어 있었다. 그러나 그는 내가 번역을 요청하면 바로 도와주었다. 그리고 내가 난관에 부딪히거나 조언이 필요할 때 항상 도움을 주었다. (중략) 그는 편집에 개입하기를 원하지 않았기 때문에 편집 과정에서는 거의 역할을 하지 않았다. 내가 편집을 마치고 나면 그는 항상 많은 칭찬을 해주었다. 그러고는 우리는 밖에 나가 맥주를 마셨다.[33]

한편 나폴레옹 샤농은 《축제》를 일반적인 민족지영화처럼 내레이션을 가진 장편영화로 만들 것을 염두에 두고 있었다. 하지만 티머시 애시는 생각이 달랐다.

> 그러나 샤농은 마음속으로는 긴 내레이션이 있는 교육적인 영화 한 편을 만들 생각이었다. 《축제》의 첫번째 내레이션 대본은 35쪽이었는데, 나는 그걸 4쪽으로 줄였다.[34]

티머시 애시는 먼저 촬영된 필름을 시간 순서대로 축약해가면서 편집을 했다. 그리고 티머시 애시는 일단 1차 편집을 끝낸 뒤 수업 시간에 학생들에게 가편집본을 보여주었으며, 1969년에는 뉴욕 주 웰스대학에서 열린 플래허티 영화세미나 Flaherty Film Seminar에서 처음으로 《축제》를 공개상영 했다. 조금 벗어나는 이야기이지만, 《축제》를 상영한 이날은 추후 미국 영상 (시각)인류학회의 설립과 관련된 매우 중요한 날이기 때문에 이를 잠시 언급하고 넘어가기로 한다.

티머시 애시는 그날 밤의 시사회를 다음과 같이 회상하고 있다.

처음 《축제》를 상영했던 1968년의 플래허티 학회 모임 날, 제이 루비와 함께 잔디에 앉아 이야기를 나눈 것을 기억한다. 제이 루비는 내 영화를 보고, 내가 인류학 연구에서 영화의 역할을 진작시킬 수 있는 민족지영화 제작방법론을 개발하려 한다는 것을 알았으며, 우리 둘은 대화를 하며 서로 비슷한 생각을 하고 있다는 것을 알았다. 제이 루비는 "먼저 정기간행물로 시작하는 것이 어때요?"라고 물었다. 그리고 우리는 1969년도 미국인류학회 정기학술대회에서 민족지영화에 관심이 있는 사람들을 모으기로 했다.[35]

제이 루비 또한 그날 밤의 시사회를 다음과 같이 회고하고 있다.

나는 솔 워스와 함께 1969년 플래허티 영화세미나에서 《축제》를 보았다. 솔 워스와 나는, 아직 미완성의 작품이지만 《축제》를 보고 영화의 가능성에 대해 깊은 감명을 받았다. 우리 둘은 티머시 애시와 함께 저녁 시간을 보내면서 영화와 인류학의 관계를 전문화할 필요성에 대해 논의했다. 그리고 우리는, 인류학적 영화에 "학문적인" 논문과 동등한 자격을 부여하는 상징적인 행위로서 미국인류학회의 정기학술대회 프로그램에 영화를

상영하도록 미국인류학회에 요청하기로 했다.[36]

그리고 제이 루비와 티머시 애시는 몇 년 동안 서로 번갈아가면서 미국인류학회의 영화 프로그래밍을 맡았다. 이 프로그램은 오늘날까지 미국인류학회의 정기학술대회의 공식적인 행사로 남아 있다. 이처럼 영상(시각)인류학회[37]의 설립을 위한 씨앗이 뿌려진 것도 그날 밤의 대화였다.

티머시 애시는 플래허티 영화세미나에서 《축제》를 상영한 후 다른 곳에서도 몇 차례 테스트 상영을 하면서 나폴레옹 샤농의 긴 보이스오버 내레이션이 영화를 이해하는 데 방해가 된다고 생각하기 시작했다.

> 나는 수업 시간에 그 영화를 보여주려고 많은 노력을 했다. 내 생각에는
> 샤농의 긴 내레이션이 잘 맞지 않는 것 같았다. 나는 플래허티
> 영화세미나(1969년 《축제》가 이곳에서 처음으로 공개적으로 상영되었다.)
> 전날까지 필름과 샤농의 보이스오버 내레이션을 섞으면서 어떻게 해야 할지
> 몰랐다. 나는 그의 목소리가 원주민들의 행동을 이해하는 데 방해되는 것이
> 마음에 들지 않았다.[38]

그리고 티머시 애시는 학생들이 영화를 보는 동시에 내레이션을 듣는 것이 매우 어려울 것이라고 판단했다. 결국 티머시 애시는 1차 완성본과는 달리 《축제》를 두 부분으로 나누기로 결정했다. 티머시 애시는 영화의 전반부를 정지 화면과 나폴레옹 샤농의 보이스오버 내레이션으로 구성하게 된 이유를 다음과 같이 설명하고 있다.

첫번째 부분의 상영 시간은 10분이다. 이는 원래의 동영상 가운데 내레이션이 있는 부분들로만 편집한 것이었다. 하지만 우리는 학생들이 동영상을 보면서 내레이션을 듣는 것이 너무 어려울 것 같다고 생각했다. 그래서 내레이션이 들어 있는 동영상을 정지 화면으로 만들어 학생들이 내레이션에 집중하여 영화를 보다 더 잘 이해할 수 있도록 했다.[39]

결국《축제》의 최종본은 축제의 주요 부분을 보여주는 전반부의 정지 화면과 축제의 전 과정을 시간 순서대로 보여주는 후반부의 동영상이 혼합된 형태의 영화로 완성되었다. 한마디로 말해서《축제》의 전반부는 관객들에게 야노마모 사회의 배경, 영화의 주제, 축제의 목적 및 문화적 의미 등에 대한 인류학적 정보를 제공하고, 후반부는 관객들에게 축제의 과정을 현장감 있게 전달하는 데 목적이 있다고 할 수 있다. 이러한《축제》의 독특한 텍스트 구성 및 재현 방식은 이어 살펴볼《도끼 싸움》(1975)에서 보다 정교해진다.

티머시 애시와 나폴레옹 샤뇽은 첫번째 작품인《축제》를 만들고 난 후 각자 대학에서 전임교수로 일하면서 7년 동안 총 39편의 "야노마모 시리즈"[40]를 완성했다.

《도끼 싸움The Ax Fight》(1975)[41]

나폴레옹 샤뇽은 1964년부터 야노마모 사회의 "전쟁문화"를 연구하기 시작했다. 1964년은 로버트 가드너가 이리안 자바Irian Java의 의례적 전쟁을 다룬《죽은 새들》을 완성한 해이기도 하다. 또한 1966년에는 콘라트 로렌츠Konrad Lorenz가 쓴 『공격성에 대하여On Aggression』가 출간되었으며, 셔우드 워시번Sherwood Washburn과 어빈 드보어Irven Devore와 같은 인류학자들은 영장류의 사회적 행위를 통해 인간의 공격성의 원리를 연구했다. 그리고 나폴레옹 샤농이 박사 학위를 제출하던 1968년은 미국 내에서 베트남 전쟁으로 나라 전체가 떠들썩했고 인간의 공격성과 폭력에 대한 사회적 관심이 고조되던 때였다. 이러한 정치사회 및 학문적 분위기 속에서 야노마모 사람들의 잦은 약탈과 전쟁 그리고 폭력성의 문화를 다룬 나폴레옹 샤농의 『야노마모: 무서운 사람들Yanomamo: The Fierce People』(1968)[42]이 출판되어 100만 부 이상 팔리면서 나폴레옹 샤농의 야노마모 연구는 사회과학자들을 포함한 많은 사람들의 주목을 받았다. 그러면 이어 야노마모 시리즈의 두번째 작품인《도끼 싸움》에 대해 자세히 살펴보자.

야노마모의 "싸움 문화"를 다룬《도끼 싸움》은 베네수엘라의 남부와 브라질의 국경지대에 위치한 미시미시마보웨이테리Mishimishimabowei-teri 마을에서 촬영되었다. 당시 이 마을에는 약 270여 명의 주민이 살고 있었으며, 나폴레옹 샤농은 외부인으로서는 처음 이 마을 사람들과 접했다. 그리고 그는 1970년부터 3년간 이곳에 거주하면서 현지조사를 했다. 한편 티머시 애시의 촬영팀은 영화 제작을 위해 1971년 2월 26일부터 3월 27일까지 이 마을에 머물면서 총 40시간 분량의 필름을 촬영했다. 보다 정확히 말하자면,《도끼 싸움》은 1971년 2월 28일에 촬영된 것이며, 이 영화는 실제로 18분간 일어난 "도끼 싸움" 가운데 11분의 내용을 담고 있다.

《도끼 싸움》 또한《축제》와 마찬가지로 재현 방식이 독특하다.《도끼 싸움》은 전체적으로 네 부분으로 구성되어 있다. 첫번째 부분은 현지에서 도끼 싸움을 목격하자마자 촬영한 장면(11분)을 편집 없이 그대로 보여주며, 두번째 부분은 느린 화면, 확대 화면, 정지 화면, 화살표 등과 내레이션으로 도끼 싸움에 대해 설명을 하고, 세번째 부분은 도끼 싸움과 관계가 있는 두 집단 간의 친족계보를 보여준다. 끝으로 네번째 부분은 일반적인 영상 관습에 따라 편집된 영상이다. 티머시 애시는《도끼 싸움》이 네 부분으로 나뉘게 된 경위에 대해 다음과 같이 설명하고 있다.

> 내가 첫번째로 한 작업은 샤농과 함께 촬영된 필름을 보는 것이었다. 우리는 영사기를 통해 촬영된 필름을 한 번 보았다. 내가 "이걸 가지고 어떻게 하죠?"라고 말하자 샤농이 "먼저 사람들을 보죠."라고 대답했다. 우리는 먼저, 샤농이 현지조사를 하면서 촬영한 사진으로 만든 마을 사람들의 친족계보를 보고 영화 속의 등장인물들을 가려낼 수 있었으며, 사람들이 어떻게 서로 관련되어 있는지 쉽게 알 수 있었다. 일단 그들의 관계를 알고 나자 왜 "도끼 싸움"이 일어났는지 설명할 수 있었다. (중략) 내가 가장 먼저 완성한 부분은 영화의 두번째 부분이었다. 그리고 내레이션을 만들고 나서 나머지 부분의 틀을 짤 수 있었다. 나는 바로 영화를 네 부분으로 나눌 생각을 했다. 원래의 영화 장면, 느린 화면 및 확대 화면, 친족표, 그리고 레니 리펜슈탈Leni Riefenstahl에게 편집을 부탁했으면 나올 만한 잘 편집된 영화 장면.[43]

한편 티머시 애시는《도끼 싸움》의 영화적 구조는 바로 생각해냈지만, 《도끼 싸움》은 한 번에 완성된 것이 아니다. 티머시 애시는《도끼 싸움》

을 최종적으로 완성하기 전에 한 학기 동안 학생들에게 보여주고 수정하는 작업을 무려 스물다섯 번이나 반복했다.

> 영화의 최종 구조는 수업에서 나왔다. 나는 이 영화를 가지고 어떻게
> 가르칠까 생각했다. (중략) 나는 하버드대학 학생들에게 영화를 보여주었다.
> 하지만 그들은 내가 기대한 것의 절반 정도밖에 영화 내용을 이해하지
> 못했다. 게다가 다른 문제가 있었다. 학생들은 내가 어떻게 편집하면 좋을지
> 이야기하지 않았다. 하지만 나는 그들이 이해하지 못하는 부분과 그 이유에
> 대해 알았다. 그래서 나는 영화의 형식을 바꾸기 시작했다. 나는 마치
> 영화를 조각 재료인 진흙처럼 다뤘다. (중략) 나는 《도끼 싸움》을 한 학기 동안
> 스물다섯 번이나 고쳤다.[44]

전체적으로 보면 《도끼 싸움》은 도끼 싸움이라는 하나의 문화적 사건을 네 부분으로 나누어 각기 다른 시각에서 도끼 싸움을 보여주고 해석한다. 이처럼 《도끼 싸움》은 동일한 사건을 다양한 시각에서 해석하고 편집할 수 있다는 것을 보여주는 영화라고도 할 수 있다.

그러면 지금부터 《도끼 싸움》의 네 부분을 하나씩 살펴보기로 한다. 《도끼 싸움》의 첫번째 부분(18분 동안 일어난 실제 사건 가운데 11분)이 바로 티머시 애시가 말한 시퀀스영화에 해당한다. 즉 《도끼 싸움》의 첫번째 부분은 11분간의 도끼 싸움을 편집 없이 연속적으로 보여준다. 《도끼 싸움》은 먼저 지도를 통해 미시미시마보웨이테리의 위치를 보여준다. 그리고 지도를 보여주는 영상이 지속되는 동안 음향을 담당하고 있는 크레이

그 존슨Craig Johnson이 "1971년 2월 28일, 오후 3시 10분"이라고 녹음하는 소리가 들린다. 그 후 영화의 제목이 나타나고, 나폴레옹 샤농이 "두 여자들이 서로 싸우고 있는데요."라고 말하는 소리가 들린다. 그러고는 삽입 자막으로 도끼 싸움이 일어난 경위를 간략하게 설명한다.

(삽입자막)

커다란 야노마모 마을에 살고 있는 사람들은 다혈질이기 때문에 약간의 도발적인 행동만으로도 폭력이 일어날 수 있다. 1971년 2월 28일, 270여 명이 거주하는 미시미시마보웨이테리 마을에서 싸움이 일어났다. 싸움은 밭에서 일하던 한 여자가 초대받아 온 한 남자에게 막대기로 얻어맞으면서 시작되었다. 그녀는 마을로 도망쳤고, 그녀의 오빠가 그 남자를 장대로 공격했다. 그러고는 도끼 싸움으로 이어졌다.

당시 상황을 좀 더 부연해 설명하자면 다음과 같다. 이 도끼 싸움은 이로나시테리Ironasi-teri의 방문객 집단이 미시미시마보웨이테리에 있는 친척을 방문하면서 일어났다. 즉 방문객들 가운데 한 남자가 미시미시마보웨이테리 마을의 여자에게 바나나를 나눠 먹자고 했으나 여자가 요구를 거절했다. 그러자 남자가 막대기로 그녀를 때리면서 싸움이 시작되었다. 영화는 바로 그다음부터 일어난 도끼 싸움을 보여준다. 그녀는 울면서 마을 안으로 도망갔고, 그 소식을 들은 그녀의 오빠와 남편 그리고 시댁 남자들이 화가 나서 그 남자에게 보복을 가하기 시작했다. 그리고 5분 만에 두 집단의 남자들이 장대, 칼, 도끼를 들고 싸움에 가세하면서 싸움판이 커졌다. 도끼 싸움은 한 남자가 의식을 잃고 쓰러질 때까지 계속되었으며, 마을의 연장자가 개입하고 나서야 사람들이 흩어지기 시작했다.

한편《도끼 싸움》은 당시 두 집단 간에 일어난 도끼 싸움의 전全 과정을 기록하지 못했다. 왜냐하면 티머시 애시와 나폴레옹 샤농이 야노마모 마을에 도착한 지 이틀 만에 도끼 싸움이 발생했고, 그들 모두 정확한 사회문화적 구조를 알지 못한 채 갑자기 촬영에 들어갔기 때문이다. 일반적으로 시퀀스영화의 촬영 방식을 따르자면, 도끼 싸움이라는 한 사건의 시작에서부터 끝까지 시간적 흐름에 따라 연속적으로 촬영을 해야 했으나 도끼 싸움의 시작 부분을 알지 못하고 놓친 것이다. 실제로 영화 장면을 보면 티머시 애시와 나폴레옹 샤농이 야노마모 사람들의 싸움 장면을 갑자기 목격하고 허둥지둥 촬영을 시작했다는 것을 알 수 있다. 이처럼《도끼 싸움》은 위의 자막 설명에 이어 나폴레옹 샤농이 티머시 애시에게 "카메라를 여기로 가져오세요. 지금 싸움을 시작하려고 하는데요."라고 긴박하게 말하는 사운드로 시작된다. 그리고 영화는 "여러분은 겉보기에 무질서하고 혼란스럽게 보이는 싸움의 편집되지 않은 기록을 보고 듣게 될 것입니다. 마치 현지조사를 하는 사람들이 마을에서 두번째 되는 날 그 싸움을 목격한 것처럼 말입니다."라는 삽입자막을 통해 관객들이 보게 될 장면들이 편집되지 않은 실시간 영상임을 알려준다. 이어 영화는 이로나시테리의 남자에게 얻어맞아 울고 있는 미시미시마보웨이테리 마을의 여자 모습을 보여준다. 그러고 나서 잠시 후 흔들리는 화면으로 카메라의 위치를 바꾸어 마을 광장에서 두 남자가 장대로 싸움을 하고 있는 모습을 보여준다. 이후 영화는 약 6분간 두 부족 간의 도끼 싸움을 실시간으로 보여준다. 그리고 티머시 애시가 필름을 갈아 끼우는 동안 티머시 애시와 나폴레옹 샤농, 크레이그 존슨이 녹음기를 통해 싸움에 대해 다음과 같이 이야기한다.

티머시 애시: 그들의 사회적 관계를 우리가 얼마나 몰랐으면……. 그들은
우리를 놀리고 있는 거예요.

크레이그 존슨: 무슨 소리입니까? 어떤 사람은 마체 칼을 들고 왔는데…….

티머시 애시: 예, 하지만 장난하는 거겠죠.

크레이그 존슨: 알아요, 하지만 몰랐어요.

티머시 애시: 그렇지만, 이 사람들은 모두 장난하고 있었어요. 우리는 정말로,
정말로 몰랐네요.

나폴레옹 샤농: 나쁜 개자식.

티머시 애시: 뭐라고요?

나폴레옹 샤농: 한 남자가 등을 돌렸는데 다른 남자가 도끼를 들고 그에게
걸어와서 바로 등 뒤를 때렸어요.

영화는 잠시 미시미시마보웨이테리의 여성이 상대방 여성들에게 욕설을 퍼붓는 장면을 보여주고, 이어 크레이그 존슨과 티머시 애시, 나폴레옹 샤농이 녹음기를 통해 다음과 같이 말하는 장면으로 끝난다.

크레이그 존슨: 음향 릴 14, 1971년 2월 28일. 부인을 때리는 시퀀스의 끝.

티머시 애시: 그거 녹음했어요?

나폴레옹 사농: 부인을 때리는 시퀀스?

크레이그 존슨: 예. 그런데 이게 무슨 싸움이죠?

나폴레옹 사농: 장대 싸움이었어요.

크레이그 존슨: 뭐가 먼저죠?

나폴레옹 사농: 글쎄, 두 여자가 밭에 있었고, 그중 한 여자가 자신의 "아들"에게
유혹을 당했죠. 그건 근친상간 관계였고, 다른 사람들이 그걸
알게 되었어요. 그게 싸움의 원인이었죠.

티머시 애시: 말도 안 돼.

크레이그 존슨: 오후 3시 30분경이었죠.

나폴레옹 사농: 아녜요. 싸움은 3시경에 시작되었어요. 한 남자가 뒤에서 도끼로
얻어맞아 의식을 잃고 쓰러졌죠.

티머시 애시: 이건 시작에 불과한 건가?[45]

나폴레옹 사농: 글쎄, 마을에서는 이처럼 커다란 일들이 언제고 일어날 수 있죠.

티머시 애시: 마을에 몇 명이 있었는지 알아요?

나폴레옹 사농: 아뇨. 아직 몇 명인지 세어보지 않았는데요. 거기에 200명 넘는
사람들이 있어요.

이처럼 티머시 애시는 당시《도끼 싸움》을 촬영하면서 그 내용을 전혀 알
지 못했다. 게다가 티머시 애시는 동료들과 휴식을 취하다 마을 사람들의
싸움 소식을 듣고 갑자기 촬영에 들어갔다. 따라서 18분 동안 일어난 도
끼 싸움 가운데 앞부분(7분)을 놓치고 말았다. 관객의 눈으로 보아도 영
화의 첫번째 부분은 매우 혼란스럽고 이해하기 힘들다. 그리고 실제로 도

끼 싸움은 거주자 268명 중 50여 명만이 참가한 사건이었으며, 그 가운데 17명(한 집단에 속한 6명의 남자와 2명의 여자, 다른 집단에 속한 4명의 남자와 4명의 여자 그리고 중재자의 역할을 한 연장자 1명)만이 적극적으로 싸움에 가담했다.[46] 하지만 이러한 사실은 영화를 자세히 분석하고 나서야 알 수 있는 내용이다. 그럼에도 불구하고 티머시 애시가 매우 무질서하게 보이는 도끼 싸움의 현장을 관객에게 그대로 보여준 것은 자신 또한 도끼 싸움을 처음 목격했을 때 이를 혼란스럽고 무질서한 사건으로 보았기 때문이다. 이처럼 티머시 애시가 현장에서 일어난 사건을 편집 없이 보여준 것은 인류학자들이 현지에서 겪는 혼란스러운 경험을 (학생)관객들에게 전달하려 한 것이다. 두번째로 《도끼 싸움》에서 사건을 실시간으로 보여준 것은 표면적으로 무질서하게 보이는 문화현상으로부터 문화 특유의 원리를 찾아가는 인류학적 작업 과정과 그 작업의 어려움을 (학생)관객들에게 보여주기 위해서였다. 특히 영화의 앞부분에서 영화 필름이 떨어진 후 필름을 갈아 끼우는 동안 티머시 애시, 나폴레옹 샤농, 크레이그 존슨이 녹음기를 통해 싸움의 원인에 대해 대화를 나누는 내용(당시에는 나폴레옹 샤농이 근친상간 때문에 싸움이 일어났다고 설명했으나, 나중에 야노마모 사람들과 인터뷰를 하면서 그의 해석이 틀렸다는 것이 밝혀졌다.)을 그대로 보여준 것은 영화 제작 과정을 관객들에게 드러내기 위한 것이기도 하지만, 또 다른 한편으로 인류학자의 해석 또한 틀릴 수 있다는 것과 현지의 인류학적 연구가 어떠한 것인지 보여주기 위함이었다.

한편 영화의 첫번째 부분이 주로 두 인류학자의 주관적인 경험을 다룬 것이라면, 두번째 부분은 "도끼 싸움"이라는 사건의 해석과 분석이 주를 이룬다. 두번째 부분의 상영 시간은 9분이 채 되지 않는다.《도끼 싸움》의 멀티미디어를 만든 피터 비엘라[Peter Biella]에 따르면, 두번째 부분의 편집 과 정은 다음과 같다. 먼저 티머시 애시는 편집실에서 몇 주 동안 나폴레옹 샤농, 크레이그 존슨, 존 마셜과 함께 촬영된 필름을 보면서 가능한 한 많은 야노마모 사람들을 가려내면서 영화에 대한 본인들의 반응과 설명을 녹음했다고 한다.[47] 그리고 몇 주 후, 그들은 나폴레옹 샤농이 현지조사 당시 촬영한 야노마모 사람들의 사진과 현지조사 노트를 보면서 도끼 싸움의 참가자들 가운데 38명의 신분과 친족관계를 알아냈다고 한다. 그러고 난 후 티머시 애시는 이러한 사실을 바탕으로《도끼 싸움》의 영화 장면, 느린 화면, 정지 화면, 확대 화면과 화살표를 통해 도끼 싸움에 참가한 사람들, 사람들의 행동 유형과 동기, 그리고 도끼 싸움이 막싸움이 아닌 "의례화된 싸움"이라는 것을 보여주는 두번째 부분을 완성했다. 영화의 두번째 부분은 다음과 같은 삽입자막으로 시작된다.

(삽입자막)

첫 인상이 틀릴 수 있다. 싸움이 시작되었을 때 한 정보 제공자가 우리에게 싸움은 근친상간 때문에 일어났다고 말해주었다. 하지만 이후에 다른 정보 제공자들의 말을 들어보니 그 싸움은 아주 다른 이유에서 시작되었다는 것을 알게 되었다.

그리고 두번째 삽입자막을 통해 도끼 싸움의 발단에 대해 설명을 한다.

우리는 이전에 이 마을에 살았던 사람들이 미시미시마보웨이테리 마을을

방문 중이었다는 사실을 알았다. 방문객들은 이 마을에 살고 있는

친족들로부터 초청을 받았다. 그러나 마을에는 그들의 옛날 적敵들이

살고 있어서 싸움이 언제 터질지 모르는 상황이었다. 방문객들은 밭에서

일하지 않으면서 음식을 요구했으며, 싸움이 일어나기 전까지 긴장감이

점점 커졌다. 그러다가 모헤시에와라는 방문객이 시나비미라는 여성에게

바나나를 요구했다. 하지만 그녀가 이를 거절하자 그는 그녀를 때렸고,

그녀는 비명을 지르고 울면서 마을로 도망갔다.

이어 영화는 첫번째 부분의 동영상 장면, 정지 화면, 느린 화면, 화살표 등
을 섞어가면서 나폴레옹 샤농의 해설을 통해 도끼 싸움의 과정과 등장인
물들의 행동을 하나씩 분석하면서 설명한다.

영화는 시나비미의 언니가 시나비미를 위로하는 장면으로 시작된다.

시나비미의 오빠 우우와는 그녀가 맞은 것에 격분했다. 그는 장대와 마체를

들고 마을 한복판으로 걸어가 공공연하게 모헤시에와에게 욕을 한다.

모헤시에와도 싸우러 나온다. 그는 우우와에게 장대를 거칠게 휘두른다.

우우와는 간격을 두면서 거리를 계산하여 더 긴 장대를 휘둘러 모헤시에와의

팔뚝을 가격한다. 화들짝 놀라고 화가 난 모헤시에와는 날카로운 창으로

공격을 가하지만, 우우와는 살짝 물러서면서 그의 장대로 모헤시에와의

가격을 피한다. 모헤시에와의 남동생은 모헤시에와가 다친 것을 알고

우우와에게 달려가 모헤시에와가 기회를 잡아 더 길게 장대를 가격할 수 있을

때까지 그의 공격을 막는다. 모헤시에와의 여동생은 잽싸게 모헤시에와에게

싸우기 좋은 장대를 가져다준다. 세 남자들은 잠시 서로 노려보면서 싸울

자세를 취한다. 모헤시에와의 어머니가 다가와 화살대를 잡고 우우와를

나무란다. 그녀는 아들의 다친 팔을 어루만지며 위로하고 모헤시에와의

누나는 계속해서 불쾌한 욕설로 상황을 부추긴다. 사람들이 몇몇 모였지만

싸움 당사자들 간에 욕설만이 오갈 정도로 싸움이 진정되었다. 마침내

모헤시에와가 자리를 떠난다.

그는 남동생에게 상대방 부족

사람들을 저지하고 다른

공격에 대비하도록 한다.

싸움은 이 시점에서 끝난

것처럼 보인다.

그러나 시나비미의 남편인 요이나쿠와와 그의 남동생인 케보와는 싸움이

끝나도록 내버려두지 않고 도끼와 마체를 가져온다. 모헤시에와에게

얻어맞은 사람은 요이나쿠와의 부인이지만 도끼로 싸움을 마무리하려는

사람은 케보와이다. 케보와가 모헤시에와를 공격하지만 모헤시에와의 여자

친족들은 도끼 자루를 잡고 그가 내려치지 못하도록 한다. 모헤시에와는

이 틈을 타서 도끼 자루를 잡아 그의 남자 친족들이 도와주러 올 때까지

케보와와 싸운다. 요이나쿠와는, 그의 동생이 앞에 있어 마체로 제대로

된 일격을 가할 수 없기 때문에 모헤시에와 뒤에 가서 그를 공격하려 한다. 모헤시에와의 친족들은 여자들을 보내 도끼와 마체를 가져오도록 한다. 왜냐하면 이제 싸움이 심해졌기 때문이다. 모헤시에와의 남동생은 이번에는 마체를 들고 그를 도우러 온다. 그는, 케보와가 모헤시에와로부터 도끼를 빼앗아 무딘 날 쪽으로 모헤시에와의 다리를 정확하게 내리치자마자

도착했다. 화가 난 모헤시에와의
남동생은 마체를 버리고
도끼를 들었다. 그는 도끼의
무딘 쪽으로 여러 번 소리 나게
케보와를 공격했다.

팔뚝에 푸른 깃털을 장식한, 방문객 측의 우두머리 나노카와는 싸움이 점점 심각해지고 있다는 것을 깨닫고 더 큰 부상을 막기 위해 끼어든다. 그는 자신의 권위와 사회적 평판을 믿으며 무기를 지니지 않는다. 모헤시에와의 동생은 도끼의 무딘 쪽으로 케보와의 다리를 여러 번 가격한 후에 더욱더 싸움에 불을 지피려고 상대방을 위협한다. 그는 도끼의 날카로운 쪽을 위로 들어 케보와의 머리를 내려치려고 하고 있다. 갑작스러운 위협에 놀란 케보와 부족의 여성은 도끼 자루를 잡아 날카로운 쪽을 아래로 내리게 하고 그를 싸움판에서 끌어낸다. 케보와는 그가 등을 돌린 것을 보고 그의 뒤쪽으로 달려간다. 케보아는 도끼의 무딘 쪽으로 모헤시에와의 동생의 머리 위를 지나 등 가운데를 정면으로 강력하게 가격한다. 모헤시에와의 동생은 바로 땅에 넘어져 움직이지 못하고 누워 있다. 이제 상황은 매우

심각해졌다. 왜냐하면 그 젊은 사람이 죽었는지 의식을 잃었을 뿐인지는
분명하지 않기 때문이다.

놀란 나노카와는 재빨리 무거운 장대를 집어 들고 공격적으로 사람들에게
걸어간다. 한 여성이 상대 남자들에게 신랄한 욕설을 퍼부으면서 더
큰 폭력을 부추기자 케보와의 부족원이 그녀를 말리면서 다른 곳으로
데려간다. 지금까지 싸움에 끼어들지 않으려고 애써 참고 있던 다른
남자들도 격분한다. 그리고 그들 또한 무기를 들고 싸움에 끼어든다.

부상을 당해 땅에 쓰러져 있는
젊은 남자가 서서히 의식을
찾자 모헤시에와의 연로한
부계 친족들이 그의 주위에
둥글게 서서 그를 보호한다.
모헤시에와가 "아버지"라고

부르는, 가장 사나운 부계 친족 두 명은 부르르 화를 참으면서 보란 듯이
케보와의 집단과 부상을 당한 젊은 사람 사이에 서 있다.

그들의 존재와 행동은 싸움을 이 정도 선에서 멈추게 하는 데 충분하다.
참가자들은 욕설을 주고받으면서 한 명씩 싸움판을 떠난다. 결과에
만족하지 못한 여성들 몇몇은 싸움을 부추긴다. 그들은 밭에서 싸웠기
때문에 해결할 것이 남아 있다. 한 여성이 모헤시에와의 여동생과 방문객인

나노카와의 여자들에게 욕설을 퍼붓는다.

《도끼 싸움》에 대한 스터디 가이드를 집필한 세스 라이힐린Seth Reichlin에 의하면, 야노마모 사람들의 싸움은 "막싸움이 아니라 복잡하고 정교한 게임"[48]이며, 이 싸움에는 일정한 규칙이 있고, 모든 참가자들도 이러한 사실을 알고 있다고 한다. 또한 폭력에는 모욕, 장대 싸움, 활 싸움, 칼싸움, 도끼 싸움이 있으며, 싸움은 집단 간의 단체 싸움의 형식으로 일어나고 연장자나 집단의 우두머리들이 집단 간의 싸움을 중재하는 역할을 한다고 한다. 한편 민족지영화에서《도끼 싸움》의 두번째 부분처럼 정지 화면이나 느린 화면 등을 사용하는 방식은 매우 드문 예일 뿐 아니라 당시 유행했던 아메리칸 다이렉트 시네마의 전통을 따르지 않고 내레이션에 의한 설명적 방식을 택한 것 또한 매우 독특하다고 볼 수 있다. 이는 무엇보다도 사건에 대한 설명 없이 사건의 흐름만을 보여주는 시퀀스영화의 형식, 즉《도끼 싸움》의 첫번째 부분에서 결여된 인류학적 설명과 해석을 보완하기 위해 선택한 방법이라고 볼 수 있다.

《도끼 싸움》의 세번째 부분은 도끼 싸움에 관계된 사람들의 친족계보를 보여주면서 도끼 싸움에 대해 설명한다. 즉 나폴레옹 샤농은 친족계보와 내레이션을 통해 도끼 싸움에 세 친족이 관여되었다는 사실과, 친족 우두머리 두 명이 동일한 역할을 두고 경쟁하면서 집단이 나뉘었으나 서로 간에 연합관계를 필요로 하는 일종의 모순을 해소하려는 시도로 도끼 싸움이 일어났다고 설명하고 있다.

이 싸움은 지금은 두 마을에서
살고 있는 세 개의 부족
집단 사람들 간의 분쟁으로
단순화해 나타낼 수 있다.
미시미시마보웨이테리의
거주자들은 도표에서 옅은색,
방문객들은 짙은색으로 표시했다.[49]

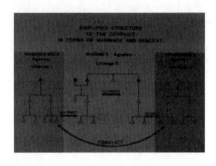

부족 II는 마을에서 가장 큰 집단이다. 이 친족 집단의 최근 역사는
나노카와와 모아와 간의 권력 싸움으로 설명된다. 몇 년 전, 나노카와와
그의 추종자들이 마을을 떠나면서 모아와가 명실상부한 족장이 되었을
때 문제가 일시적으로 해소되었다. 그러나 나노카와와 그의 추종자들은
아직도 마을과 많은 연고를 맺고 있다. 나노카와의 처제(부족 I)가
나노카와에게 마을로 돌아와 다시 살자고 설득하면서 옛날의 적개심이
다시 나타났다. 우우와와 모헤시에와의 장대 싸움은 나노카와와 모아와의
추종자들 간의 적개심의 또 다른 표현으로 볼 수 있다.

요이나쿠와가 단순한 다툼을 도끼 싸움으로 키우면서 상황은 더욱
악화되었다. 이제 부족 II의 구성원들은 두 인척 집단 중 어디에 충성심을
두어야 할지 선택의 강요를 받고 있으며, 이미 존재하고 있던 내적인 분열이
더욱 심해졌다. 한편 모아와는 그 자신의 친족 집단들 간에 더 큰 대립이

생기는 것을 막기 위해 싸움 내내 자신의 해먹에 남아 있었다. 그러나 만약 싸움이 더욱 격해지거나 자신의 가까운 친족들 중 누군가가 부상을 입는다면 그 또한 싸움에 가담하지 않을 수 없었을 것이다. 그러면 모아와의 부계 친척들도 나노카와를 따르지 않을 수 없었을 것이고, 아마도 모아와의 마을에서 분열이 일어났을 것이다.

《도끼 싸움》의 네번째 부분은 내레이션이 없는 "관찰적 양식"으로 편집되었다. 즉 이 부분은 당시의 일반적인 민족지영화나 다큐멘터리영화의 관습에 따라 편집된 영상이다. 티머시 애시가 네번째 형식의 영상을 만든 것은 (학생)관객들에게 편집되지 않은 첫번째 부분과 편집된 네번째 부분을 비교하게 함으로써 지적知的인 모델들이 시각적 인지에 얼마나 강렬한 영향을 미치는지 발견하도록 하고, 사건의 모든 과정을 보여주는 첫번째 부분과 비교할 때 네번째 부분처럼 자연스럽게 편집된 영상에는 오히려 많은 인류학적 정보가 사라지고, 또한 이러한 영화는 사건의 전체적인 구조를 이해할 수 없게 만든다는 것을 보여주려고 한 것이다.[50]

나는 진짜로 편집에 능한 사람에게 끝 부분의 편집을 맡기고 싶었다. 그리고 이 부분을 될 수 있는 대로 많이 왜곡하면서 부드럽고 매끈하게 보이게, 즉 일반적으로 좋은 민족지영화처럼 보이게 하고 싶었다. 왜냐하면 통상 우리가 보는 것은 그 끝 부분 같은 것이기 때문이다. 그리고 그걸 될 수 있는 대로 짧게 만들려고 했다. (중략) 하지만 결국 그 부분을 내가 스스로 편집해야 했고, 약간 왜곡하는 데 그쳤다. (중략) 나는 아주 많이 왜곡하지 못했다.

그러나 약간만 왜곡되었다 하더라도, 관객들에게는 나의 의도가 분명히 전달될 거라고 생각한다.[51]

한마디로《도끼 싸움》은 "대학교의 인류학 수업"의 틀 안에서 만들어진 영화임을 알 수 있다. 이렇게 볼 때 티머시 애시의 민족지영화 방법론의 요체라고 할 수 있는 시퀀스영화나《축제》와《도끼 싸움》의 재현 방식은 (학생)관객에게 인류학적 문화개념과 연구방법론을 보여주기 위한 티머시 애시 특유의 민족지영화 방법론이라고 할 수 있다. 그리고《축제》와《도끼 싸움》에서 보았듯이 민족지영화의 역사에서 티머시 애시 만큼 일관성 있게 "인류학 교육을 위한 민족지영화"의 제작에 전념한 사람은 찾아볼 수 없다.

한편 본 장에서는 티머시 애시의 야노마모 영화 가운데《축제》와《도끼 싸움》을 집중적으로 다루었지만, 야노마모 사회를 보다 유기적으로 이해하기 위해서는 다양한 야노마모 영화를 비교 고찰할 필요가 있다. 예를 들어,《도끼 싸움》은 도끼 싸움의 전후 맥락을 보여주는《축제》나《타피르 분배Tapir Distribution》와 같은 다른 야노마모 영화와 함께 보면 상황을 보다 제대로 이해할 수 있다.[52] 티머시 애시 또한 한 편의 영화만으로는 야노마모 사회의 문화현상(예를 들어 증여, 호혜성, 결연관계)을 유기적으로 보여줄 수 없으며, 문화현상들 가운데 단지 한 부분만을 보여주는 것은 오히려 야노마모 사회에 대한 부정적인 편견과 정형화를 초래할 수 있다고 보았다. 즉 티머시 애시는 야노마모 영화를 교육적으로 사용할 때 단 한 편의 영화만을 보여주어 야노마모 사람들의 "난폭성"만을 강조하는 것을 비판적으로 보았다. 실제로 티머시 애시의 수업을 직접 들은 윌턴 마르티네스[Wilton Martinez]에 따르면, 티머시 애시는 수업 시간에 난폭한 면이 나타나는 공적公的인 행동과 좀 더 온순한 측면이 부각되는 가정사家庭事를 다룬 야노마모 영화를 균형 있게 보여주었다고 한다.[53]

그리고 본 장에서는 티머시 애시의 초기 작품에 속하는 《축제》와 《도끼 싸움》에 초점을 두었으나, 그 이후의 다른 작품들을 통해 티머시 애시의 민족지영화적 방법론을 비교 연구하는 것 또한 매우 의미 있는 작업이 될 것이다. 왜냐하면 티머시 애시는 《축제》와 《도끼 싸움》을 만든 후 자신의 영화방법론을 수정해나갔기 때문이다. 예를 들어, 티머시 애시는 《도끼 싸움》을 스스로 평가하면서 《도끼 싸움》의 참가자들(야노마모 사람들)의 다양한 시각 및 해석 그리고 사회적 행위자로서 여성의 역할을 다루지 않았으며, 야노마모 사람들에게 완성된 영화를 보여주지 못한 점을 후회했다.[54] 그리고 이러한 성찰적 반성을 통해 인도네시아의 민족지영화에서는 영화 대상들에게 영화를 보여주거나 여성의 사회적 역할과 행위에 더욱 주목하면서 영화 작업을 했다.

티머시 애시는 1967년에서 1976년까지 미국의 여러 대학에서 학생들을 가르쳤다. 그리고 1976년에서 1982년까지 호주국립대학의 태평양학 대학Research School of Pacific Studies(현 Research School of Pacific and Asian Studies)의 연구교수로 재직하면서 총 8편의 민족지영화, 즉 린다 코너Linda Connor 박사와 함께 만든 발리 섬에 관한 영화 5편[1], 제임스 폭스James Fox 교수와 함께 만든 로티 섬에 관한 영화 2편[2], 더글러스 루이스Douglas Lewis 박사와 함께 만든 플로레스 섬에 관한 영화 1편[3]을 만들었다. 티머시 애시의 "인도네시아 민족지영화"는 야노마모 영화보다 덜 알려졌지만, 티머시 애시의 민족지영화들 가운데 "가장 좋은 작품"[4]으로 평가받고 있다.

본 장에서는 티머시 애시의 인도네시아 민족지영화들 중 일명 "타파칸 시리즈Tapakan Series" 가운데 《발리의 강신의례A Balinese Trance Séance》[5]와 《저로가 저로를 말하다: "발리의 강신의례" 보기Jero on Jero: "A Balinese Trance Séance" Observed》 (이후 《저로가 저로를 말하다》로 표기함.)[6]를 중점적으로 다룬다. 그러면 먼저 인도네시아 민족지영화의 제작 과정과 타파칸 시리즈의 특징을 살펴보고, 이어 인도네시아 민족지영화에 나타난 티머시 애시의 민족지영화 방법론을 "의례의 영상화", "정보 제공자의 피드백", "즉흥적 촬영"으로 나누어 고찰하기로 한다. 특히《발리의 강신의례》는 "의례의 영상화"를,《저로가 저로를 말하다》는 "정보 제공자의 피드백"을 중심으로 살펴보겠다. "즉흥적 촬영"이라는 주제는 두 작품 전체를 통해 설명하기로 한다.

인도네시아 민족지영화

티머시 애시가 민족지영화 작업을 위해 인도네시아에서 보낸 6년은 그의 생애에서 가장 생산적인 시기로 평가된다. 또한 민족지영화의 역사에서 민족지영화 감독 한 명이 각기 다른 세 개의 사회에서 세 명의 인류학자와 함께 영화를 만든 경우는 티머시 애시가 유일하다. 이는 티머시 애시가 "인류학 연구 및 교육을 위한 최상의 민족지영화를 만들기 위해서는 인류학적으로 훈련된 영화감독과 인류학자 간의 협력이 최선의 전략"[7]이라는 평소의 생각을 실행에 옮긴 것으로 볼 수 있다. 이처럼 티머시 애시는 인도네시아의 각 지역을 연구해왔던 인류학자들과 함께 영화 작업을 했기 때문에 각 영화의 형태나 주제는 협력관계에 있던 인류학자의 연구 관심사를 반영하고 있으며, 각 영화의 편집 시기 또한 서로 겹쳐 작품들 간에 영향을 주었다. 그리고 티머시 애시의 부인이자 영화감독인 패치 애시는 인도네시아 영화 전체의 편집자 역할을 했고, 단행본 『저로 타파칸: 발리의 치료사Jero Tapakan: A Balinese Healer』의 공동 저자로서 "인도네시아 영화 프로젝트"에 참여했다.

　티머시 애시는 인도네시아의 민족지영화 제작을 위해 1976년 12월 제임스 폭스 교수와 함께 "사부 섬의 의식儀式들: 필름과 비디오테이프의 사용을 통한 대규모 의례 퍼포먼스 분석방법론의 개발The Ceremonies of Savu:

The Development of a Methodology for the Analysis of Large-Scale Ritual Performances Via the Use of Film and Video-Tape"이라는 제목의 연구제안서를 미국 국립연구재단에 제출했다. 무엇보다도 티머시 애시와 제임스 폭스는 "사부 섬 프로젝트"를 인도네시아 제諸 섬의 의례에 관한 장기적인 비교문화연구를 위한 첫번째 단계로 생각했다.

> 순차적으로 진행하려는 모듈러 계획. 각 프로젝트 나름대로 의미가 있겠지만, "사부 섬 프로젝트"는 한 특정 지역에 거주하는 다양한 집단에 관한 비교 자료를 얻는 데 전체적인 가치가 있다. (중략) 만약 우리의 기대대로 사부 섬의 의례를 충분히 이해할 수 있다면, 다른 섬으로 연구 영역을 넓히는 데 유리할 것이며, 다른 집단과 비교 연구를 할 수 있을 것이다.[8]

티머시 애시와 제임스 폭스는 연구제안서에서 인도네시아에 대한 연구의 필요성을 다음과 같이 밝혔다.

> 놀랄 만한 다양성을 가지고 있는 동인도네시아야말로 이러한 종류의 프로젝트에 가장 적합한 지역이다. 각 섬들의 생태계는 열대우림, 사바나 그리고 반半건조 지역에 이르기까지 다양하다. 또한 몇 세기 동안 힌두교, 이슬람교, 기독교 및 지역 종교들이 각각의 섬에 공존해왔다. 경제적인 측면에서 보자면, 생계 방식 또한 수렵채집, 유목, 어로, 화전농법, 야자수액 채취 그리고 매우 발달된 쌀농사에 이르기까지 아주 다양하다. 이처럼 동인도네시아는 모든 면에서 다채롭지만, 이들 지역을 하나로 묶어주는

수많은 문화적 패턴들이 존재한다. 따라서 우리가 계획하고 있는 영화 제작 프로젝트의 전반적인 의도는 다양성 속에서 문화적 유사점을 찾는 것이다.⁹

이처럼 티머시 애시의 "인도네시아 영화 프로젝트"는 "특정한 사회의 세부적인 문화를 탐구하는 민족지영화이자 상이한 집단들 간의 비교문화연구를 시도한 민족학영화ethnological film "¹⁰ 프로젝트라고 할 수 있다.

티머시 애시와 제임스 폭스가 최종적으로 인도네시아의 비교문화연구를 위해 선택한 지역은 사부 섬, 로티 섬, 동티모르의 맘바이Mambai와 남부 술라웨시의 이슬람 지역이었다. 하지만 사부 섬에 대한 연구는 계획된 시간 안에 인도네시아 정부로부터 연구 허가를 받기 힘들어 현실적으로 진행할 수 없었으며, 동티모르의 맘바이 또한 인도네시아가 포르투갈 식민지를 장악하고 있었기 때문에 촬영이 불가능했다. 사부 섬에 관한 연구는 플로레스 섬으로 지역을 바꾸어 진행되었고, 발리 섬과 로티 섬에 대한 연구는 계획대로 이루어졌다.

인도네시아 프로젝트에서 가장 중요한 것은 연구의 기획 단계에서부터 인도네시아 섬들의 비교문화연구를 위해 영화 필름을 사용하기로 했다는 것이다. 이처럼 티머시 애시와 제임스 폭스는 영상을 통해 사람들의 행위를 연구하는 방법론을 개발하려고 했다.

영화는 놓치기 쉬운 사건의 전체적인 흐름을 포착할 수 있다. 영화는 수많은 참여자들의 동시적인 행위들을 담을 수 있다. 영화는 상당한 시간이 흐른 다음에도 참여자들에게 보여주어 행위에 대한 코멘트를 유도하고 사건들을 상기시킬 수 있다. 또한 영화는 분석을 위해 반복해서 볼 수 있다. 그리고 끝으로 영화는 프레임 단위로 볼 수 있어 복잡한 사건들을 단순하고 정확하게 분석할 수 있다.[11]

발리의 "타파칸 시리즈"

지금까지 티머시 애시의 "인도네시아 영화 프로젝트"에 대해 전반적으로 알아보았다. 그러면 인도네시아 영화 프로젝트 가운데 발리 섬의 "타파 칸 시리즈"에 대해 좀 더 자세히 살펴보자.

먼저 티머시 애시의 타파칸 시리즈의 특징은 야노마모 영화에 대한 반 성과 개선책을 담고 있다는 점에 주목할 필요가 있다. 즉 티머시 애시는 발리 섬에서 영화 작업을 시작할 때부터 다음의 네 가지 방식으로 야노마 모 영화의 영화방법론을 개선하고자 했다.

1. 내레이션이 없는 영화는 서구인들에게 종종 "미개한" 사람들에 대한 서구적인 편견을 강화할 수 있다. 따라서 특이한 행위에 대해서는 사회문화적인 맥락을 설명해야 한다. 또한 영화에서 서구인들이 영화 대상들보다 우월하다고 생각할 기회를 제공해서는 안 된다.

2. 영화와 함께 단행본 형태의 교육매체가 만들어져야 한다. 즉 영화 대상의 문화에 대한 편견을 없애고 영화가 보다 교육적인 가치를 지니기 위해서는 사회문화적인 맥락을 제공해주는 자료와 영화가 하나로 통합되어야 한다.

3. 야노마모 영화의 경우, 야노마모 사람들의 생각이나 의견이 잘 드러나는
   대화를 영화에 담지 못한 것을 후회했다. 따라서 "발리 영화"에서는
   개인들이 대화를 통해 내적인 생각을 드러낼 수 있도록 할 것이다.

4. 야노마모 영화의 경우, 야노마모 사람들에게 완성된 영화를 보여주고
   그들의 반응을 듣고 싶었다. 하지만 야노마모 사람들에게 죽은 지 얼마
   되지 않은 사람들의 영상을 보여주면 주술 때문에 사람이 죽었다고
   생각하여 우리를 죽일지 모르기 때문에 영화 대상들에게 영화를 보여줄
   수 없었다.[12]

한편 패치 애시에 따르면, 티머시 애시의 타파칸 시리즈는 1978년 우연히
시작되었다고 한다.

티머시 애시는 1977년 동인도네시아에서 영화 촬영을 시작했다. 그리고
1978년 제임스 폭스가 로티 섬의 2차 연구여행에 합류하기를 기다리는 동안
수리를 마친 카메라를 테스트할 목적으로 1년 전에 만난 인류학자 린다
코너와 함께 약간의 촬영을 해보기로 했다.[13]

당시 린다 코너는 발리 섬에서 박사 학위 논문을 위한 현지조사 중이었
다. 그리고 그녀는 타파칸 시리즈의 주인공이자 발리의 영매·치료사인
저로 타파칸Jero Tapakan[14]뿐 아니라 다른 마을 사람들과도 좋은 유대관계를
맺고 있었다. 티머시 애시와 린다 코너는 저로가 사는 마을에 주로 머물

면서 6주 동안 집중적으로 촬영을 했다.

타파칸 시리즈 가운데 첫번째로 완성된 영화는 《발리의 강신의례》이다. 이어 티머시 애시는 1980년 《발리의 강신의례》를 저로에게 보여주고 그녀의 반응을 촬영하여 두번째 영화인 《저로가 저로를 말하다》를 만들었다.

> 1980년의 두번째 영화 촬영은 영화 참여자들의 협조에 대한 보답으로 그들에게 무엇인가를 제공하고, 또한 촬영된 필름에 대한 참여자들의 시각을 영화로 기록하기 위해 참여자들과 함께 촬영 필름을 보기로 계획했다.[15]

그리고 티머시 애시는 세번째 영화 《매체는 마사지사다: 발리의 마사지 The Medium Is the Masseuse: A Balinese Massage》와 네번째 영화 《저로 타파칸: 발리 치료사의 삶 Jero Tapakan: Stories from the Life of a Balinese Healer》을 차례로 완성했다. 또한 티머시 애시는 본인과 패치 애시 및 린다 코너가 공동 집필한 『저로 타파칸: 발리의 치료사』를 출판했다. 티머시 애시는 "영화와 책의 결합만이 유일한 해석"[16]이라고 역설하면서 자신이 만든 영화 또한 "모든 영화와 마찬가지로 리얼리티의 거울이 아니기 때문에 영화에서 보고 들은 것에 대해 질문을 던지고, 이에 대한 해답을 찾기 위해 단행본 책을 참고 서적으로 사용할 것"[17]을 권했다. 단행본으로 출판된 『저로 타파칸: 발리의 치료사』는 발리의 종교의례 및 전통치료술에 관한 민족지와 영화 제작 과정에 관한 내용을 담고 있다. 특히 이 책은 타파칸 시리즈의 전체적인 개요,

영화 제작의 맥락 및 배경에 대한 민족지적 에세이, 그리고 영화 편집 과정에 대한 상세한 설명을 포함하고 있다. 예를 들어, 이 책의 내용 가운데 패치 애시가 영화 제작 과정에 대해 쓴 글을 보면, 영화의 촬영 시간, 촬영 과정, 조명 상태에 대한 설명뿐 아니라 구체적으로 언제 필름 테이프가 떨어졌고, 티머시 애시가 언제 카메라의 위치를 바꾸었는지 등 세부적인 내용이 담겨 있다. 한편 이 책은 네 편의 타파칸 영화에 대한 전반적인 설명을 담고 있지만, 이 가운데 특히 《발리의 강신의례》와 《저로가 저로를 말하다》에 더 많은 지면을 할애하면서 보다 구체적으로 다루고 있다. 따라서 티머시 애시의 의도대로 『저로 타파칸: 발리의 치료사』는 《저로가 저로를 말하다》와 《발리의 강신의례》의 영화 텍스트를 위한 유용한 스터디 가이드가 되고 있다.

그러면 먼저 타파칸 시리즈의 내용을 살펴보자.

타파칸 시리즈의 첫번째 영화는 저로의 강신의례를 다룬 《발리의 강신의례》(1979)이다. 영화의 배경은 저로의 집 안에 있는 사당祠堂이며, 강신의례의 참가자들은 저로와 열 명 남짓의 의뢰인들이다. 영화는 강신降神이 시작되기 전 린다 코너의 내레이션을 통해 강신에 대해 설명하고 저로를 소개한다. 이어 저로가 강신의례를 준비하는 모습과 저로가 신들리는 모습을 보여준다. 저로는 강신의례가 진행되는 동안 여러 번 신들림 상태가 된다. 첫번째는 죽은 어머니의 신이 들리고, 두번째는 지난번 의례 때 제물을 소홀히 했다고 하여 다시 제물을 요구하는 집 수호신의 신이 들리고, 세번째는 저승 세계로 편하게 가게 해달라고 제물을 요구하는 죽은 아버지의 혼령이, 네번째는 의뢰자의 죽은 아들의 혼령이 들린다. 특히 의뢰인의 아들의 혼령이 나타나 죽음의 원인을 말하면서 화장火葬의례를 베풀어달라고 의뢰인 아버지에게 말하는 장면은 강신의례 중 가장 생생하고 슬픈 정서를 드러내는 부분이다. 한편 의뢰인들은 신들린 저로를 통해 혼령과 대화를 하기도 하고, 저로가 신들림 상태에서 깨어나면 저로에게 궁금한 점을 물어보기도 한다. 또한 혼령과의 대화에서 불확실한 점이 있으면 저로에게 다시 신들림 상태에 들어가 달라고 부탁한다. 그러면 저로는 의뢰인들의 요구에 따라 다시 신들림 상태에 들어간다. 이처럼《발리의 강신의례》는 전체적으로 저로의 신들림, 저로와 수호신 및 혼령의 대화, 의뢰인들과 수호신 및 혼령의 대화, 그리고 의뢰인들과 저로의 대화 모습을 생생하게 보여주고 있다.

타파칸 시리즈 가운데 두번째 영화는《저로가 저로를 말하다》(1981)이다. 이 영화는 린다 코너와 저로가《발리의 강신의례》를 보면서 신들림과 강신의례에 대해 대화를 나누는 내용을 담고 있다. 저로는 영화에 나오는 자신의 모습을 보면서 신들림 상태의 느낌과 강신의례에 대한 자신의 생각을 서슴없이 말한다. 린다 코너는 또한 촬영 당시 영상에 담지 못한 궁금한 점을 저로에게 물어보고, 저로가 이에 답을 한다. 한마디로《저로가 저로를 말하다》는 티머시 애시가 의도한 "정보 제공자의 피드백"의 과정을 잘 보여주는 영화라고 할 수 있다.

타파칸 시리즈 가운데 세번째 영화는 발리의 전통마사지를 다룬《매체는 마사지사다: 발리의 마사지》(1982)이다. 이 영화의 주제는 치료술로서의 "마사지"이며, 주인공은 역시 저로이다. 그리고《발리의 강신의례》가 "영매靈媒"로서의 저로의 모습을 보여주었다면, 이 영화는 발리의 "전통치료사"로서의 저로의 또 다른 모습을 보여준다. 즉 이 영화는 매월 3일째 되는 날, 자신의 집 뜰에서 마사지와 발리의 전통의약으로 환자를 치료하는 저로의 모습을 보여준다. 영화는 크게 두 부분으로 나뉜다. 첫번째 부분은 오랫동안 불임과 발작으로 고생하는 남자 환자를 마사지 시술로 치료하는 저로의 모습을 보여준다. 두번째 부분은 치료가 끝난 지 4일 후, 린다 코너와 남자 환자 그리고 남자 환자의 부인과 서로 대화를 나누는 장면으로 구성되어 있으며, 남자 환자와 그의 부인은 린다 코너에게 남자 환자의 병력病歷과 치료, 불임의 원인에 대해 설명한다. 이처럼 영화는 인간의 신체 구조와 질병, 마사지, 인간과 신과의 관계 그리고 발리의 전통의술에 대한 저로의 생각을 보여준다.

타파칸 시리즈 가운데 네번째 영화는《저로 타파칸: 발리 치료사의 삶》(1983)이다. 이 영화는 린다 코너가 1976년부터 1980년까지 행한 저로의 생애 인터뷰 가운데 그 일부를 보여준다. 영화의 이야기는 25년 전 저로가 치료사가 되기 전으로 거슬러 올라간다. 저로는 25년 전 극심한 가난 때문에 강에 몸을 던져 자살하기로 결심했지만, 이후 마음을 고쳐먹고 남편과 자식들을 떠나 행상인으로 살았다. 그리고 그녀는 북부 발리에서 광기狂氣를 경험한다. 그 후 저로는 집으로 돌아와 신체의 이상한 증후에 대해 많은 영매들과 이야기를 나눈 결과 정화의식을 갖고 영매가 되어야 증세를 치료할 수 있다는 이야기를 들었다고 한다. 그녀는 마침내 종교의식을 거쳐 영매가 되었고, 마지못해 고객을 받기 시작한 지 4년이 지나 빚의 반을 갚았다고 이야기한다. 영화의 끝 부분에서는 마사지사로서 저로의 업業을 이어받기를 원하는 저로의 아들에 관한 이야기로 이루어져 있다. 이처럼《저로 타파칸: 발리 치료사의 삶》은 저로에 관한 자서전적인 영화이지만, 그녀의 가난한 삶, 광기의 경험, 소명을 따르는 과정 등에 관한 저로의 이야기는 다른 많은 발리의 영매·치료사들의 자서전적 이야기와 공통된 요소를 지니고 있으며, 저로의 내러티브 스타일 또한 종종 발리의 전통 민간설화 및 드라마적인 퍼포먼스와 닮아 있다.

《발리의 강신의례 A Balinese Trance Séance》(1979)와 《저로가 저로를 말하다: "발리의 강신의례" 보기 Jero on Jero: "A Balinese Trance Séance" Observed》(1981)

티머시 애시의 타파칸 시리즈의 영화들은 영화의 주제, 영화 스타일 그리고 민족지적 연구 방식에서 서로 닮아 있다. 이 가운데《발리의 강신의례》와《저로가 저로를 말하다》는 티머시 애시의 대표작이자 티머시 애시의 영화방법론을 함축적으로 담고 있는 영화라고 할 수 있다.

의례의 영상화: 개인에 초점

전체적으로 티머시 애시의 인도네시아 민족지영화는 모두 의례를 다루고 있으며, 타파칸 시리즈 또한 발리의 종교적 의례나 퍼포먼스를 영화의 주제로 삼고 있다. 이처럼 티머시 애시가 타파칸 시리즈를 만들면서 의례를 영화의 주제로 선택한 것은 무엇보다도 "문화의 영상화"에 대한 그의 생각과 관계가 있다. 즉 티머시 애시는 어떤 의미에서 문화는 영상화될 수 없으며, 영상화될 수 있는 것은 "사람들의 행위"라고 생각했다. 이런 의미에서 티머시 애시가 생각하는 문화란 "관찰할 수 있는(즉 영상화할 수 있는) 사람들, 사람들의 행위, 사람들 간의 상호 행위와 사건들에 관한 이론"[18]이다.

바로 이 점이 티머시 애시가 의례에 주목한 이유이다.

또한 티머시 애시는 단 한 편으로 한 집단의 일반적인 문화를 요약하여 보여주는 영화에는 관심이 없었다. 예를 들어, 내레이션을 통해 "발리의 강신의례는 일반적으로 이러이러하다."라고 설명해주는 방식의 영화를 선호하지 않았다.

> 나는, 많은 영화들처럼 넓은 캔버스에 색칠하듯 한 시간에 모든 문화를
> 보여주려는 다큐멘터리영화를 선호하지 않는다. 한 시간짜리 영화로는 한
> 집단의 사회적 관계들을 보여줄 수 없다.[19]

이와 달리 티머시 애시가 주목한 것은 보다 미시적인 "문화적 사건"이었다. 특히 티머시 애시가 초점을 둔 것은 발리의 의례이다. 이처럼 타파칸 시리즈 가운데《발리의 강신의례》와《매체는 마사지사다》는 의례라는 문화적 사건을 다루고 있으며,《저로가 저로를 말하다》와《저로 타파칸》은 영화의 주인공이자 정보 제공자인 저로가 문화적 사건에 대해 설명하거나 자신의 개인사에 대해 이야기하는 내용을 담은 영화이다. 이런 의미에서 타파칸 시리즈를 포함한 인도네시아 민족지영화는 모두 "사건영화event film"[20]의 성격을 지닌다고 할 수 있다.

또한 티머시 애시는 타파칸 시리즈에서 문화적 사건이나 의례를 영화화하면서 "개인"에 초점을 두었다. 이러한 티머시 애시의 영화적 방법론은 티머시 애시의 이전 작품인 야노마모 영화와 비교하면 보다 명확해진다. 왜냐하면 야노마모 영화 또한 의례 및 의례적 행위를 다루고 있지만

타파칸 시리즈의 접근 방식과 차이를 보이기 때문이다. 예를 들어, 야노마모 영화 가운데《도끼 싸움》이나《축제》는 타파칸 시리즈와 달리 부족 "전체"의 의례를 다루고 있다. 즉 야노마모 영화에서 개인은 집단의례의 구성원으로 다루어질 뿐 각각의 개성이나 목소리를 드러내지 않는다. 반면 타파칸 시리즈는 이와 정반대의 접근 방식을 취하고 있다. 다시 말해서 타파칸 시리즈는 의례에 참여하는 특정 개인에 초점을 두고 있다. 예를 들어《저로가 저로를 말하다》는 발리의 문화에 관한 영화가 아니라 발리의 영매이자 치료사인 저로에 관한 영화이다. 따라서 관객은 한 개인으로서의 저로를 통해 발리의 문화를 배운다. 여기서 또 한 가지 중요한 점은, 타파칸 시리즈에서 개인에 초점을 둘 뿐 아니라 의례의 참여자인 개인을 능동적인 "사회적 행위자"로 다루고 있다는 점이다. 즉 개인을 수동적인 의례의 구성원이 아니라 자신의 의견을 표출하고, 의례라는 퍼포먼스에 적극적으로 참여하면서 의례를 구성해가는 능동적인 주체로 보고 있다. 또한 티머시 애시는 의례의 정형화된 구조보다는 "과정"으로서의 의례와 의례의 "즉흥성"에 보다 주목했다. 과정으로서의 의례와 의례의 즉흥성과 관련된 티머시 애시의 영화적 방법론에 대해서는 뒷부분에서 보다 자세히 다루기로 한다. 그러면 먼저《발리의 강신의례》를 중심으로 티머시 애시의 영화방법론을 살펴보기로 한다.

《발리의 강신의례》는 제목대로 발리 마을의 영매인 저로의 강신의례를 다루고 있다. 즉 이 영화는 일반적인 발리의 강신의례에 관한 영화가 아니라 저로가 영매로 참여하는 "하나의" 의례에 관한 영화이다. 따라서《발리의 강신의례》는 저로의 신들림을 이야기의 중심축으로 삼으면서 집을 지키는 신神의 강신, 강신의례의 의뢰인들과 죽은 아버지의 이야기, 그리고 얼마 전 어린 나이에 죽은 아들의 사인死因을 밝히고 그의 원혼을 풀어주기 위한 이야기 등을 영화화하고 있다. 영화에 등장하는 사람들은 저로와 의뢰자들 그리고 저로의 입을 통해 등장하는 여러 신들과 혼령들이다.

《발리의 강신의례》는 전체적으로 크게 린다 코너의 보이스오버 내레이션과 다이렉트 시네마의 방식으로 촬영된 장면들로 구성되어 있다. 이 가운데 텍스트의 주를 이루는 것은 다이렉트 시네마 방식으로 촬영된 장면들이다. 반면, 린다 코너의 내레이션은 주로 영화의 앞부분에 많이 등장한다. 그녀는 먼저 내레이션을 통해 저로와 의뢰인을 소개하고 자신과 저로와의 관계 그리고 발리의 종교적 의례에 관해 설명한다. 이처럼 린다 코너의 내레이션은 이른바 "외부적인" 정보와 설명을 제공하는 역할을 한다. 예를 들어, 영화의 타이틀 다음에 등장하는 린다 코너의 내레이션은 다음과 같다.

(린다 코너의 내레이션)

저로 타파칸은 중앙 발리 지역의 작은 마을에 산다. 그녀는 발리의 일상사에 영향을 주는 많은 신들 및 혼령과 접촉하는 능력을 가진 영매로 존경을 받고 있다. 나는 2년 동안 발리의 신들림과 주술 및 치료를 연구하기 위해 현지조사를 했는데, 그 초기에 저로를 만났다. 나는 현지조사 기간 동안 그녀와 친밀하게 지내며 연구를 진행했다.

지난 20년간, 저로는 영매로서 경력을 쌓아왔다. 그녀는 신들림 의식을 하며 번 돈으로 그녀의 가족을 경제적으로 부양해왔다.

그녀는 통상적인 의학으로 치료되지 않는 정신적이고 육체적인 질병에 여러 번 시달린 후에 영매가 되었다. 그녀는 한 신들림 의식에서 이러한 질병들은 그녀의 수호신이 그녀가 영매로 선택되었다고 그녀에게 보내는 신호라는 말을 들었다. 그녀는 영매로서의 소명을 수행할 수 있게 하는 정교한 정화의식을 거쳤으며, 그 후에 신체의 이상한 증세들이 사라졌다.

신들과 혼령들은 인간사와 매우 가깝게 연결되어 있기 때문에 저로가 지닌 영적인 능력은 발리에서 매우 높게 평가된다. 발리에서는 일상생활의 중요한 부분을 이루고 있는 많은 의례들을 행할 때 이러한 초자연적인 존재의 인도引導를 구한다.

죽은 친척들의 혼령뿐 아니라 마을과 집 수호신은 영매를 통해 의뢰자들에게 직접 이야기한다.

의뢰자들은 종종 시내 또는 조금 멀리 떨어진 마을에서 영매의 집으로 찾아온다. 그들이 영매를 찾아와 상담하는 문제는 다양하다.

때로 질병이나 사고에 관한 조언을 구하면서 의술이나 불행의 초자연적인 원인에 대한 정보를 얻길 원한다.

때로 그들은 새 집이나 사원을 지을 올바른 장소, 가족 싸움, 지역의
정치적인 논쟁을 해결하기 위한 방법이나 중요한 의례를 행하기 위한 지침을
얻기를 원한다.

불운은 중요한 의례를 소홀히 했거나, 집이나 사원의 위치가 불길한 곳에
있거나, 또는 초자연적인 응징 같은 것들로부터 생긴다.

의뢰인들은 보통 가족의 사원 옆에 있는 영매의 사원에 들어오기 전에
베란다에서 차례를 기다린다.

영화 촬영이 있던 날, 북서쪽으로 20킬로미터 떨어진 마을에 사는 한 집단의
친족들이 저로를 찾아왔다.

이처럼 린다 코너의 내레이션은 저로와 강신의례에 대한 개관적인 설명
을 제공할 뿐 아니라 영화 중간에도 이야기의 중간 고리 역할을 하면서 의
례 도중 일어나는 상황이나 의례의 내용에 대해 설명한다.

(린다 코너의 내레이션)

매번 다른 신이나 혼령이 그녀에게 들어온다.

신들림 의식이 시작되면 저로는 그녀의 의뢰인들을 위해 신들림에 들어갈 수
있는 능력을 달라고 그녀의 수호신에게 기도를 드린다.

(중략)

이제 저로는 가족들 중 한 의뢰인의 요청에 따라 세 번 신들림에 들어간다.

그녀는 긴 주문을 외우기 시작하면서 신들림에 들어간다.

하지만 린다 코너의 내레이션은 영화에 전체적인 밑그림을 제공하고 이야기의 전개를 위해 사용될 뿐,《발리의 강신의례》는 전체적으로 다이렉트 시네마 방식으로 촬영되었다.

《발리의 강신의례》는 신들림에 대해 이야기하는 저로의 모습으로 시작한다.

(저로)

나는 신들림 상태에서 나오면 아무것도 기억하지 못해요.

누군가가 나에게 말해주어야 해요.

나에게 뭐랄까? 신들림 상태에서 이야기하는 것은 아주 복잡한 일이죠.

나는 의뢰인의 요구에 따라 네다섯 번 신들림 상태가 되죠.

이후 영화는 저로와 의뢰인을 오가면서 강신의례를 보여준다. 특히 티머시 애시는 정형화된 강신의례가 아니라 저로와 의뢰자들이 만들어가는 의례의 과정을 보여준다. 이러한 강신의례의 모습은 의뢰인과 죽은 혼령이 마치 산 자와 대화하듯 자연스럽게 대화하는 장면에서 잘 드러난다.

아버지의 혼령: 너는 신을 달래기 위한 의례의 일부를 잊었다.

의뢰인: 지금 말씀하시는 분은 누구의 아버님이시죠?

아버지의 혼령: 네 아버지다.

의뢰인: 만약 우리가 그런 것들을 몰랐다면 용서하세요.

아버지의 혼령: 너희는 나를 위해 제물을 제대로 바쳐야 한다.

의뢰인: 물론 우리는 의례를 베풀 겁니다.

또한 의뢰자들은 신들림 상태의 저로가 혼령과 대화하는 도중에 끼어들어 혼령에게 의례나 아들의 사인을 물어본다.

죽은 아들의 혼령: 아버지 여기
　　　　　　　　계세요?

의뢰인: 그래.

죽은 아들의 혼령: 저예요. 여기
　　　　　　　　내려왔어요.

의뢰인: 그래.

죽은 아들의 혼령: 할머니?

의뢰인:	여기 계신다. 할머니가 너랑 이야기하려고 오셨다.
죽은 아들의 혼령:	어머니는요?
의뢰인:	어머니는 오늘 못 왔다.
죽은 아들의 혼령:	왜요?
의뢰인:	어머니는 오늘 부정不淨 타서 오지 못했다.
죽은 아들의 혼령:	제가 죽은 이유를 알고 싶으세요? 아니면 제가 화장火葬을 원한다는 것을 알고 싶으세요?

이처럼 저로는 신들림 상태에서 혼령들과 이야기하고, 의뢰인들은 혼령들의 요구가 무엇인지 듣는다. 그리고 저로는 신들림에서 깨어나면 의뢰인들과 대화를 나눈다. 만약 이때  의뢰인들이 더 알고 싶은 것이 있으면 저로에게 다시 신들림 상태에 들어가 달라고 주문한다. 그리고 저로는 의뢰자의 요구에 따라 다시 신들림 상태가 된다.

저로:	아까 수호신이 말한 그 의례에 대해 이해했어요?
의뢰인:	우리가 의례를 베풀어야 한다고 말한 게 언제였죠?
저로:	당신들은 그 의례를 소홀히 했어요. 그걸 다시 잊으면 안 돼요.
의뢰인:	그걸 집에서 해야 하나요? 아니면 야외의 작은 집에서 해야

하나요?

저로: 야외의 작은 집에서 해야죠.

의뢰인: 저로, 한 번 더 신들림에 들어가 주세요. 우리는 좀 더 자세히
                 알고 싶어요.

지금까지 본 것처럼 티머시 애시는 일반적인 발리의 강신의례에 대해 설명하는 방식에서 벗어나 저로를 포함한 각 개인들이 적극적으로 의례에 참여하는 과정을 보여준다. 따라서 관객들은 일반적인 발리의 문화에 대한 설명을 듣지는 않지만, 영화 속의 사건들과 사람들의 행위를 보면서 하나의 강신의례를 이해하기에 충분한 정보를 제공받는다. 즉《발리의 강신의례》에서 관객들은 30분 동안 영매인 저로와 의뢰인들 그리고 여러 신들과 혼령들이 참여하는 하나의 강신의례를 통해 발리의 영매, 제물, 신들림, 정화의식, 접신接神, 혼령과의 대화, 혼령을 달래기 위한 의례의 종류 등과 같은 발리의 문화에 대해 배운다.

정보 제공자의 피드백

타파칸 시리즈의 또 다른 특징은 "정보 제공자의 피드백"이다. 즉 티머시 애시는 촬영된 필름을 정보 제공자에게 보여주고, 영화 속의 사건에 대한 정보 제공자의 피드백을 영화화했다. 한편 이러한 정보 제공자의 피드백에 대한 티머시 애시의 생각은 야노마모 영화에 대한 반성에서 나온 것이다.

나는 야노마모 영화를 야노마모 참가자들에게 보여주지 못했으며, (중략)

게다가《도끼 싸움》을 만들 때 사건에 대한 여러 참여자들의 다양한 해석을 기록하려고 하지 않았다.[21]

이처럼 티머시 애시는《도끼 싸움》과 같은 야노마모 영화들이 결연과 호혜성과 같은 문화의 중요한 측면을 다루고 있지만 영화 속의 사건에 대한 야노마모 사람들의 생각을 영화에 담지 못했다는 점을 불만족스럽게 생각했다. 따라서 티머시 애시는 인도네시아 영화를 만들면서 영화 대상의 시각을 영화에 담기로 계획했으며, 결국 티머시 애시의 의도대로 타파칸 시리즈를 포함한 인도네시아 영화는《언어의 물The Water of Words》을 제외하고 모두 정보 제공자의 피드백의 방식이 포함된 영화로 완성되었다.

타파칸 시리즈 가운데 정보 제공자의 피드백이 가장 잘 드러나는 영화는《저로가 저로를 말하다》이다. 한편 티머시 애시가《저로가 저로를 말하다》를 만들겠다는 생각은 학부 수업에서 나왔다. 즉 티머시 애시는 1978년 자신이 가르치고 있던 호주의 애들레이드대학에서 학생들에게《발리의 강신의례》를 보여주고 그들의 반응을 물었다. 그런데 이 영화를 본 학생들 가운데 몇몇 학생들이 영화에 성찰적인 요소가 없다고 비판했다. 티머시 애시는 이러한 학생들의 반응을 듣고 정보 제공자의 피드백이 반영된 영화를 만들기로 했다. 그 후 티머시 애시는 저로에게《발리의 강신의례》를 보여주고 그녀의 반응과 생각을 촬영하여《저로가 저로를 말하다》를 완성했다. 따라서《저로가 저로를 말하다》는 다른 세 편의 타파칸 시리즈의 영화들과 형식을 달리한다. 즉《저로가 저로를 말하다》는 주로《발리의 강신의례》를 보는 저로와 린다 코너의 대화로 구성되어 있다.

따라서《발리의 강신의례》의 장면이 텔레비전을 통해 자주 등장한다.

영화는 저로가 영화 속에 등장하는 자신의 모습을 신기한 듯 바라보는 장면으로 시작된다.

린다 코너: 영화가 막 시작됐어요.

저로: 저거 우리 사당이네요? 오, 연기가 자욱한데.

저로: 미쳤어……. 내가 조금 미친 것처럼 보이는데. 저 연기 좀 봐.

이어《발리의 강신의례》에서 저로가 신들림에 들어가기 위해 주문을 외우고 있는 장면이 나타난다.

《발리의 강신의례》의 영화 장면

저로: 옴, 천상의 신이여, 산신山神이여. 오 하늘의 주인이시여…….

이 장면을 보고 저로는 당시 상황을 전혀 기억하지 못하는 듯 다음과 같이 말한다.

저로: 오!

린다 코너: 이제 신이 들렸군요.

저로: "엄마가

             왔다."《발리의

             강신의례》의 사운드)

나는 혼령이 말하고 있다는 것을 전혀 알지 못했는데…….

위의 예에서 보듯 "정보 제공자의 피드백" 방식은 과거에 행해진 의례에 대한 기억을 되살려 저로의 즉각적인 반응을 유도해낼 수 있다. 한편《저로가 저로를 말하다》의 영화방법론은 이른바 "사진유도기법photo-elicitation"[22]과 매우 유사하다. 사진유도기법은 연구자와 연구 대상자가 함께 사진 텍스트를 보고 인터뷰를 진행하는 방식이다. 이러한 인터뷰 방식은 과거에 일어난 사건에 대한 기억을 되살리는 데 매우 유용하다. 이는《저로가 저로를 말하다》에서 저로가 신들림 상태에 들어가는 자신의 모습을 보고 신들림 상태에 대해 설명하는 장면에 잘 나타난다.

저로:　지금 신이 내리고
　　　있어요.

린다 코너:　그렇죠.

저로:　이제 시작할 수
　　　있어요. 내가 말을
　　　붙이려는 신과 막

접신했을 때가 바로 잊어버리는 때죠. 그리고 그게 바로 내게 신이 내린 거죠. 때로 푸라 다렘에서 온 신들이 내립니다. 나는 신들이 내리는 데 시간이 오래 걸리지 않기를 부탁합니다. 나는 이때 오락가락하는 기분이 들어요. 나는 잠시 잊었다가 잠시 기억했다가 그러죠.

저로:　하지만 나는 아직 기억하고 있어요. 의뢰자가 타다 남은 불을

치우고 있네요.

린다 코너:　오!

저로:　신들림에 들어가는 게 빠르네, 빠르네. 나는 내가 어떤 모습인지

전혀 몰랐는데. 이제 영화를 보니 알겠네. 내가 이런 모습을

보여주다니 아주 대단한걸, 대단해.

저로:　내 입술이 말하고 있네요. 하지만 나는 그걸 의식하지 못해요.

저로:　하지만 나는 듣고 있어요. 깜깜한 상태에서 누군가 말을 하고

있지만, 나는 그걸 받아들지 않아요. 그리고 깜깜한 상태가 되죠.

저로:　하지만 나는 듣고 있어요.

저로:　나는 이렇게 느끼고 있죠. 조용하게. 신들렸을 때 나는 이런 식으로

느끼죠. 내 귀가 듣고 있어요. 나는 누군가가 여기 위에서 말하는

것을 느껴요.

린다 코너:　정말요? 목소리가 분명하게 들리나요?

저로:　목소리가 있으면 들리죠. 여기 내려온 신들이 그런 것처럼 나도

그걸 듣죠. 나도 듣고, 그들도 듣고…….

저로:　나는 말하고 있지만, 무슨 말을 하고 있는지 이해하지 못해요.

이렇고, 저렇고, 이렇고……. 그저 멍한 상태죠. 나는 눈을 뜰 수

없어요. 목소리가 끝나면 텅 빈 상태가 되죠……. 그리고 나서

밝아지죠.

위의 장면처럼 영화 대상에게 영화 장면을 보여줌으로써 신들림과 같이

객관적으로 설명하기 힘든 당사자의 체험 등에 대해 구체적인 이야기를 들을 수 있다. 또한 이는 연구자(린다 코너)와 영화 대상(저로)과의 대화를 자연스럽게 이어주는 역할을 하기도 한다.

일반적으로 영화는 촬영 현장에서 일어난 사건만을 기록할 수 있기 때문에 현장에서 놓친 질문이나 내용은 영화에 담을 수 없다. 하지만《저로가 저로를 말하다》처럼 영화를 보여주고 대화하는 방식은 영화 대상에게 보충 설명을 유도하고, 영화 대상의 피드백을 통해 추가적인 인류학적 지식이나 연구자가 미처 알지 못했던 정보를 얻을 수 있다. 그 예를 들어보자. 다음은《발리의 강신의례》의 한 장면이다.

《발리의 강신의례》의 영화 장면)

어머니의 혼령: 이 세상에서 지은 내 죄가 아직 속죄되지 않았다. 너희는 자우만 제물을 소홀히 했다. 내 자식들이 내 죄의 속죄를 위해 무엇을 해줄 것인가? 여기에서 나의 운명은 불확실하다.

미상:　　　어머님의 속죄를 위해 우리가 무얼 하길 원하세요?

어머니의 혼령: 베타라 구루에게 자우만 제물을 바쳐야 한다. 너희가 그 제물을 바치기 전까지는 내 죄가 속죄되지 않는다.

저로는 이 장면을 보고 상황을 보충 설명한다. 다음은《저로가 저로를 말하다》의 한 장면이다.

저로:　　　파키디 의식儀式도 없고, 페라스 제물도 없고.[23] 그러니까 만약

페라스 제물이 없으면 의식은 완성된 게 아니죠.

린다 코너: 그렇죠.

저로: 파키디 의식. 발리에서 파키디는 다른 형태의 것이죠. 페라스는
제물이에요. 그게 끝나지 않은 거죠. 문제가 있는 것은 바로 그것
때문이에요.

이처럼 린다 코너는 저로와 대화를 하며 궁금한 점에 추가 설명을 듣고,
관객들 또한 의례에 대해 보다 충분한 정보를 얻을 수 있다.

다음은 죽은 아들의 혼령에 관한 장면이다.《발리의 강신의례》를 보면
죽은 어머니의 혼령, 집을 지키는 신, 죽은 아버지의 혼령, 죽은 아들의 혼
령이 차례로 나타난다. 이 가운데 죽은 아들의 혼령이 나타나는 장면이
가장 감정적으로 복받치는 장면이다. 왜냐하면 어린 아들이 제 명命을 살
지 못하고 죽었기 때문이다. 따라서 아들의 혼령이 나타나 이야기하는 도
중 아버지와 친척들 모두 눈물
을 흘린다. 그리고 저로는 영화
속에서 울고 있는 자신의 모습
을 바라본다. 이 장면을 보고
린다는 저로에게 다음과 같은
질문을 던진다.

저로: 저 사람(죽은 아들 혼령의 아버지)은 부카만에서 온 사람이죠?
그렇죠? 그는 눈물을 흘리지 않으려고 애쓰고 있네요. 그들은

아들을 기억하고 있고, 누군가가 그를 죽였다는 사실을 알고 있죠.
저 사람들은 그 사실에 대해 물어보는 것을 두려워하지 않아요.
그들은 뒤에서 울고 있네요.

린다 코너: 그래요. 그런데 저 사람들은 아무 데서나 우는 것을 창피하다고
생각하나요?

저로: 린다, 그건 이런 거예요. 만약 당신이 죽었다면, 영매를 통해 다른
사람과 이야기하겠죠. 당신은 친척들에게 당신의 병의 원인을
알려주죠. 당신은 마치 살아 있는 사람처럼 말하죠. "어머니,
저에게 돈을 주세요."
"어머니, 저에게 쌀을
주세요." 그들은
혼령이 살아 있을 때를
떠올리죠. 그래서
그들이 우는 거예요.

이어 린다 코너가 궁금한 점을 저로에게 물어보자 저로는 비유를 들어가
면서 설명을 해준다.

저로: 예를 들어, 만약 린다 당신이 나를 아프게 해서 내가 죽었다고
합시다. 그러면 나는 내 어머니에게 가서 "어머니, 저를 위해
브라흐마, 비슈누 그리고 시바 신에게 제물을 베풀어주세요. 나는
린다를 병들게 하고 싶어요."라고 말하죠. 이런 식입니다.

종합적으로 보자면, "정보 제공자의 피드백" 방식은 민족지가 단순히 사건에 대한 기록이 아니라 인류학자와 정보 제공자에 의해 구성될 수 있다는 것을 보여주는 것이라 할 수 있다. 그리고 같은 맥락에서《저로가 저로를 말하다》는 인류학자와 영화 대상 간의 관계 및 영화 제작의 과정과 맥락을 드러낸다는 점에서 "성찰성의 예시"[24]라고 볼 수 있으며,《저로가 저로를 말하다》는 하나의 영화 텍스트가 다른 영화 텍스트의 주제가 되는 "메타다큐멘트meta-document"[25]의 좋은 예라고 할 수 있다. 또한 다른 측면에서 보자면《저로가 저로를 말하다》처럼 영화 대상에게 완성된 영화를 보여주는 것은 영화 제작의 윤리와도 관계가 있다. 즉 일반적인 민족지영화나 다큐멘터리영화의 경우 영화가 완성된 후 이를 영화 대상과 공유하는 경우는 매우 드물다. 하지만 티머시 애시는 영화 텍스트를 저로와 의뢰자 가족들에게 보여줌으로써 이들에게 강신의례에 대해 되새겨볼 수 있는 기회를 제공했다는 점에서 영상 윤리의 측면에서도 올바른 선택이었다고 볼 수 있다.

한마디로《저로가 저로를 말하다》는 타파칸 시리즈 가운데 가장 실험적인 영화라고 할 수 있으며, 티머시 애시가 인도네시아 영화를 기획하면서 생각했던 "정보 제공자의 피드백"을 성공적으로 실험한 작품이라고 할 수 있다.

즉흥적 촬영opportunistic filming

《발리의 강신의례》와《저로가 저로를 말하다》를 보면 일반적인 민족지영화와 달리 정지 화면이나 스틸 사진을 사용한 곳이 많이 눈에 띈다. 또한 일반 관객들은 쉽게 알아차리지 못하겠지만 영화 군데군데 인서트 쇼트가 들어 있음을 알 수 있다. 이러한 영화의 특징들은 티머시 애시의 이른바 "즉흥적 촬영" 방식과 관련이 있다.

일찍이 리처드 소렌슨Richard Sorenson과 앨리슨 자브롱코Allison Jablonko는 민족지영화 감독들에게 즉흥적 촬영 방식을 권하면서 다음과 같이 말한 적이 있다.

> 기회를 잡아라. 어떤 흥미로운 일이 생기면 바로 카메라를 들고 촬영해라.
> 즉흥적인 촬영은 자연적으로 일어나는 현상을 영상으로 기록하기 위한
> 자유로운 접근 방식이다. 이런 방식은 낯선 환경에서 일어나는 사건들을 잘
> 다룰 수 있게 해준다.[26]

이처럼 즉흥적 촬영은 말 그대로 촬영 현장에서 그때그때의 상황에 맞게 즉흥적으로 촬영하는 방식을 말한다. 즉 이는 사전에 준비된 촬영 대본에 맞추어 촬영하는 방식과 대조된다. 티머시 애시 또한 종종 자신의 촬영 방식을 언급하면서 즉흥적 촬영[27]이라는 용어를 사용하곤 했는데, 이러한 티머시 애시의 즉흥적 촬영 방식은 의례를 보는 티머시 애시의 시각과 관련이 있다. 즉《발리의 강신의례》에서처럼 저로가 언제 신들림의 상태에 들어갈지 모르는 일이고,《저로가 저로를 말하다》에서 저로가 말한 것처럼 "어떤 신이 먼저 나타날지 모르는" 상황에서 촬영 대본은 있을 수 없다. 그리고 의뢰자들도 수동적으로 의례를 쳐다보고만 있는 것이 아니라 갑자기 의례에 끼어들어 혼령과 이야기하기도 하고, 신들림 상태에서

깨어난 저로에게 궁금한 점을 질문하기도 한다. 티머시 애시는 바로 이러한 즉흥적인 의례의 과정에 주목했다. 따라서 촬영 방식도 즉흥적일 수밖에 없었다.

하지만 티머시 애시의 즉흥적 촬영 방식에는 장단점이 있다. 우선 장점으로는 의례 도중 돌발적으로 일어나는 일들을 자연스럽고 민첩하게 촬영할 수 있다는 점이다. 티머시 애시 또한 즉흥적인 촬영 방식으로 촬영한 필름은 촬영 대본으로 촬영한 필름보다 민족지적 연구를 위한 데이터로서 우수하다고 생각했다.[28] 문제는 편집이다. 즉 즉흥적 촬영처럼 차후의 편집을 생각하지 않고 촬영된 필름을 편집하는 것은 때로 매우 어려운 작업이 될 수 있다. 실제로 타파칸 시리즈의 편집자인 패치 애시 또한 영화의 편집에 필요한 촬영 필름이 없는 경우가 여러 번 있었다고 진술했다. 이처럼 영화를 편집할 때 영화적 이야기의 전개를 위해 필요한 쇼트가 없을 경우 편집자는 매우 당황스러울 수밖에 없으며, 편집자가 선택할수 있는 편집 방법은 그리 많지 않다. 결국 패치 애시는 타파칸 시리즈를 편집하면서 이러한 문제점들을 극복하기 위해 새로운 스타일의 편집 방식을 고안해냈다. 그것은 바로 "스틸 사진"과 "인서트 쇼트"의 사용이다. 그러면 먼저 《저로가 저로를 말하다》의 편집 방식을 구체적으로 살펴보기로 한다.

《저로가 저로를 말하다》의 오프닝 시퀀스 맨 앞부분의 세 개의 쇼트는 각각 세 장의 스틸 사진으로 구성되어 있다. 즉 《저로가 저로를 말하다》의 첫번째 쇼트는 저로의 모습을 찍은 스틸 사진이다. 그리고 이 사진 위에 "Jero on Jero: 'A Balinese Trance Séance' observed"라는 영화 제목이 중첩되어 나타난다. 하지만 이 스틸 사진은《저로가 저로를 말하다》의 촬영 당시에 찍은 사진이 아니라 저로가 자신의 전기傳記를 다룬 영화를 보고 있는 모습을 사진으로 찍

은 것이다. 이어 영화는 저로의 스틸 사진이 페이드아웃fade-out 되면서 저로의 동영상으로 바뀐다. 그리고 다시 이어 이 동영상은 저로의 집을 찍은 두번째 사진으로 바뀐다. 이 스틸 사진 위로 "1978년 우리는 발리의 영매인 저로 타파칸의 집에서 강신의례를 촬영했다."라는 자막이 뜬다. 이 스틸 사진도《저로가 저로를 말하다》의 촬영 당시 찍은 사진이 아니라 이전에 저로의 집 밖에 있는 나무 위에 올라가서 찍은 사진이다. 세번째 쇼트는 비디오 모니터를 보고 있는 저

로와 린다 코너의 모습을 촬영하는 티머시 애시의 모습을 찍은 스틸 사진이다. 이 스틸 사진 위로 "2년 후, 우리는 완성된《발리의 강신의례》의 비디오테이프를 보기 위해 저로를 이웃 마을로 데리고 갔다."라는 자막이 보인다. 이 스틸 사진 또한 앞의 경우와 마찬가지로 저로의 삶을 다룬 영화를 저로와 린다 코너가 보고 있을 때 패치 애시가 찍은 사진이다. 그리고 이어 "A Balinese Trance Séance"라는 타이틀이 나타나고, 패치 애

시가 "1980년 10월 17일, 오전 10시 20분"이라고 마이크에 속삭이는 목소리가 들린다.

이어 본격적으로 영화가 시작되면서 영화 텍스트의 모습은 달라져 TV 모니터 속의《발리의 강신의례》를 보고 있는 저로와 린다 코너를 촬영한 동영상, TV 모니터 속의《발리의 강신의례》의 영화 장면, 그리고 여러 장의 스틸 사진(저로, 린다 코너, 의뢰인들의 스틸 사진)으로 구성된다. 이후 영화의 편집은 오프닝 시퀀스 때보다 수월했을 거라고 생각된다. 왜냐하면 현장에서 촬영한 장면과 TV 모니터 속의《발리의 강신의례》의 장면을 번갈아가면서 편집할 수 있기 때문이다. 예를 들어, 저로와 린다 코너가 TV 모니터를 보면서 이야기를 나누는 장면만으로 편집할 경우, 두 사람 간의 대화 소리 같은 사운드는 연속적으로 유지하고 싶은데 이에 상응하는 촬영 필름이 없을 수 있다. 이럴 경우, 중간에 TV 모니터의 장면, 즉 TV 모니터 속에 나오는《발리의 강신의례》의 영화 장면을 넣으면 사운드를 그대로 유지하면서 자연스럽게 장면을 연결할 수 있다. 즉 "현장에서 촬영한 장면(예: 저로와 린다의 모습 A)"-"《발리의 강신의례》의 영화 장면"-"현장에서 촬영한 장면(예: 저로와 린다의 모습 B)"과

같은 식으로 편집하면 점프 컷이 생기지 않고 영화의 연속성을 유지할 수 있다. 이처럼 패치 애시는 《저로가 저로를 말하다》를 편집하면서 영화의 연속성을 유지하기 위해 TV 모니터

속의 《발리의 강신의례》의 장면을 자주 사용했을 것으로 추측할 수 있다. 즉 영화의 초반부가 지나면 스틸 사진이 사라지고 《저로가 저로를 말하다》의 촬영 현장에서 촬영한 필름과 TV 모니터 속의 《발리의 강신의례》의 영화 장면이 번갈아 나타나는 것을 보아 이러한 사실을 알 수 있다. 다음은 《발리의 강신의례》를 살펴보기로 한다.

　《발리의 강신의례》 또한 《저로가 저로를 말하다》의 경우처럼 스틸 사진을 여러 번 사용했다. 《발리의 강신의례》의 첫번째 쇼트는 저로가 주문을 외우기 시작한 지 얼마 되지 않아 신들림 상태가 되는 과정을 보여준다. 두번째 쇼트는 저로가 오른손에는 제물용 꽃을, 왼손으로는 향로를 들고 있는 모습의 스틸 사진이다. 그리고 이 스틸 사진 위로 영화 제목과 제작 연도 그리고 티머시 애시와 린다 코너의 이름이 뜬다.

한편 스틸 사진이 지속되는 동안 저로가 주문을 외는 소리가 들린다. 하지만 이 사운드는 스틸 사진의 장면과 맞지 않는다.

패치 애시가 편집을 하면서 스틸 사진을 사용한 것은 바로 이 때문이다. 즉 저로의 모습이 스틸 사진이 아니라 동영상이라면 영상과 사운드(주문을 외는 저로의 목소리)가 정확히 상응되어야 하지만,《발리의 강신의례》처럼 스틸 사진을 이용하면 사운드의 연속성을 유지하면서 편집할 수 있다. 이어지는 네번째 쇼트에서 열한번째 쇼트까지는 모두 스틸 사진으로 구성되어 있다. 즉 저로, 린다 코너, 의뢰인 할머니와 다른 여성, 다른 의뢰인들, 길거리의 의뢰인들 등 다양한 스틸 사진이 이어져 나온다. 여기서 다시 주목할 점은 이러한 스틸 사진의 사운드로 린다 코너의 보이스오버 내레이션을 사용했다는 점이다. 예를 들어, 네번째 쇼트는 저로와 함께 있는 린다 코너의 스틸 사진이다. 그리고 이 스틸 사진이 이어지는 동안에 아래와 같은 린다 코너의 보이스오버 내레이션이 들린다.

(린다 코너의 내레이션)

나는 2년 동안 발리의
신들림과 주술 및 치료를
연구하기 위해 현지조사를
했는데, 그 초기에 저로를
만났다. 나는 현지조사 기간
동안 그녀와 친밀하게 지내며
연구를 진행했다.

이때 린다 코너의 보이스오버 내레이션은 후시녹음을 한 것이기 때문에

그녀의 내레이션과 스틸 사진으로 편집하는 것은 비교적 수월했을 것이다. 그리고 네번째 쇼트에서 열한번째 쇼트까지는 모두 같은 방식으로 편집한 것으로 추측할 수 있다.

한편《발리의 강신의례》의 경우에는 스틸 사진 외에 티머시 애시의 즉흥적 촬영 방식의 문제점을 보완하기 위해 인서트 쇼트가 사용되었다. 인서트 쇼트는 일반적인 영상편집에서 자주 사용되기 때문에 티머시 애시의 영화에 특유한 것은 아니지만, 이 또한 티머시 애시의 즉흥적 촬영 방식에 대한 보완적인 수단으로 사용되었음을 알 수 있다.《발리의 강신의례》에서는 전체적으로 모두 다섯 개의 인서트 쇼트가 사용되었다. 예를 들어, 쇼트 30은 향로를 들고 있는 저로를 클로즈업으로 촬영한 장면이다. 이와 함께 편집된 사운드는 다음과 같다.

아버지의 혼령: 내가 떠나기 전에
　　　　　　쌀과 위스키 좀
　　　　　　달라.
의뢰인:　　　우리를 용서하세요,
　　　　　　존경하는 아버님.
의뢰인(할머니): 위스키는 없어요.

그리고 이에 이어지는 쇼트 31은 의뢰인 아들의 처제를 찍은 장면이다. 그리고 쇼트 30에 이어지는 혼령의 말을 사운드로 사용하고 있다.

아버지의 혼령: 그러면, 나에게 돈을 조금 달라. 나는 지금 떠나려 한다.

한편 일반적인 편집 방식을 따를 경우 쇼트 31의 사운드와 상응하는 장면은 저로의 모습을 담은 장면이다. 그러면 이미지와 사운드가 자연스럽게 연결된다. 그런데 왜《발리의 강신의례》에서 특별한 이유 없이(즉 인서트 쇼트의 장면을 보여주어야 하는 이유 없이) 중간에 인서트 쇼트, 즉 처제의 동영상 장면을 넣었을까? 이는 사운드에 상응하는 장면, 즉 저로의 모습을 촬영하지 못했기 때문이다. 따라서 이럴 경우 할 수 없이 위와 같은 인서트 쇼트를 사용할 수밖에 없다. 영화 전체에서 이러한 예는 여러 번 발견된다.

또 다른 경우를 예로 들어보자. 쇼트 37과 쇼트 39는 저로의 모습을 담은 영화 장면이다. 하지만 그 사이에 들어 있는 쇼트 38은 한 젊은 남자의 동영상 장면이다. 즉 인서트 쇼트이다. 반면 쇼트 37, 쇼트 38, 쇼트 39의 사운드는 모두 죽은 아들의 혼령과 의뢰자인 아버지의 대화를 담은 사운드다. 이처럼《발리의 강신의례》

를 보면, 사운드는 연속적으로
이어지고 있는데 중간에 사운
드의 내용과 특별히 관계가 없
는 장면이 들어 있는 부분이 있
다. 티머시 애시도 쇼트 38의
인서트 쇼트에 대해 『저로 타
파칸: 발리의 치료사』에서 "다
시 한 번 우리는 혼령이 떠나는
장면을 담은 촬영 필름이 없었
다. 이 쇼트(쇼트 38)는 훨씬 나
중에 찍은 것이다. 사운드는 연

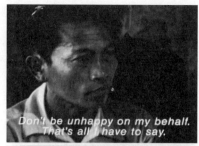

속적이다."²⁹라고 밝히고 있다. 이렇게 본다면《저로가 저로를 말하다》와
《발리의 강신의례》에서 사용된 스틸 사진과 인서트 쇼트는 모두 티머시
애시의 즉흥적 촬영 방식에 따른 편집의 결과라고 할 수 있다.

　지금까지 타파칸 시리즈를 통해 티머시 애시의 영화방법론을 고찰했
다. 끝으로 타파칸 시리즈와 야노마모 영화를 비교해보면 몇 가지 차이점
이 드러난다. 먼저 야노마모 영화에서는 의례를 영화화하면서 한 집단의
문화에 초점을 두었으나, 타파칸 시리즈에서는 의례의 참여자인 개인의
정체성을 드러내는 데 주안점을 두었다. 둘째로 야노마모 영화에서는 주
로 "남성"의 시각을 중심으로 이야기가 전개되지만, 타파칸 시리즈는 저
로 타파칸이라는 한 "여성"을 주인공으로 삼아 그녀의 시각을 드러내고
있다. 셋째로 타파칸 시리즈는 야노마모 영화와 달리 영화 대상들에게 영

화를 보여주고 그들의 시각을 담으려 했다.

　종합적으로 본다면, 타파칸 시리즈는 인도네시아 영화를 기획할 때 티머시 애시가 의도했던 것들을 성공적으로 달성했다고 볼 수 있다. 한편 인류학의 연구 경향과 관련하여 야노마모 영화와 타파칸 시리즈를 비교하면, 야노마모 영화는 1960년대와 1970년대 초의 문화적 결정론의 시각에서 "이국적인 문화"를 무無시간적이고 정형화된 모습으로 재현하는 방식의 전형적인 예라면, 타파칸 시리즈는 능동적인 사회적 행위자로서 개인과 민족지적 만남의 성찰성을 강조하던 1970년대 말과 1980년대의 미국인류학의 학문적 경향을 반영하고 있다고 볼 수 있다.[30]

5부

데이비드 맥두걸
David MacDougall

10장

관찰적 시네마와
《가축들과 함께 살기: 건기의 지에 사람들》(1974)

데이비드 맥두걸David MacDougall (1939~)은《가축들과 함께 살기: 건기의 지에 사람들To Live With Herds: A Dry Season the Jie》(1974)[1]을 시작으로 하여 최근의《간디의 아이들Gandhis' Children》(2008)에 이르기까지 아프리카, 호주, 사르데냐, 인도 등지에서 수십 편의 민족지영화를 만들었다.[2] 또한 그는 지속적으로 영상인류학과 민족지영화에 관한 이론적인 글을 발표하는 학자로도 잘 알려져 있다.

그리고 데이비드 맥두걸은 이 책에서 다루고 있는 민족지영화 감독들 가운데 가장 체계적인 민족지영화 교육 과정을 거쳤다. 즉 데이비드 맥두걸은 1960년대 말 미국 UCLA대학원에 만들어진 "민족지영화 프로그램"에서 민족지영화 교육을 받았으며, 이 프로그램을 통해 1960년대 말에 등장한 "관찰적 시네마observational cinema"를 직접 접했다. 본 장에서 집중적으로 다룰《가축들과 함께 살기》[3]는 데이비드 맥두걸의 첫번째 민족지영화이자 관찰적 시네마의 대표적인 작품으로 손꼽힌다.

그러면 먼저 데이비드 맥두걸의 전기적 배경을 살펴보고, 이어 관찰적 시네마의 등장 배경 및 특징에 대해 설명하기로 한다. 그리고《가축들과 함께 살기》의 영화적 특징 및 영화방법론을 "다양한 텍스트의 혼용"과

"관찰적 시네마 방식의 차용"이라는 두 가지 측면에서 고찰하기로 한다.

데이비드 맥두걸의 전기적 배경

데이비드 맥두걸은 미국의 뉴햄프셔에서 태어나 네 살 때부터 뉴욕에서 자랐다. 또한 데이비드 맥두걸은 열네 살이 되던 해 부모를 따라 6개월간 아프리카의 앙골라에서 살기도 했다. 당시 데이비드 맥두걸의 아버지는 앙골라의 개발 프로젝트와 관련된 일을 하고 있었는데, 데이비드 맥두걸은 사진을 현상하고 인화하는 작업을 하면서 아버지의 일을 도왔다. 그러면서 데이비드 맥두걸은 자연스럽게 아프리카의 문화에 친숙해졌다. 그리고 당시의 아프리카 경험을 계기로 훗날 아프리카에서 영화를 만들 계획을 세우게 되었다.

> 앙골라에 있을 때 그들은 나에게 일을 시켰다. 아니 내가 일을 자청했다. 나는 프로젝트를 위해 사진을 현상하고 인화하는 작업을 했다. 내가 현상을 비롯한 암실 작업에 대해 알게 된 것도 그때 즈음이었다. 나는 프로젝트를 위해 사진 작업에 많은 시간을 할애했다. 하지만 실제로 많은 사진을 찍은 것은 아니고, 사진을 현상하고 인화하는 데 많은 시간을 보냈다. 그리고 내 자신의 사진 작업도 하기 시작했으며, 마침내 컬러 필름까지도 현상하게 되었다. 아프리카와 친숙해진 것, 그 모든 경험이 나에게 매우 중요했다. 나는 언젠가 다시 아프리카로 돌아가기를 원했고, 결국 그렇게 했다고 생각한다.[4]

데이비드 맥두걸은 버몬트에 있는 고등학교를 졸업하고 하버드대학에 진

학했다. 전공은 문학이었지만, 인류학 입문 수업을 통해 에드워드 에번스
프리처드Edward Evans-Pritchard와 브로니슬라브 말리놉스키Bronislaw Malinowski의
민족지 및 현지조사에 대해 어느 정도 지식을 갖게 되었다. 또한 대학교 1,
2학년의 여름에는 캐나다 북극의 웅가바 반도에서 일하며 보내기도 했다.
한편 데이비드 맥두걸은 18, 19세기 영미 소설에 관심이 많았으며, 19세
기 소설에서 영화적 시각을 찾으려 했다.

> 나는 19세기 소설의 다양한 시각과 영화의 제작 양식을 연결할 수 있다고
> 생각했다. 나는 누가, 누구에게, 누구를 위해, 그리고 어떤 방식으로
> 말하는지의 문제에 관심이 많았다. 나는 소설의 일인칭, 이인칭, 삼인칭의
> 접근 방식과 영화의 제작 양식에서 많은 공통점을 끌어낼 수 있다고
> 생각했다.[5]

또한 데이비드 맥두걸은 하버드대학 시절 문학과 글쓰기를 배우면서 픽
션소설을 쓰려고 했다. 하지만 그는 대학의 창작 수업에 문제점이 있다고
생각했으며, 그 해답을 영화에서 찾았다. 즉 당시의 글쓰기 수업은 개인
의 경험에서 소재를 찾는 방식이었으나, 데이비드 맥두걸은 자신의 이야
기가 아닌 다른 것을 소재로 하여 글쓰기를 원했다. 그리고 데이비드 맥
두걸은 자신이 원하는 것을 영화에서 발견했다.

> 돌아보건대, 이른바 창의적 글쓰기 수업에서 픽션을 가르치는 방식은 모두
> 잘못되었다고 생각한다. 왜냐하면 수업 시간에 개인적인 경험에서 글쓰기

소재를 찾으라고 계속 강조했기 때문이다. (중략) 나는 나 자신의 이야기가 아닌 다른 소재를 찾아 쓰라고 하기를 바랐다. (중략) 확실히 영화는 이러한 딜레마에서 벗어나는 방법을 제공해주었다. 왜냐하면 영화는 내가 관찰한 어떤 것, 내 자신 밖의 이야기로 작품을 만들기 때문이다.[6]

이처럼 데이비드 맥두걸은 당시 문학 세계가 매우 정체되어 있다고 느낀 반면, 영화의 세계에서는 매우 새로운 일이 일어나고 있음을 알았다.

당시 영화 스크린에는 놀라운 것이 있었고, 영화에서는 모든 것이 가능한 것처럼 보였다. 내가 보았던 영화들은 매우 다양했다. 유럽 여러 나라에서 온 수많은 영화들이 있었다. 이 영화들은 지역, 문화, 분위기에 따라 색깔이 달랐지만, 모두 매력적이었다.[7]

그 후 데이비드 맥두걸은 영화를 만들 결심을 하고 뉴욕에 있는 영화사에서 자료조사원으로 일하기 시작했다. 그 영화사는 기관의 후원을 받는 영화나 교육영화를 전문적으로 제작하는 회사였다. 하지만 데이비드 맥두걸은 얼마 지나지 않아 자신이 하고 있는 일이 본인의 관심사와 거리가 멀다는 것을 깨달았다. 게다가 그 영화사는 데이비드 맥두걸이 촬영장비나 편집기기에 손을 대는 것을 허락하지 않았다. 회사에서 영화 제작을 배울 수 없다고 판단한 데이비드 맥두걸은 컬럼비아대학원의 야간 과정에서 영화 수업을 들으면서 직접 촬영과 편집을 해볼 수 있었다. 결국 데이비드 맥두걸은 약 2년 뒤 다니던 회사를 그만두었다.

데이비드 맥두걸은 당시 육군에 징집될 예정이었다. 그러던 차에 미국에서 평화봉사단이라는 제도가 만들어졌다. 데이비드 맥두걸은 평화봉사단에 지원하여 2년 동안 아프리카의 말라위 교육대학에서 영어를 가르쳤다. 그 후 그는 중앙아프리카의 선사학先史學에 관심을 갖게 되어 캘리포니아 소재 버클리대학의 인류학과 대학원에 지원했다. 그리고 동시에 UCLA의 영화학과 대학원에도 입학원서를 냈으며, 두 학교에서 모두 입학허가서를 받았다. 그리고 어느 학교를 선택할지 진로를 고민하던 차에 어머니로부터 아주 중요한 편지를 받았다. "진정 어떤 삶을 살기를 원하느냐? 대학교냐? 그리고 어떤 분야에 전념하기를 원하느냐?"라며 데이비드 맥두걸의 진로에 대해 묻는 편지였다. 데이비드 맥두걸은 어머니의 편지를 받고 UCLA의 영화학과로 진로를 정했다.

당시 UCLA에는 영화와 인류학의 융합을 시도한 간間 학문적인 "민족지영화 프로그램"이 있었다. 데이비드 맥두걸은 영화학과 학생으로서 이 프로그램에 속하게 되었으며, 민족지영화 프로그램을 통해 민족지영화라는 새로운 영화의 장르에 눈뜨게 되었다. 또한 데이비드 맥두걸 스스로 "학생으로서 최초로 동시녹음장비를 사용한 세대라는 점에서 매우 운이 좋았다."[8]라고 말한 것처럼 동시녹음장비 등 새로운 기술을 접할 수 있었다. 그리고 데이비드 맥두걸은 당시 민족지영화 프로그램의 주된 영화적 방법론이었던 관찰적 시네마의 영향을 받았다. 따라서 그는 민족지영화 프로그램을 통해 자연스럽게 관찰적 시네마의 시각을 익히게 되었으며, 동시에 당시 새로운 영화 조류로 떠오른 시네마베리테 및 아메리칸 다이렉트 시네마를 접할 기회를 갖게 되었다.

또한 데이비드 맥두걸은 영화학과를 다니면서 같은 학과에 재학 중이던 주디스 맥두걸Judith MacDougall을 만났다. 후에 데이비드 맥두걸의 부인이 된 주디스 맥두걸은 데이비드 맥두걸의 졸업 작품에서 촬영을 맡았으며, 데이비드 맥두걸 또한 그녀의 졸업 작품에서 촬영을 담당했다. 그리고 이들은 이후에도 서로 협력관계를 유지하면서 많은 작품을 만들었다. 초기의 작품에서는 주로 데이비드 맥두걸이 촬영을 맡고 주디스 맥두걸은 음향을 담당했으나, 그 이후 두 사람은 공동 감독 및 공동 편집자로서 함께 영화 작업을 했다.

데이비드 맥두걸은 민족지영화 프로그램을 마친 뒤, 주디스 맥두걸과 함께 아프리카의 마케레레Makerere대학의 프로젝트에 채용되어 UCLA의 리처드 호킨스Richard Hawkins 교수의 영화 제작에 참여하게 되었다. 1968년 여름, 데이비드 맥두걸과 주디스 맥두걸은 음향을 맡은 잭 리드Jack Reed와 함께 영화 촬영지인 우간다로 떠났다. 데이비드 맥두걸은 그곳에서 부기수Bugisu 지역의 통과의례에 관한《임발루Imbalu》[9]의 촬영을 담당했다.

《임발루》의 촬영이 끝난 후, 데이비드 맥두걸은 아프리카에 남아 졸업 작품을 만들기로 결심을 하고 미국으로 돌아가지 않았다. 리처드 호킨스와 잭 리드는 맥두걸 부부를 위해 촬영장비를 놔두고 갔으며, 맥두걸 부부는 미국행 비행기 표를 팔아 낡은 랜드로버 지프차를 구입했다. 그리고 데이비드 맥두걸은 마케레레대학 사람들에게 도움을 요청하면서 오랫동안 탄자니아에서 고고Gogo 부족을 연구해온 인류학자 피터 릭비Peter Rigby 교수와도 접촉을 시도했다. 마침내 마케레레대학 당국은 데이비드 맥두걸에게 도움을 약속하고 텐트나 캠핑장비 등을 지원해주었으며, 피터 릭비 또한 개인적으로 많은 도움을 주었다.

데이비드 맥두걸은 부기수 프로젝트가 끝난 후 주디스 맥두걸과 함께 케냐의 카리모종Karimojong 지역으로 여행을 떠났다. 그리고 그곳에서 남부 우간다의 농경민들과 생활 방식이 매우 다른 유목민들을 발견했고, 결국 카리모종의 지에Jie 유목민에 대한 영화를 만들기로 결심했다.

여러모로 부기수에는 사람을 숨 막히게 하는 답답함이 있었다. 그곳은 내적 긴장감으로 가득 찬 농경 사회였다. 남동부 우간다의 엘곤 산 쪽에 위치한 부기수는 언덕과 나뭇잎으로 둘러싸여 있었다. 한편 우리는 그곳에서 성인식 참가자들의 심리적인 고통을 관찰하면서 뭔가 억압적인 느낌을 받은 것 같았다. 이와 대조적으로 이곳의 유목민들은 매우 다른 삶의 방식, 즉 서로에게 자기 자신을 자유롭게 표현하는 삶의 방식을 가지고 있는 것처럼 보였다. 마을의 경관도 매우 달랐다. 부기수와 달리 언덕도 별로 없고 마을 전체가 평평하고 탁 트여 있었다. 이곳 사람들은 부기수 사람들과 다른 옷을 입거나, 아니면 거의 옷을 입지 않았다. 이곳 사람들은 개방적이었고 공간에 대한 감각을 지니고 있었다. 물론 시간이 지나면서 이곳에도 내적인 압박이 있다는 것을 알게 되겠지만, 이곳에서 영화 작업을 하는 것이 부기수 사람들 사이에서 영화 작업을 하는 것보다 매우 매력적일 거라고 생각했다. 그래서 우리는 카리모종에서 영화를 만들기로 결정했다.[10]

한편 당시 피터 릭비는 탈脫식민지 이후 동아프리카에 새롭게 등장한 국가체계하의 유목민 사회를 다룬 「유목과 편견Pastoralism and Prejudice」[11]을 발표했다. 그의 논문에 따르면, 식민지 이후 새로 수립된 아프리카의 국가에는 농경 사회 출신의 관료에 의해 지배되는 중앙정부가 있었으며, 유목민들은 새로운 국가의 건립에 걸림돌로 인식되었다. 왜냐하면 유목민들은 항상 이동을 하기 때문에 세금을 거두어들이기 힘들고 교육이나 의료의 제공자인 정부의 개입을 꺼렸기 때문이었다. 이처럼 탈식민지 시대의 유목민의 상황을 다룬 피터 릭비의 글은 데이비드 맥두걸의 작품에 이론적인 틀을 제공해주었다. 또한 피터 릭비는 데이비드 맥두걸에게 피터 루키루Peter Lukiru라는 지에 출신의 조수를 소개해주었다.

> 피터 릭비는 카리모종 중심에 있는 피터 루키루의 집에 나를 데리고 갔다. 그 지역은 세 주요 지역, 북쪽의 도도스, 중앙의 지에, 남쪽의 카리모종으로 나뉘어 있었다. 나는 피터 루키루와 그의 가족을 소개받고, 결국 지에에서 영화를 만들기로 결심했다.[12]

그 후 데이비드 맥두걸은 리처드 호킨스로부터 1만 피트의 흑백 필름을 살 수 있는 지원금을 받았으며, 부기수 프로젝트에서 남은 약간의 컬러 필름으로 《가축들과 함께 살기》와 두 편의 단편영화 《남자의 나무 아래서Under the Men's Tree》와 《나위Nawi》[13] 를 만들었다.

관찰적 시네마

《가축들과 함께 살기》는 관찰적 시네마의 대표작으로 손꼽힌다. 관찰적 시네마라는 용어는 오늘날에는 자주 쓰이지 않지만 한때 영상인류학 및 민족지영화 분야에서 가장 많이 사용되던 용어들 가운데 하나였다. 관찰적 시네마라는 용어가 정확히 언제부터 사용되었는지는 분명하지 않으나[14] 관찰적 시네마가 지면에 처음 등장한 것은 1972년 『사이트 앤드 사운드Sight and Sound』에 실린 로저 샌들Roger Sandall의 글이다. 하지만 관찰적 시네마의 출현은 이보다 조금 앞선다. 즉 관찰적 시네마는 1966년부터 포드재단의 기금으로 시작된 미국 UCLA의 민족지영화 프로그램에서 나왔으며, 관찰적 시네마라는 용어는 인류학자들과 다큐멘터리영화감독들 사이에서 탄생한 영화 장르를 설명하기 위해 사용되기 시작되었다고 보는 것이 옳을 것이다.[15]

UCLA의 민족지영화 프로그램은 당시 UCLA의 교수이자 영화학자인 콜린 영과 인류학과 교수였던 월터 골드슈미트에 의해 만들어졌다. 이 프로그램의 목적은 다큐멘터리영화와 인류학의 학문적 융합을 통해 새로운 형태의 다큐멘터리영화감독을 양성하고자 하는 것이었다. 특히 민족지영화 프로그램에서 주도적인 역할을 했던 콜린 영은 민족지영화 프로그램을 새로운 영화의 실험장으로 활용하려 했다.

나는 UCLA의 간間 학문적인 민족지영화 프로그램에 속해 있었다. 그것은 영화학과의 콜린 영 교수와 당시 인류학과의 학과장이었던 월터 골드슈미트 교수가 만든 것이었다. 이 프로그램의 취지는 인류학자와 영화감독들을 끌어들여 대학원 석사 과정 안에 1년짜리 프로그램을 만드는 것이었다. 이 프로그램의 일환으로 우리는 소위 민족지영화라고 불리는 수많은 영화를 보았다. 콜린 영은 다큐멘터리의 특별한 형태로서의 민족지영화에 관심을

가지고 있었다고 생각한다.[16]

그리고 이 프로그램에서 추구했던 새로운 형태의 영화 장르를 관찰적 시네마라고 부르기 시작했다. 관찰적 시네마의 탄생 배경에 대해 콜린 영과 폴 헨리Paul Henley가 나눈 아래의 대화 내용을 보면 관찰적 시네마라는 용어가 UCLA의 영화 프로그램에서 나온 것임을 확인할 수 있다.

폴 헨리: 실제로 언제부터 관찰적 시네마라는 용어가 사용되었나요?

콜린 영: 라이스대학에서 로저 샌들과 토론을 하던 중, 그가 관찰적
          시네마라는 용어를 처음 사용했다고 말하기에, "아뇨, 아뇨.
          우리가 그 용어를 발명했어요."라고 말한 적이 있습니다.[17]

당시 UCLA의 민족지영화 프로그램은 관찰적 시네마의 중요한 산실 역할을 했다. 이 영화 프로그램에는 데이비드 맥두걸 부부와 후에 관찰적 시네마 계열의 감독으로 활동했던 허브 디 조이아Herb Di Gioia 및 데이비드 핸콕David Hancock과 같은 사람들이 속해 있었다. 또한 데이비드 맥두걸이 훗날 "영향의 바다"[18]라고 표현한 것처럼 당시 UCLA 영화학과는 "샌프란시스코와 뉴욕의 언더그라운드영화들, 새로운 할리우드영화, 독립영화, 리처드 리콕Richard Leacock, 메이즐스Maysles 형제, 프레더릭 와이즈먼의 다이렉트 시네마, 몬트리올과 파리의 시네마베리테, 후기 이탈리아 네오리얼리즘영화들 그리고 누벨바그의 혁신적인 실험 작품들을 경험할 수 있는

곳"**19**이었으며, "당시 UCLA의 영화학과 학생이 된다는 것은 새로운 영화가 만들어지고 있다는 믿음에 사로잡혀 있다는 것을 의미했다."**20**라고 데이비드 맥두걸은 회상하고 있다. 이처럼 데이비드 맥두걸은 자연스럽게 UCLA의 민족지영화 프로그램을 둘러싼 지적 환경과 풍부한 영화 문화, 그리고 1960년 말 미국의 정치적, 사회적, 예술적 조류에 자극을 받았다.

> 우리가 당시 민족지영화 프로그램을 통해서 본 민족지영화들은 매우
> 고무적이었으며, 새로운 생각을 자극했다. 우리는 민족지영화를 통해 새로운
> 영역, 즉 인간의 경험을 기록하는 새로운 방식에 대해 생각하게 되었다.**21**

한편 로저 샌들과 콜린 영은 당시 영화계에서 새롭게 실험하던 관찰적 시네마의 성격과 범위를 명확히 하기 위해 각각 글을 발표했다. 두 사람 모두 관찰적 시네마에 대해서는 정확한 정의를 내리지 않았지만, 이전의 교훈적인 다큐멘터리영화들과 차별화되는 새로운 다큐멘터리영화 장르를 규정하기 위해 "관찰"이라는 말을 사용했다.

한마디로 관찰적 시네마는 빌 니컬스의 이른바 "설명적 양식"으로 규정되는 1960년대 이전의 다큐멘터리영화와 단절을 시도하면서 새로운 영화적 방법론을 모색한 영화 장르라고 볼 수 있다.

> 당시 미국에는 보이스오버 내레이션을 특징으로 하는 매우 교훈적인 영화,
> 즉 "교육영화"의 전통이 있었다. 관찰적 시네마는 이러한 영화 제작 방식에
> 반대하고자 하는 생각에서 나왔다.**22**

이처럼 로저 샌들과 콜린 영은 1960년대 이전에 유행했던 다큐멘터리 양식, 즉 보이스오버 내레이션을 통해 관객들에게 설교하는 식의 다큐멘터리영화 방식에서 벗어나 영화 대상의 삶을 주의 깊게 관찰하고 이를 영상으로 표현하는 다큐멘터리영화를 지향한다는 의미에서 관찰이라는 용어를 사용했다.

먼저 로저 샌들은 관찰을 "해석" 및 "주장"의 반대 개념으로 보았다. 그리고 관찰적 시네마는 "선언적이라기보다 시사示唆적인 영화를 지향하며"[23] "경험적인 것, 특정한 것, 구체적인 것"[24]을 중시하는 영화라고 설명했다.

콜린 영 역시 관찰의 개념을 중시하면서 설명이나 해석하려는 영화를 반대했다. 또한 콜린 영은 "말하는" 영화와 "보여주는" 영화[25]를 구분하면서 관찰적 시네마는 "주장하는" 영화라기보다 "보여주는" 영화라고 해석하고 있다.

> 우리가 공유한 것 가운데 아마도 가장 중요한 것은 영화가 진술 또는
> 기술記述의 수단이라기보다 시사示唆나 암시의 수단이 될 수 있다는
> 믿음이었다.[26]

또한 콜린 영은 관찰적 시네마의 출현 배경을 관찰적 시네마 이전의 혁신적인 영화 장르들, 특히 시네마베리테 다큐멘터리 및 이탈리아 네오리얼리즘과 연결하면서 이러한 영화들은 "교훈적인 영화와 매우 조작적인 고전적 멜로드라마의 관습에 도전한다."[27]고 보았다. 특히 그는 1960대를 다큐멘터리영화의 르네상스로 규정하면서 "장 루시, 리처드 리콕, 디 페

니베이커D. Pennebaker 및 메이즐스 형제가 만든 다큐멘터리영화들은 그 이전에 만들어진 다큐멘터리영화의 한계를 예리하게 보여주는 것"[28]이라고 높게 평가했다.

또한 콜린 영은 사회적 삶에 대한 탐구는 대상들과 친밀한 관계에 기초를 두어야 하며, 이러한 관계성이 영화 작품에 반영되어야 한다고 말했다.[29] 그리고 영화감독과 영화 대상과의 관계는 영화 제작을 위한 수단이 아니라 보다 장기적인 관계가 되어야 주장했다. 이런 의미에서 관찰적 시네마는 영화 대상과 거리를 두는 소원疏遠한 카메라가 아니라 영화감독과 대상 간에 친밀하고 공감적인 관계에 기초한 영화이며,[30] 관찰하는 것은 "존중하는 것" 또는 "영화 대상"을 따르는 것[31]이라고 보았다.

한편 UCLA의 민족지영화 프로그램 출신 영화감독인 데이비드 핸콕과 허브 디 조이아는 보다 기술적인 측면에서 관찰적 시네마의 영화적 특징을 다음과 같이 설명하고 있다.

우리는 문화적 패턴이나 분석을 다루기보다는 특정한 개인들의 모습을
보여주기 위해 롱 테이크로 촬영한다. 우리는 하나의 행위를 몇 개의
쇼트로 나누어 찍기보다 하나의 쇼트로 보여주려 한다. 우리는 단지
영화감독으로서가 아니라 사람 대對 사람으로서 영화 대상을 대하면서 영화
작업을 한다. 또한 그들의 특정한 문화적 주제나 분석에 초점을 두는 것이
아니라 그들의 시각과 관심을 통해 영화를 만든다.[32]

이처럼 관찰적 시네마는 롱 테이크의 촬영 방식으로 영화 대상의 행위를

세심하게 관찰하듯 묘사하는 것을 선호한다. 그리고 영화적 사건의 공간적 통일성과 시간의 지속성을 중시한다고 볼 수 있다.[33]

관찰적 시네마의 또 다른 특징은 종종 참여관찰을 주요 방법론으로 하는 민족지적 현지조사의 방법론을 차용한다는 점이다. 따라서 관찰적 시네마 감독들은 마치 문화인류학자들이 노트와 펜 정도의 간단한 도구를 가지고 현지조사를 떠나는 것처럼 소규모의 촬영 스태프와 경량의 촬영 장비로 촬영하는 것을 선호했다.

위에서 본 것처럼 콜린 영을 비롯해 데이비드 맥두걸, 주디스 맥두걸, 허브 디 조이아, 데이비드 핸콕 같은 UCLA 민족지영화 프로그램 출신 감독들에 의해 시도된 관찰적 시네마는 전후 이탈리아 시네마와 아메리칸 다이렉트 시네마 감독들처럼 영화의 초점을 "개념"에서 "삶"으로 옮기려 했으며,[34] 관찰이라는 용어가 뜻하듯 보편적이거나 추상적인 개념에서 벗어나 사회 구성원들의 일상적이고 구체적인 행위를 세심하게 관찰하고 묘사하는 것을 중시했다. 또한 관찰적 시네마 감독들은 보이스오버 내레이션 방식의 해설이나 형식적인 인터뷰 방식을 배제하고 영화 대상들의 행위와 삶이 "자연스럽게 드러나는" 방식으로 영화를 만들려고 했다. 따라서 관찰적 시네마의 관객들 또한 감독으로부터 일방적인 설명을 듣는 것이 아니라 영화 속의 구체적이고 세부적인 단서들을 통해 영화 대상들의 삶을 스스로 해석하게 된다.

한마디로 관찰적 시네마는 이탈리아의 네오리얼리즘, 시네마베리테 및 다이렉트 시네마, 문화인류학의 참여관찰 방법론 등 다양한 영향 속에서 나왔으며, 이전의 권위적이고 설명적인 다큐멘터리영화의 방식이나 영화적 갈등 구조에 기초한 픽션영화에서 벗어나 새로운 형태의 영화를 제시하기 위해 나타났다고 볼 수 있다.

《가축들과 함께 살기: 건기의 지에 사람들》To Live With Herds: A Dry Season Among the Jie》 (1974)

다양한 텍스트의 혼용

아프리카 북동 우간다의 지에 유목민을 다룬《가축들과 함께 살기: 건기의 지에 사람들》(이후《가축들과 함께 살기》로 표기함.)은 관찰적 시네마의 주요한 사례로 손꼽힌다. 하지만 데이비드 맥두걸은《가축들과 함께 살기》를 만들면서 관찰적 시네마 방식을 그대로 답습한 것이 아니라 자신만의 영화방법론으로 유목민 사회를 보여주려 했다. 즉 데이비드 맥두걸은《가축들과 함께 살기》에서 독특하게 텍스트를 구성하여 자신만의 영화적 이야기를 풀어나가고 있다.

　데이비드 맥두걸은 전체적으로《가축들과 함께 살기》를 다섯 개의 장障으로 나누고 각 장에는 소제목을 붙였으며, 삽입자막intertitle과 하단자막subtitle을 사용했다. 데이비드 맥두걸은《가축들과 함께 살기》의 독특한 텍스트 구성에 대해 다음과 같이 밝히고 있다.

　　장障을 나누고 문자 텍스트를 사용한 것은 부분적으로《실론의 노래》에 대한 기억, 그리고 무성영화와 고다르의 내러티브영화에서 비롯되었다. 나는 또한 이전의 민족지영화에서 사용된 적이 없는 영화적 기술들을 "다이렉트 시네마"로부터 차용하려고 했다. 나는 기존의 민족지영화와 매우 다른

새로운 종류의 영화를 만들고 있다는 것을 느꼈다.[35]

이처럼 데이비드 맥두걸은《가축들과 함께 살기》를 마치 책의 단락처럼 다섯 개의 장으로 나누고, 각 장에 "조화", "변화들", "국가", "소의 가치", "집에서 온 소식"이라는 소제목을 붙였다. 이러한 소제목은 각 단락의 주제를 보여주고 각 장의 내용에 대한 이정표 역할을 하며, 각 장은 하나의 독립된 이야기를 담고 있지만 서로 연결되어 있다. 이처럼 데이비드 맥두걸은 교향곡과 유사하게 영화를 구성하여 후기 식민주의 아프리카의 유목 사회, 근대화, 국가성 등에 대한 자신의 논지를 드러내고 있다.

《가축들과 함께 살기》는 내용상 크게 두 부분으로 나뉜다. 먼저 영화의 전반부에 해당하는 "조화", "변화들", "국가"는 소제목이 암시하듯 영화의 이야기가 유목민의 "조화로운" 전통적인 삶에서 시작하여 사회적 "변화" 그리고 "국가"라는 보다 커다란 세계로 확장되어 전개된다. 또한 영화의 전반부에서는 새로운 국가의 건설, 학교를 통한 교육의 제도화, 우牛시장 및 조세 등의 자본주의 시장경제, 정부의 관료주의 등과 같은 새로운 제도 및 권력 구조가 유목민의 전통적인 삶을 억누르는 힘으로 등장한다. 그리고 영화 속에서 유목민 사회와 국가체계는 서로 화해하거나 공존할 수 없는 세계로 제시된다. 한편 영화 후반부("소의 가치"와 "집에서 온 소식")는 다시 지에 사회의 원原 모습을 보여준다. 특히 후반부는 느릿느릿 흘러가는 유목민 특유의 시간 개념과 유목민들과 소들 간의 서로 뗄 수 없는 관계를 보여준다. 그리고 영화는 지에 유목민들이 앞으로도 계속 "가축들과 함께 살기"를 바라는 염원을 담은 전통적인 인사말로 끝맺는다. 이처럼《가축들과 함께 살기》의 시간적 구조는 직선적인 것 같지만, 전체적으로 보면 영화는 순환적인 구조로 되어 있음을 알 수 있다. 즉 영화는 지에의 전통적 삶에서 시작하여 다시 지에 사회의 원래 모습을 보여주면서 끝난다. 데이비드 맥두걸은 이러한 순환적인 시간 구조를 통해 새로운 국가의 건설을 위한 관[官] 주도형 개혁 프로젝트들이 지에 사람들의 삶을 더욱 어렵게 만들고 있다는 메시지와 함께 전통적인 유목민 삶에 대한 강한 믿음을 표현하고 있다고 볼 수 있다.

《가축들과 함께 살기》의 또 다른 특징은 삽입자막 및 하단자막을 사용하고 있다는 점이다. 이 가운데 각 장(1장~4장)의 소제목에 바로 이어 나오는 삽입자막은 각 단락의 영화 내용을 요약, 설명하는 역할을 한다. 예를 들어 영화의 각 장은 다음과 같은 삽입자막으로 시작된다.

(삽입자막)

제1장
"조화"

척박한 환경에서 살아가는
지에 사람들에게 소는 안정과
질서를 가져다주는 모든
행복의 원천이다.
지에 사람들의 삶은 어떻게
한정된 물과 목초로 많은
가축들을 조화롭게 키우느냐에 달려 있다.

To the Jie, cattle are the source of all happiness, providing security and order in a harsh environment.

매년, 집 가까운 곳에서부터 목초지가 점차 사라짐에 따라 지에 사람들은 가축들을 서쪽에 있는 임시 캠프로 이동시켜야 한다.

뒤에 남겨진 건 노인들뿐이다. 어린아이가 딸린 여성들과 몇몇 남성들이 노인들을 보호한다.

제2장
"변화들"

과거에 모든 지에 사람들은 건기에 소 방목지로 갔다.

영국 사람들이 이러한 관행을 없애고 집 근처에 우물을 파기 시작했다.

지금 여기에 남은 사람들은 물은 있지만, 특히 흉년에는 먹을 게 거의 없다.

몇몇 남은 동물들이 우물 가까이 있어 종종 목초지는 초과 방목 상태가 된다.

제3장
"국가"

영국 사람들은 소 습격을 금지하기는 했지만 카리모종을 발전시키기 위해 한 일이 별로 없다.

오늘날 지에의 전통적인 삶은 정부의 국가 건립의 목표에 걸림돌이 된다.

그들의 목축은 국가의 경제에 거의 도움이 되지 못한다.

그들은 계절마다 이동하기 때문에 세금을 거두어들이거나 관리하기가 어렵다.

그들의 나체 관습은 공무상 난처함을 초래한다.

그들의 아들들은 학교에 가는 대신 목동으로 자란다.

제4장

"소의 가치"

지에 사람들은 가축을 위해 죽을 정도로 가축들을 사랑하고 보호한다.

소는 신부대新婦貸를 제공해주고, 가족을 결속시키고, 우정을 돈독히 하고,

시詩에 영감을 불러일으키고, 주인에게 자부심을 가져다준다.

오늘날 지에 사람들은 세금을 내야 하고, 건기에는 집에 남은 사람들을 위해

음식을 사야 한다.

그들은 마지못해 유일한 현금의 원천인 소를 판다.

매달, 정부는 우간다의 가축산업을 촉진하기 위해 소 구매자들을 코티도에

초청한다.

이처럼 과거의 무성영화나 배질 라이트의《실론의 노래》에서 볼 수 있는 삽입자막은 관객들에게 각 장의 내용을 미리 요약하여 설명해주는 안내문 역할을 한다. 즉《가축들과 함께 살기》의 각 장의 앞부분에 나타나는 삽입자막을 보면 그 장의 영화 내용을 미리 짐작할 수 있다. 하지만 데이비드 맥두걸이《가축들과 함께 살기》에서 삽입자막을 사용한 것은 무엇보다도 권위적인 보이스오버 내레이션에 의한 교훈적인 영화 방식에서 벗어나기 위한 시도였다.

나는 어떤 의미에서 교훈적인 영화의 규칙들을 깨려 했다. 각 장障에서 소제목을 사용하는 것 또한 교훈적이라고 할 수 있지만, 그것은 보이스오버 내레이션에서 벗어남으로써 당시의 비非성찰적인 관습에 저항하려 한

것이다.[36]

또한《가축들과 함께 살기》는 영어자막을 사용한 최초의 민족지영화들 가운데 하나로 손꼽힌다.[37] 데이비드 맥두걸이 영어로 된 하단자막을 사용한 것은 영화감독이 지에 사람들을 대신하여 설명하는 방식을 피하고 관객들이 직접 원주민의 목소리를 듣도록 하기 위함이었다. 또한 관객들은 직접 지에 사람들의 목소리를 들음으로써 이들이 살고 있는 곳에 와 있는 듯한 현장감과 생생함을 느낄 수 있다.

관찰적 시네마 방식의 차용

《가축들과 함께 살기》는 관찰적 시네마의 고전적인 예로 손꼽히는 만큼 여러 면에서 관찰적 시네마의 방식을 차용하고 있다. 그러면《가축들과 함께 살기》에 나타난 관찰적 시네마의 요소를 살펴보기로 한다.

《가축들과 함께 살기》에서 볼 수 있는 첫번째 특징은 일상생활의 "세심한 관찰과 묘사"이다. 즉《가축들과 함께 살기》에서 카메라는 지에 사람들이 경험하는 일상의 상황들을 세심하게 "관찰하고" 관객들에게 그 상황을 자연스럽게 "보여준다." 예를 들어, 영화의 첫 장면에 해당하는 "소에서 피를 빼는 장면"은 현장의 느낌을 전달하는 방식으로 촬영되고 편집되었다.

(이른 아침. 로시랑의 집)

빨리 활을 가져와.

호리병박 그릇은 누가 들고 있을 거야?

로시케, 와서 이걸 잡고 있어!

로웅가는 갔어?
로링가, 소의 귀를 잡아.

내가 고삐를 잡을까?

건기에는 소에서 나오는 피가 많지 않아.
나겔라, 이건 네가 마셔.
로요, 도와줘!
이거 무겁네.
나는 땔나무를 구하러 가야 해.

그녀 말을 들어!

또한 첫번째 장章에서 카메라는 노인이 머리를 다듬는 모습이나 아이들이 물건 이름 맞히기 놀이를 하는 모습을 관찰하듯 보여준다. 그리고 남자와 여자 들이 서로 이야기하는 모습을 옆에서 듣고 있는 것처럼 보여준다. 따라서 관객들은 지에 사람들의 일상 속에 "던져진" 느낌을 받고, 지에 사람들을 직접 만나는 것처럼 느낀다. 그리고 이를 통해 지에 사람들에게 "친밀감"을 갖는다.

또한 데이비드 맥두걸은 세심한 관찰과 묘사의 표현으로서 일상 속의 사소한 것조차 영화에 담으려 했다. 예를 들어, 제1장에서 남자 주인공인 로고스가 이웃 유목민 부족 마을과 지에 마을의 경계에 대해 설명하고 있는데, 한 여성이 멀리서 그를 부르자 그가 "왜?"라고 태연스럽게 대답한다.

(데이비드 맥두걸의 내레이션)

로고스는 마을에 남아 집을 지키고 있는 사람들 가운데 한 명이다. 어느 날 나는 그에게 지에 지역에 대해 설명해달라고 요청했다.

(로고스)

랍워르 사람들은 산의 서쪽에 살죠.

그들의 산은 모루렘 앙기토부리라고 불리고요.

우리 지에 사람들은 산의 동쪽인 로케루에서 소를 방목하죠.

우리는 로요로이트에 돌아와 물을 먹어요.

아촐리…….

(한 여자)

로고스!

(로고스)

"왜? 왜?"

아촐리 사람들은 모루에테
근처에 살죠.
그들은 킬레에의 반대편
지역과 저 멀리 코마룩 지역에
살죠.
그들의 땅은 로볼리라고
불리는 지역에서 끝나요.
나포레의 사람들은 톨리아라고 불리죠.

The Acholi live near Moruethe.

"뭐?"

톨리아는 카페타 강의 북쪽에 있죠.
그들의 산은 톨리아라고 불리죠.

통상적으로 영화 촬영 도중 이러한 일이 발생할 경우, 이야기의 매끄러운
진행을 위해 로고스의 설명을 멈추게 하고 다시 촬영을 할 것이다. 하지만
데이비드 맥두걸은 이를 일상의 한 부분으로 보고 자연스럽게 영화에 담
아 관객에게 보여주고 있다. 이를 다른 각도에서 보자면, 데이비드 맥두걸
은 사소한 것들조차 세심하게 묘사함으로써 영화의 진정성을 관객들에
게 보여주려고 하고 있으며, 또한 영화 속의 현장과 관객이 바라보고 있는
장면이 동일하다는 증거로 제시하려 한다고도 해석할 수 있다.
《가축들과 함께 살기》의 또 다른 특징은 분할되지 않는 쇼트를 즐겨

사용한다는 점이다. 다시 말해서 데이비드 맥두걸은《가축들과 함께 살기》에서 한 신scene을 촬영할 때 카메라의 위치 및 클로즈업, 미디엄 쇼트, 롱 쇼트 등의 쇼트 크기를 필요 이상으로 자주 바꾸지 않는다. 이에 대해 데이비드 맥두걸은 다음과 같이 설명하고 있다.

> 미국의 다큐멘터리영화 관습 가운데 하나는 픽션영화처럼 먼저 설정
> 쇼트를 촬영하고, 이어 클로즈업과 인서트를 촬영한 다음, 계속 카메라
> 앵글을 바꾸어 촬영하는 것이다. 우리는 처음에《가축들과 함께 살기》의
> 신scene을 찍을 때 다양한 각도에서 촬영했으나 나중에 그것들을 사용할
> 수 없다는 것을 깨달았다. 이것은 점진적인 발견이었다. 그래서 우리는
> 한곳에서 하나의 시각으로 촬영한 것을 빼고 나머지는 모두 버려야 했다.
> 아마도 필름이 충분하지 않다는 사실 때문에 이렇게 한 것이기도 하지만,
> 관찰적 시네마는 실제로 관찰자의 위치와 시각에 주의를 기울이려는
> 시도 ― 관객을 보다 영화감독의 위치에 가깝도록 하기 위한 시도 ― 라는
> 것을 강조하는 것이 중요하다고 생각한다.38

이처럼《가축들과 함께 살기》는 일반적인 다큐멘터리의 관습적인 촬영 방식과 고전적인 할리우드영화의 전지적인 시각에서 탈피하고, 관객을 관찰자의 시각과 가깝게 위치시키려는 관찰적 시네마의 특징을 보여준다고 할 수 있다. 다시 말해서 고전적인 할리우드영화는 신scene 어느 곳에서나 위치하는 전지적인 관찰자를 가정하는 데 반해,《가축들과 함께 살기》는 관찰적 시네마처럼 관찰자를 카메라를 가진 사람의 시각에 위치시

킨다.

또한《가축들과 함께 살기》에서는 롱 테이크로 촬영한 긴 쇼트와 긴 신을 많이 사용하고 있다. 예를 들어, 제1장에서 로고스가 지에 부족과 이웃 부족의 경계를 설명하는 쇼트는 약 3분 30초 동안 롱 테이크로 촬영되었으며, 아이들이 물건 이름 맞히기 놀이를 하는 쇼트들 또한 롱 테이크로 보여주고 있다. 그리고  《가축들과 함께 살기》에서는 몽타주 방식의 편집보다는 될 수 있는 대로 현장에서 촬영된 장면들 간의 통일성을 유지하는 방식으로 편집되었다.《가축들과 함께 살기》는 이러한 촬영 및 편집 방식으로 관찰적 시네마의 특징이라고 할 수 있는 세심한 관찰을 실현할 수 있었고, 이로 인해 관객들은 영화에서 구체적이고 분명한 느낌을 받는다.

《가축들과 함께 살기》의 시간적 리듬 또한 독특하다. 즉 데이비드 맥두걸은《가축들과 함께 살기》에서 산업 사회의 시간 흐름과 전혀 다른 유목민의 시간적 흐름을 매우 뛰어나게 묘사하고 있다. 영화의 전반부와 후반부의 경계점이자 영화의 클라이맥스라고 할 수 있는 "모래 폭풍" 장면이 그 대표적인 예이다. 영화는 이 장면에서 지에 사람들의 땅을 가로지르는 모래 폭풍을 길게 보여주고 나서 한동안 모래 폭풍을 물끄러미 바라보고 앉아 있는 지에 사람들을 보여준다. 그리고 관객들은 모래 폭풍과 지에 사람들의 모습에서 유목민 특유의 시간적 리듬감을 경험한다. 또한 모

래 폭풍 장면은 새로운 국가체계의 억압적인 권력을 보여주는 상징이자 새로운 변화에도 불구하고 꿋꿋하게 유목민의 전통적인 삶을 이어가려는 지에 사람들의 결연함을 보여주는 것이라고 해석할 수 있다. 이처럼 천천히 흘러가는 유목민의 시간적 리듬은 개념적인 설명이 아니라 롱 테이크를 통해 자연스럽게 관객들에게 전달된다.

지금까지 본 것처럼《가축들과 함께 살기》의 많은 부분이 관찰적 시네마의 방식으로 만들어졌다. 하지만 영화 전체가 전적으로 관찰적 시네마 양식에 의존하고 있는 것은 아니다. 즉《가축들과 함께 살기》는 지에 사람들의 삶을 구체적으로 묘사하는 장면에서는 관찰적 시네마 양식의 "보여주는 영화"이지만, 유목민이 처한 정치경제적 상황을 설명하거나 감독의 논지를 보다 분명히 전달하기 위해서는 장을 구분하거나 타이틀, 삽입자막 등의 다양한 텍스트를 통해 "말하는 영화"를 지향하고 있다. 또한 영화는 지에 사람들의 직접적인 발언으로 지에의 전통문화와 사회적 상황을 "설명"하고 있다. 이런 의미에서《가축들과 함께 살기》는 한편으로 보여주는 영화이면서도 또 다른 한편으로는 말하는 영화라고 할 수 있다.[39]

〈남자 노인〉

우리는 소 방목지에서 자랐어요.

우리는 소를 돌보면서 자랐죠.

우리는 자랐고, 성숙해졌고, 남자가 되었죠.

처음에는 송아지들을 돌보았죠.

그러고 나서 양과 염소를 돌보았고.

그리고 끝으로 우리가 다 컸을 때 소를 돌보았죠.

그래서 연장자들이 우리가 성장한 걸 보았을 때……

우리는 성인 집단에 들어가기 위해 황소를 죽였죠.

그러고 나서 자라나는 아이들이 우리의 자리를 차지했죠.

우리의 젊은 시절은 이랬죠.

후에 우리는 결혼할 여자아이들을 찾았고……

그리고 우리를 사랑한 여자들과 결혼했죠.

(중략)

(남자 노인)

백인들이 이 나라를 지배하러 왔죠.

백인들이 여기에 있었을 때는

모든 것이 매우 조용했죠.

그들은 소를 위한 약을

가져왔고, 그래서 소들이 더

많아졌죠.

그들은 사람들을 위한 약을

The white man came to rule this country.

가져왔고, 그래서 사람들이 늘어났죠.

오랫동안 그렇게 살았죠.

하지만 최근에 백인들이 그들 나라로 돌아가야 한다는 말을 듣고 놀랐어요.

이제 우리가 지배자가 되었고, 싸움이 시작되었죠.

옛날에도 싸움은 있었죠.

훨씬 전에는 지금은 떠나버린 부족들과 싸움이 있었죠.

도도스 사람들이나 카리모종 사람들과 싸움이 있었죠.

하지만 백인들이 오고 나서 평화로워졌어요.

만약 누군가가 사람을 죽이면, 그는 교수형에 처해졌죠.

우리가 자랄 때는 그랬어요.

카리모종…… 아촐리……

도도스…… 투르카나……

우리는 모두 평화롭게 살았어요.

하지만 백인들이 떠나고 나서……

투르카나, 카리모종, 도도스 사람들은 모두 우리 소를 습격했어요.

수수 농작물조차도 흉년이죠.

우리는 많은 작물을 거둬들이곤 했는데.

옛날이 좋았어요.

(중략)

(데이비드 모딩의 어머니)

지에 지역에서 배고픔은 힘들어요.

우기에는 소들을 집에 둘 수 없어요.

게다가 적들이 있고요.

적들은 오래전부터 우리를 습격하기 시작했죠.

우리가 자랄 때 부모님들이 적에 대해 말해주었죠.

우리는 "적들은 어떻게 생겼죠?"라고 묻곤 했어요.

부모님들은 적들도 사람들이지만, 다른 사람들을 죽이는 사람들이라고

말해주었죠.

우리는 자라서 결혼하고 자식을 가졌죠…….

적들이 다시 나타나기 전엔 그랬죠.

언제나 수수가 충분히 있었죠.

소에서 우유를 얻었고, 우유로

버터를 만들었죠.

한동안 그랬죠.

그러고 나서 점차 해마다

나빠졌어요.

작년에는 먹을 게 충분했어요.

많지 않았지만…… 저 곡물창고에는 먹을 게 있었어요.

수수도 오랫동안 남아 있었죠.

우리는 올해 초에 씨를 뿌렸지만……

씨가 땅에서 말라 죽었어요.

끝으로 한 가지 알아두어야 할 점은《가축들과 함께 살기》가 당시 아프리카의 정치경제적 상황을 반영하고 있다는 점이다. 이러한 사실은 오랫동안 아프리카에서 민족지영화 작업을 한 장 루시의 초기 대표 작품들과 비교해보면 쉽게 알 수 있다. 제1장에서 살펴본 것처럼 장 루시는 데이비드 맥두걸보다 약 10년 앞서 아프리카에서《미친 사제들》,《재규어》,《나는 흑인 남자》등의 작품을 만들었다. 하지만 장 루시가 본격적으로 민족지영화 작업을 하던 때의 아프리카의 정치적 상황은 데이비드 맥두걸이《가축들과 함께 살기》를 만들 때와 매우 상이하다. 한마디로 장 루시가 영화 작업을 하던 시기는 아프리카 국가가 유럽 강대국의 식민 지배로부터 벗어나려거나, 아니면 막 독립을 한 시점이었다. 따라서 장 루시의 영화에는 전반적으로 낙관주의적인 분위기가 흐른다. 이에 반해 데이비드 맥두걸의 영화는 식민 지배에서 벗어난 아프리카에서 국가의 권력이 공고해지고 관료주의와 새로운 엘리트 계급이 등장하던 시기에 만들어졌다. 따라서《가축들과 함께 살기》에는 국가의 확립과 근대화 과정에서 나타나기 시작한 여러 문제점들이 그려지고 있다. 즉《가축들과 함께 살기》는 영국의 식민지 통치에서 벗어난 우간다의 근대화, 국가성, 유목을 둘러싼 문제점, 그리고 정부와 유목민들 간의 상반된 시각을 기록하고 있다. 다시 말해서《가축들과 함께 살기》는 새로운 국가체계 자치를 위협받고 경제적으로 불안정하게 살아가는 유목민의 삶과 관^管우물, 과도^{過度}방목, 강제주거, 강제농경, 식민주의적인 개발 계획, 학교 교육, 조세정책과 시장경제 등과 같은 중앙정부의 개입에 관한 이야기를 주로 다루고 있다. 그리고 장 루시의 영화들이 아프리카의 도시를 배경으로 삼고 있는 데 반해, 데이비드 맥두걸의 영화는 유목민을 소재로 삼고 있다는 점 또한 영화의 구성 및 내용에 서로 다른 영향을 주었다고 할 수 있다.

한편《가축들과 함께 살기》로 대표되는 관찰적 시네마는 한때 민족지영화와 동일시되기도 하면서 다큐멘터리영화와 민족지영화의 새로운 돌파구로 환영받았지만, 이에 대한 비판도 적지 않았다. 데이비드 맥두걸 또한《가축들과 함께 살기》를 만든 후 스스로 관찰적 시네마의 비판자로 돌아섰다.[40] 그리고 차후 작품에서는 다른 방식으로 영화를 만들기 시작했다. 이에 대해서는 다음 장에서 자세히 설명하기로 한다.

데이비드 맥두걸은 《가축들과 함께 살기》를 완성한 후 계속 우간다에서
영화를 만들 계획이었다. 하지만 이디 아민[Idi Amin]이 우간다의 정권을 잡
고 나서 나라 전체가 정치적 혼란에 빠져 데이비드 맥두걸은 더는 지에
지역에서 영화 작업을 할 수 없게 되었다. 데이비드 맥두걸은 할 수 없이
이웃 나라 케냐의 투르카나로 대상을 바꾸었다. 또한 《가축들과 함께 살
기》와 다른 방식으로 투르카나의 유목민 사회를 보여주고 싶었다. 데이
비드 맥두걸은 투르카나의 "결혼"을 통해 투르카나 사회의 다양한 면모
를 보여줄 수 있을 것이라고 판단하여 영화의 주제는 투르카나의 결혼으
로 정했다. 한편 데이비드 맥두걸은 처음에 투르카나의 결혼을 주제로 한
단편 민족지영화 열 편을 만들려고 했으나 그 계획은 너무 복잡하다는
것을 깨닫고 생각을 바꾸었다.

나는 일종의 《라쇼몽羅生門》[1](동일한 사건에 대한 서로 다른 시각을 보여주는 영화
구조)을 생각하고 있었다. 하지만 여러 이유로 그것은 불가능하다는 것을
깨달았다. 왜냐하면 어느 누구도 결혼이 실제로 성사될지 미리 예측할 수
없기 때문이었다. 그것은 협상의 과정이며, 맨 끝에 가서야 확실히 알 수 있을

뿐이다.[2]

데이비드 맥두걸은 1973년과 1974년에 촬영을 끝내고 몇 년간의 편집 과정을 거쳐 세 편의 장편영화, 《로랑의 길: 투르카나 남자Lorang's Way: A Turkana Man》(1980)[3](이하 《로랑의 길》로 표기함.), 《부인들 가운데 한 부인: 결혼에 관한 노트A Wife Among Wives: Notes on Turkana Marriage》(1982)[4](이하 《부인들 가운데 한 부인》으로 표기함.), 《신부대 낙타들: 투르카나 결혼The Wedding Camels: A Turkana Marriage》(1980)[5](이하 《신부대 낙타들》로 표기함.)을 완성했다. 이 세 작품은 일반적으로 "투르카나 대화 삼부작Turkana Conversations Trilogy"(이하 "투르카나 삼부작"으로 표기함.)으로 잘 알려져 있다. 하지만 데이비드 맥두걸이 처음부터 "삼부작"을 구상한 것이 아니라 《신부대 낙타들》을 만들면서 다른 두 편의 모습이 나타나기 시작한 것"[6]이다. 그러나 서로 다른 시각을 통해 결혼(식)이라는 사건을 재현하려던 원래의 생각은 그대로 반영되어 "투르카나 삼부작"의 기본 구조를 이루고 있다. 이 가운데 첫번째 영화 《로랑의 길》은 "투르카나 남자"라는 부제가 말해주듯 로랑이라는 인물에 초점을 두고 있으며, 두번째 《부인들 가운데 한 부인》은 투르카나의 결혼에 대한 사람들의 다양한 생각을 보여준다. 그리고 데이비드 맥두걸이 "삼부작의 핵심"이라고 부른 세번째 《신부대 낙타들》은 결혼이라는 하나의 사건을 기록하고 있다.

투르카나 삼부작은 "참여적 시네마participatory cinema"의 대표작으로 손꼽히는 만큼 본 장에서는 먼저 투르카나 삼부작의 이론적 토대를 이루는 참여적 시네마의 영화적 특징에 대해 알아보기로 한다. 그리고 투르카나 삼부작의 핵심적인 영화적 방식이 "대화"와 "탐구"라는 기제에 있다고 보고, "대화를 통한 참여 방식"과 "탐구 프로젝트"라는 두 가지 시각에서 세 편의 영화를 살펴볼 것이다.

참여적 시네마

1960년대 말에서 1970년대 초반에 걸쳐 등장한 관찰적 시네마는 한때 민족지영화의 돌파구로서 받아들여졌지만 이에 대한 관심은 빠르게 회의와 비판으로 바뀌어갔다. 공교롭게도 관찰적 시네마의 문제점을 가장 먼저 지적한 사람은 한때 관찰적 시네마의 옹호자이자 관찰적 시네마의 대표적 영화감독으로 알려진 데이비드 맥두걸 자신이었다. 데이비드 맥두걸은 관찰적 시네마의 대표작인 《가축들과 함께 살기》를 만든 지 불과 몇 년 후, 「관찰적 시네마를 넘어서Beyond Observational Cinema」(1975)라는 글을 발표해 관찰적 시네마에 대한 비판적인 입장을 밝혔다.

> 관찰적 시네마는 내가 교육을 받은 전통이다. 그것은 과학적 방법론의 고전적인 개념들과 분명히 유사한 점을 가지고 있다. 그러나 바로 이러한 점 때문에 미래의 민족지영화 감독들에게 매우 편협한 모델이 될 수 있다.[7]

먼저 데이비드 맥두걸은 관찰적 시네마가 금욕주의적이며, 실험실 과학자들의 연구 방식과 유사한 접근 방식을 가지고 있다는 점을 문제시했다.

> 만약 영화감독이 현장에 없었더라면 일어났을 것을 영화화하는 것이

관찰적 시네마의 접근 방식이다. 그것은 문학작품에서 상상의 투명성이나 외과의사가 사용하는 수술 장갑이 완벽하게 깨끗하기를 바라는 것과 같은 것이다. 그리고 어떤 경우에는 과학이라는 이름으로, 또 어떤 경우에는 관음증 환자가 들여다보는 구멍이라는 이름으로 정당화되었다.[8]

같은 맥락에서 데이비드 맥두걸은 월터 골드슈미트의 민족지영화에 대한 정의, 즉 "만약에 카메라가 현장에 없었더라면 나타났을 사람들의 행위를 촬영해 한 문화에 속한 사람들의 행위를 다른 문화의 사람들에게 해석하려는 영화"[9]라고 말한 것에 대해 정면으로 비판하면서 관찰적 시네마 방식이 민족지영화에 대한 잘못된 공식으로 환원되기까지 했다고 지적했다.

또한 데이비드 맥두걸은 관찰적 시네마가 관찰자로서의 영화감독의 역할만을 강조하고 영화의 현장에서 일어나는 사건과 사람들의 행위만을 기록하려 한다는 점에서 수동적인 영화가 될 위험성이 있다고 보았다. 즉 관찰적 시네마의 영화감독은 영화 대상과의 거리를 유지하면서 관찰할 뿐, 질문이나 인터뷰 등을 통해 적극적으로 문화를 탐구하려 하지 않는다는 것이다.

관찰적 시네마 감독은 필연적으로 인류학의 식민주의적인 기원을 재확인하고 있다. 한때 "원시적인" 사람들에 대해 어떤 것을 알 가치가 있고 무엇을 배워야 할지를 결정한 것은 유럽인들이었다. 이러한 태도가 관찰적 시네마에도 이어져 서구의 편협성을 갖게 된 것이다. 즉 과학과 내러티브 예술의 전통이 인간에 대한 연구를 비非인간화하기 위해 결합한 것이다. 관찰적 시네마는 관찰자와 관찰당하는 사람이 서로 분리된 세계에 존재하면서 독백적인 영화를 생산한다.[10]

데이비드 맥두걸에 의하면, 이러한 관찰적 시네마는 영화 대상과 거리를 둔다는 점에서 영화 대상의 삶으로부터 동떨어진 영화가 될 수 있으며, 관객과의 관계도 윤리적으로나 감정적으로 괴리된다는 것이다. 그리고 데이비드 맥두걸은 일면 객관적이고 과학적으로 보이는 관찰적 시네마의 방법론들이 사실상 그 안에 신新식민주의적인 태도를 담을 수 있다고 생각했다.

결국 데이비드 맥두걸은 관찰적 시네마의 방법론을 수정하고 그 대안으로서 참여적 시네마를 제안했다. 이처럼 데이비드 맥두걸의 참여적 시네마는 관찰적 시네마의 한계에 대한 자각에서 출발했다고 볼 수 있다.

하지만 데이비드 맥두걸이 말한 참여적 시네마는 이전의 관찰적 시네마와의 단절이라기보다는 영화감독, 영화 대상, 관객의 참여를 강조한 영화라고 할 수 있다.[11] 먼저 데이비드 맥두걸은 관찰적 시네마의 단점을 영화감독의 부재不在, 영화 대상과의 비非관계성, 영화 관객의 수동성이라고 보고, 무엇보다도 먼저 "참여"란 "만남"이라는 점을 강조했다. 즉 영화는 "영화 대상, 영화감독, 관객이라는 삼각형에서 형성되는 개념적인 공간이며, 이 모든 세 가지의 만남"[12]이라고 데이비드 맥두걸은 주장했다.

이처럼 데이비드 맥두걸은 참여의 개념을 세 가지 각도에서 설명하면서 참여적 시네마의 가능성에 대해 다음과 같이 밝혔다. 첫째로 참여적 시네마는 관찰적 시네마와는 달리 영화감독이 영화를 통해 자신의 존재를 드러낸다. 즉 영화감독은 자신이 영화 대상의 세계에 들어가 있다는 것을 인정하고 자신의 역할과 시각을 영화 속에서 보여준다. 이를 구체적으로 설명하자면, 참여적 시네마는 영화감독의 일인칭 코멘터리를 사용하고, 영화감독의 질문과 영화 대상의 반응 그리고 영화 제작 과정을 보여줌으로써 영화감독의 존재를 드러낸다. 이런 의미에서 데이비드 맥두걸의 참여적 시네마는 자기성찰적 영화의 선구자적 실례로 손꼽히기도 한다.[13] 데이비드 맥두걸 또한 자기성찰성의 중요성을 강조하면서 "성찰성의 개념은 작품의 구성에서 작가의 위치를 드러내는 것"[14]이라고 설명했다. 그리고 이는 연구자가 현지조사에서 어떤 분위기를 느끼는지, 어떻게 대상과의 라포르rapport를 형성하고 관계를 변화시키는지, 현지인과 문화 이해의 수준 차를 경험하는지 등의 현지조사자의 입장을 고려하고 지속적으로 인식해야 한다는 것을 말한다.[15] 그리고 데이비드 맥두걸은 이러한 영화감독의 경험이 영화에 반영되어야 하며, 또한 영화는 영화감독의 변화되는 시각들을 드러낼 수 있어야 한다고 주장했다.

참여적 시네마의 또 다른 특징은 "비非특권적인 카메라 스타일unprivileged camera style"[16]이다. 이는 관찰적 시네마의 "특권적인 카메라 스타일privileged camera style"의 개념과 대조된다. 이 두 가지 용어는 데이비드 맥두걸이 관찰적 시네마와 참여적 시네마의 카메라 시각을 설명하기 위해 사용한 말이다. 한마디로 특권적인 카메라 스타일이란 일반적으로 할리우드영화에서 볼 수 있는 카메라의 시각을 말한다. 즉 특권적인 카메라 스타일은 영화의 신scene 안 어느 곳에든 위치하는 "전지적인 카메라의 눈"을 의미한다.

데이비드 맥두걸은 이러한 미학 뒤에는 권력의 문제가 놓여 있다고 보았다. 반면, 데이비드 맥두걸이 말하는 비특권적인 카메라 스타일은 카메라를 "인간화하는" 것을 말한다. 즉 이는 "영화감독도 하나의 인간이며, 실수를 할 수 있고, 실재적 공간과 사회에 뿌리를 두고 있으며, 지각의 한계를 지니고 있다는 것"[17]을 드러내는 것을 말한다. 이처럼 데이비드 맥두걸은 투르카나 삼부작에서 하나의 전지적인 카메라의 시각을 보여주는 데서 벗어나 실제 상황에 따라 변화하는 감독의 시각을 통해 사건을 탐구한다.

둘째로 참여적 시네마는 영화 대상의 참여를 강조한다. 즉 민족지영화는 영화감독과 영화 대상과의 만남을 통해 만들어지며, 영화는 이러한 만남의 과정을 다루어야 한다고 데이비드 맥두걸은 주장했다.

> 민족지영화는 단지 다른 사회에 대한 기록이 아니다. 그것은 감독과 사회의 만남에 대한 기록이다. 만약 민족지영화들이 현재의 관념론에 내재된 한계에서 벗어나려면 이러한 만남을 다뤄야 할 것이다. 하지만 지금까지 민족지영화는 이러한 만남이 일어났다는 것을 거의 인정하지 않았다.[18]

따라서 참여적 시네마는 영화 대상에게 영화에 접근할 수 있는 기회를 주고, 영화 대상들의 "다수의 목소리"를 담으려 한다.

> 영화감독은 영화 대상의 세계에 적극적으로 들어감으로써 그들에 대해 더 많은 정보를 얻을 수 있도록 유도할 수 있다. 그리고 영화 대상들을 영화에

접근할 수 있도록 하여 그들의 반응을 통해서만 나올 수 있는 영화에 대한 수정修正된 이야기나 부연 설명을 얻을 수 있다.[19]

이와 더불어 데이비드 맥두걸은 영화감독과 영화 대상 간의 커뮤니케이션을 통해 "영화는 대상들이 세상을 인지하는 방식들을 반영할 수 있다."[20]라고 주장하면서 영화감독과 영화 대상들 간의 공동共同 작가성, 관찰자와 관찰 대상자 간의 관계성, 그리고 호혜적인 의견 교환의 중요성을 강조했다.

또한 참여적 시네마는 관객의 참여를 유도한다는 데 그 특징이 있다. 데이비드 맥두걸은 참여적 시네마가 영화 대상들의 "다수의 목소리"를 반영하듯 "다수의 관객들"을 고려해야 한다고 보았다. 데이비드 맥두걸은 이를 위해 관객에게 영화감독의 존재, 질문, 탐구 방식, 영화 제작 과정 등을 보여줌으로써 이들이 영화에 참여할 수 있도록 해야 한다고 주장했다. 즉 데이비드 맥두걸은 보다 실험적이고 열린 텍스트를 통해 영화 관객에게 영화의 의미를 해석할 수 있는 권한을 부여할 수 있다고 생각했다.

종합해본다면, 데이비드 맥두걸의 참여적 시네마는 영화감독을 유일한 작가로 보는 작가성의 개념에 도전하고 영화적 의미의 구성에서 영화 대상 및 관객들의 참여를 유도한다는 점에서 보다 상호 참여적인 텍스트를 지향하고 있다고 볼 수 있다. 또한 데이비드 맥두걸은 참여적 시네마가 영화 대상들의 문화의 다양성, 다수의 목소리, 다수의 관객을 반영한다는 점에서 "상호 텍스트적 시네마intertextual cinema"[21]라고 부르기도 했다.

"투르카나 삼부작"의 영화 분석

"투르카나 삼부작"의 줄거리를 간략하게 살펴보면 다음과 같다.

《로랑의 길》(1980)은 투르카나 삼부작의 첫번째 영화다. 부제에서도 알수 있듯이 이 영화는 로랑이라는 투르카나 남자의 이야기를 다룬 전기傳記적 영화의 성격을 띠고 있다. 제목 "로랑의 길"은 투르카나 남자들이 따르고 싶어 하는 길이라는 것을 암시한다. 영화는 제1장 "잃어버린 시간 메우기", 제2장 "집안 건사하기", 제3장 "영역 정하기"의 세 부분으로 나뉘어 있다. 영화의 주인공인 로랑은 영화 내내 거의 웃음을 보이지 않는다. 그는 강인하고 보수적이며, 경건하게 신神을 믿는 사람으로 그려진다. 그리고 로랑은 과거에 강제로 군대에 징집되어 투르카나를 떠나야 했으며, 영국 군인으로 복무하면서 오랫동안 타향살이를 했다. 그 후 로랑은 많은 사람들의 만류를 뿌리치고 고향으로 돌아와 투르카나 사회에 성공적으로 정착하여 부인 다섯 명과 가축 100마리를 소유한 가장이 되었다.

(삽입자막)

우리는 로랑에게 다음과 같은 질문을 했다.

당신이 군대에 있는 동안······
당신은 서구 사회에 대해 많은 것을 배웠죠.
하지만 당신은 투르카나에 돌아오는 것을 선택했습니다.
지금 당신은 대가족을 거느린, 마을에서 중요하고 존경받는 사람이
되었습니다.

제가 당신에게 질문을 하나
하겠습니다.
당신이 군대를 떠난 후……
투르카나에 돌아온 것이
올바른 선택이었다고
생각하십니까?
아니면 잘못된 것이었다고 생각하십니까?

(로랑)

나를 떠나보낸 사람들……
나로 하여금 내 고향을 떠나게 하고
세상을 떠돌게 한 사람들을 죽이겠다는 생각만 하고 있었죠.
그때에는 남자들이 군대 복무를 위해 잡혀갔죠.
어쨌든 나는 여기저기 모든 곳을 여행했고……
그러고 나서 돌아왔죠.
나는 지금 예전처럼 살기 시작했어요.
나는 나의 전全 재산이었던 동물들을 잃었었죠.
그리고 내가 떠나기 전 가난했던 젊은 사람들……
가장 가난했던 사람들조차도 부를 축적한 것을 보았죠.
그들은 아버지가 되었어요.
그들은 유명해졌고, 존경을 받았죠.
그게 나를 매우 힘들게 했어요.

그러나 지금 나는 괴로워할 이유가 없어요.

이처럼《로랑의 길》은 주인공 로랑의 과거와 현재의 모습을 통해 유목민의 삶을 탐구한다. 영화 전체를 장章으로 나누거나 소제목과 자막을 사용하는 방식은 그 이전의 작품인《가축들과 함께 살기》를 닮아 있다.

투르카나 삼부작의 두번째 영화인《부인들 가운데 한 부인》(1982)은 결혼 및 일부다처제에 대한 투르카나 사람들의 "생각"을 통해 유목민의 삶을 탐구한다. 즉 투르카나 삼부작의 다른 두 작품이 특정한 "인물"(로랑)이나 "사건"(결혼)을 중심으로 전개되는 데 반해, 이 영화는 결혼에 대한 "생각"이 영화의 중심을 이룬다.

(로랑)

여자아이들은 요즈음 옛 관습을 따르지 않아요.

그들은 부모의 충고를 듣지 않아요.

남자가 신부대를 가져온다고 해도…… 여자아이는 남자를 거절하기도 하죠.

부모조차도 딸아이에게 신부대 때문에 남자를 선택하라고 할 순 없죠.

남자가 신부대를 가져온다 해도 딸아이는 그를 거절하죠.

요즘 여자아이들은 자기 마음대로 해요.

그리고 자신이 선택한 남자 친구를 따라다니죠.

하지만 딸아이가 부모가 선택한 남자를 받아들이면

그녀는 부모들로부터 축복을 받고, 그녀의 남편과 행복하게 살겠죠.

그러면 그녀의 아버지는 그녀에게 더 많은 동물을 줄 겁니다.

부모들은 그녀가 잘 살도록

도와줄 거예요.

이게 투르카나 방식이죠.

아버지는 이러한 것들을

결정하죠.

부모들은 그들의 아들이

결혼할 여자아이를 선택하죠.

투르카나에서 결혼은 필수적인 것이에요.

단 한 가지 중요한 것이 있다면……

그건 바로 결혼이에요.

(중략)

(한 연장자)

이게 투르카나 방식입니다.

남자들이 다섯 명의 부인을 두는 것은 이곳의 관습입니다.

또한 이 관습 때문에 남자들은 모욕을 당하기도 하죠.

부인 한 명을 가진 남자는 결혼한 것으로 간주하지 않아요.

그 사람은 "음부를 한 개 가진 사람"이라고 불려요.

그는 쓸모가 없는 사람이죠.

만약 부인의 모든 자식들이 죽는다면 그는 가진 게 없게 될 거예요.

그의 형은 많은 부인과 결혼해서 자식들 열 명을 두었지만 그와 달리……

그는 얻을 게 거의 없을 거예요.

결혼을 단 한 번만 하는 것은……

실수라고 사람들이 말하죠.

그는 송아지 한 마리, 당나귀 한 마리, 염소 한 마리를 얻을 거예요.

투르카나 사람들은 이렇게 될지 잘 알고 있죠.

그래서 남자는 다섯 명의
부인과 결혼하는 거고……

그래서 가족이 번창하는 거죠.

열 명의 부인들! 스무 명의
부인들, 서른 명의 부인들.

물론 매번 결혼할 때마다 다른
부인들이 동의해야겠죠.

한 부인이 "좋아, 나는 동물 열 마리를 주겠다."라고 말하면,

다른 부인들도 신부대로 다섯 마리, 여섯 마리를 내놓죠.

또 다른 부인은 일곱 마리, 또 다른 부인은 네 마리. 이런 식이죠.

그리고《부인들 가운데 한 부인》에서 영화감독의 기록을 담은 노트나 촬
영 장면을 보여주는 것은 이 영화가 의도적으로 자기성찰적 방식을 차용
하고 있음을 보여준다.

《신부대 낙타들》(1980)은 투르카나 삼부작의 세번째에 해당하는 작품
이지만, 데이비드 맥두걸은 이 작품을 삼부작의 "중심 작품"이라고 불렀
다. 이 영화는 1장 "준비", 2장 "신부대의 문제", 3장 "신부대 소", 4장 "떠

남"의 네 부분으로 구성되어 있다. 그리고 영화의 이야기 전개를 위해 삽입자막을 자주 사용하는 것도 《신부대 낙타들》의 특징이라고 할 수 있다. 영화는 먼저 로랑과 그의 동생이 투르카나의 결혼과 유럽의 결혼의 차이에 대해 이야기를 나누는 장면으로 시작한다.

(로랑)

이 여자아이가 결혼하면

그녀의 남편이 그녀를 그의 집에 데려갈 겁니다.

또 다른 여자아이가 결혼하면

그녀의 남편이 그녀를 자신의 집으로 데려갈 겁니다.

그러면 가축은 누가 돌보죠?

여자아이의 신부대로 받은 동물들을 포함해서 말이에요!

아마도 우리의 이 제도는 전부 어리석은 것인지 모르죠.

당신이 키운 여자아이는 다른 사람의 부인이 되죠!

남자는 그녀와 결혼하고 당신에게 동물을 주죠.

하지만 동물들은 누가 돌보죠?

아마도 당신은 지금 동물 부자가 되었을지 모르죠……

신랑이 동물을 가져왔으니까요.

하지만 그 여자아이가 마지막으로 남은 아이라면

누가 동물들을 돌보죠?

사람들은 뱀처럼 껍질을 벗을 수 있나요?

아마도 아이 한 명만 갖는 백인들이 현명한 것인지 모르죠.

그들은 양처럼 잘 먹고 잘 살 겁니다.

우리의 제도는 많은 아이들을 갖는 것이죠.

아이들이 동물들을 돌보고……

연장자들은 편하게 쉬죠.

투르카나에서는 원래 그렇게 하게 되어 있어요!

하지만 그렇게 하는 것이 말처럼 쉽지 않아요.

그리고 이어 로랑의 첫번째 부인과 그의 누이의 발언으로 이어진다. 그러고 나서 로랑의 딸이자 결혼 당사자인 아카이에게 투르카나 사회에서 여자들이 얼마나 결혼 상대에 대한 선택권이 있는지 데이비드 맥두걸이 질문하고, 아카이가 이에 대답한다. 그리고 다음으로 아카이의 어머니와 로랑 그리고 로랑의 친구로부터 투르카나의 결혼에 대한 생각을 듣는다.

(나잉기로[로랑의 첫번째 부인의 처제]의 집)

(삽입자막)

(데이비드 맥두걸의 질문)

아르워토(로랑의 첫번째 부인)는 그녀의 딸 아카이가 결혼하여 떠난다면……

슬퍼하지 않을까요?

(나잉기로)

그렇겠죠.

여자아이가 마지막 아이라면 더욱 그렇죠.

사람들은 딸이 결혼하기를 원하지만……

딸아이가 떠나고 나면 그녀를 그리워하죠.

하지만 천천히 잊을 거예요.

딸아이를 시집보내고 나면,

딸아이가 언젠가 친정집을 방문할 거라는 것을 알고 있죠.

사람들은 그녀가 애를 갖고

또한 아내로서 의무를 다하도록 하죠.

우리 딸들은 우리의 것이 아니에요.

딸들은 남에게 주기 위해 태어났어요.

그들은 시집을 가서 새로운 가정을 꾸리겠죠.

우리가 노년이 되었을 때 우리를 돌봐주는 사람들은

우리 아들들의 며느리들이에요.

예를 들어, 지금 나는 내 아들의 며느리와

이 집을 함께 쓰고 있어요.

그래서 나는 두렵지 않아요.

내 딸들은 모두 결혼할 수 있죠.

그건 아르워토도 마찬가지고요.

아카이가 떠나면……

그녀의 아들의 며느리가 그녀를 돕겠죠.

사내아이들은 동물들을 돌보기 위해 태어났고……

여자아이들은 결혼하기 위해 태어났어요.

우리 투르카나 사람들은 농부가 아니에요.

그래서 자식들이 우리의 밭인 셈이죠.

딸들은 결혼할 때 그들의 집에 많은 부를 가져다주죠.

이후 영화는 열다섯 살의 아카이와 로랑의 동년배인 다른 부족 남자(콩구)와의 결혼을 중심으로 전개된다. 하지만 이 영화는 "신부대 낙타들"이라는 제목이 나타내듯 결혼식 자체에 대한 영화가 아니다. "신부대"가 영화의 주제다. 따라서 신부대를 둘러싼 양가 원로들의 교묘한 협상 전략과 팽팽한 신경전이 길고 지루하게 전개된다.

(로랑)

모든 것이 아직 마무리되지
않았다.
모든 것이 아직 마무리되지
않았어.
친척들의 몫이 정해지지
않았다.
어머니, 이모들…….
이들에 대해 아무것도 결정된 게 없다.
우리는 지금 막 신부대 이야기를 하기 시작했는데,

그들은 이미 결혼식을 시작하기를 원한다.

콩구가 오고 있다.

(로랑이 한 연장자에게)

일어나서…… 콩구에게 말해라.

(한 연장자)

콩구, 많은 사람들이 가축을 얻으러 너에게 왔다.

먼 곳에서 온 부족원들까지도.

그들이 빈손으로 돌아가지 않게 하라.

그들을 손사래 치며 보내지 마라.

기억해라……. 인색하면 위험해질 수 있다는 것을.

이건 확실하다.

아르워토의 동생인 나잉기로도 있고,

다른 동생인 롱골레도 있다.

그리고 다른 사람들도 있고.

나는 모든 사람들에게 동물을 주는 것이 힘들다는 것을 안다.

나 자신도 겪어봤다.

하지만 사람들이 동물들을 기다리고 있다.

신부의 다섯 이모들,

그녀의 이모들이 가축을 기다리고 있다!

그들은 아무것도 얻지 못할 것인가?

(콩구)

그러나 나는 나누어줄 가축이 없다.

(한 연장자)

만약 나만 소를 받고, 자신들은 아무것도 받지 못했다는 이야기를 들으면,

그들은 나를 비난할 것이다.

그들은 당신과 내가 그들을 속였다고 생각할 것이다.

(중략)

당신은 의도를 분명히 해야 한다.

그렇지 않으면 아무도 결혼식을 준비할 수 없다.

(콩구)

알았다. 앉아라.

신부대는 모든 사람을 만족시킬 수 없다.

연장자들이 우선이다.

그리고 그들이 원하는 대로

가축들을 다른 사람들과

나누어 갖도록 해라.

당신 연장자들은 모든 것을

가지려 한다.

그것은 불공평하다.

지금 있는 동물들을 다른 사람들이 나누어 갖도록 해라.

가축들이 충분하지 않은데 내가 무엇을 할 수 있겠는가?

나는 나중에 더 많은 동물들을 줄 수 있다.

하지만 당신들은 이게 얼마나 시간이 걸리는지 알고 있지 않은가?

(중략)

(로랑)

콩구, 들어봐라.

이 사람이 농담하고 있네.

그는 우리를 갖고 놀고 있다.

그는 이 문제에서 벗어날 수 있다고 생각한다.

그는 우리에게 아무도 원치 않는 늙은 소를 주었다.

사람들은 동물들을 원한다.

동물들! 동물들! 동물들!

그들은 적절한 몫을 원한다.

로랑이 바보가 되었나?

당신은 내가 이 결혼을 매우 원해서 신부대가 중요하지 않다고 생각하는 것

같은가?

내가 단지 사람들에게서 동물을 뺏으려 하는 거라고 생각하는가?

신부 어머니는 암소를 받아야 한다.

감히 이 결혼을 취소하려 하지 마라.

신부대는 받아야 한다.

이모들은 적어도 소 한 마리와 염소들을 아주 많이 받아야 한다.

동물을 달라.

이 사람들에게 동물을 주어라……. 빨리 주어라.

그리고 협상 과정 중간중간에 아카이와 그녀의 친구들과 로랑의 부인들의 생활 모습을 보여준다. 하지만 어느 누구도 결혼이 실제로 성사될지 알 수 없다. 따라서 영화 내내 긴장감이 흐른다. 그러다가 양가 원로들 간의 밀고 당기는 협상 과정이 끝나고 결혼이 결정되자 영화는 결혼식 준비 과정과 결혼식의 일부를 보여준다. 그리고 영화가 끝나기 전 로랑과 다른 원로로부터 아카이의 결혼에 대한 솔직한 생각을 듣는다.

앞서 밝힌 대로 데이비드 맥두걸은 투르카나 삼부작 이전의 작품인 《가축들과 함께 살기》에서는 관찰적 시네마의 방식을 차용했지만, 투르카나 삼부작에서는 참여적 시네마의 방식을 시도하고 있다. 하지만 투르카나 삼부작은 관찰적 시네마 및 《가축들과 함께 살기》의 영화적 방식과 완전히 단절했다기보다 관찰적 시네마로부터 진화했다고 보는 것이 옳다. 실제로 투르카나 삼부작을 보면 관찰적 시네마의 특징들, 예를 들어 영화 대상의 삶에 대한 세밀한 관찰과 묘사, 친밀한 카메라 워크, 롱 테이크, 동시녹음 등의 영화적 방식을 그대로 사용하고 있다. 또한 영화 전체를 몇 개의 장章으로 나누거나 타이틀, 삽입자막, 하단자막을 사용하는 방식은 《가축들과 함께 살기》와 매우 닮아 있다. 본 장에서는 이러한 점을 고려하면서 투르카나 삼부작의 특징이라고 할 수 있는 "대화"와 "탐구"라는 핵심 개념을 중심으로 영화를 분석하기로 한다.

대화를 통한 참여 방식

투르카나 삼부작에서 가장 핵심적인 개념은 "대화"이다. 영화의 제목 또한 "투르카나 대화 삼부작"이라는 사실에서도 이 점을 확인할 수 있다. 데이비드 맥두걸은 참여적 시네마를 설명하면서 영화감독과 영화 대상 간의 "영화적 만남"을 강조하고 있는데, 이는 투르카나 삼부작에서 영화감독과 영화 대상 간의 대화의 형태로 나타난다. 다시 말해서 《가축들과 함께 살기》에서는 영화감독이 영화 대상의 행위를 관찰하면서 그들의 이야기를 듣는 방식을 취했다면, 투르카나 삼부작에서는 영화감독이 질문하고 영화 대상이 설명하는 방식이 주를 이룬다. 예를 들어 《로랑의 길》에서 다음과 같이 영화감독이 질문하고, 로랑이 이에 대답한다.

(삽입자막)

(데이비드 맥두걸의 질문)

당신은 투르카나 영화에서 무엇이 가장 중요하다고 생각하나요? 세상에서
무엇이 가장 중요합니까?

(로랑)

오직 생명이죠. 그 밖에 무엇이 있겠습니까? 그 밖에 무엇이 있겠어요?
내가 존재하는 한, 나는 생명이 있다는 것을 알죠. 당신의 영혼이 가장

중요한 거예요. 다른 무엇이
그렇게 중요하거나 좋을 수
있겠습니까?

(삽입자막)

(데이비드 맥두걸의 질문)

생명을 유지할 수 있게 해주는 동물들과 농작물들은 어떻습니까?

(로랑)

내가 조금 전에 말했듯이 오직 생명이 중요해요. 당신은 사람으로부터
시작해야 합니다……. 그런 다음에 동물이 중요하죠. 이게 내가 말하는
요점입니다. 그다음이 신神이죠. 우리가 자궁에서 만들어지기 전부터 우리를
생각해낸 신이 다음에 오죠. 신은, 인간이 아직 아버지의 고환에 있을 때
우리가 어떻게 될 것인지 알고 있었죠. 내가 더 무엇을 말할 수 있겠습니까?
생명은 그대로 생명이죠. 신이 우리를 이렇게 만들었고, 우리에게 생명을
주셨죠. 신 이외에 누가 우리에게 이만큼 해주었다고 말할 수 있겠습니까?

이처럼 투르카나 삼부작에서 대화는 즉흥적이고 형식에 얽매이지 않는
자유로운 커뮤니케이션의 형태로 나타난다. 즉 투르카나 삼부작은《가축
들과 함께 살기》처럼 영화감독이 영화 대상의 이야기를 그저 듣기만 하거
나 관객에게 일방적으로 설명하는 방식이 아니라 영화감독과 영화 대상
이 서로 의사소통하는 방식을 취한다. 이런 의미에서 관찰적 시네마에서

참여적 시네마에로의 변화는 "시각에서 목소리에로의 이행移行"²²을 포함한다고 할 수 있다.

또한 투르카나 삼부작에서 "대화"는 영화 대상으로부터 문화에 대한 지식을 이끌어내는 수단으로 사용된다. 예를 들어《신부대 낙타들》에서 데이비드 맥두걸이 로랑의 딸이자 결혼식의 주인공인 어린 아카이에게 투르카나 사회에서 얼마나 여자들이 결혼 상대에 대해 선택권을 가지고 있는지 세 가지 질문을 하고, 아카이가 이에 대답한다.

(삽입자막)

결혼에 관한 세 가지 질문

(삽입자막)

소녀 스스로가 자신의 남편감을 고르니? 아니면 소녀의 부모들이 남편감을 고르니?

(아카이)

두 가지 방법 다 좋아요. 제가 고르건, 부모가 결정하건 상관없어요.

(삽입자막)

투르카나 소녀들은 가끔 남편에 대해 이야기한다…….

·

(삽입자막)

너는 어떤 사람이 남편감으로
좋으냐?

(아카이)

예의 바른 사람…… 그리고
부자인 사람.

(삽입자막)

어린 소녀들이 가끔 늙은 남자들과 결혼을 한다는 게 사실이냐?

(아카이)

우리는 언제나 거절할 수 있어요. 아무리 그가 부자이고 잘생겨도요. 만약
소녀가 가난한 사람을 선택했고 그를 향한 마음이 변하지 않는다면, 그녀는
부모가 선택한 사람을 거절하죠. 그녀는 연인과 도망가서 산에서 살 수도
있어요. 우리는 마음에 들지 않으면 부모들의 선택을 무시할 수 있어요.

이처럼 투르카나 삼부작에 나타나는 쌍방향 의사소통의 방식은 영화감
독과 영화 대상 간의 "민족지적 만남을 통해 교섭되는 사회적 관계의 표
현"[23]이라고 볼 수 있다. 그리고 이러한 영화감독과 영화 대상 간의 상호
협력적인 관계는 데이비드 맥두걸이 투르카나 사람들에게 투르카나 사
회에서 무엇을 재현하고, 어떻게 재현하는 것이 좋은가에 대한 질문을 던
지는 방식에서 뚜렷하게 드러난다. 특히 이러한 방식이 가장 잘 나타나는
곳은《부인들 가운데 한 부인》의 첫번째 시퀀스이다. 데이비드 맥두걸은
투르카나 부인들에게 무엇을 촬영하면 좋겠냐고 묻자 여인들이 다음과

같이 대답한다.

나는 당신의 물건들을 촬영하겠소. 당신이 입고 있는 옷, 당신의 카메라
케이스. 나는 카쿠마에 있는 구슬들도 촬영하겠소. 그리고 우리 것처럼
아름다운 옷, 상자, 컵······ 그런 모든 것들······.

당신의 집에는 촬영하기
좋은 것이 많아요. 우리는
당신의 랜드로버 자동차도
찍을 거예요. 당신의 집과 그
안에 있는 것. 당신이 가지고
있는 것······. 우리는 분명히
그것들을 찍을 거예요.

이렇게 영화 대상이 영화에 참여하는 방식은, 한 투르카나 여인이 데이비
드 맥두걸로부터 카메라를 건네받아 거꾸로 영화감독을 촬영하는 장면
에서 절정을 이룬다. 한 여인(위 인용문의 여인 A)이 데이비드 맥두걸에게
"당신은 무엇을 찍길 원하죠? 우리를 위해 그런 것들을 모두 찍으세요.
아니면 우리에게 카메라를 넘겨줘요. 우리가 그걸 찍게."라고 말하자 데
이비드 맥두걸이 카메라를 그 여인에게 넘겨준다. 그녀의 촬영 장면은 영

화 속의 다른 쇼트와 함께 편집 되어 영화에 등장한다. 데이비 드 맥두걸은《부인들 가운데 한 부인》의 첫번째 시퀀스에 대 해 "투르카나 사람들과 우리의 관계, 그리고 우리가 느꼈던 일  종의 교감의 상징"[24]이라고 설명했으며, 콜린 영 또한 "두 문화가 서로 바 라보는 것"[25]이라고 해석했다.

이어《부인들 가운데 한 부인》의 다음 시퀀스에서 데이비드 맥두걸은 여인들에게 "만약 우리가 하고 있는 작업을 여러분이 한다면, 어떻게 투르카나 사람들이 살고 있는지 설명할 겁니까?"라는 질문을 던진다. 즉 데이비드 맥두걸이 투르카나 여성들에게 무엇이 영화의 초점이 되어야 하는지 질문을 하고, 여성들이 이에 대답한다. 이는 데이비드 맥두걸이 영화를 통해 상이한 문화를 가진 사람들이 만나고 있다는 것을 드러내는 것이며, 민족지영화 작업의 과정을 인류학자의 민족지적 "탐구" 과정으로 유추하여 보여주는 것이라고 할 수 있다.

또한 투르카나 삼부작은 대화를 통해 투르카나 사회 구성원들의 다양한 시각을 보여준다. 예를 들어《로랑의 길》에서 로랑의 과거에 대한 시퀀스는 로랑, 로랑의 처형, 그리고 영화감독을 찾아와 자청해서 로랑의 이야기를 들려주는 로랑의 친구에 이르기까지 다양한 사람들의 견해가 섞여 전개된다. 특히《로랑의 길》에서는 삽입자막으로 "다른 견해"라는 글을 넣어 로랑의 생각과 그의 아들의 생각을 대조하여 보여준다.

(로랑)

삶이 변할 것이다. 변할 것이다……. 어떻게 변할 것인가? 요사이 우리는
과거의 것들을 잊어버리라는 소리를 듣는다. 무엇을 잊어버리라는 것인가?
우리의 아버지들과 어머니들의 생각들? 우리의 동물에 찍는 낙인들?

(삽입자막)

다른 견해

(삽입자막)

(데이비드 맥두걸의 질문)

요즈음 투르카나에 변화가 있다는 것이 사실인가?

(로랑의 아들)

잘 모르겠는걸요. 음, 그렇다고
할 수도 있고, 아니라고 할
수도 있죠. 얼마 전까지만
해도 몇몇 사람들은 옷을 벗고
다녔죠. 몇몇 사람들은 가축이
없었어요. 이제 그들은 가축을

가지고 있어요. 반대로 가축을 가지고 있던 다른 사람들은 이젠 가축이
없죠. 다른 사람들은 이제 죽었고요. 그리고 우리는 당신이 사는 곳에서 온
사람들을 만나죠.

이처럼 투르카나 삼부작은 영화 대상들의 "다수의 시각"을 보여줌으로써 투르카나 사회를 하나의 고정된 시각을 가진 사회가 아니라 다양한 시각이 존재하는 장場으로 제시한다.

> 민족지영화 제작의 관행을 보면, 마치 카메라로 담아 영화로 만들어 가지고 올 수 있는 하나의 민족지적 리얼리티가 있다고 생각하는 경향이 강하다는 것을 느꼈다. (중략) 민족지적 리얼리티가 존재할지는 모르지만 분명히 다수의 시각들이 존재하고, 이러한 시각을 가진 사람들이 각각 하나의 이야기를 가지고 있다는 것, 즉 전체 가운데 한 부분이 있다는 것을 보여주는 것이 중요했다. 외부인은 문화를 이해하기가 쉽지 않다. 따라서 이 영화는 올바른 정보와 잘못된 정보, 그리고 일어나고 있는 사건에 대한 상이한 견해들을 다루고 있다.[26]

탐구 프로젝트로서의 투르카나 삼부작

투르카나 삼부작은 영화 전체가 일종의 "탐구" 형태로 전개된다. 즉 투르카나 삼부작은 투르카나 문화에 관한 정보를 전달하는 데 초점을 두기보다는 이를 찾아가는 "탐구의 과정"을 드러내는 방식으로 되어 있다. 그리고 영화감독은 투르카나 문화에 대해 확실한 지식을 가지고 있는 사람이 아니라 투르카나 문화에 대해 탐구하고 알아가는 인물로 설정된다. 이런 의미에서 투르카나 삼부작은 일종의 "탐구 프로젝트"[27]라고 할 수 있다.

> 우리가 《가축들과 함께 살기》를 촬영할 때는 가끔씩 우리의 존재가

드러나는 시퀀스를 넣는 데 만족했다. 반면, 《신부대 낙타들》을 만들 때는 아주 의식적으로 복잡한 사건의 관찰자가 된다는 것이 어떤 것인지 보여주려 했다. 영화는 탐구의 구조로 되어 있다.[28]

투르카나 삼부작 가운데 문화에 대한 지식을 습득해가는 과정이 가장 잘 나타나는 영화는 《신부대 낙타들》이다. 《신부대 낙타들》을 보면 결혼식 장면이 부분적으로 나오지만, 이 영화는 투르카나의 결혼식에 관한 영화가 아니다. 다시 말해서 《신부대 낙타들》은 투르카나의 결혼에 대한 일반적인 정보를 주는 것이 아니라 결혼이라는 사건, 특히 신부대를 둘러싼 투르카나 사람들의 협상 과정에 초점을 두고 있다.

(데이비드 맥두걸)

이런 결혼에서 누가 염소의 수를 결정하나요? 콩구가 정하는 건가요?
아니면 이쪽에서 하는 건가요?

콩구와 관련된 이 결혼에서 염소 몇 마리를 가져올 것인가는 당신이
결정하는 건가요?
아니면 콩구가 결정하는 건가요?

(로랑)

콩구가 염소들을 가져오기로 정했어요.
그가 결정했어요.

(데이비드 맥두걸)

항상 그러는 건가요? 아니면 둘이 오랜 친구여서 그런 건가요?

(로랑)

보세요.

내 친구가 내 딸을 마음에 두고 있었죠.

그래서 그는 여기로 동물들 몇 마리를 몰고 왔죠.

나는 아주 많은 동물을 원했고…… 그래서 그는 동물들을 가져왔죠.

하지만 신부대는 싸움을 일으킬 수 있어요.

매우 어려울 수 있어요.

동물의 수를 놓고 싸움, 고함, 논쟁이 일어날 수 있죠.

최근 쿠이야의 결혼에서 그런 일이 발생했죠.

논쟁, 손가락질…….

조용하고 분별 있는 대화가 아니고요.

콩구와 나는 이런 것들을 어떻게 이야기해야 하는지 알고 있어요.

당신과 내가 지금 이야기하는 것처럼 말이죠.

나는 그에게 내가 원하는 것을 말하죠.

그리고 그가 응답하죠.

어떤 사람들은 합리적이지만, 어떤 사람들은 그렇지 않아요.

그리고《신부대 낙타들》을 보면, 신부와 신랑의 가족 친지들이 서로 상대
방의 속마음을 떠보기도 하고 밀어붙이거나 양보하는 척하는 등 신부대

를 둘러싼 긴 협상 과정이 이어진다. 따라서 영화가 끝날 때까지 영화감독이나 관객들 모두 실제로 결혼이 성사될지 모른다. 그리고 이 때문에 영화 내내 극적인 긴장감이 흐른다. 이러한 맥락에서《신부대 낙타들》의 내러티브 방식에는 한때 다이렉트 시네마의 감독들이 영화의 내러티브 수단으로 즐겨 사용했던 "위기 상황"과 "위기의 해결"[29]이라는 요소가 포함되어 있다고 볼 수 있다.

(삽입자막)

콩구의 사람들이 로랑의 집 문 근처에 신부대 황소를 가져다 놓았다.
결혼이 진행되려면 신부대 황소를 도살하기 위해 문 안으로 데려와야 한다.

로랑이 마지막 요구를 한다.

양측 남자들은 조바심을 내면서 빨리 합의할 것을 강요하려 한다.

(로랑)

낙타들이 어디에 있는가?
모두 스물네 마리의 낙타가 있어야 한다.
되돌려 보낸 것은 계산하지 말고.
나머지는 어디에 있는가?

(중략)

(한 연장자)

우리는 그것들을 받지 못했다.

로랑, 너는 콩구의 약속을 지켜야 한다.

우리는 가축을 받지 않아도 될 만큼 그렇게 부자가 아니다.

일단 결정되면 약속을 지켜야 한다.

우리는 너희같이 절름발이 낙타들을 주지 않는다.

신부의 가족들에게 말이야!

얼마나 창피한 일이냐!

이야기 다 끝났다……. 이제 가자!

(중략)

너와 콩구는 이 일에 대가를 치를 것이다.

너희의 고집 때문에 우리 모두가 괴로움을 당하고 있다.

우리는 이 결혼에 대해 들은 게 거의 없다.

너희는 계획을 계속 숨기고 있다. 숨기고 있어.

일이 심각해진 지금…… 고통을 받는 것은 우리다!

어떻게 너희는 일을 이렇게 엉망으로 만들었는가!

너와 콩구는 벌을 받을 것이다.

너는 우리에게 보상해야 한다.

우리에게 신부대 황소를 달라!

우리가 그것을 먹어버리고 가겠다.

나는 너희에게 신부대 황소가 들어오지 못하게 하라고 말하겠다.

위에서 보는 것과 같이 로랑의 친척 연장자들은 신부대의 분배와 결혼식 진행 과정에 강한 불만을 품고 로랑을 꾸짖는다. 그리고 신부대 황소를 문 안으로 들어오지 못하도록 하겠다고 윽박지른다. 다이렉트 시네마의 방식에서 보자면 이 시점이 바로 《신부대 낙타들》의 "위기 상황"에 해당한다. 하지만 조금 시간이 지나자 연장자들은 흥분을 가라앉히고 로랑에게 의사 결정을 양보한다. 그리고 결혼식이 진행되도록 한 걸음 물러선다.

(한 연장자)

나의 투르카나 사람들, 콩구, 들어봐라.

어느 누구도 너의 동물들을 가져갈 순 없다.

로랑, 너의 딸은 네 것이다.

사위와 장인 두 사람이 타협해야 한다.

그것은 너희의 손에 달려 있다.

(콩구)

에포론! 나는 내 동물을 관리하는 사람이다.

나는 내가 원하는 대로 동물들을 줄 수 있다.

하지만 낙타가 없다.

나는 당신들에게 내 가축들이 줄어들고 있다고 말했다.

나는 옛 빚을 갚아야 하기 때문에

여러분이 먹을 절름발이 낙타도 주지 못하고 가지고 있어야 한다.

(한 연장자)

콩구…… 네가 귀머거리가 아니라면 들어라.

내 말을 들어라!

결혼은 언제나 힘든 것이다.

너는 이 과정에서 결정을 내리기에 앞서 계획을 잘 세웠어야 했다는 것을

알았을 것이다.

도살할 황소를 데려와라!

(삽입자막)

아르워토와 그녀의 여동생들이 불만을 갖고 신부대 황소가 문으로

들어오지 못하도록 막고 있다.

이 위기를 해결하기 위해 로랑은 그들에게 자신의 낙타를 줄 것을 약속한다.

바로 위에서 벌어지고 있는 상황이 다이렉트 시네마의 "위기의 해결"에
해당한다. 그리고《신부대 낙타들》은 위기 상황과 위기의 해결의 구조를
통해 영화의 클라이맥스에 도달했다가 그 후에는 협상 과정의 긴장감이
사라지고 결혼식이 순조롭게 진행되는 과정을 보여준다. 그리고 데이비
드 맥두걸은 이러한 내러티브 틀 속에서 자연스럽게 투르카나 사회의 일
면을 드러낸다. 즉 데이비드 맥두걸은 투르카나 사회에서 결혼이라는 사
건이 중요한 순간이며, 친족, 의례, 협상 및 교환 행위의 복잡한 관계들이
교차하는 사건이라는 것을 탐구의 과정에서 보여주고 있다.

또한 데이비드 맥두걸은 이러한 "영화적 탐구 과정"이 "인류학적 연구 과정"과 유사하다는 것을 보여준다. 이런 의미에서 《신부대 낙타들》과 《부인들 가운데 한 부인》은 인류학적 탐구의 메타텍스트적 성격을 지닌 다고 할 수 있다. 다시 말해서 영화 작업을 통해 투르카나의 결혼에 대해 알아가는 과정은 인류학자의 현지조사처럼 길고 복잡한 과정이며, 영화 감독의 지식 또한 결정적인 것이 아니라 부분적이고 잠정적인 지식이라 는 것을 보여준다.

한편 이러한 탐구 방식은 참여적 시네마가 지향하고 있는 관객의 참여 와도 관계가 있다. 즉 투르카나 삼부작은 관객에게 하나의 정답을 제시하 지 않는다. 그리고 어느 의견이 옳다고 설명하지도 않는다. 《신부대 낙타 들》의 경우 관객은 영화가 끝날 때까지 결혼이 성사될지 모른다. 한마디 로 모든 것이 애매모호하다. 이처럼 투르카나 삼부작은 피터 로이조스가 말한 "지속적인 애매성sustained ambiguity"[30]의 형태로 이야기가 전개된다. 그 리고 영화는 이러한 내러티브 장치를 통해 영화가 끝날 때까지 관객을 붙 잡아놓는다. 따라서 관객은 영화 내내 영화에 참여한다. 이러한 의미에서 관객은 의미의 생산이라는 측면에서 영화감독과 투르카나 사람들과 더 불어 "영화의 참여자"라고 볼 수 있다.

끝으로 투르카나 삼부작의 특징 가운데 하나는 자기성찰성이다. 특히 《부인들 가운데 한 부인》이나 《신부대 낙타들》은 민족지적 탐구의 과정 을 드러낸다는 점에서 자기성찰적이라고 볼 수 있다.

나는 항상 《신부대 낙타들》이 《부인들 가운데 한 부인》보다 더 자기성찰적이라고 생각한다. 왜냐하면 아마도 이 작품이 세 작품들 가운데 주요 작품이기도 하고, 또한 이 작품은 우리가 현지에서 복잡한 사건들을 완전히 이해할 수는 없었지만 될 수 있는 대로 그것을 이해하려고 하면서 발견한 지식이나 상황에 대한 불확정성의 느낌을 전달하려고 노력한 영화이기 때문이다. 이 작품은 결혼에 대한 영화라기보다는 지식의 획득에 관한 영화이다. 그리고 이 작품은 우리가 어떻게 인간 사회에 나타나는 하나의 상황에 대해 배울 것인가를 묻는 영화이며, 따라서 탐구의 본질에 대한 영화라고 할 수 있다.[31]

이러한 자기성찰적인 측면은 《부인들 가운데 한 부인》에서 데이비드 맥두걸이 투르카나 사회를 탐구하면서 기록한 노트나 카메라를 보여주는 오프닝 시퀀스에서 확연히 드러난다. 즉 데이비드 맥두걸은 영화를 만들기 위한 현지조사의 기제들과 영화 제작 과정을 관객들에게 드러낸다. 이처럼 투르카나 삼부작은 인류학적 탐구의 결과만을 보여주는 것이 아니라 탐구의 과정을 관객과 함께 공유함으로써 보다 참여적인 영화를 추구하고 있다고 할 수 있다.

10장과 11장에서 살펴본 것처럼 데이비드 맥두걸의 민족지영화 방법론은 크게 관찰적 시네마와 참여적 시네마로 나누어 볼 수 있다. 1960년대 말에서 1970년 초에 걸쳐 등장한 관찰적 시네마는 그 이전의 다큐멘터리 양식과 단절을 시도하면서 새로운 영화적 철학과 방법론을 제시했다. 데이비드 맥두걸 또한 일찍이 민족지영화는 "새로운 패러다임을 필요로 한다."[32]고 말하면서 그 해답을 관찰적 시네마에서 찾았다. 하지만 데이비드 맥두걸은 첫번째 작품인《가축들과 함께 살기》를 만든 후 관찰적 시네마의 '비판자로 돌아섰다. 즉 데이비드 맥두걸은 관찰적 시네마의 대표적인 옹호자이면서 동시에 비판론자였다.[33] 따라서 데이비드 맥두걸의 초기 작품인《가축들과 함께 살기》는 관찰적 시네마의 고전적인 사례로 꼽히지만, 그다음 작품인 투르카나 삼부작은 관찰적 시네마에 대한 비판적인 시각에서 만들어졌다. 이처럼《가축들과 함께 살기》이후 데이비드 맥두걸은 관찰적 시네마에서 벗어나 이른바 참여적 방식의 영화를 시도했다. 하지만 2000년대에 만들어진《둔 스쿨 연대기Doon School Chronicles》(2000)에서는 다시 관찰적 시네마로 되돌아오는 경향을 보인다. 앞으로 데이비드 맥두걸이 어떠한 방식으로 영화를 만들지는 알 수는 없지만, "참여적 시네마"와 "관찰적 시네마"는 데이비드 맥두걸의 민족지영화 세계를 구성하는 매우 중요한 개념임에는 틀림없다.

머리말

1 Jay Ruby(2000a). *Picturing Culture: Explorations of Film & Anthropology*. Chicago and London: The University of Chicago Press, p.2.

2 Karl Heider(1976). *Ethnographic Film*. Austin: University of Texas Press.

3 Peter Ian Crawford and David Turton(Eds.)(1992). *Film As Ethnography*. Manchester and New York: Manchester University Press.

4 Peter Fuchs(Ed.)(1988). Special Issue on Ethnographic Film in Germany. *Visual Anthropology* 1(3).

5 David MacDougall(1978). Ethnographic film: failure and promise. *Annual Review of Anthropology* VII, p.405.

6 Walter Goldschmidt(1972). Ethnographic Film: Definition and Exegesis. *PIEF Newsletter* 3(2), p.1.

7 Colin Young(1975). Observational cinema. In Paul Hockings(Ed.). *Principles of Visual Anthropology*. The Hague: Mouton, p.67.

8 Jay Ruby(1975). Is an Ethnographic Film a Filmic Ethnography? *Studies in Anthropology of Visual Communication* 2(2), pp.104-111.

9 Paul Hockings(Ed.)(1975). *Principles of Visual Anthropology*. Berlin and New York: Mouton de Gruyter.

10 Jack R. Rollwagen(Ed.)(1988). *Anthropological Filmmaking*. New York: Harwood Academic Publishers.

11 Peter Ian Crawford and David Turton(Eds.)(1992). *Film As Ethnography*. Manchester and New York: Manchester University Press.

12 Peter Loizos(1993). *Innovation in ethnographic film: From innocence to self-consciousneee 1955-1985*. Chicago: The University of Chicago Press.

13 Jay Ruby(2000a). *Picturing Culture: Explorations of Film & Anthropology*. Chicago and London: The University of Chicago Press.

14 Anna Grimshaw(2001). *The Ethnographer's Eye: Ways of Seeing in Modern Anthropology*.

Cambridge: Cambridge University Press.

15 Fadwa El Guindi(2004). *Visual Anthropology: Essential Method and Theory*. Walnut Creek, CA: Altamira Press.

16 Beate Engelbrecht(Ed.)(2007). *Memories of the Origins of Ethnographic Film*. Frankfurt, Main: Peter Lang.

17 Jay Ruby(Ed.)(1993). *The Cinema of John Marshall*. Chur, Switzerland: Harwood Academic Publishers GmbH.

18 Lucien Taylor(Ed.)(1998). *Transcultural Cinema: David MacDougall*. Princeton, NJ: Princeton University Press.

19 Paul Stoller(1992b). *The Cinematic Griot: The Ethnography of Jean Rouch*. Chicago and London: The University of Chicago Press.

20 Steven Feld(Ed.)(2007). *Ciné-Ethnography: Jean Rouch*. Minneapolis and London: University of Minnesota Press.

21 Joram ten Brink(Ed.)(2007). *Building Bridges: The Cinema of Jean Rouch*. London and New York: Wallflower Press.

22 Paul Henley(2009). *The Adventure of the Real: Jean Rouch and the Craft of Ethnographic Cinema*. Chicago and London: The University of Chicago Press.

23 Douglas Lewis(Ed.)(2004a). *Timothy Asch and Ethnographic Film*. London and New York: Routledge.

24 Ilisa Barbash and Lucien Taylor(Eds.)(2007). *The Cinema of Robert Gardner*. Oxford and New York: Berg.

1장

1 장 루시는 2004년 2월 19일, 자신이 처음 일을 시작한 곳이자 이 책에서 다루고 있는 작품들의 배경인 니제르에서 개최된 영화제에 참석하러 가던 중 불의의 교통사고로 세상을 떠났다. 사고현장에는 그의 부인, 동료 그리고 《재규어》의 주인공이자 《미친 사제들》에서 음향을 담당했던 장 루시의 오랜 친구 다모레 지카가 함께 있었다고 한다. 2004년 2월 20일 *New York Times*, 사망기사 참조.

2 장 루시의 전체 영화 작품에 대해서는 Jay Ruby(1989b). A Filmography of Jean Rouch: 1946-1980. *Visual Anthropology* 2(3-4), pp.333-367; Paul Stoller(1992b). *The Cinematic*

Griot:The Ethnography of Jean Rouch. Chicago: The University of Chicago Press, pp.227-233; Steven Feld(Ed.)(2003). *Ciné-Ethnography Jean Rouch*. Minneapolis and London: University of Minnesota Press; Paul Henrey(2009). *The Adventure of the Real:Jean Rouch and the Craft of Ethnographic Cinema*. Chicago and London: The University of Chicago Press를 참조할 것.

3 장 루시의 전기적(傳記的) 배경과 당시 학문적 풍토에 대해서는 Paul Stoller(1992b). *The Cinematic Griot:The Ethnography of Jean Rouch*. Chicago: University of Chicago Press; James Clifford(1998a). On Ethnographic Authority. In *The Predicament of Culture:Twentieth Century Ethnography, Literature, and Art*. Cambridge, MA: Harvard University Press, pp.21-54; James Clifford(1998b). Power and dialogue in ethnography: Marcel Griaule's initiation. In *The Predicament of Culture:Twentieth Century Ethnography, Literature, and Art*. Cambridge, MA: Harvard University Press, pp.55-91을 참조할 것.

4 Paul Stoller(1992b). *The Cinematic Griot:The Ethnography of Jean Rouch*. Chicago: University of Chicago Press, p.24.

5 Jeanette DeBouzek(1989). The Ethnographic Surrealism of Jean Rouch. *Visual Anthropology* 2(3-4), p.302.

6 당시 아방가르드와 관련된 프랑스의 문화 및 예술적 경향과 장 루시의 민족지영화의 관련성에 대해서는 Jeanette DeBouzek(1989). The Ethnographic Surrealism of Jean Rouch. *Visual Anthropology* 2(3-4), pp.301-317을 참조할 것.

7 마르셀 그리올은 『증여론Essai sur le don』(1925)으로 유명한 마르셀 모스Marcel Mauss의 제자이다. 마르셀 그리올의 대표작으로는 Marcel Griaule(1985)(1953). Dieu d'Eau. Entretiens avec Ogotemmêeli. Paris: Fayard를 꼽을 수 있다. 국내에서는 『물의 신』(2000년. 변지현 역. 영림카디널)으로 번역 출판되었다. 마르셀 그리올과 장 루시의 학문적 관계에 대해서는 Paul Stoller(1989b). Jean Rouch's Ethnographic Path. *Visual Anthropology* 2(3-4), pp.249-263을 참조할 것.

8 Jean Rouch and Lucien Taylor(2003). A Life on the Edge of Film and Anthropology(Jean Rouch and Lucien Taylor). In Steven Feld(Ed.). *Ciné-Ethnography Jean Rouch*. Minneapolis and London: University of Minnesota Press, p.136에서 재인용.

9 본 장에서는 세 작품 이후의 장 루시의 작품에 대해서는 다루지 않았지만, 민족지영화와 관련된 장 루시의 활동을 간략하게 살펴보면 다음과 같다. 장 루시는 1960년 파리에서 사회학자

에드거 모랭Edgar Morin과 함께 시네마베리테cinéma-vérité 운동의 효시가 된《어느 여름의 기록》을 만들었으며, 1966년에는 프랑스의 누벨바그Nouvell Vague 영화 운동을 주도한 일군의 감독들과 파리 지역에 관한 옴니버스 영화를 만들기도 했다. 또한 1960년대 중엽에는《사자 사냥꾼The Lion Hunters》(1964)과 말리의 도곤Dogon 부족에 대한 여러 편의 민족지영화를 만들었다. 1960년대 말과 1970년대에는 송하이 사람들의 종교와 의례(특히 기우제), 신내림 춤, 점술에 초점을 둔 영화를 제작했으며, 또한 마거릿 미드Margaret Mead, 제르맨 디터렝Germaine Dieterlen, 타로 오카모토Taro Okamoto, 폴 레비Paul Levy에 관한 "초상肖像영화ciné-portrait"를 만들었다. 장 루시의 작품은 120편 정도 완성되었으며, 그가 세상을 떠나기 전 25편 이상의 영화가 작업 중이었다.

10 "참여적 인류학"은 영어로 "shared(sharing) anthropology" 또는 "participatory(participating) anthropology"로 번역된다.

11 필자 또한 1992년 뉴욕에서 개최된 마거릿 미드 영화제The Margaret Mead Film Festival에서 장 루시가 관객으로부터 자신의 영화방법론에 대한 질문을 받자 "하마 사냥"에 관한 일화를 이야기한 것을 들은 적이 있다.

12 Jean Rouch and Enrico Fulchignoni(2003)(1989). Ciné-Anthropology(Conversation Between Jean Rouch and Professor Enrico Fulchignoni). In Steven Feld(Ed.). *Ciné-Ethnography Jean Rouch*. Minneapolis and London: University of Minneapolis Press, p.157.

13 장 루시의 영화적 방법론에 대해서는 Steven Feld(1989). Themes in the Cinema of Jean Rouch. *Visual Anthropology* 2(3, 4), pp.223-265; Jean Rouch(1974). Our Totemic Ancestors and Crazed Masters. In Paul Hockings(Ed.). *Principles of Visual Anthropology*, 2nd ed., Berlin and New York: Mouton de Gruyter, pp.217-234; Steven Feld(2003). *Ciné-Ethnography Jean Rouch*. Minneapolis and London: University of Minnesota Press; Paul Henrey(2009). *The Adventure of the Real: Jean Rouch and the Craft of Ethnographic Cinema*. Chicago and London: The University of Chicago Press를 참조할 것.

14 Jean Rouch and Enrico Fulchignoni(2003)(1989). Ciné-Anthropology (Conversation between Jean Rouch and Professor Enrico Fulchignoni). In Steven Feld(Ed.). *Ciné-Ethnography Jean Rouch*. Minneapolis and London: University of Minnesota Press, p.161.

15 장 루시가 로버트 플래허티와 지가 베르토프에 대해 언급한 내용에 대해서는 Jean Rouch(1974). Our Totemic Ancestors and Crazed Masters. In Paul Hockings(Ed.). *Principles of Visual Anthropology*, 2nd ed.. Berlin and New York: Mouton de Gruyter, pp.217-234; Jean Rouch and Enrico Fulchignoni(2003)(1989). Ciné-Anthropology(Conversation Between

Jean Rouch and Professor Enrico Fulchignoni). In Steven Feld(Ed.). *Ciné-Ethnography Jean Rouch*. Minneapolis and London: University of Minnesota Press를 참조할 것.

16 《북극의 나눅》에 관해서는 이기중(2008), 『북극의 나눅: 로버트 플래허티의 북극 탐험과 다큐멘터리 영화의 탄생』, 서울: 커뮤니케이션북스를 참조할 것.

17 Jean Rouch and Enrico Fulchignoni(2003)(1989). Ciné-Anthropology(Conversation Between Jean Rouch and Professor Enrico Fulchignoni). In Steven Feld(Ed.). *Ciné-Ethnography Jean Rouch*. Minneapolis and London: University of Minnesota Press, p.277.

18 Richard Griffith(1953). *The World of Robert Flaherty*. New York: Duell, Sloan and Pearce, p.36.

19 Jean Rouch(2003a)(1974). The Camera and Man. In Steven Feld(Ed.). *Ciné-Ethnography Jean Rouch*. Minneapolis and London: University of Minneapolis Press, p.31.

20 Jean Rouch(2003a)(1974). The Camera and Man. In Steven Feld(Ed.). *Ciné-Ethnography Jean Rouch*. Minneapolis and London: University of Minneapolis Press, p.38.

21 Dan Yakir(1978). 'Ciné-Trance': The Vision of Jean Rouch. *Film Quarterly* 31(3), p.4.

22 Jean Rouch(1978). On the Vicissitudes of the Self: The Possessed Dancer, the Magicians, the Sorcerer, the Filmmaker, and the Ethnographer. *Studies in the Anthropology of Visual Communication* 5(1), p.7.

23 Mick Eaton(Ed.)(1979). *Anthropology-Reality-Cinema:The Films of Jean Rouch*. London: British Film Institute, p.26.

24 Jean Rouch and Enrico Fulchignoni(2003)(1989). Ciné-Anthropology (Conversation between Jean Rouch and Professor Enrico Fulchignoni). In Steven Feld(Ed.). *Ciné-Ethnography Jean Rouch*. Minneapolis and London: University of Minneapolis Press, p.157 참조.

25 Jeanette DeBouzek(1989). The Ethnographic Surrealism of Jean Rouch. *Visual Anthropology* 2(3-4), p.305.

26 장 루시의 연구자들은 때로 "민족(지적) 픽션ethnofiction"이라고 부르기도 한다.

27 Jean Rouch and Enrico Fulchignoni(2003)(1989). Ciné-Anthropology(Conversation Between Jean Rouch and Professor Enrico Fulchignoni). In Steven Feld(Ed.). *Ciné-Ethnography Jean Rouch*. Minneapolis and London: University of Minnesota Press, p.185.

28 이 작품들 이외에 장 루시의 시네픽션으로는 《인간 피라미드La pyramide humaine》(1959), 《조금씩

조금씩Petit à petit》(1969), 《바바투, 세 가지의 충고Babatou, les trois conseils》(1975)와 《꼬끼오, 미스터
닭Cocorico, Monsieur Poulet》(1974)이 있다.

29 Jeanette DeBouzek(1989). The Ethnographic Surrealism of Jean Rouch. *Visual Anthropology* 2(3-4), pp.301-317 참조.

30 James Clifford(1988c). On Ethnographic Surrealism. In *The Predicament of Culture: Twentieth Century Ethnography, Literature, and Art*. Cambridge, MA: Harvard University Press, pp.117-151 참조.

31 Paul Stoller(1992a). Artaud, Rouch, and the Cinema of Cruelty. *Visual Anthropology Review* 8(2), p.53.

32 Paul Stoller(1992a). Artaud, Rouch, and the Cinema of Cruelty. *Visual Anthropology Review* 8(2), p.50.

33 Jean Rouch(2003(1978)). On the Vicissitudes of the Self. In Steven Feld(Ed.). *Ciné-Ethnography Jean Rouch*. Minneapolis and London: University of Minneapolis Press, p.99.

34 Jean Rouch(1978). On the Vicissitudes of the Self: The Possessed Dancer, the Magicians, the Sorcerer, the Filmmaker, and the Ethnographer. *Studies in the Anthropology of Visual Communication* 5(1), p.7.

35 Jeanette DeBouzek(1989). The Ethnographic Surrealism of Jean Rouch. *Visual Anthropology* 2(3-4), p.305에서 재인용.

36 Mick Eaton(Ed.)(1979). *Anthropology-Reality-Cinema: The Films of Jean Rouch*. London: British Film Institute, p.48.

37 감독: Jean Rouch, 제작: Films de la Pléiade, 촬영: Jean Rouch, 음향: Damouré Zika, 편집: Suzanne Baron, 제작연도: 1957년, 16mm 컬러영화, 상영시간: 24분. 1957년 베니스영화제에서 최우수상 수상. 영어 제목은 《The Mad Masters》.

38 하우카Hauka에 대한 자세한 내용은 Paul Stoller(1989a). *Fusion of the Worlds: An ethnography of possession among the Songhay of Niger*. Chicago: The University of Chicago Press와 Paul Stoller(1992b). *The Cinematic Griot: The Ethnography of Jean Rouch*. Chicago: The University of Chicago Press를 참조할 것.

39 Diane Scheiman(1998). The "Dialogic Imagination" of Jean Rouch: Covert Conversations in Les maitres fous. In Barry Keith Grant and Jeannette Sloniowski(Eds.). *Documenting the Documentary: Close Readings of Documentary Film and Video*. Detroit: Wayne State University

Press, p.196 참조.

40 Jean Rouch, John Marshall and John Adams(2003)(1978). Les maîtres fous, The Lion Hunters, and Jaguar(Jean Rouch Talks About His Films). In Steven Feld(Ed.). *Ciné-Ethnography Jean Rouch*. Minneapolis and London: University of Minnesota Press, p.189.

41 Diane Scheiman(1998). The "Dialogic Imagination"of Jean Rouch: Covert Conversations in Les maitres fous. In Barry Keith Grant and Jeannette Sloniowski(Eds.). *Documenting the Documentary: Close Readings of Documentary Film and Video*. Detroit: Wayne State University Press, p.195에서 재인용.

42 Jean Rouch, John Marshall and John W. Adams(2003)(1978). Les maîtres fous, The Lion Hunters, and Jaguar(Jean Rouch Talks About His Films). In Steven Feld(Ed.). *Ciné-Ethnography Jean Rouch*. Minneapolis and London: University of Minnesota Press, p.189.

43 Jeanette DeBouzek(1989). The Ethnographic Surrealism of Jean Rouch. *Visual Anthropology* 2(3-4), p.308.

44 Diane Scheiman(1998). The "Dialogic Imagination" of Jean Rouch: Covert Conversations in Les maitres fous. In Barry Keith Grant and Jeannette Sloniowski(Eds.). *Documenting the Documentary: Close Readings of Documentary Film and Video*. Detroit: Wayne State University Press, p.196; Jean Rouch, John Marshall and John W. Adams(2003)(1978). Les maîtres fous, The Lion Hunters, and Jaguar(Jean Rouch Talks About His Films). In Steven Feld(Ed.). *Ciné-Ethnography Jean Rouch*. Minneapolis and London: University of Minnesota Press, p.192 참조.

45 《미친 사제들》에 대한 비판에 대해서는 Steven Feld(2003). *Ciné-Ethnography Jean Rouch*. Minneapolis and London: University of Minnesota Press, p.20을 참조할 것.

46 Jean Rouch(1974). Our Totemic Ancestors and Crazed Masters. In Paul Hockings(Ed.). *Principles of Visual Anthropology*, 2nd ed.. Berlin and New Yok: Mouton de Gruyter, p.232.

47 감독: Jean Rouch, 제작: Films de la Pléiade, 촬영: Jean Rouch, 해설 및 대화: Damouré Zika, Lam Ibrahima, Illo Gaoudel, Amadou Koffo, 음향: Damouré Zika, 편집: Josee Matarassa, Liliane Korb, Jean-Pierre Lacam, 제작연도: 1957년~1967년, 16mm 컬러영화, 상영시간: 91분.

48 감독: Jean Rouch, 제작: Films de la Pléiade, 해설: Oumarou Ganda, 음향: André Lubin, 편집: Maire-Josèphe and Catherine Dourgnon, 제작연도: 1958년, 16/35mm 컬러영화, 상영

시간: 80분. 영어 제목은《Me a Black》.

49 Anna Grimshaw(2001). *The Ethnographer's Eye:Ways of Seeing in Modern Anthropology*. Cambridge: Cambridge University Press 참조.

50 Mick Eaton(Ed.)(1979). *Anthropology-Reality-Cinema:The Films of Jean Rouch*. London: British Film Institute, p.22.

51 Mick Eaton(Ed.)(1979). *Anthropology-Reality-Cinema:The Films of Jean Rouch*. London: British Film Institute, p.8.

52 Steven Feld(1989). Themes in the Cinema of Jean Rouch. *Visual Anthropology* 2(3, 4), p226.

53 Jean Rouch and Taylor Lucien(2003). Jean Rouch With Lucien Taylor: A Life on the Edge of Film and Anthropology. In Steven Feld(Ed.). *Ciné-Ethnography*, Minneapolis and London: University of Minnesota Press, p.140 참조.

54 Mick Eaton(Ed.)(1979). *Anthropology-Reality-Cinema:The Films of Jean Rouch*. London: British Film Institute, p.74.

55 "혼합 장르"와 민족지적 재현에 대해서는 James Clifford and George Marcus(Eds.)(1986). *Writing Culture:The Poetics and Politics of Ethnography*. Berkeley: University of California Press를 참조할 것.

56 "나바호 프로젝트"에 관해서는 Sol Worth and John Adair (with Richard Chalfen)(1997) (1972). *Through Navajo Eyes:An Exploration in Film Communication and Anthropology*. Albuquerque University of New Mexico Press를 참조할 것.

57 브라질 카야포 인디언Kayapo Indians의 원주민 미디어에 대해서는 Terence Turner(2002). Representation, Politics, and Cultural Imagination in Indigeneous Video: General Points and Kayapo Examples. In Faye D. Ginsburg, Lila Abu-Lughod and Brian Larkin(Eds.). *Media Worlds*, Berkeley: University of California Press, pp.75-89; Faye Ginsburg(1995). Mediating Culture: Indigenous Media, Ethnographic Film, and the Production of Identity. In Leslie Devereaux and Roger Hillman(Eds.). *Fields of Vision: Essays in Film Studies, Visual Anthropology, and Photography*. Berkeley: University of California Press, pp.256-291; Faye Ginsburg(2002). Screen Minorities: Resignifying the Traditional in Indigenous Media. In Faye D. Ginsburg, Lila Abu-Lughod and Brian Larkin(Eds.). *Media Worlds:Anthropology on New Terrain*, Berkeley: University of California Press. pp.39-57을 참조할 것.

58 호주 왈피리 인디언Walpiri Indians의 원주민 미디어에 대해서는 Eric Michael(1987). For a Cultural Future: Frances Jupurrurla Makes TV at Yuendumu. *Art and Criticism Series*, Vol. 3. Sydney: Artspace; Jay Ruby(1991b). Eric Michael's Appropriation. *Visual Anthropology Review* 4, pp.325-344; Jay Ruby(2000a). *Picturing Culture: Explorations of Film & Anthropology*, Chicago: The University of Chicago Press를 참조할 것.

59 Jean Rouch(2003)(1973). The Camera and Man. In Steven Feld(Ed.). *Ciné-Ethnography Jean Rouch*. Minneapolis and London: University of Minnesota Press, p.46.

2장

1 Edgar Morin(2003)(1962). Chronicle of a Film. In Steven Feld(Ed.). *Ciné-Ethnography Jean Rouch.*, Minneapolis and London: University of Minnesota Press, p.229.

2 Georges Sadoul(1971). *Dziga Vertov*. Paris: Editions Champs Libre 참조.

3 Edgar Morin(1960)(1957). *The Stars(Les Stars)*. Paris: Grove Press. 참조.

4 영어 제목은 《Man With a Movie Camera》.

5 Enrico Fulchignoni(1989). Conversation between Jean Rouch and Professor Enrico Fulchifnoni. *Visual Anthropology* 2(3-4), p.283.

6 Paul Henley(2009). *The Adventure of the Real: Jean Rouch and the Craft of Ethnographic Cinema*. Chicago and London: The University of Chicago Press, p.149에서 재인용.

7 Paul Henley(2009). *The Adventure of the Real: Jean Rouch and the Craft of Ethnographic Cinema*. Chicago and London: The University of Chicago Press, p.149.

8 Edgar Morin(2003)(1962). Chronicle of a Film. In Steven Feld(Ed.). *Ciné-Ethnography Jean Rouch.*, Minneapolis and London: University of Minnesota Press, p.232.

9 Edgar Morin(2003)(1962). Chronicle of a Film. In Steven Feld(Ed.). *Ciné-Ethnography Jean Rouch.*, Minneapolis and London: University of Minnesota Press, p.232.

10 영어 제목은 《Chronicle of a Summer》.

11 감독: Jean Rouch/Edgar Morin, 제작: Anatole Dauman and Philippe Lifchitz, 촬영: Roger Morillère, Raoul Coutard, Jean-Jacques Tarbès and Michel Brault, 음향: Guy Rophe, Michel Fano and Barthélémy, 편집: Jean Ravel, Néna Baratier and Françoise Colin, 제작연도: 1961년, 16mm 흑백영화, 상영시간: 91분.

12 Barry Dornfeld(1989). Chronicle of a Summer and the Editing of "Cinéma-Vérité". *Visual*

Anthropology 2(3-4), pp.317-32.

13 Stephen Mamber(1974). *Cinema Verite in America: Studies in Uncontrolled Documentary*. Cambridge, MA: The MIT University Press, p.1.

14 Edgar Morin(2003)(1962). Chronicle of a Film. In Steven Feld(Ed.). *Ciné-Ethnography Jean Rouch*. Minneapolis and London: University of Minnesota Press, p.233.

15 Edgar Morin(2003)(1962). Chronicle of a Film. In Steven Feld(Ed.). *Ciné-Ethnography Jean Rouch*. Minneapolis and London: University of Minnesota Press, p.233.

16 Paul Henley(2009). *The Adventure of the Real: Jean Rouch and the Craft of Ethnographic Cinema*. Chicago and London: The University of Chicago Press, p.148.

17 일명 "걸어가는 카메라walking camera"에 관해서는 Paul Henley(2009). *The Adventure of the Real: Jean Rouch and the Craft of Ethnographic Cinema*. Chicago and London: The University of Chicago Press, pp.157-161을 참조할 것.

18 Edgar Morin(2003)(1962). Chronicle of a Film. In Steven Feld(Ed.). *Ciné-Ethnography Jean Rouch*. Minneapolis and London: University of Minnesota Press, p.231.

19 Annie Dillard(1982). *Living by Fiction*. New York: Harper & Row, p.32.

20 Edgar Morin(2003)(1962). Chronicle of a Film. In Steven Feld(Ed.). *Ciné-Ethnography Jean Rouch*. Minneapolis and London: University of Minnesota Press, pp.232-234.

21 Edgar Morin(2003)(1962). Chronicle of a Film. In Steven Feld(Ed.). *Ciné-Ethnography Jean Rouch*. Minneapolis and London: University of Minnesota Press, p.260.

22 Edgar Morin(2003)(1962). Chronicle of a Film. In Steven Feld(Ed.). *Ciné-Ethnography Jean Rouch*. Minneapolis and London: University of Minnesota Press, p.233.

23 Paul Henley(2009). *The Adventure of the Real: Jean Rouch and the Craft of Ethnographic Cinema*. Chicago and London: The University of Chicago Press, p.152.

24 Edgar Morin(2003)(1962). Chronicle of a Film. In Steven Feld(Ed.). *Ciné-Ethnography Jean Rouch*. Minneapolis and London: University of Minnesota Press, p.233.

25 Paul Henley(2009). *The Adventure of the Real: Jean Rouch and the Craft of Ethnographic Cinema*. Chicago and London: The University of Chicago Press. pp.171-172.

26 Edgar Morin(2003)(1962). Chronicle of a Film. In Steven Feld(Ed.). *Ciné-Ethnography Jean Rouch*. Minneapolis and London: University of Minnesota Press, p.252.

27 Martyn Hammersley and Paul Atkinson(1983). What is ethnography?. In *Ethnography:*

Principles in Practice. pp.1-26.

28 Jeanne Allen(1977). Self-Reflexivity in Documentary. *Cine-Tracts* 1 (Summer), pp.37-43.

29 Barbara Myerhoff and Jay Ruby(1982). Introduction. In *Crack in the Mirror: Reflexive Perspectives in Anthropology*. Philadelphia: University of Pennsylvania, p5.

30 Marcus Bank(1992). Which films are the ethnographic films?. In Peter Ian Crawford and David Turton(Eds.). *Film as Ethnography*. Manchester: Manchester University Press, pp.120-121.

31 대표적인 자기성찰적인 영화로는 《딸이 되는 의례Daughter's Rite》(1978), 《신부대 낙타들Wedding Camels》(1980), 《재합성Reassemblage》(1982), 《머나먼 폴란드Far from Poland》(1984), 《얇고 가는 선 The Thin Blue Line》(1988), 《성은 비에트 이름은 남Surname Viet Given Name Nam》(1989)과 같은 영화를 손꼽을 수 있다.

32 Paul Henley(2009). *The Adventure of the Real: Jean Rouch and the Craft of Ethnographic Cinema*. Chicago and London: The University of Chicago Press, p.176에서 재인용.

33 Paul Henley(2009). *The Adventure of the Real: Jean Rouch and the Craft of Ethnographic Cinema*. Chicago and London: The University of Chicago Press, p.176에서 재인용.

34 Brian Winston(2007). Rouch's "second legacy": Chronique d'un été as reality TV's totemic ancestor. In Joram ten Brink(Ed.). *Building Bridgs: The Cinema of Jean Rouch*. London and New York: Wallflower Press, p.298.

35 Paul Henley(2009). *The Adventure of the Real: Jean Rouch and the Craft of Ethnographic Cinema*. Chicago and London: The University of Chicago Press, p.172에서 재인용.

3장

1 존 마셜을 집중적으로 다룬 대표적인 단행본으로는 Jay Ruby(Ed.)(1993). *The Cinema of John Marshall*. Chur, Switzerland: Harwood Academic Publishers GmbH; R. Kapfer, W. Petermann and R. Thoms(Eds.)(1991). *Jäger und Gejagte: John Marshall und seine Filme*. München: Trickster Verlag을 꼽을 수 있다.

2 1652년 네덜란드 사람들은 처음 남아프리카에 왔을 때 그곳에 살고 있던 원주민을 "부시먼 Bushmen"이라고 불렀다. 하지만 "부시먼"이라는 용어에는 경멸적인 의미가 담겨 있기 때문에 오늘날 드물게 사용되며, 학술적으로는 "부시먼"이라는 용어 대신 코이코이Khoi-Khoi(호텐토 트Hottentot라고도 알려짐.) 사람들이 이웃 부족을 부르는 "싼San"이라는 말을 주로 사용한다.

하지만 인류학자 리처드 리^{Richard Lee}는 코이코이 언어로 "싼"은 "원주민^{aborigine}"이라는 뜻 외에 "악당"이라는 의미를 지니고 있어 그리 만족스러운 용어는 아니라고 지적한다.(Richard Lee(1979). *The !Kung San: Men and Women in a Foraging Society*. Cambridge: Cambridge University Press, p.30 참조). 과거 싼 부족은 주로 나미비아, 보츠와나, 앙골라에 걸쳐 살았으며, 북부 싼 부족 사람들은 "쿵^{!Kung}"이라는 언어를 사용했다. 또한 쿵 언어를 사용하는 사람들은 세 개의 집단으로 나뉘었는데, 이 가운데 한 집단이 바로《사냥꾼들》에 등장하는 주와시 부족 사람들이다. 나미비아와 보츠와나에 살고 있는 이들은 스스로 "주와시^{Ju/wasi 또는 Zhu/twasi}"라고 부른다. 쿵의 언어로 "주^{Ju}"는 "사람"을 "와^{wa}"는 "진짜, 순수한"의 뜻이며, "시^{si}"는 복수형 접미사이다. 따라서 주와시는 "진짜 사람들"이라는 뜻이 된다.

3 싼 부족의 언어에는 혀를 차거나 입을 맞출 때 내는 소리와 같은 네 개의 흡기음^{吸氣音}이 있다. 흡기음은 혀의 위치에 따라 /, //, ! 등으로 표기된다.

4 감독: John Marshall, 제작: Film Study Center, The Peabody Museum of Harvard University, 촬영: John Marshall, 음향: Daniel Blitz, 편집: John Marshall/Robert Gardner, 촬영일시: 1952년~1953년, 배급: DER(Documentary Educational Resources), 배급연도: 1957년, 16mm 컬러영화, 상영시간: 80분.

5 존 마셜의 영화 목록에 대해서는 Sue Marshall Cabezas(1993). Filmography of the Works of John Marshall. In Jay Ruby(1993)(Ed.). *The Cinema of John Marshall*. Philadelphia: Harwood Academic Publishers, pp.231-268을 참조할 것.

6 John Marshall(1993). Filming and learning. In Jay Ruby(Ed.). *The Cinema of John Marshall*. Chur, Switzerland: Harwood Academic Publishers GmbH, p.23.

7 Carolyn Anderson and Thomas Benson(1993). Put Down the Camera and Pick up the Shovel: An Interview with John Marshall. In Jay Ruby(Ed.). *The Cinema of John Marshall*. Chur, Switzerland: Harwood Academic Publishers GmbH, p.136.

8 John Marshall(1993). Filming and learning. In Jay Ruby(Ed.). *The Cinema of John Marshall*, Chur, Switzerland: Harwood Academic Publishers GmbH, p.23.

9 John Marshall(1993). Filming and learning. In Jay Ruby(Ed.). *The Cinema of John Marshall*. Chur, Switzerland: Harwood Academic Publishers GmbH, p.25.

10 John Marshall(1993). Filming and learning. In Jay Ruby(Ed.). *The Cinema of John Marshal*. Chur, Switzerland: Harwood Academic Publishers GmbH, p.25.

11 Lorna Marshall(1976). *The !Kung of Nyae Nyae*. Cambridge, MA: Harvard University

Press, 참조.

12 Elizabeth Marshall(1959). *The Harmless People*. New York: Alfred A. Knopf 참조.

13 Carolyn Anderson and Thomas Benson(1993). Put Down the Camera and Pick Up the Shovel: An Interview with John Marshall. In Jay Ruby(Ed.). *The Cinema of John Marshall*. Chur, Switzerland: Harwood Academic Publishers GmbH, p.136.

14 Carolyn Anderson and Thomas Benson(1993). Put Down the Camera and Pick Up the Shovel: An Interview with John Marshall. In Jay Ruby(Ed.). *The Cinema of John Marshall*. Chur, Switzerland: Harwood Academic Publishers GmbH, p.137.

15 Carolyn Anderson and Thomas Benson(1993). Put Down the Camera and Pick Up the Shovel: An Interview with John Marshall. In Jay Ruby(Ed.). *The Cinema of John Marshall*. Chur, Switzerland: Harwood Academic Publishers GmbH, pp.136-137.

16 Carolyn Anderson and Thomas Benson(1993). Put Down the Camera and Pick Up the Shovel: An Interview with John Marshall. In Jay Ruby(Ed.). *The Cinema of John Marshall*. Chur, Switzerland: Harwood Academic Publishers GmbH, p.137.

17 Carolyn Anderson and Thomas Benson(1993). Put Down the Camera and Pick Up the Shovel: An Interview with John Marshall. In Jay Ruby(Ed.). *The Cinema of John Marshall*. Chur, Switzerland: Harwood Academic Publishers GmbH, p.139.

18 Carolyn Anderson and Thomas Benson(1993). Put Down the Camera and Pick Up the Shovel: An Interview with John Marshall. In Jay Ruby(Ed.). *The Cinema of John Marshall*. Chur, Switzerland: Harwood Academic Publishers GmbH, p.140.

19 John Marshall(1993). Filming and learning. In Jay Ruby(Ed.). *The Cinema of John Marshall*. Chur, Switzerland: Harwood Academic Publishers GmbH, p.37.

20 Clifford Geertz(1973). *The Interpretation of Cultures*. New York: Basic Books 참조.

21 John Marshall(1993). Filming and learning, In Jay Ruby(Ed.). *The Cinema of John Marshall*. Chur, Switzerland: Harwood Academic Publishers GmbH, p.36.

22 Carolyn Anderson and Thomas Benson(1993). Put Down the Camera and Pick Up the Shovel: An Interview with John Marshall. In Jay Ruby(Ed.). *The Cinema of John Marshall*. Chur, Switzerland: Harwood Academic Publishers GmbH, p.139.

23 John Marshall(1993). Filming and learning. In Jay Ruby(Ed.). *The Cinema of John Marshall*. Chur, Switzerland: Harwood Academic Publishers GmbH, p.26.

24 Carolyn Anderson and Thomas Benson(1993). Put Down the Camera and Pick Up the Shovel: An Interview with John Marshall. In Jay Ruby(Ed.). *The Cinema of John Marshall*. Chur, Switzerland: Harwood Academic Publishers GmbH, p.137.

25 John Marshall(1993). Filming and learning. In Jay Ruby(Ed.). *The Cinema of John Marshall*. Chur, Switzerland: Harwood Academic Publishers GmbH, p.39.

26 《사냥꾼들》의 기린 사냥에 대한 진실 공방에 대해서는 Nancie Gonzales(1993). An Argument about a Film. In Jay Ruby(Ed.). *The Cinema of John Marshall*. Chur, Switzerland: Harwood Academic Publishers, pp.179-193을 참조할 것.

27 John Marshall(1991). The Hunter, In R. Kapfer, W. Petermann and R. Thoms(Eds.). *Jäger und Gejagte: John Marshall und seine Filme*. München: Trickster Verlag, p.118.

28 John Marshall(1991). The Hunter, In R. Kapfer, W. Petermann and R. Thoms(Eds.). *Jäger und Gejagte: John Marshall und seine Filme*. München: Trickster Verlag, p.122.

29 Peter Loizos(1993a). *Innovation in ethnographic film: From innocence to self-consciousness 1955-1985*. Chicago: The Chicago University Press, p.22.

30 John Marshall(1993). Filming and learning. In Jay Ruby(Ed.). *The Cinema of John Marshall*. Chur, Switzerland: Harwood Academic Publishers GmbH, p.40.

31 John Marshall(1993). Filming and learning. In Jay Ruby(Ed.). *The Cinema of John Marshall*. Chur, Switzerland: Harwood Academic Publishers GmbH, p.36.

32 John Marshall(1993). Filming and learning. In Jay Ruby(Ed.). *The Cinema of John Marshall*. Chur, Switzerland: Harwood Academic Publishers GmbH, p.36.

33 Bill Nichols(1991). *Representing Reality*. Bloomington: The Indiana University Press; Bill Nichols(2001). *Introduction to Documentary*. Bloomington: Indiana University Press. 참조.

34 Bill Nichols(1991). *Representing Reality*. Bloomington: The Indiana University Press; Bill Nichols(2001). *Introduction to Documentary*. Bloomington: Indiana University Press. 참조.

35 John Marshall(1993). Filming and learning. In Jay Ruby(Ed.). *The Cinema of John Marshall*. Chur, Switzerland: Harwood Academic Publishers GmbH, p.36.

36 John Marshall(1993). Filming and learning. In Jay Ruby(Ed.). *The Cinema of John Marshall*. Chur, Switzerland: Harwood Academic Publishers GmbH, p.35.

4장

1   John Marshall(1993). Filming and learning, In Jay Ruby(Ed.). *The Cinema of John Marshall.* Chur, Switzerland: Harwood Academic Publishers GmbH, p.40.

2   John Marshall(1993). Filming and learning. In Jay Ruby(Ed.). *The Cinema of John Marshall.* Chur, Switzerland: Harwood Academic Publishers GmbH, p.40.

3   John Marshall(1993). Filming and learning. In Jay Ruby(Ed.). *The Cinema of John Marshall.* Chur, Switzerland: Harwood Academic Publishers GmbH, p.40.

4   John Marshall(1993). Filming and learning. In Jay Ruby(Ed.). *The Cinema of John Marshall.* Chur, Switzerland: Harwood Academic Publishers GmbH, p.19.

5   Jay Ruby(2000). *Picturing Culture: Explorations of Film & Anthropology*, Chicago: The University of Chicago Press, p.117.

6   Timothy Asch and Patsh Asch(1987). Images That Represent Ideas: The Use of Films on the !Kung to Teach Anthropology. In Megan Biesele(with Robert Gordon and Richard Lee)(Ed.). *The Past and Future of !Kung Ethnography: Critical Reflections and Symbolic Perspectives*. Hamburg, Germany: Helmut Buske Verlag, p.352.

7   John Marshall, John and Emile de Brigard(1995). Idea and Event in Urban Film. In Paul Hockings(Ed.). *Principles of Visual Anthropology*. The Hague: Mouton, p.133.

8   John Marshall(1993). Filming and learning. In Jay Ruby(Ed.). *The Cinema of John Marshall.* Chur, Switzerland: Harwood Academic Publishers GmbH, p.42.

9   Peter Loizos. Peter(1993a). *Innovation in ethnographic film: From innocence to self-consciousness, 1955-85*. Chicago: The University of Chicago Press, p.22.

10 Timothy Asch, John Marshall and Peter Spier(1993). Ethnographic Film: Structure and Function. *Annual Review of Anthropology* 2, pp.182-184.

11 John Marshall(1993). Filming and learning. In Jay Ruby(Ed.). *The Cinema of John Marshall.* Chur, Switzerland: Harwood Academic Publishers GmbH, p.20.

12 John Marshall(1993). Filming and learning. In Jay Ruby(Ed.), *The Cinema of John Marshall.* Chur, Switzerland: Harwood Academic Publishers GmbH, p.20.

13 John Marshall(1993). Filming and learning. In Jay Ruby(Ed.). *The Cinema of John Marshall.* Chur, Switzerland: Harwood Academic Publishers GmbH, p.125.

14 John Marshall(1993). Filming and learning. In Jay Ruby(Ed.). *The Cinema of John Marshall.*

Chur, Switzerland: Harwood Academic Publishers GmbH, p.42.

15 John Marshall(1993). Filming and learning. In Jay Ruby(Ed.). *The Cinema of John Marshall*. Chur, Switzerland: Harwood Academic Publishers GmbH, p.20.

16 John Marshall(1993). Filming and learning. In Jay Ruby(Ed.). *The Cinema of John Marshall*. Chur, Switzerland: Harwood Academic Publishers GmbH, p.21.

17 감독: John Marshall, 제작: DER, 촬영: John Marshall, 편집: Frank Calvin/Lorence Marshall/John Marshall, 촬영일시: 1957년~1958년, 배급: DER(Documentary Educational Resources), 배급연도: 1974년, 16mm 컬러영화, 상영시간: 14분.

18 John Marshall(1993). Filming and learning. In Jay Ruby(Ed.). *The Cinema of John Marshall*. Chur, Switzerland: Harwood Academic Publishers GmbH, p.47.

19 John Marshall and Emile de Brigard(1995). Idea and Event in Urban Film. In Paul Hockings(Ed.). *Principles of Visual Anthropology*. The Hague: Mouton.(Marshall and de Brigard), p.134.

20 Timothy Asch and Patsh Asch(1987). Images That Represent Ideas: The Use of Films on the !Kung to Teach Anthropology. In Megan Biesele(with Robert Gordon and Richard Lee)(Ed.). *The Past and Future of !Kung Ethnography: Critical Reflections and Symbolic Perspectives*. Hamburg, Germany: Helmut Buske Verlag, p.352.

5장

1 Carolyn Anderson and Thomas W. Benson(1993). Put Down the Camera and Pick Up the Shovel: An Interview with John Marshall. In Jay Ruby(Ed.). *The Cinema of John Marshall*. Chur, Switzerland: Harwood Academic Publishers GmbH, p.141.

2 감독: John Marshall, 제작: John Marshall/Sue Marshall Cabezas/Michael Ambrosino, 촬영: John Marshall/Ross McElwee/Mark Erder, 음향: Anne Fischel/Adrienne Miesmer/Stan Leven, 편집: John Marshall/Adrinne Mismer, 촬영일시: 1951년~1978년. 배급: DER(Documentary Educational Resources), 배급연도: 1980년, 16mm 컬러영화, 상영시간: 59분.

3 존 마셜의 《사냥꾼들》에 관해서는 John Marshall(1993). Filming and learning. In Jay Ruby(Ed.). *The Cinema of John Marshall*. Harwood Academic, Chur, Switzerland, pp.1-134; Patsy Asch(2007). From Bushmen to Ju/'Hoansi: A Personal Reflection on the Early Films of John Marshall. In Beate Engelbrecht(Ed.). *Memories of the Origins of Ethnographic Film*. Frankfurt: Peter Lang, pp.71-85; John Bishop(2007). Life by Myth: The Development of Ethnographic Filming in the World of John Marshall. In Beate Engelbrecht(Ed.). *Memories of the Origins of Ethnographic Film*. Frankfurt: Peter Lang, pp.87-94를 참조할 것.

4 John Marshall(1993). Filming and learning. In Jay Ruby(Ed.). *The Cinema of John Marshall*. Chur, Switzerland: Harwood Academic Publishers GmbH, p.83.

5 John Marshall(1993). Filming and learning. In Jay Ruby(Ed.). *The Cinema of John Marshall*. Chur, Switzerland: Harwood Academic Publishers GmbH, p.83.

6 John Marshall(1993). Filming and learning. In Jay Ruby(Ed.). *The Cinema of John Marshall*. Chur, Switzerland: Harwood Academic Publishers GmbH, p.91.

7 John Marshall(1993). Filming and learning. In Jay Ruby(Ed.). *The Cinema of John Marshall*. Chur, Switzerland: ,Harwood Academic Publishers GmbH, p.125.

8 John Marshall(1993). Filming and learning. In Jay Ruby(Ed.). *The Cinema of John Marshall*. Chur, Switzerland: Harwood Academic Publishers GmbH, p.83.

9 존 마셜은 자신의 촬영 방식을 "시네마베리테"라고 불렀는데, 여기서 그가 말하는 "시네마베리테"란 "다이렉트 시네마"를 의미한다.

10 John Marshall(1993). Filming and learning. In Jay Ruby(Ed.). *The Cinema of John Marshall*. Chur, Switzerland: Harwood Academic Publishers GmbH, p.83.

11 John Marshall(1993). Filming and learning. In Jay Ruby(Ed.). *The Cinema of John Marshall*. Chur, Switzerland: Harwood Academic Publishers GmbH, p.83-84.

12 John Marshall(1993). Filming and learning. In Jay Ruby(Ed.). *The Cinema of John Marshall*. Chur, Switzerland: Harwood Academic Publishers GmbH, p.85.

13 John Marshall(1993). Filming and learning. In Jay Ruby(Ed.). *The Cinema of John Marshall*. Chur, Switzerland: Harwood Academic Publishers GmbH, p.90.

14 John Marshall(1993). Filming and learning. In Jay Ruby(Ed.). *The Cinema of John Marshall*. Chur, Switzerland: Harwood Academic Publishers GmbH, p.85.

15 John Marshall(1993). Filming and learning. In Jay Ruby(Ed.). *The Cinema of John Marshall*. Chur, Switzerland: Harwood Academic Publishers GmbH, p.83.

16 Southwestern African People's Organization(남서아프리카 인민기구)의 약자. 나미비아에

서 흑인들의 독립을 위해 싸우는 일종의 흑인해방조직.

17 Nancie Gonzalez(1993). An Argument about a film. In Jay Ruby(Ed.). *The Cinema of John Marshall*. Chur, Switzerland: Harwood Academic Publishers GmbH, pp179-194 참조.

18 Barbara Myerhoff(1992). *Remembered Lives:The World of Ritual, Storytelling, and Growing Older*. University of Michigan Press, Ann Arbor, p.281.

6장

1 로버트 가드너는 미국에서 영상인류학과 민족지영화의 전통이 시작된 1950년대 말과 1960년대 초에 걸쳐 하버드대학에 영화연구소를 만들고, 칼 하이더와 아센 발리키Asen Balikci와 함께 현재 미국인류학회 내의 영상인류학회Society for Visual Anthropology의 전신이라 할 수 있는 민족지영화 프로그램Program in Ethnographic Film의 구성에 관여했다.

2 로버트 가드너의 영화 목록에 대해서는 Thomas Cooper(1995). *Natural rhythms:The indigenous world of Robert Gardner*. New York: Anthology Film Archive를 참조할 것. 로버트 가드너의 작품은 크게 나누어 다섯 편의 장편영화(《죽은 새들》(1964),《모래의 강들》(1974), 《딥 하츠》(1981),《축복의 숲》(1986),《이카 핸즈Ika Hands》)와 열네 편의 단편영화(그가 부분적인 역할을 한 작품은 제외)가 있다. 로버트 가드너는 장편영화인《사냥꾼들》과《누어The Nuer》에도 이름을 올렸지만《사냥꾼들》과《누어》에서는 존 마셜과 힐러리 해리스Hillary Harris가 주된 역할을 했기 때문에 로버트 가드너의 작품으로 보기 힘들다.

3 감독: Robert Gardner, 제작: Film Study Center, The Peabody Museum of Harvard University, 각본: Robert Gardner, 촬영: Robert Gardner, 편집: Robert Gardner, 음향: Michael C. Rockefeller, 음향편집: Jairus Lincoln and Joyce Chopra, 촬영보조: Karl Heider and Peter Chermayeff, 자문: Jan Broekhuyse and Peter Matthiessen, 촬영일시: 1961년, 배급: DER(Documentary Educational Resources), 배급연도: 1964년, 16mm 컬러영화, 상영시간: 59분.

4 《죽은 새들》의 배경이 되는 뉴기니 섬의 서반부는 1962년까지 "네덜란드 뉴기니Netherlands New Guinea"라고 불렸다. 그러다가 이 지역은 1963년 이후에 이리안 바랏Irian Barat(서이리안)의 주州에 편입되어 인도네시아의 관리하에 있다가 1969년 8월 공식적으로 인도네시아의 영토가 되었다.《죽은 새들》은 서뉴기니(현재는 인도네시아 서이리안의 중앙고지, 해발 약 1,650미터 고지에 위치)의 두굼Dugum 지역에 사는 대니Dani 부족의 문화를 다루고 있다.

5 Robert Gardner(1988). Obituary: Basil Wright. *Anthropology Today* IV(1), p.24.

6 Peter Loizos(1993a). *Innovation in ethnographic film: From innocence to self-consciousness, 1955-85*. Chicago: The University of Chicago Press, p.166에서 재인용.

7 Peter Loizos(1993a). *Innovation in ethnographic film: From innocence to self-consciousness, 1955-85*. Chicago: The University of Chicago Press, p.142에서 재인용.

8 Peter Loizos(1993a). *Innovation in ethnographic film: From innocence to self-consciousness, 1955-85*. Chicago: The University of Chicago Press, p.315에서 재인용.

9 Karl Heider(1976). *Ethnographic Film*. Austin: The University of Texas Press 참조.

10 Jay Ruby(1975). Is an Ethnographic Film a Filmic Ethnography?. *Studies in Anthropology of Visual Communication* 2(2), pp.104-111 참조.

11 Robert Gardner(1957). Anthropology and Film. *Daedulus* 86, pp.344-352 참조.

12 Robert Gardner and Karl Heider(1968). *Gardens of War*. New York: Random House, 표지.

13 Robert Gardner and Karl Heider(1968). *Gardens of War*. New York: Random House, p.VIII-IX.

14 Robert Gardner(1957). Anthropology and Film. *Daedulus* 86, pp.345-346.

15 존 마셜의《사냥꾼들》을 말함.

16 힐러리 해리스의《누어》와 로버트 가드너의《딥 하츠》와《모래의 강들》을 말함.

17 Robert Gardner(1969). Chronicles of the Human Experiences: Dead Birds. *Film Comment* 2(1), p.25.

18 Robert Gardner and Karl Heider(1968). *Gardens of War*. New York: Random House, xii-xv.

19 대니 부족의 전쟁에 대해서는 Robert Gardner and Karl Heider(1968). *Gardens of War*. New York: Random House, pp.99-133을 참조할 것.

20 록펠러 재단을 만든 존 록펠러John D. Rockefeller의 아들. 그 후 미국의 원시미술박물관Museum of Primitive Art을 위한 조각품을 수집하다가 뉴기니의 남부 해안에서 익사함.

21 《죽은 새들》을 말함.

22 대니 부족에 대한 학문적 연구 결과는 칼 하이더가 1965년 하버드대학에 제출한 박사 학위 논문과 얀 브뢰키스가 1967년 위트레흐트대학Utrecht University에 제출한 박사 학위 논문에 소개되었다.

23 Peter Mattiessen(1962)(1996). *Under the Mountain Wall: A Chronicle of Two Seasons in Stone Age New Guinea*. New York: Penguin Books로 출판되었다.

24 대니 부족의 문화에 대한 사진집은 Robert Gardner and Karl Heider(1968). *Gardens of War*. New York: Random House로 출판되었다.

25 Karl Heider(2002). Robert Gardner: The Early Years. *Visual Anthropology Review* 17, no. 2, p.67.

26 Robert Gardner(1979). A Chronicle of the Human Experience: Dead Birds. In Lewis Jacobs(Ed.). *The Documentary Tradition*, 2nd edition. New York & London: W.W. Norton & Company, pp.35-436.

27 Robert Gardner(1979). A Chronicle of the Human Experience: Dead Birds. In Lewis Jacobs(Ed.). *The Documentary Tradition*, 2nd edition. New York & London: W.W. Norton & Company, pp.432-433.

28 Karl Heider(2002). Robert Gardner: The Early Years. *Visual Anthropology Review* 17, no. 2, p.69.

29 Jay Ruby(2000a). *Picturing Culture: Explorations of Film & Anthropology*. Chicago & London: The University of Chicago Press, p.98.

30 Karl Heider(1972). *The Dani of West Iran: An Ethnographic Companion to the Film Dead Birds*. New York: MSS Modular Publication, p.34.

31 Peter Loizos(1995). Robert Gardner's Rivers of Sand: Toward a Reappraisal. In Leslie Devereaux and Roger Hillman(Eds.). *Fields of Vision: Essays in Film Studies, Visual Anthropology, and Photography*. Berkeley: University of California Press, p.312.

32 Jay Ruby(2000b). Robert Gardner and Anthropological Cinema. In *Picturing Culture: Explorations of Film & Anthropology*. Chicago & London: The University of Chicago Press, p.101.

33 대니어語로 "죽은 새들"은 "sue watek"이라고 불린다. 또한 대니 사람들은 전쟁에서 잃어버린 무기나 장신구를 "죽은 새들"이라고 부른다. 마찬가지로 전장戰場에서 죽임을 당하거나 포획된 사람의 머리카락 같은 신체의 일부도 "죽은 새들"로 부른다.

34 Karl Heider(1970). *The Dugum Dani: A Papuan Culture in the Highlands of West New Guinea*. Chicago: Aldine, p.166.

35 Karl Heider(1970). *The Dugum Dani: A Papuan Culture in the Highlands of West New Guinea*. Chicago: Aldine, p.144.

36 Karl Heider(1970). *The Dugum Dani: A Papuan Culture in the Highlands of West New Guinea*.

Chicago: Aldine, p.140.

37 Robert Gardner(1972). On the making of Dead Birds. In K. G. Heider, *The Dani of West Irian*. New York: MSS Modular Publication., p.35.

38 Robert Gardner(1964). Dead Birds. *Film Comment* no. 2, p.14.

39 Bill Nichols(1991). *Representing Reality: Issues and Concepts in Documentary*, Bloomington: Indiana University Press.

40 Karl Heider(1972). *The Dani of West Iran: An Ethnographic Companion to the Film Dead Birds*. New York: MSS Modular Publication, p.34.

41 Robert Gardner(1969). Chronicles of the Human Experiences: Dead Birds. *Film Comment* 2(1), p.30.

42 Jay Ruby(2000b). Robert Gardner and Anthropological Cinema. In *Picturing Culture: Explorations of Film & Anthropology*. Chicago & London: The University of Chicago Press, p.101.

43 Karl Heider(1970). *The Dugum Dani: A Papuan Culture in the Highlands of West New Guinea*. Chicago: Aldine, pp.106-107, 310-313 참조.

44 Craig Mischler(1985). Narrativity and Metaphor in Ethnographic Film: A Critique of Robert Gardner's Dead Birds. *American Anthropologist* 87, pp.669.

45 Karl Heider(1976). *Ethnographic Film*. Austin: University of Texas Press, p.70.

46 Jay Ruby(2000b). Robert Gardner and Anthropological Cinema. In *Picturing Culture: Explorations of Film & Anthropology*. Chicago & London: The University of Chicago Press, p.95-114 참조.

47 Peter Loizos(1993d). Robert Gardner in Tahit, or the rejection of realism. In *Innovation in ethnographic film: From innocence to self-consciousness, 1955-85*. Chicago: The University of Chicago Press, p.139.

7장

1 감독: Robert Gardner, 제작: Ákos Östör/Robert Gardner, 촬영: Robert Gardner, 편집: Robert Gardner, 음향: Ned Johnston, 배급: DER(Documentary Educational Resources), 배급연도: 1986년, 16mm 컬러영화, 상영시간: 90분.

2 Robert Gardner(2006). *The impulse to preserve: reflections of a filmmaker*. New York: Other

Press, p.286.

3 인도에서 주로 종교적 의례에 사용되는 국화과의 꽃

4 Robert Gardner(2006). *The impulse to preserve: reflections of a filmmaker.* New York: Other Press, p.279.

5 Paul Henley(2007a). Beyond the Burden of the Real: Anthropological Reflections on the Technique of a "A Masterful Cutter". In Ilisa Barbash and Lucien Taylor(Eds.), *The Cinema of Robert Gardner.* Oxford; New York: Berg, p.49.

6 Robert Gardner and Ákos Östör(2001). *Making Forest of Bliss: Intention, circumstance, and chance in nonfiction film.* Cambridge, MA: Harvard University Press, p.23.

7 Robert Gardner and Ákos Östör(2001). *Making Forest of Bliss: Intention, circumstance, and chance in nonfiction film.* Cambridge, MA: Harvard University Press, p.39.

8 1926년에서 1930년에 걸쳐 한때 유럽에서 유행했던 "도시교향곡" 다큐멘터리영화로는 알베르토 카발칸티Alberto Cavalcanti의 《오직 시간뿐Rien Que Les Heures》(1926), 미하일 카우프만Mikhail Kaufman의 《모스크바Moscow》(1927), 발터 루트만Walter Ruttman의 《베를린: 대도시교향곡Berlin: Die Sinfonie der Grossstadt》(1927), 지가 베르토프의 《카메라를 든 사나이Cheloveks Kinoapparatom》(1929), 장 비고Jean Vigo의 《니스에 관하여A Propos de Nice》(1930)를 꼽을 수 있다.

9 Robert Gardner and Ákos Östör(2001). *Making Forest of Bliss: Intention, circumstance, and chance in nonfiction film.* Cambridge, MA: Harvard University Press, p.49.

10 Ilisa Barbash(2007). Out of Words: A Conversation with Robert Gardner, In Ilisa Barbash and Lucien Taylor(Eds.), *The Cinema of Robert Gardner.* 2007, Oxford & New York: Berg, p.93.

11 Robert Gardner and Ákos Östör(2001). *Making Forest of Bliss: Intention, circumstance, and chance in nonfiction film.* Cambridge, MA: Harvard University Press, p.65.

12 Robert Gardner and Ákos Östör(2001). *Making Forest of Bliss: Intention, circumstance, and chance in nonfiction film.* Cambridge, MA: Harvard University Press, p.46.

13 Robert Gardner(2006). *The impulse to preserve: reflections of a filmmaker.* New York: Other Press, p.282.

14 Robert Gardner and Ákos Östör(2001). *Making Forest of Bliss: Intention, circumstance, and chance in nonfiction film.* Cambridge, MA: Harvard University Press, p.45.

15 Robert Gardner and Ákos Östör(2001). *Making Forest of Bliss: Intention, circumstance, and* *chance in nonfiction film.* Cambridge, MA: Harvard University Press, p.16.

16 Robert Gardner and Ákos Östör(2001). *Making Forest of Bliss: Intention, circumstance, and chance in nonfiction film.* Cambridge, MA: Harvard University Press, p.16.

17 Robert Gardner and Ákos Östör(2001). *Making Forest of Bliss: Intention, circumstance, and chance in nonfiction film.* Cambridge, MA: Harvard University Press, p.22.

18 Robert Gardner and Ákos Östör(2001). *Making Forest of Bliss: Intention, circumstance, and chance in nonfiction film.* Cambridge, MA: Harvard University Press, p.105.

19 Thomas W. Cooper(1995). *Natural rhythms: The indigenous world of Robert Gardner.* New York: Anthology Film Archive, pp.64-65에서 재인용.

20 Robert Gardner and Ákos Östör(2001). *Making Forest of Bliss: Intention, circumstance, and chance in nonfiction film.* Cambridge, MA: Harvard University Press, p.48.

21 Robert Gardner and Ákos Östör(2001). *Making Forest of Bliss: Intention, circumstance, and chance in nonfiction film.* Cambridge, MA: Harvard University Press, p.48.

22 Robert Gardner and Ákos Östör(2001). *Making Forest of Bliss: Intention, circumstance, and chance in nonfiction film.* Cambridge, MA: Harvard University Press, p.87.

23 Radikha Chopra(1989). Robert Gardner's Forest of Bliss: A review. *Society for Visual Anthropology Newsletter,* Spring, V(1), p.3.

24 Radikha Chopra(1989). Robert Gardner's Forest of Bliss: A review. *Society for Visual Anthropology Newsletter,* Spring, V(1), p.2.

25 Susan Hayward(2000). *Cinema Studies: The key concepts,* 2nd ed. London: Routledge, p.85.

26 Robert Gardner and Ákos Östör(2001). *Making Forest of Bliss: Intention, circumstance, and chance in nonfiction film.* Cambridge, MA: Harvard University Press, p.19.

27 Robert Gardner and Ákos Östör(2001). *Making Forest of Bliss: Intention, circumstance, and chance in nonfiction film.* Cambridge, MA: Harvard University Press, p.19.

28 Michael Oppitz(1988). A day in the city of death. Forest of Bliss(by Robert Gardner)-A film review. *Anthropos* 83, pp.210-212.

29 Robert Gardner and Ákos Östör(2001). *Making Forest of Bliss: Intention, circumstance, and chance in nonfiction film.* Cambridge, MA: Harvard University Press, p.21-22.

30 Ilisa Barbash(2007). Out of Words: A Conversation with Robert Gardner, In Ilisa Barbash and Lucien Taylor(Eds.). *The Cinema of Robert Gardner.* Oxford & New York: Berg, p.101.

31 Alexander Moore(1988). The Limitations of Imagist Documentary: A Review of Robert Gardner's Forest of Bliss. *Society for Visual Anthropology Newsletter* 4(2), pp.1-3.

32 Jonathan Parry(1988). Comment on Robert Gardner's Forest of Bliss. *Society for Visual Anthropology Newsletter* 4(2), 1988, pp.4-7.

33 Jay Ruby(2000a). *Picturing Culture: Explorations of Film & Anthropology*. Chicago & London: The University of Chicago Press.

34 Radikha Chopra(1989). Robert Gardner's Forest of Bliss: A review. *Society for Visual Anthropology Newsletter*, Spring, V(1), pp.2-3.

35 Gerardo Reichel-Dolmatoff(1989). Letter from Gerardo Reichel-Dolmatoff. *Society for Visual Anthropology Newsletter*, V(1), Spring, p.13.

36 Ákos Ostör(1989). Is That What Forest of Bliss Is All About? A Response. *Society for Visual Anthropology Newsletter* 5(1), pp.4-8.

37 Gerardo Reichel-Dolmatoff(1989). Letter from Gerardo Reichel-Dolmatoff. *Society for Visual Anthropology Newsletter*, V(1), Spring, p.1.

38 Thomas Waugh(1988). Independent Documentary in India: A Preliminary Report. *Society for Visual Anthropology Newsletter* 4(2), p.13.

39 Eliot Weinberger(1996). The camera people. In Charles Warren(Ed.). *Beyond document: Essays on nonfiction film*. Hanover, NH: Wesleyan University Press/University Press of New England, p.165.

40 Charles Warren(2007). The Music of Robert Gardner. In Ilisa Barbash and Lucien Taylor(Eds.). *The Cinema of Robert Gardner*. Oxford & New York: Berg, p.29.

41 David MacDougall(2007b). Gardner's Bliss. In Ilisa Barbash and Lucien Taylor(Eds.). *The Cinema of Robert Gardner*. Oxford & New York: Berg, pp.153-174.

42 Loizos, Peter(1993b). Robert Gardner in Tahiti, or the rejection of realism. In *Innovation in ethnographic film: From innocence to self-consciousness 1955-1985*. Chicago: The University of Chicago Press, p.162.

43 Alexander Moore(1988). The Limitations of Imagist Documentary: A Review of Robert Gardner's Forest of Bliss. *Society for Visual Anthropology Newsletter* 4, no. 2, p.1.

44 Jay Ruby(2000a). *Picturing Culture: Explorations of Film & Anthropology*. Chicago & London: The University of Chicago Press, p.110.

45 Jay Ruby(2000a). *Picturing Culture: Explorations of Film & Anthropology*. Chicago & London: The University of Chicago Press, p.110.

46 Heidi Larson(1987). Gardner's Forest of Bliss: Hindi Bliss. *Anthropology and Humanism Quarterly* 12, nos. 3-4, p.98.

47 Robert Gardner and Ákos Östör(2001). *Making Forest of Bliss: Intention, circumstance, and chance in nonfiction film*. Cambridge, MA: Harvard University Press, pp.87-88.

48 David MacDougall(2007). Gardner's Bliss. In Ilisa Barbash and Lucien Taylor(Eds.). *The Cinema of Robert Gardner*. Oxford & New York: Berg, pp.156.

8장

1 Douglas Harper(2004). An Ethnographic gaze: scenes in the anthropological life of Timothy Asch. In Douglas Lewis(Ed.). *Timothy Asch and Ethnographic Film*. London and New York: Routledge, p.23.

2 Douglas Harper(2004). An Ethnographic gaze: scenes in the anthropological life of Timothy Asch. In Douglas Lewis(Ed.). *Timothy Asch and Ethnographic Film*. London and New York: Routledge, p.25.

3 당시 티머시 애시의 사진 작품에 관해서는 Douglas Harper(Ed)(1994). Cape Breton 1952: The Photographic Vision of Timothy Asch. *Visual Sociology* 9(2). Kenturky: International Visual Sociology Association and Los Angeles: Ethnographic Press를 참조할 것.

4 Douglas Harper(2004). An Ethnographic gaze: scenes in the anthropological life of Timothy Asch. In Douglas Lewis(Ed.). *Timothy Asch and Ethnographic Film*. London and New York: Routledge, p.31.

5 Douglas Harper(2004). An Ethnographic gaze: scenes in the anthropological life of Timothy Asch. In Douglas Lewis(Ed.). *Timothy Asch and Ethnographic Film*. London and New York: Routledge, p.43.

6 티머시 애시와 마코스MACOS 프로젝트의 관련성에 대해서는 Nancy Lutkehaus(2004). Man, a course of study: situating Tim Asch's pedagogy and ethnographic films. In Douglas Lewis(Ed.). *Timothy Asch and Ethnographic Film*. London and New York: Routledge, p.57-74를 참조할 것.

7 티머시 애시가 로티 섬에서 만든 민족지영화에 대해서는 James Fox(2004). Efforts and events in a long collaboration: working with Tim Asch on ethnographic films on Roti in eastern Indonesia. In Douglas Lewis(Ed.). *Timothy Asch and Ethnographic Film*. pp.83-96. London and New York: Routledge, pp.83-96을 참조할 것.

8 티머시 애시가 발리 섬에서 만든 민족지영화에 대해서는 Linda Connor and Patsy Asch (2004). Subjects, images, voices: representations of gender in the films of Timothy Asch. In Douglas Lewis(Ed.). *Timothy Asch and Ethnographic Film*. London and New York: Routledge, pp.163-184; Douglas Lewis(2004b). Person, event, and the location of the cinematic subject in Timothy Asch's films on Indonesia. In Douglas Lewis(Ed.). *Timothy Asch and Ethnographic Film*. London and New York: Routledge, pp.263-282를 참조할 것.

9 티머시 애시가 플로레스 섬에서 만든 민족지영화에 대해서는 Douglas Lewis(2004a) From event to ethnography: film-making and ethnographic research in Tana 'Ai, Flores, eastern Indonesia. In Douglas Lewis(Ed.). *Timothy Asch and Ethnographic Film*. London and New York: Routledge, pp.97-122를 참조할 것.

10 Timothy Asch(1974). Audiovisual Materials in the Teaching of Anthropology From the Elementary School Through College. In George D. Spindler(Ed.). *Education and Cultural Process: Toward an Anthropology of Education*. New York: Holt, Rinehart and Winston, p.385.

11 Timothy Asch(1992). The Ethics of Ethnographic Film-Making. In Peter Ian Crawford and David Turton(Eds.). *Film as Ethnography*. Manchester: Manchester University Press, p.196.

12 James Clifford(1988c). On Ethnographic Surrealism. In *The Predicament of Culture: Twentieth Century Ethnography, Literature, and Art*. Cambridge, MA: Harvard University Press 참조.

13 Timothy Asch(1988). Collaboration in Ethnographic Film Making: A Personal View. In Jack R. Rollwagen (Ed.). *Anthropological Film-Making: Anthropological Perspectives on the Production of Film and Video for General Public Audiences*. Chur, Switerzerland: Harwood Academic Publishers GmbH, p.15.

14 Timothy Asch(1975). Using Film in Teaching Anthropology: One Pedagogical Approach. In Paul Hockings(Ed.). *Principles of Visual Anthropology*. The Hague: Mouton, p.386.

15 Wilton Martinez(1995). The Challenges of a Pioneer: Tim Asch, Otherness, and Film Reception. *Visual Anthropology Review* 11(1), pp.55-56.

16 Gregory Bateson and Margaret Mead(1942). *Balinese Character*. Special Publications of the

New York Academy of Sciences II, p.xii 참조.

17 이 세 영화는 티머시 애시가 존 마셜의 부시먼 필름을 이용하여 만든 작품들이다.

18 Jay Ruby(2000a). *Picturing Culture: Explorations of Film & Anthropology*, Chicago: The University of Chicago Press, p.117.

19 Timothy Asch(1974). Audiovisual Materials in the Teaching of Anthropology From the Elementary School Through College. In George D. Spindler(Ed.), *Education and Cultural Process:Toward an Anthropology of Education*. New York: Holt, Rinehart and Winston, p.485.

20 Timothy Asch(1979). Making a Film Record of the Yanomamo Indians of Southern Venezuela. *Perspectives on Film* 2(August), University Park: The Pennsylvania State University, p.6.

21 Alexander Moore(1995). Understanding Event Analysis: Using the Films of Timothy Asch, *Visual Anthropology Review* 11(1), p.42.

22 Nancy Lutkehaus C.(2004). Man, a course of study: situating Tim Asch's pedagogy and ethnographic films. In Douglas Lewis(Ed.). *Timothy Asch and Ethnographic Film*. London and New York: Routledge, p.60.

23 Timothy Asch(1988). Collaboration in Ethnographic Film Making: A Personal View. In Jack R. Rollwagen (Ed.), *Anthropological Film-Making:Anthropological Perspectives on the Production of Film and Video for General Public Audiences*. Switzerland: Harwood Academic Publishers GmbH, p.4.

24 Nancie Gonzales(1993). An Argument about a Film. In Jay Ruby(Ed). *The Cinema of John Marshall*. Switzerland: Harwood Academic Publishers GmbH, pp.179-193.

25 나폴레옹 샤농의 대표작인 『Yanomamo: The Last Days of Eden』는 『야노마모: 에덴의 마지막 날들』(파스칼북스)로 번역 출판되었다.

26 Alexander Moore(1995). Understanding Event Analysis: Using the Films of Timothy Asch, *Visual Anthropology Review* 11(1), p.48.

27 John Homiak P.(2004). Timothy Asch, the rise of visual anthropology, and the Human Studies Film Archives. In Douglas Lewis(Ed.). *Timothy Asch and Ethnographic Film*. New York: Routledge, p.189에서 재인용.

28 감독: Timothy Asch/Napoleon Chagnon, 촬영: Timothy Asch, 내레이션: Napoleon Chagnon, 편집: Paul E. Bugos Jr., 음향: Craig Johnson, 제작/배급: DER(Documentary

Educational Resources), 촬영일시: 1968년, 촬영장소: 남부 베네수엘라의 야노마모 마을, 미 시미시마보웨이테리, 배급연도: 1970년, 16mm 컬러영화, 상영시간: 29분.

29 Jay Ruby(2000a). *Picturing Culture: Explorations of Film & Anthropology*, Chicago: The University of Chlicago Press, p.122에서 재인용.

30 Timothy Asch and Gary Seaman(Eds.)(1993). *Yanomamo Film Study Guide*. Los Angeles: Ethnographic Press, The University of Southern California.

31 Timothy Asch(1988). Collaboration in Ethnographic Film Making: A Personal View. In Jack R. Rollwagen (Ed.). *Anthropological Film-Making:Anthropological Perspectives on the Production of Film and Video for General Public Audiences*. Chur: Harwood Academic Publishers, pp.8-9.

32 익혀 먹는 바나나의 일종.

33 Jay Ruby(2000a). *Picturing Culture: Explorations of Film & Anthropology*. Chicago: The University of Chicago Press, p.123에서 재인용.

34 Jay Ruby(2000a). *Picturing Culture: Explorations of Film & Anthropology*. Chicago: The University of Chicago Press, p.123에서 재인용.

35 John Homiak(2004). Timothy Asch, the rise of visual anthropology, and the Human Studies Film Archives, In Douglas Lewis(Ed.). *Timothy Asch and Ethnographic Film*. London and New York: Routledge, p.186에서 재인용.

36 Jay Ruby(2000a). *Picturing Culture: Explorations of Film & Anthropology*. Chicago: The University of Chicago Press, p.124.

37 미국영상인류학회의 명칭은 처음에는 Society for the Anthropology of Visual Communication 로 불렸으나 지금은 The Society for Visual Anthropology로 이름이 바뀌었다.

38 Jay Ruby(2000a). *Picturing Culture: Explorations of Film & Anthropology*. Chicago: The University of Chicago Press, p.124에서 재인용.

39 Scott Ennis and Timothy Asch(1993). The Feast: A Study Guide. In Timothy Asch and Gary Seaman(Eds.). *Yanomamo Film Study Guide*. Los Angeles: Ethnographic Press, The University of Southern California, p.75.

40 티머시 애시와 나폴레옹 샤농의 "야노마모 (영화) 시리즈The Yanomamo (Film) Series" 가운데 몇 편 은 티머시 애시가 세상을 떠날 당시 후반 작업 중이었다. 따라서 몇몇 작품의 제목은 문헌마다 다른 경우가 있다. 현재 티머시 애시의 야노마모 영화는 미국의 DER에서 배급 중이다. 2001

년 DER의 목록에 수록된 "야노마모 시리즈"는 다음과 같다.

- 《화살들Arrows》 [Arrow Game]. 1974. 10분. DER.
- 《도끼 싸움The Ax Fight》. 1975. 30분. DER.
- 《신부살이Bride Service》. 1975. 10분. DER.
- 《리후무 놀이를 하고 있는 아이들Children at Reahumou Play》. 6분. 미완성. DER.
- 《데데헤이와 집 앞에서 이를 잡고 있는 아이들Children Grooming for Lice in Front of Dedeheiwa's House》 [Grooming Before Dedeheiwa's House]. 7분. 미완성. DER.
- 《해먹의 아이들Children of the Hammock》 [Children Making a Toy Hammock; Children Making a Hammock]. 1분. 미완성. DER.
- 《빗속에서 놀고 있는 아이들Children Playing in the Rain》 [Children Play in the Rain; Children in the Rain]. 10분. 미완성. DER.
- 《파타노와테리 아이들의 저녁 놀이Children's Evening Play at Patanowa-teri》. 8분. 미완성. DER.
- 《아이들의 이상한 죽음Children's Magical Death》. 1974. 7분. DER.
- 《피치 팜 나무 오르기Climbing the Peach Palm》 [Collecting Rasha Fruit]. 1974. 9분. DER.
- 《유명한 남자의 죽음Death of a Prominent Man》. 15분. 미완성. DER.
- 《정원에서 쉬고 있는 데데헤이와Dedeheiwa Rests in His Garden》. 6분. 미완성. DER.
- 《정원을 손질하고 있는 데데헤이와의 아들들Dedeheiwa's Sons Gardening》. 20분. 미완성. DER.
- 《자식들을 씻기고 있는 아버지A Father Washes His Children》 [Dedeheiwa Washes His Children]. 1974. 15분. DER.
- 《축제The Feast》. 1970. 29분. DER.
- 《무서운 사람들The Fierce People》. 1972. BBC Special "Horizons of Science". 60분.
- 《장작Firewood》 [Chopping Wood]. 1974. 10분. DER.
- 《사냥 의자들Hunting Crickets》. 10분. 미완성. DER.
- 《재규어: 다라마시와가 들려주는 야노마모의 이중순환 신화Jaguar: A Yanomamo Twin-Cycle Myth as Told Daramasiwa》 [The Twin Cycle Myths: Jaguar: A Yanomamo Twin Cycle Myth as Told by Daramasiwa, Part I]. 1976. 22분. DER.
- 《레야봅웨이테리와 물건을 맞바꾸는 카오하와Kaohawa Trades with the Reyabobwei-teri》. 8분. 미완성. DER.
- 《이상한 죽음Magical Death》. 1973. 29분. DER.
- 《해먹을 짜는 남자와 그의 아내A Man and His Wife Weave a Hammock》 [Moawa Making a

Hammock; A Man and His Wife Make a Hammock]. 1975. 12분. DER.

- 《"벌"이라 불리는 남자: 야노마모 연구A Man Called "Bee": Studying the Yanomamo》 [Doing Anthropological Fieldwork in Mishimishimabowei-teri]. 1974. 40분. DER.

- 《쓰러진 목재를 불태우는 모아와Moawa Burns Felled Timber》. 9분. 미완성. DER.

- 《달의 피: 데데헤이와가 들려주는 야노마모의 창조신화Moonblood: A Yanomamo Creation Myth as told by Dedeheiwa》. 1976. 14분. DER.

- 《아침 꽃들Morning Flowers》. 20분. 미완성. DER.

- 《입씨름Mouth Wrestling. 5분. 미완성. DER.

- 《데데헤이와가 들려주는 나로의 신화Myth of Naro as Told by Dedeheiwa》 [The Yanomamo Myth of Naro as Told by Dedeheiwa]. 1975. 22분. DER.

- 《새로운 부족들의 임무New Tribes Mission》 [New Tribes]. 1975. 12분. DER.

- 《오카모, 나의 마을Ocamo Is My Town》. 1974. 23분. DER

- 《미시미시마보웨이테리 강The River Mishimishimabowei-teri》. 20분. 미완성. DER.

- 《모래 놀이Sand Play》. 19분. 미완성. DER.

- 《타피르 분배Tapir Distribution》 [Reahumou]. 1975. 15분. DER

- 《줄다리기Tug of War》. 1975. 9분. DER

- 《정원 잡초 뽑기Weeding the Garden》 [Dedeheiwa Weeds His Garden]. 1974. 14분. DER.

- 《솜을 잣는 여성Woman Spins Cotton》, [A Woman Spins]. 8분. 미완성. DER.

- 《야노마모 헤쿠라 신령Yanomamo Hekura Spirits》. 14분. 미완성. DER.

- 《오리노코의 야노마모Yanomamo of the Orinoco》. 1987. 29분. DER.

- 《전쟁과 평화의 야노마모 부족The Yanomamo Tribe in War and Peace》. Nippon A-V Production 공동 제작.

- 《야노마모: 학제 간 연구Yanomamo: A Multidisciplinary Study》. 1968. 44분.

- 《젊은 샤먼Young Shaman》. 10분. 미완성. DER.

41 감독: Timothy Asch/Napoleon Chagnon, 촬영: Timothy Asch, 내레이션: Napoleon Chagnon, 편집: Paul E. Bugos Jr., 음향: Craig Johnson, 제작/배급: DER(Documentary Educational Resources), 촬영일시: 1971년, 촬영장소: 남부 베네수엘라의 야노마모 마을, 미시미시마보웨이테리, 배급연도: 1975년, 16mm 컬러영화, 상영시간: 30분.

42 Napoleon Chagnon(1968/1992). *Yanomamo: The Fierce People*. New York: Holt, Rinehart and Winston, Inc.

43 Jay Ruby(2000a). *Picturing Culture: Explorations of Film & Anthropology*. Chicago: The University of Chicago Press, p.127.

44 Jay Ruby(2000a). *Picturing Culture: Explorations of Film & Anthropology*. Chicago: The University of Chicago Press, p.128.

45 Seth Reichlin(1993). The Ax Fight: A Study Guide. In Timothy Asch and Gary Seaman(Eds.). *Yanomamo: Film Study Guide*. Los Angeles: Ethnographic Press, University of Southern California, pp.121-122.

46 Jay Ruby(2000a). *Picturing Culture: Explorations of Film & Anthropology*. Chicago: The University of Chicago Press, p.125.

47 Peter Biella(2004). The Ax Fight on CD-ROM. In Douglas Lewis(Ed.). *Timothy Asch and Ethnographic Film*. London and New York: Routledge, p.245.

48 Seth Reichlin(1993). The Ax Fight: A Study Guide. In Timothy Asch and Gary Seaman(Eds.). *Yanomamo: Film Study Guide*. Los Angeles: Ethnographic Press, University of Southern California, pp.110.

49 영화에서는 검은색과 빨간색으로 표시되어 있다.

50 Paul Bugos Jr., Stephan Carter and Timothy Asch(1993). The Ax Fight: Film Notes. In Timothy Asch and Gary Seaman(Eds.). *Yanomamo: Film Study Guide*. pp.146-152. Los Angeles: Ethnographic Press, University of Southern California, p.133.

51 Jay Ruby(2000a). *Picturing Culture: Explorations of Film & Anthropology*, Chicago: The University of Chicago Press, p.127.

52 Alexander Moore(1995). Understanding Event Analysis: Using the Films of Timothy Asch. *Visual Anthropology Review* 11(1), p.43.

53 Wilton Martinez(1995). The Challenges of a Pioneer: Tim Asch, Otherness, and Film Reception. *Visual Anthropology Review* 11(1), p.59.

54 Timothy Asch, (1988). Collaboration in Ethnographic Film Making: A Personal View. In Jack R. Rollwagen(Ed.). *Anthropological Film-Making: Anthropological Perspectives on the Production of Film and Video for General Public Audiences*. Chur: Harwood Academic Publishers, p.8-9.

9장

1 티머시 애시가 린다 코너와 함께 만든 영화의 제목은 다음과 같다.

《발리의 강신의례A Balinese Trance Séance》(1979);《저로가 저로를 말하다: "발리의 강신의례" 보기Jero on Jero: "A Balinese Trance Séance" Observed》(1981);《매체는 마사지사다: 발리의 마사지The Medium Is the Masseuse: A Balinese Massage》(1983);《저로 타파칸: 발리 치료사의 삶Jero Tapakan: Stories from the Life a Balinese Healer》(1983);《영혼의 해방: 발리의 마을 화장(火葬)Releasing the Spirits: A Village Cremation in Bali》(1991).

발리 섬의 민족지영화에 대해서는 Linda Connor, Patsy Asch and Timothy Asch(1996). *Jero Tapakan: Balinese healer*. An Ethnographic Film Monograph. Second Edition, Los Angeles: Ethnographic Press; Douglas Lewis(2004c). Person, event, and the location of the cinematic subject in Timothy Asch's films on Indonesia. In Douglas Lewis(Ed.). *Timothy Asch and Ethnographic Film*. London and New York: Routledge를 참조할 것.

2 티머시 애시가 제임스 폭스와 함께 만든 영화의 제목은 다음과 같다.

《언어의 물: 동인도네시아 섬의 문화생태학The Water of Words: A Cultural Ecology of an Eastern Indonesian Island》(1983);《창과 칼: 동인도네시아 로티 섬의 신부대 지불 의식Spear and Sword: A Ceremonial Payment of Bridewealth. The Island of Roti, Eastern Indonesia》(1988).

로티 섬의 민족지영화에 대해서는 James Fox(2004). Efforts and events in a long collaboration: working with Tim Asch on ethnographic films on Roti in eastern Indonesia. In Douglas Lewis(Ed.). *Timothy Asch and Ethnographic Film*. pp.83-96. London and New York: Routledge를 참조할 것.

3 Douglas Lewis(2004c). Person, event, and the location of the cinematic subject in Timothy Asch's films on Indonesia. In Douglas Lewis(Ed.). *Timothy Asch and Ethnographic Film*. London and New York: Routledge, p.268.

4 티머시 애시가 더글러스 루이스와 함께 만든 영화의 제목은 다음과 같다.

《기원起源 의식: 플로레스 섬의 타나 와이 브라마A Celebration of Origins: Tana Wai Brama, Flores》(1993).

플로레스 섬의 민족지영화에 대해서는 Douglas Lewis(2004b). From event to ethnography: film-making and ethnographic research in Tana 'Ai, Flores, eastern Indonesia. In Douglas Lewis(Ed.). *Timothy Asch and Ethnographic Film*. London and New York: Routledge, pp.97-122를 참조할 것.

5 감독: Timothy Asch/Linda Connor, 제작: Timothy Asch/Linda Connor, 촬영: Timothy

Asch, 음향: Patsy Asch, 편집: Patsy Asch, 제작연도: 1979년, 배급: DER(Documentary Educational Resources), 16mm 컬러영화, 상영시간: 30분.

6 감독: Timothy Asch/Linda Connor, 제작: Timothy Asch/Linda Connor, 촬영: Timothy Asch, 음향: Patsy Asch, 편집: Patsy Asch, 제작연도: 1981년, 배급: DER(Documentary Educational Resources), 16mm 컬러영화, 상영시간: 17분.

7 Timothy Asch(1986). How and Why the Films Were Made. In Linda Connor, Patsy Asch and Timothy Asch. *Jero Tapakan: A Balinese healer*. Cambridge: Cambridge University Press, p.42.

8 Douglas Lewis(2004c). Person, event, and the location of the cinematic subject in Timothy Asch's films on Indonesia. In Douglas Lewis(Ed.). *Timothy Asch and Ethnographic Film*. London and New York: Routledge, p.263에서 재인용.

9 Douglas Lewis(2004c). Person, event, and the location of the cinematic subject in Timothy Asch's films on Indonesia. In Douglas Lewis(Ed.). *Timothy Asch and Ethnographic Film*. London and New York: Routledge, p.264에서 재인용.

10 Douglas Lewis(2004c). Person, event, and the location of the cinematic subject in Timothy Asch's films on Indonesia. In Douglas Lewis(Ed.). *Timothy Asch and Ethnographic Film*. London and New York: Routledge, p.275.

11 Douglas Lewis(2004c). Person, event, and the location of the cinematic subject in Timothy Asch's films on Indonesia. In Douglas Lewis(Ed.). *Timothy Asch and Ethnographic Film*. London and New York: Routledge, p.264에서 재인용.

12 Timothy Asch(1986). How and Why the Films Were Made. In Linda Connor, Patsy Asch and Timothy Asch. *Jero Tapakan: A Balinese healer*. Cambridge: Cambridge University Press, p.43-44.

13 Timothy Asch(1986). How and Why the Films Were Made. In Linda Connor, Patsy Asch and Timothy Asch. *Jero Tapakan: A Balinese healer*. Cambridge: Cambridge University Press, p.44-45.

14 저로 타파칸Jero Tapakan은 개인의 이름이 아니다. "저로Jero"는 발리 사람들이 존경을 표현하기 위해 쓰는 말이다. 보통 젠트리 계층 남자와 결혼한 평민 계층 부인, 또는 사원의 승려나 치료사와 같은 평민 계층을 부를 때 사용한다. 그리고 "타파칸tapakan"은 일반적으로 "영매"를 가리킬 때 사용하는 말이다. 따라서 저로 타파칸을 우리말로 옮기자면 "영매님" 정도가 될 것 같다.

15 Linda Connor and Patsy Asch(2004). Subjects, images, voices: representations of gender in the films of Timothy Asch. In Douglas Lewis(Ed.). *Timothy Asch and Ethnographic Film*. London and New York: Routledge, p.165.

16 Patsy Asch(1986a). The monograph and films. In Linda Connor, Patsy Asch and Timothy Asch. *Jero Tapakan: A Balinese healer*. Cambridge: Cambridge University Press, p.9.

17 Patsy Asch(1986a). The monograph and films. In Linda Connor, Patsy Asch and Timothy Asch. *Jero Tapakan: A Balinese healer*. Cambridge: Cambridge University Press, p.8.

18 Douglas Lewis(2004c). Person, event, and the location of the cinematic subject in Timothy Asch's films on Indonesia. In Douglas Lewis(Ed.). *Timothy Asch and Ethnographic Film*. London and New York: Routledge, p.273.

19 Timothy Asch(1986). How and Why the Films Were Made. In Linda Connor, Patsy Asch and Timothy Asch. *Jero Tapakan: A Balinese healer*. Cambridge: Cambridge University Press, p.42.

20 Douglas Lewis(2004c). Person, event, and the location of the cinematic subject in Timothy Asch's films on Indonesia. In Douglas Lewis(Ed.). *Timothy Asch and Ethnographic Film*. London and New York: Routledge, p.268.

21 Douglas Lewis(2004c). Person, event, and the location of the cinematic subject in Timothy Asch's films on Indonesia. In Douglas Lewis(Ed.). *Timothy Asch and Ethnographic Film*. London and New York: Routledge, p.265에서 재인용.

22 "사진유도기법"에 대해서는 이기중(2011). 사진인류학의 연구방법론. 『비교문화연구』, 17권 2호, 125-162쪽 참조.

23 파키디[Pakidih]는 화장火葬 의식의 부분으로서 죽은 친척을 위한 의례이고, 페라스[Peras]는 제물의 한 형태이다. Patsy Asch(1986b). The film and sound texts of A Balinese Trance Séance and Jero on Jero. In Linda Connor, Patsy Asch and Timothy Asch. *Jero Tapakan:A Balinese healer*. Cambridge: Cambridge University Press, p.91 참조.

24 Douglas Lewis(2004c). Person, event, and the location of the cinematic subject in Timothy Asch's films on Indonesia. In Douglas Lewis(Ed.). *Timothy Asch and Ethnographic Film*. London and New York: Routledge, p.272.

25 Peter Loizos(1993a). *Innovation in ethnographic film: From innocence to self-consciousness, 1955-85*. Chicago: The University of Chicago Press, p.41.

26 Richard Sorenson and Allison Jablonko(1995). Research Filming of Naturally Occurring Phenomena: Basic Strategies. In Paul Hockings(Ed.). *Principles of Visual Anthropology*. Berlin & New York: Mouton de Gruyter, p.148.

27 더글러스 루이스에 의하면 "즉흥적인 촬영"이라는 용어는 정확한 표현이 아니라고 한다. 무엇보다도 이 용어는 "비계획적이고 임의적인 행위라는 의미를 가지고 있기 때문에 '즉흥적 촬영'이라는 용어 대신에 '발견적 촬영heuristic filming'이라는 말이 더 적합한 용어"라고 더글러스 루이스는 주장한다. Douglas Lewis(2004b). From event to ethnography: film-making and ethnographic research in Tana 'Ai, Flores, eastern Indonesia. In Douglas Lewis(Ed.). *Timothy Asch and Ethnographic Film*. London and New York: Routledge, p.98 참조.

28 Douglas Lewis(2004c). Person, event, and the location of the cinematic subject in Timothy Asch's films on Indonesia. In Douglas Lewis(Ed.). *Timothy Asch and Ethnographic Film*. London and New York: Routledge, p.269.

29 Patsy Asch(1986b). The film and sound texts of A Balinese Trance Séance and Jero on Jero. In Linda Connor, Patsy Asch and Timothy Asch. *Jero Tapakan: A Balinese healer*. Cambridge: Cambridge University Press, p.132.

30 Faye Ginsburg(2004). Producing culture: Shifting representations of social theory in the films of Tim Asch. In Douglas Lewis(Ed.). *Timothy Asch and Ethnographic Film*. London and New York: Routledge, p.156.

10장

1 감독: David MacDougall, 촬영: Judith MacDougall, 제작연도: 1972년, 배급: Berkeley Media LLC, 16mm 흑백영화, 상영시간: 70분. 1972년 베니스영화제 대상 수상.

2 데이비드 맥두걸의 민족지영화 작품을 연대기 순順으로 소개하면 다음과 같다.

《가축들과 함께 살기To Live with Herds》(1972)(우간다); 일명 "투르카나 삼부작"(케냐)인 《신부 대 낙타들: 투르카나의 결혼The Wedding Camels: A Turkana Marriage》(1977), 《로랑의 길: 투르카나 남자 Lorang's Way: A Turkana Man》(1979), 《부인들 가운데 한 부인: 결혼에 관한 노트A Wife Among Wives: Notes on Turkana Marriage》(1981); 호주 원주민에 관한 민족지영화(주디스 맥두걸과의 공동 작품)인 《노인이여 안녕Goodbye Old Man》(1977), 《테이크 오버Take over》(1980), 《목동의 전략Stockman's Strategy》(1984), 《링크업 다이어리Link-Up Diary》(1987); 《포토 왈라스Photo Wallahs》(1991)(인도)(주디스 맥두걸과의 공동 작품); 《바리스타의 시간Tempus de Baristas》(1993)(사르데냐); 일명 "둔 스쿨

프로젝트"(인도)인 《둔 스쿨 연대기Doon School Chronicles》(2000), 《아침의 기분으로With Morning Hearts》(2001), 《자이푸르의 카람Karam in Jaipur》(2001), 《새로운 소년들The New Boys》(2003), 《이성의 시대The Age of Reason》(2004); 《학교 탈출School Scapes》(2007)(인도); 《간디의 아이들Gandhi's Children》(2008)(인도).

3 영화의 끝 부분을 보면 지에 사람들이 헤어지면서 서로 "가축들과 함께 항상 살아가길 (기원한다.)"라는 인사말을 주고받는 장면이 나온다. 따라서 《가축들과 함께 살기》라는 영화 제목은 지에 사람들이 헤어질 때 서로 건네는 전통적인 인사말에서 나온 것임을 알 수 있다.

4 Anna Grimshaw and Nikos Papastergiadis(Eds.)(1995). *Conversations with Anthropological Filmmakers: David MacDougall*. Cambridge: Prickly Pear Press, p.12.

5 Anna Grimshaw and Nikos Papastergiadis(Eds.)(1995). *Conversations with Anthropological Filmmakers: David MacDougall*. Cambridge: Prickly Pear Press, p.15.

6 Anna Grimshaw and Nikos Papastergiadis(Eds.)(1995). *Conversations with Anthropological Filmmakers: David MacDougall*. Cambridge: Prickly Pear Press, pp.21-22.

7 Anna Grimshaw and Nikos Papastergiadis(Eds.)(1995). *Conversations with Anthropological Filmmakers: David MacDougall*. Cambridge: Prickly Pear Press, p.22.

8 Anna Grimshaw and Nikos Papastergiadis(Eds.)(1995). *Conversations with Anthropological Filmmakers: David MacDougall*. Cambridge: Prickly Pear Press, p.20.

9 영화 제목: 《임발루: 우간다 기수의 성인식Imbalu: Ritual of Manhood of the Gisu of Uganda》, 공동감독: Richard Hawkins/Suzette Heald, 촬영: David MacDougall, 제작연도: 1968년, 상영시간: 75분.

10 Anna Grimshaw and Nikos Papastergiadis(Eds.)(1995). *Conversations with Anthropological Filmmakers: David MacDougall*. Cambridge: Prickly Pear Press, p.26.

11 Peter Rigby(1969). Pastoralism and prejudice: ideology and rural development in E. Africa, R. J. Apthorpe and P. Rigby(Eds.). *Society and Social Change in Eastern Africa*. Nkanga Editions no 4, Kampala: Makerere Institute for Social Research.

12 Anna Grimshaw and Nikos Papastergiadis(Eds.)(1995). *Conversations with Anthropological Filmmakers: David MacDougall*. Cambridge: Prickly Pear Press, pp.27-28.

13 1968/70년, 20분.

14 Paul Henley(2007b). The Origins of Observational Cinema: Conversations with Colin Young. In Beate Engelbrecht(Ed.). *Memories of the Origins of Ethnographic Film*. Frankfurt am

Main; Peter Lang GmbH, p.139 참조.

15 Anna Grimshaw and Amanda Ravetz(2009). *Observational cinema: anthropology, film, and the exploration of social life*. Bloomington and Indianapolis: Indiana University Press, p.ix.

16 Anna Grimshaw and Nikos Papastergiadis(Eds.)(1995). *Conversations with Anthropological Filmmakers: David MacDougall*. Cambridge: Prickly Pear Press, p.18.

17 Paul Henley(2007b). The Origins of Observational Cinema: Conversations with Colin Young. In Beate Engelbrecht(Ed.). *Memories of the Origins of Ethnographic Film*. Frankfurt am Main; Peter Lang GmbH, p.154.

18 David MacDougall(2007a). Colin Young, Ethnographic Film and the Film Culture of the 1960s, In Beate Engelbrecht(Ed.). *Memories of the Origins of Ethnographic Film*. Frankfurt am Main; Peter Lang GmbH, 2007, p.124.

19 David MacDougall(2007a). Colin Young, Ethnographic Film and the Film Culture of the 1960s. In Beate Engelbrecht(Ed.). *Memories of the Origins of Ethnographic Film*. Frankfurt am Main; Peter Lang GmbH, 2007, p.123.

20 David MacDougall(2007a). Colin Young, Ethnographic Film and the Film Culture of the 1960s. In Beate Engelbrecht(Ed.). *Memories of the Origins of Ethnographic Film*. Frankfurt am Main; Peter Lang GmbH, 2007, p.123.

21 Anna Grimshaw and Nikos Papastergiadis(Eds.)(1995). *Conversations with Anthropological Filmmakers: David MacDougall*. Cambridge: Prickly Pear Press, p.20.

22 Anna Grimshaw and Nikos Papastergiadis(Eds.)(1995). *Conversations with Anthropological Filmmakers: David MacDougall*. Cambridge: Prickly Pear Press, p.21.

23 Anna Grimshaw and Amanda Ravetz(2009). *Observational cinema: anthropology, film, and the exploration of social life*. Bloomington and Indianapolis: Indiana University Press, p.5.

24 Anna Grimshaw and Amanda Ravetz(2009). *Observational cinema: anthropology, film, and the exploration of social life*. Bloomington and Indianapolis: Indiana University Press, p.10.

25 Colin Young(1975). Observational cinema, *Principles of Visual Anthropology*. The Hague: Mouton, p.69.

26 Anna Grimshaw and Nikos Papastergiadis(Eds.)(1995). *Conversations with Anthropological Filmmakers: David MacDougall*. Cambridge: Prickly Pear Press, p.39.

27 Colin Young(1995). Observational Cinema, *Principles of Visual Anthropology*. The Hague,

Paris: Mouton Publishers. 1995. p.102.

28 Anna Grimshaw and Amanda Ravetz(2009), *Observational cinema: anthropology, film, and the exploration of social life*. Bloomington and Indianapolis: Indiana University Press, p.6.

29 Anna Grimshaw and Amanda Ravetz(2009). *Observational cinema: anthropology, film, and the exploration of social life*. Bloomington and Indianapolis: Indiana University Press, p.9.

30 Colin Young(1975). Observational cinema, *Principles of Visual Anthropology*. The Hague: Mouton, p.76.

31 Anna Grimshaw and Amanda Ravetz(2009). *Observational cinema: anthropology, film, and the exploration of social life*. Bloomington and Indianapolis: Indiana University Press, p.10.

32 Colin Young(1975). Observational cinema, *Principles of Visual Anthropology*. The Hague: Mouton, p.74.

33 Roger Sandall(1972). Observation and Identity. *Sight and Sound* 41(4), p.193, 195 참조.

34 Anna Grimshaw(2001b). The anthropological cinema of David and Judith MacDougall. In *Ethnographer's Eye: Ways of Seeing in Modern Anthropology*. Cambridge University Press, p.129.

35 Anna Grimshaw, Anna and Nikos Papastergiadis(Eds)(1995). *Conversations with Anthropological Filmmakers: David MacDougall*. Cambridge: Prickly Pear Press, p.29.

36 Anna Grimshaw and Nikos Papastergiadis(Eds)(1995). *Conversations with Anthropological Filmmakers: David MacDougall*. Cambridge: Prickly Pear Press, p.29.

37 Peter Loizos(1993c). Complex constructions with subjective voices: East Africa, 1971-76. In *Innovation in ethnographic film: From innocence to self-consciousness 1955-1985*. Chicago: The University of Chicago Press, p.93.

38 Anna Grimshaw and Nikos Papastergiadis(Eds.)(1995). *Conversations with Anthropological Filmmakers: David MacDougall*. Cambridge: Prickly Pear Press, pp.30-31.

39 Anna Grimshaw(2001b). The anthropological cinema of David and Judith MacDougall. In *Ethnographer's Eye: Ways of Seeing in Modern Anthropology*. Cambridge: Cambridge University Press, p.132.

40 Anna Grimshaw(2002). From Observational Cinema to Participatory Cinema-and Back Again? David MacDougall and the Doon School Project. *Visual Anthropology Review* vol. 18(1-2), pp.80-93 참조.

11장

1 일본의 헤이안 시대인 11세기를 배경으로 한 구로사와 아키라의 《라쇼몽羅生門》(1950)은 숲 속에서 일어난 살인 사건을 소재로 한 영화이다.《라쇼몽》은 사건에 연루된 산적과 무사, 피살 자의 아내와 목격자의 진술이 서로 다르다는 것을 보여준다. 즉 진실은 분명 하나이지만 모든 사람들이 사건에 대해 자신의 관점에서만 이야기한다. 이처럼《라쇼몽》은 객관적인 진리보다 는 주관적인 진리, 그리고 진리의 상대성을 주제로 삼고 있다.

2 Anna Grimshaw and Nikos Papastergiadis(Eds.)(1995). *Conversations with Anthropological Filmmakers: David MacDougall*. Cambridge: Prickly Pear Press, p.48.

3 감독: David MacDougall/Judith MacDougall, 제작: David MacDougall/Judith MacDougall, 촬영: David MacDougall, 음향: Judith MacDougall, 제작연도: 1980년, 배급: Berkeley Media LLC, 16mm 컬러영화, 상영시간: 70분.

4 감독: David MacDougall/Judith MacDougall, 제작: David MacDougall/Judith MacDougall, 촬영: David MacDougall, 음향: Judith MacDougall, 제작연도: 1982년, 배급: Berkeley Media LLC, 16mm 컬러영화, 상영시간: 72분.

5 감독: David MacDougall/Judith MacDougall, 제작: David MacDougall/Judith MacDougall, 촬영: David MacDougall, 음향: Judith MacDougall, 제작연도: 1980년, 배급: Berkeley Media LLC, 16mm 컬러영화, 상영시간: 108분.

6 Anna Grimshaw and Nikos Papastergiadis(Eds.)(1995). *Conversations with Anthropological Filmmakers: David MacDougall*. Cambridge: Prickly Pear Press, p.39.

7 David MacDougall(1995)(1975). Beyond Observational Cinema. In Paul Hockings(Ed.) *Principles of Visual Anthropology*, 2nd Ed.. The Hague, Paris: Mouton Publishers, p.118.

8 David MacDougall(1995)(1975). Beyond Observational Cinema. In Paul Hockings(Ed.) *Principles of Visual Anthropology*, 2nd Ed.. The Hague, Paris: Mouton Publishers, p.120.

9 Walter Goldschmidt(1972). Ethnographic Film: Definition and Exegesis. *PIEF Newsletter* 3(2), p.1.

10 David MacDougall(1995)(1975). Beyond Observational Cinema. In Paul Hockings(Ed.) *Principles of Visual Anthropology*, 2nd Ed.. The Hague, Paris: Mouton Publishers, p.124-125.

11 Anna Grimshaw and Nikos Papastergiadis(Eds.)(1995). *Conversations with Anthropological Filmmakers: David MacDougall*. Cambridge: Prickly Pear Press, p.40.

12 David MacDougall(1978). Ethnographic film: failure and promise. *Annual Review of*

Anthropology VII, p.422.

13 Ilisa Barbash and Lucien Taylor(1996). Radically Empirical Documentary: An Interview with David and Judith MacDougall. *American Anthropologist Journal* 98(2), p.371.

14 David MacDougall(1998b)(1975). Visual Anthropology and the Ways of Knowing. In Lucien Taylor(Ed.). *Transcultural Cinema*. Princeton, N.J.: Princeton University Press, p.89.

15 David MacDougall(1998b)(1975). Visual Anthropology and the Ways of Knowing. In Lucien Taylor(Ed.). *Transcultural Cinema*. Princeton, N.J.: Princeton University Press, p.89.

16 David MacDougall(1982). Unprivileged camera style. *Royal Anthropological Institute Newsletter* 50, pp.8-10 참조.

17 David MacDougall(1998a)(1982). Unprivileged camera style. In Lucien Taylor(Ed.) *Transcultural Cinema*. Princeton, N.J.: Princeton University Press, p.205.

18 David MacDougall(1995)(1975). Beyond Observational Cinema. In Paul Hockings(Ed.) *Principles of Visual Anthropology*, 2nd Ed.. The Hague, Paris: Mouton Publishers, p.125.

19 David MacDougall(1995)(1975). Beyond Observational Cinema. In Paul Hockings(Ed.) *Principles of Visual Anthropology*, 2nd Ed.. The Hague, Paris: Mouton Publishers, p.125.

20 David MacDougall(1995)(1975). Beyond Observational Cinema. In Paul Hockings(Ed.) *Principles of Visual Anthropology*, 2nd Ed.. The Hague, Paris: Mouton Publishers, p.125.

21 David MacDougall(1995)(1975). Beyond Observational Cinema. In Paul Hockings(Ed.). *Principles of Visual Anthropology*, 2nd Ed.. The Hague, Paris: Mouton Publishers, pp.129-130.

22 Anna Grimshaw(2001b). The anthropological cinema of David and Judith MacDougall. In *The Ethnographer's Eye:Ways of Seeing in Modern Anthropology*. Cambridge: Cambridge University Press, p.138.

23 Anna Grimshaw(2001b). The anthropological cinema of David and Judith MacDougall. In *The Ethnographer's Eye:Ways of Seeing in Modern Anthropology*. Cambridge: Cambridge University Press, p.138.

24 Anna Grimshaw and Nikos Papastergiadis(Eds.)(1995). *Conversations with Anthropological Filmmakers:David MacDougall*. Cambridge: Prickly Pear Press, p.36.

25 Anna Grimshaw(2001b). The anthropological cinema of David and Judith MacDougall. In *The Ethnographer's Eye:Ways of Seeing in Modern Anthropology*. Cambridge: Cambridge

University Press, p.140에서 재인용.

26 Anna Grimshaw and Nikos Papastergiadis(Eds.)(1995). *Conversations with Anthropological Filmmakers: David MacDougall*. Cambridge: Prickly Pear Press, p.37.

27 Peter Loizos(1993c). Complex constructions with subjective voices: East Africa, 1971-76. In *Innovation in ethnographic film: From innocence to self-consciousness 1955-1985*. Chicago: The University of Chicago Press, p.100.

28 David MacDougall(1998a)(1982). Unprivileged camera style. In Lucien Taylor(Ed.) *Transcultural Cinema*. Princeton, N.J.: Princeton University Press, pp.207-208.

29 Stephen Mamber(1974). *Cinema Verite in America: Studies in Uncontrolled Documentary*. Cambridge, MA: The MIT University Press 참조.

30 Anna Grimshaw and Nikos Papastergiadis(Eds.)(1995). *Conversations with Anthropological Filmmakers: David MacDougall*. Cambridge: Prickly Pear Press, p.37.

31 Anna Grimshaw and Nikos Papastergiadis(Eds.)(1995). *Conversations with Anthropological Filmmakers: David MacDougall*. Cambridge: Prickly Pear Press, p.37.

32 David MacDougall(1978). Ethnographic Film: Failure and Promise. *Annual Review of Anthropology* 7, p.405.

33 David MacDougall(1995)(1975). Beyond Observational Cinema. In Paul Hockings(Ed.) *Principles of Visual Anthropology*, 2nd Ed.. The Hague, Paris: Mouton Publishers, pp.115-132 참조.

이기중(2008). 『북극의 나눅: 로버트 플래허티의 북극 탐험과 다큐멘터리 영화의 탄생』, 서울: 커뮤니케이션북스.

이기중(2011). 사진인류학의 연구방법론. 『비교문화연구』, 17권 2호, 125-162쪽.

Allen, Jeanne(1977), Self-Reflexivity in Documentary. *Cine-Tracts* 1(Summer), pp.37-43.

Anderson, Carolyn and Thomas Benson(1993). Put Down the Camera and Pick up the Shovel: An Interview with John Marshall. In Jay Ruby(Ed.), *The Cinema of John Marshall*, pp.135-168. Chur, Switzerland: Harwood Academic Publishers GmbH.

Asch, Patsy(2007). From Bushmen to Ju/'Hoansi: A Personal Reflection on the Early Films of John Marshall. In Beate Engelbrecht(Ed.), *Memories of the Origins of Ethnographic Film*, pp.71-85. Frankfurt: peter Lang.

Asch, Patsy(1986a). The monograph and films. In Linda Connor, Patsy Asch and Timothy Asch, *Jero Tapakan: A Balinese healer*, pp.3-9. Cambridge: Cambridge University Press.

Asch, Patsy(1986b). The film and sound texts of A Balinese Trance Séance and Jero on Jero. In Linda Connor, Patsy Asch and Timothy Asch, *Jero Tapakan: A Balinese healer*, pp.81-172. Cambridge: Cambridge University Press.

Asch, Timothy(1974). Audiovisual Materials in the Teaching of Anthropology From the Elementary School Through College. In George D. Spindler(Ed.), *Education and Cultural Process: Toward an Anthropology of Education*, pp.463-490. New York: Holt, Rinehart and Winston.

Asch, Timothy(1975). Using Film in Teaching Anthropology: One Pedagogical Approach. In Paul Hockings(Ed.), *Principles of Visual Anthropology*, pp.385-420. The Hague: Mouton.

Asch, Timothy(1979). Making a Film Record of the Yanomamo Indians of Southern Venezuela. *Perspectives on Film* 2(August), pp.4-9, 44-49. University Park: The Pennsylvania State University.

Asch, Timothy(1986). How and Why the Films Were Made. In Linda Connor, Patsy Asch and Timothy Asch, *Jero Tapakan: A Balinese Healer*, pp.39-53. Cambridge: Cambridge

University Press.

Asch, Timothy(1988). Collaboration in Ethnographic Film Making: A Personal View. In Jack R. Rollwagen (Ed.), *Anthropological Film-Making: Anthropological Perspectives on the Production of Film and Video for General Public Audiences*, pp.1-29. Chur, Switzerland: Harwood Academic Publishers GmbH.

Asch, Timothy(1992). The Ethics of Ethnographic Film-Making. In Peter Ian Crawford and David Turton(Eds.), pp.196-204. *Film as Ethnography*. Manchester: Manchester University Press.

Asch, Timothy and Gary Seaman(Eds.)(1993). *Yanomamo Film Study Guide*. Los Angeles: Ethnographics Press, The University of Southern California.

Asch, Timothy, John Marshall and Peter Spier(1993). Ethnographic Film: Structure and Function. *Annual Review of Anthropology* 2, pp.179-187.

Asch, Timothy and Patsh Asch(1987). Images That Represent Ideas: The Use of Films on the !Kung to Teach Anthropology. In Megan Biesele(with Robert Gordon and Richard Lee) (Ed.). *The Past and Future of !Kung Ethnography: Critical Reflections and Symbolic Perspectives*, pp.327-58. Hamburg, Germany: Helmut Buske Verlag.

Banks, Marcus(1992). Which films are the ethnographic films?. In Peter Ian Crawford and David Turton(Eds.). *Film as Ethnography*, pp.116-130. Manchester and New York: Manchester University Press.

Banks, Marcus and Howard Morphy(Eds.)(1997). *Rethinking Visual Anthropology*. New Haven, Conn.: Yale University Press.

Banks, Marcus and Jay Ruby(Eds.)(2011). *Made to Be Seen: Perspectives on the History of Visual Anthropology*. Chicago and London: The University of Chicago Press.

Bateson, Gregory and Margaret Mead(1942). *Balinese Character. Special Publications of the New York Academy of Sciences* II. New York: New York Academy of Science.

Barbash, Ilisa(2007). Out of Words: A Conversation with Robert Gardner. In Ilisa Barbash and Lucien Taylor(Eds.). *The Cinema of Robert Gardner*, pp.93-118. Oxford and New York: Berg.

Barbash, Ilisa and Lucien Taylor(Eds.)(2007). *The Cinema of Robert Gardner*. Oxford; New York: Berg.

Barbash, Ilisa and Lucien Taylor(1996). Radically Empirical Documentary: An Interview with

David and Judith MacDougall. *American Anthropologist Journal* 98(2), pp.371-387.

Biella, Peter(2004). The Ax Fight on CD-ROM. In E. D. Lewis(Ed.), *Timothy Asch and Ethnographic Film*, pp.239-262. London and New York: Routledge.

Bishop, John M.(2007). Life by Myth: The Development of Ethnographic Filming in the World of John Marshall. In Beate Engelbrecht(Ed.), *Memories of the Origins of Ethnographic Film*, pp.87-94. Frankfurt: Peter Lang.

Brink, Joram ten(Ed.)(2007). *Building Bridges:The Cinema of Jean Rouch*. London and New York: Wallflower Press.

Bugos, Paul Jr., Stephan Carter and Timothy Asch(1993). The Ax Fight: Film Notes. In Timothy Asch and Gary Seaman(Eds.). *Yanomamo: Film Study Guide*, pp.146-152. Los Angeles: Ethnographic Press, University of Southern California.

Cabezas, Sue Marshall(1993). Filmography of the Works of John Marshall. In Jay Ruby(Ed.). *The Cinema of John Marshall*, pp.231-268. Philadelphia: Harwood Academic Publishers.

Chagnon, Napoleon(1968/1992). *Yanomamo: The Fierce People*. New York: Holt, Rinehart and Winston, Inc.

Chopra, Radikha(1989). Robert Gardner's *Forest of Bliss*-A review. *Society for Visual Anthropology Newsletter*, Spring, V(1), pp.2-3.

Clifford, James(1988a). On Ethnographic Authority. In *The Predicament of Culture Twentieth Century Ethnography, Literature, and Art*, pp.21-54. Cambridge, MA.: Harvard University Press.

Clifford, James(1988b). Power and dialogue in ethnography: Marcel Griaule's initiation. In *The Predicament of Culture:Twentieth Century Ethnography, Literature, and Art*. pp.55-91. Cambridge, MA: Harvard University Press.

Clifford, James(1988c). On Ethnographic Surrealism. In *The Predicament of Culture:Twentieth Century Ethnography, Literature, and Art*, pp.117-151. Cambridge, MA: Harvard University Press.

Clifford, James and George Marcus(Eds.)(1986). *Writing Culture:The Poetics and Politics of Ethnography*. Berkeley: University of California Press.

Connor, Linda and Patsy Asch(2004). Subjects, images, voices: representations of gender in the films of Timothy Asch. In Douglas Lewis(Ed.). *Timothy Asch and Ethnographic Film*, pp.163-

184. London and New York: Routledge.

Connor, Linda, Patsy Asch and Timothy Asch(1996). *Jero Tapakan: A Balinese healer*. An Ethnographic Film Monograph. Second Edition, Los Angeles: Ethnographic Press.

Cooper, Thomas W.(1995). *Natural rhythms: The indigenous world of Robert Gardner*. New York: Anthology Film Archive.

Crawford, Peter Ian and David Turton(Eds.)(1992). *Film As Ethnography*. Manchester and New York: Manchester University Press.

DeBouzek, Jeanette(1989). The Ethnographic Surrealism of Jean Rouch. *Visual Anthropology* 2(3-4), pp.301-317.

Dillard, Annie(1982). *Living by Fiction*. New York: Harper & Row.

Dornfeld, Barry(1989). Chronicle of a Summer and the Editing of "Cinéma-Vérité". *Visual Anthropology* 2(3-4), pp.317-32.

Eaton, Mick(Ed.)(1979). *Anthropology-Reality-Cinema: The Films of Jean Rouch*. London: British Film Institute.

El Gundi, Fadwa(2004). *Visual Anthropology*. New York: Altamira Press.

Engelbrecht, Beate(Ed.)(2007). *Memories of the Origins of Ethnographic Film*. Frankfurt, Main: Peter Lang.

Ennis, Scott and Timothy Asch(1993). The Feast: A Study Guide. In Timothy Asch and Gary Seaman(Eds.). *Yanomamo Film Study Guide*, pp.74-88. Los Angeles: Ethnographics Press, University of Southern California.

Feld, Steven(1989). Themes in the Cinema of Jean Rouch. *Visual Anthropology* 2(3, 4), pp. 223-265.

Feld, Steven(2003). *Ciné-Ethnography Jean Rouch*. Minneapolis and London: University of Minnesota Press.

Fox, James J.(2004). Efforts and events in a long collaboration: working with Tim Asch on ethnographic films on Roti in eastern Indonesia. In Douglas Lewis(Ed.). *Timothy Asch and Ethnographic Film*, pp.83-96. London and New York: Routledge.

Fuchs, Peter(Ed.)(1988). Special Issue on Ethnographic Film in Germany. *Visual Anthropology* 1(3).

Fulchignoni, Enrico(1989). Conversation between Jean Rouch and Professor Enrico

Fulchifnoni. *Visual Anthropology* 2(3-4), pp.265-300.

Gardner, Robert(1957). Anthropology and Film. *Daedulus* 86, pp.344-352.

Gardner, Robert(1964). *Dead Birds. Film Comment* no. 2, pp.13-14.

Gardner, Robert(1969). Chronicles of the Human Experiences: *Dead Birds. Film Comment* 2(1), pp.25-34.

Gardner, Robert(1972). On the making of *Dead Birds*. In K. G. Heider, *The Dani of West Irian*, pp.31-36. New York: MSS Modula Publication.

Gardner, Robert(1979). A Chronicle of the Human Experience: *Dead Birds*. In Lewis Jacobs(Ed.), *The Documentary Tradition*, 2nd edition, pp.430-436. New York & London: W.W. Norton & Company.

Gardner, Robert(1988). Obituary: Basil Wright. *Anthropology Today* IV(1), p.24.

Gardner, Robert(2006). *The impulse to preserve: reflections of a filmmaker.* New York: Other Press.

Gardner, Robert and Karl Heider(1968). *Gardens of War.* New York: Random House.

Gardner, Robert and Ákos Östör(2001). *Making Forest of Bliss: Intention, circumstance, and chance in nonfiction film.* Cambrdige, MA: Harvard University Press.

Geertz, Clifford(1973). *The Interpretation of Cultures.* New York: Basic Books.

Ginsburg, Faye(1995). Mediating Culture: Indigenous Media, Ethnographic Film, and the Production of Identity. In Leslie Devereaux and Roger Hillman(Eds.). *Fields of Vision: Essays in Film Studies, Visual Anthropology, and Photography*, pp.256-291. Berkeley: University of California Press.

Ginsburg, Faye(2002). Screen Minorities: Resignifying the Traditional in Indigenous Media. In Faye D. Ginsburg, Lila Abu-Lughod, Brian Larkin(Eds.). *Media Worlds: Anthropology on New Terrain*, pp.39-57. Berkeley: University of California Press.

Ginsburg, Faye(2004). Producing culture: Shifting representations of social theory in the films of Tim Asch. In E. D. Lewis(Ed.). *Timothy Asch and Ethnographic Film*, pp.149-162. London and New York: Routledge.

Goldschmidt, Walter(1972). Ethnographic Film: Definition and Exegesis. *PIEF Newsletter* 3(2), pp.1-3.

Gonzales, Nancie L.(1993). An Argument about a Film. In Jay Ruby(Ed). *The Cinema of John Marshall*, pp.179-193. Harwood Academic Publishers.

Griaule, Marcel(1985)(1953). *Dieu d'Eau. Entretiens avec Ogotemmêeli*. Paris: Fayard. 변지연 역 (2000).『물의 신』. 서울: 영림카디널.

Griffth, Richard(1953). *The World of Robert Flaherty*. New York: Duell, Sloan and Pearce.

Grimshaw, Anna(2001a). *The Ethnographer's Eye:Ways of Seeing in Modern Anthropology*. Cambridge: Cambridge University Press.

Grimshaw, Anna(2001b). The anthropological cinema of David and Judith MacDougall. In *The Ethnographer's Eye:Ways of Seeing in Modern Anthropology*, pp.121-148. Cambridge University Press.

Grimshaw, Anna(2002). From Observational Cinema to Participatory Cinema-and Back Again? David MacDougall and the Doon School Project. *Visual Anthropology Review* 18(1-2), pp.80-93.

Grimshaw, Anna and Amanda Ravetz(2009). *Observational cinema: anthropology, film, and the exploration of social life*. Bloomington and Indianapolis: Indiana University Press.

Grimshaw, Anna and Nikos Papastergiadis(Eds)(1995). *Conversations with Anthropological Filmmakers:David MacDougall*. Cambridge: Prickly Pear Press.

Hammersley, Martyn and Paul Atkinson(1983). What is ethnography?. In *Ethnography: Principles in Practice*, pp.1-26. New York: Tavistock.

Harper, Douglas(Ed.)(1994). Cape Breton 1952: The Photographic Vision of Timothy Asch. *Visual Sociology* 9(2). Kentucky: International Visual Sociology Association and Los Angeles: Ethnographic Press.

Harper, Douglas(2004). An Ethnographic gaze: scenes in the anthropological life of Timothy Asch. In E. D. Lewis(Ed.). *Timothy Asch and Ethnographic Film*, pp.17-56. London and New York: Routledge.

Hayward, Susan(2000). *Cinema Studies:The key concepts*. 2nd ed., London: Routledge.

Heider, Karl(1970). *The Dugum Dani:A Papuan Culture in the Highlands of West New Guinea*. Chicago: Aldine.

Heider, Karl(1972). *The Dani of West Iran:An Ethnographic Companion to the Film Dead Birds*. New York: MSS Modular Publication.

Heider, Karl(1976). *Ethnographic Film*. Austin: University of Texas Press.

Heider, Karl(2002). Robert Gardner: The Early Years, *Visual Anthropology Review* 17, no. 2, pp.

61-70.

Henley, Paul(2007a). Beyond the Burden of the Real: Anthropological Reflections on the Technique of A Masterful Cutter. In Ilisa Barbash and Lucien Taylor(Eds.). *The Cinema of Robert Gardner*, pp.33-58. Oxford; New York: Berg.

Henley, Paul(2007b). The Origins of Observational Cinema: Conversations with Colin Young. In Beate Engelbrecht(Ed.). *Memories of the Origins of Ethnographic Film*, pp.139-161. Frankfurt am Main; Peter Lang GmbH.

Henley, Paul(2009). *The Adventure of the Real: Jean Rouch and the Craft of Ethnographic Cinema*. Chicago and London: The University of Chicago Press.

Hockings, Paul(Ed.)(1975). *Principles of Visual Anthropology*. Berlin and New York: Mouton de Gruyter.

Homiak, John P.(2004). Timothy Asch, the rise of visual anthropology, and the Human Studies Film Archives. In Douglas Lewis(E.), *Timothy Asch and Ethnographic Film*, pp.185-203. New York: Routledge.

Kapfer, R., W. Petermann and R. Thoms(1989). *Ritual von Leben und Tod: Robert Gardner und seine Filme*. Hrsg. Munich: Trickster Verlag.

Kapfer R., W. Petermann, and R. Thoms(Eds.)(1991). *Jager und Gejagdte: John Marshall und Seine Filme*, Munchen: Trickster Verlag.

Larson, Heidi(1987). Gardner's Forest of Bliss: Hindi Bliss. *Anthropology and Humanism Quarterly* 12, nos. 3-4, pp.97-98.

Lee. Richard B.(1979). *The !Kung San: Men and Women in a Foraging Society*. Cambridge: Cambridge University Press.

Levin, G. Roy(1971). *Documentary Explorations*. New York: Doubleday.

Lewis, Douglas(Ed.)(2004a). *Timothy Asch and Ethnographic Film*. London and New York: Routledge.

Lewis, Douglas(2004b) From event to ethnography: film-making and ethnographic research in Tana 'Ai, Flores, eastern Indonesia. In Douglas Lewis(Ed.), *Timothy Asch and Ethnographic Film*, pp.97-122. London and New York: Routledge.

Lewis, Douglas(2004c). Person, event, and the location of the cinematic subject in Timothy Asch's films on Indonesia. In Douglas Lewis(Ed.). *Timothy Asch and Ethnographic Film*, pp.263-282. London and New York: Routledge.

Loizos, Peter(1993a). *Innovation in ethnographic film: From innocence to self-consciousness, 1955-85*. Chicago: The University of Chicago Press.

Loizos, Peter(1993b). Complex constructions with subjective voices: East Africa, 1971-76. In *Innovation in ethnographic film: From innocence to self-consciousness 1955-1985*, pp.91-114. Chicago: The University of Chicago Press.

Loizos, Peter(1993c). Robert Gardner in Tahiti, or the rejection of realism. In *Innovation in ethnographic film: From innocence to self-consciousness 1955-1985*, pp.139-168. Chicago: The University of Chicago Press.

Loizos, Peter(1995). Robert Gardner's *Rivers of Sand*: Toward a Reappraisal. In Leslie Devereaux and Roger Hillman(Eds.). *Fields of Vision: Essays in Film Studies, Visual Anthropology, and Photography*, pp.311-328. Berkeley: University of California Press.

Lutkehaus, Nancy C.(2004). Man, a course of study: situating Tim Asch's pedagogy and ethnographic films. In E. D. Lewis(Ed.), *Timothy Asch and Ethnographic Film*, pp.57-74. London and New York: Routledge.

MacDougall, David(1978). Ethnographic film: failure and promise. *Annual Review of Anthropology* VII, pp.405-426.

MacDougall, David(1982). Unprivileged camera style, *Royal Anthropological Institute Newsletter* 50, pp.8-10.

MacDougall, David(1995)(1975). Beyond Observational Cinema. In Paul Hockings(Ed.) *Principles of Visual Anthropology*, 2nd Ed.. The Hague, Paris: Mouton Publishers, pp.115-132.

MacDougall, David(1998a)(1982). Unprivileged camera style. In Lucien Taylor(Ed.) *Transcultural Cinema*, pp.199-208. Princeton, N.J.: Princeton University Press.

MacDougall, David(1998b)(1975). Visual Anthropology and Ways of Knowing. In Lucien Taylor(Ed.) *Transcultural Cinema*, pp.61-92. Princeton, N.J.: Princeton University Press.

MacDougall, David(2007a). Colin Young, Ethnographic Film and the Film Culture of the 1960s. In Beate Engelbrecht(Ed). *Memories of the Origins of Ethnographic Film*, pp.123-132. Frankfurt am Main; Peter Lang GmbH.

MacDougall, David(2007b). Gardner's Bliss. In Ilisa Barbash and Lucien Taylor(Eds.). *The*

Cinema of Robert Gardner, pp.153-174, Oxford and New York: Berg.

Mamber, Stephen(1974). *Cinema Verite in America: Studies in Uncontrolled Documentary*. Cambridge, MA: The MIT University Press.

Marshall, Elizabeth(1959). *The Harmless People*. New York: Alfred A. Knopf.

Marshall, John(1991). The Hunter. In R. Kapfer, W. Petermann, and R. Thoms(Eds.). *Jäger und Gejagdte: John Marshall und Seine Filme*, pp.118-122. München: Trickster Verlag.

Marshall, John(1993). Filming and learning. In Jay Ruby(Ed.). *The Cinema of John Marshall*, pp.1-134. Chur, Switzerland: Harwood Academic Publishers GmbH.

Marshall, John and Emile de Brigard(1995). Idea and Event in Urban Film. In Paul Hockings(Ed.). *Principles of Visual Anthropology*, pp.133-145. The Hague: Mouton.

Marshall, Lorna(1976). *The !Kung of Nyae Nyae*. Cambridge, MA: Harvard University Press.

Martinez, Wilton(1995). The Challenges of a Pioneer: Tim Asch, Otherness, and Film Reception. *Visual Anthropology Review* 11(1), pp.53-82.

Mattiessen, Peter(1962)(1996). *Under the Mountain Wall: A Chronicle of Two Seasons in Stone Age New Guinea*. New York: Penguin Books.

Michael, Eric(1987). For a Cultural Future: Frances Jupurrurla Makes TV at Yuendumu. *Art and Criticism series*, Vol. 3. Sydney: Artspace.

Mischler, Craig(1985). Narrativity and Metaphor in Ethnographic Film: A Critique of Robert Gardner's *Dead Birds. American Anthropologist* 87, pp.668-672.

Moore, Alexander(1988). The Limitations of Imagist Documentary: A Review of Robert Gardner's *Forest of Bliss. Society for Visual Anthropology Newsletter* 4(2), pp.1-3.

Moore, Alexander(1995). Understanding Event Analysis: Using the Films of Timothy Asch. *Visual Anthropology Review* 11(1), p.38-52.

Morin, Edgar(1960)(1957). *The Stars(Les Stars)*. Paris: Grove Press.

Morin, Edgar(2003)(1962). Chronicle of a Film. In Steven Feld(Ed.). *Ciné-Ethnography*, pp.229-265. Minneapolis and London: University of Minnesota Press.

Myerhoff, Barbara(1992). *Remembered Lives: The World of Ritual, Storytelling, and Growing Older*. Ann Arbor: University of Michigan Press.

Myerhoff, Barbara and Jay Ruby(1982). Introduction. In Barbara Myerhoff and Jay Ruby(1982)(Ed.) *Crack in the Mirror: Reflexive Perspectives in Anthropology*, pp.1-35.

Philadelphia: University of Pennsylvania.

Nichols, Bill(1991). *Representing Reality: Issues and Concepts in Documentary*, Bloomington: Indiana University Press.

Oppitz, Michael(1988). A day in the city of death. *Forest of Bliss*(by Robert Gardner)-A film review. *Anthropos* 83, pp.210-212.

Ostör, Akos(1989). Is That What *Forest of Bliss* Is All About?. *Society for visual Anthropology Newsletter* 5(1), pp.4-11.

Parry, Jonathan(1988). Comment on Robert Gardner's *Forest of Bliss*. *Society for Visual Anthropology Newsletter* 4(2), pp.4-7.

Reichel-Dolmatoff, Gerardo(1989). Letter from Gerardo Reichel-Dolmatoff. *Society for Visual Anthropology Newsletter*, 5(1), pp.13.

Reichlin, Seth(1993). The Ax Fight: A Study Guide. In Timothy Asch and Gary Seaman(Eds.). *Yanomamo: Film Study Guide*, pp.90-130. Los Angeles: Ethnographic Press, University of Southern California.

Rigby, Peter(1969). Pastoralism and prejudice: ideology and rural development in E. Africa. In R. J. Apthorpe and P. Rigby(Eds.). *Society and Social Change in Eastern Africa*, Nkanga Editions no 4, pp.45-52. Kampapa: Makerere Institute for Social Research.

Rollwagen, Jack R.(Ed.)(1988). *Anthropological Filmmaking*. New York: Harwood Academic Publishers.

Rouch, Jean(1974). Our Totemic Ancestors and Crazed Masters. In Paul Hockings(Ed.). *Principles of Visual Anthropology*, 2nd ed., pp.217-234. Berlin and New Yok: Mouton de Gruyter.

Rouch, Jean(1978). On the Vicissitudes of the Self: The Possessed Dancer, the Magicians, the Sorcerer, the Filmmaker, and the Ethnographer. *Studies in the Anthropology of Visual Communication* 5(1), pp.2-8.

Rouch, Jean(2003)(1974). The Camera and Man. In Steven Feld(Ed.). *Ciné-Ethnography Jean Rouch*, pp.29-46. Minneapolis and London: University of Minnesota Press.

Rouch, Jean and E. Fulchignoni(2003)(1989). Ciné-Anthropology(Conversation between Jean Rouch and Professor Enrico Fulchignoni). In Steven Feld(Ed.). *Ciné-Ethnography Jean Rouch*, pp.147-187. Minneapolis and London: University of Minnesota Press.

Rouch, Jean, John Marshall and John Adams(2003)(1978). *Les maîtres fous, The Lion Hunters, and Jaguar*(Jean Rouch Talks About His Films). In Steven Feld(Ed.). *Ciné-Ethnography Jean Rouch*, pp.188-209. Minneapolis and London: University of Minnesota Press.

Rouch, Jean and Taylor Lucien(2003). Jean Rouch With Lucien Taylor. A Life on the Edge of Film and Anthropology. In Steven Feld(Ed.). *Ciné-Ethnography Jean Rouch*, pp.129-146. Minneapolis and London: University of Minnesota Press.

Ruby, Jay(1975). Is an Ethnographic Film a Filmic Ethnography? *Studies in Anthropology of Visual Communication* 2(2): pp.104-111.

Ruby, Jay(1989b). A Filmography of Jean Rouch: 1946-1980. *Visual Anthropology* 2(3-4), pp.333-367.

Ruby, Jay(1991a). An Anthropological Critique of the Films of Robert Gardner. *Journal of Film and Video* 43(4), pp.3-17.

Ruby, Jay(1991b). Eric Michael's Appropriation. *Visual Anthropology Review* 4, pp.325-344.

Ruby, Jay(1993). *The Cinema of John Marshall*. Chur, Switzerland: Harwood Academic Publishers GmbH.

Ruby, Jay(2000a). *Picturing Culture: Explorations of Film & Anthropology*, Chicago: The University of Chicago Press.

Ruby, Jay(2000b). Robert Gardner and Anthropological Cinema. In *Picturing Culture: Explorations of Film & Anthropology*, pp.95-114. Chicago: The University of Chicago Press.

Sadoul, Georges(1971). *Dziga Vertov*. Paris: Editions Champs Libre.

Sandall, Roger(1972). Observation and Identity. *Sight and Sound* 41(4), pp.192-196.

Scheinman, Diane(1998). The "Dialogic Imagination" of Jean Rouch: Covert Conversations in Les maitres fous. In Barry Keith Grant and Jeannette Sloniowski(Eds.). *Documenting the Documentary: Close Readings of Documentary Film and Video*, pp.188-203. Detroit: Wayne State University Press.

Sorenson, Richard and Allison Jablonko(1995). Research Filming of Naturally Occurring Phenomena: Basic Strategies. In Paul Hockings(Ed.). *Principles of Visual Anthropology*, pp.147-157. Berlin & New York: Mouton de Gruyter.

Stoller. Paul(1989a). *Fusion of the Worlds: An ethnography of possession among the Songhay of Niger*. Chicago: University of Chicago Press.

Stoller, Paul(1989b). Jean Rouch's Ethnographic Path. *Visual Anthropology* 2(3-4), pp.249-263.

Stoller, Paul(1992a). Artaud, Rouch, and the Cinema of Cruelty. *Visual Anthropology Review* 8(2), pp.50-57.

Stoller, Paul(1992b). *The Cinematic Griot:The Ethnography of Jean Rouch*. Chicago: The University of Chicago Press.

Taylor, Lucien(Ed.)(1998). *Transcultural Cinema: David MacDougall*. Princeton, NJ: Princeton University Press.

Taylor, Lucien(2003). A Life on the Edge of Film and Anthropology(Jean Rouch with Lucien Taylor. In Steven Feld(Ed.). *Ciné-Ethnography Jean Rouch*, pp.129-146. Minneapolis and London: The University of Minnesota Press.

Turner, Terence(2002). Representation, Politics, and Cultural Imagination in Indigeneous Video: General Points and Kayapo Examples. In Faye D. Ginsburg and Lila Abu-Lughod and Brian Larkin(Eds.). *Media Worlds*, pp.75-89. Berkeley: University of California Press.

Warren, Charles(2007). The Music of Robert Gardner. In Ilisa Barbash and Lucien Taylor(Eds.). *The Cinema of Robert Gardner*, pp.17-32. Oxford & New York: Berg.

Waugh, Thomas(1988). Independent Documentary in India: A Preliminary Report. *Society for Visual Anthropology Newsletter* 4(2): pp.13-14.

Weinberger, Eliot(1996). The camera people. In Charles Warren(Ed.). *Beyond document: Essays on nonfiction film*, pp.137-168. Hanover, NH: Wesleyan University Press/University Press of New England,

Winston, Brian(2007). Rouch's "second legacy": Chronique d'un été as reality TV's totemic ancestor. In Joram ten Brink(Ed.). *Building Bridges:The Cinema of Jean Rouch*, pp.297-312. London and New York: Wallflower Press.

Worth, Sol and John Adair(with Richard Chalfen)(1997)(1972). *Through Navajo Eyes:An Exploration in Film Communication and Anthropology*. Albuquerque University of New Mexico Press.

Yakir, Dan(1978). "Ciné-Trance": The Vision of Jean Rouch. *Film Quarterly* 31(3), pp.1-10.

Young, Colin(1995)(1975). Observational cinema. In Paul Hockings(Ed.). *Principles of Visual Anthropology*, 2nd ed., pp.99-113. The Hague, Paris: Mouton Publishers.

논문 게재 목록

1장 **참여적 인류학과 시네픽션, 《미친 사제들》(1957), 《재규어》(1967), 《나는 흑인 남자》(1958)**
「장 루쉬(Jean Rouch)의 민족지영화 방법론과 1950년대 대표작 고찰」, 『한국문화인류학』, 제37권 제1호, 한국문화인류학회, 2004.

2장 **시네마베리테의 효시, 《어느 여름의 기록》(1961)**
「〈어느 여름의 기록(Chronique d'un été)〉(1961)을 통해서 본 '시네마베리테(cinéma-vérité)'의 의미」, 『현대영화연구』, 제12호, 현대영화연구소, 2011.

3장 **존 마셜 가족의 서아프리카 탐험과 《사냥꾼들》(1957)**
「존 마셜(John Marshall)의 서아프리카 민족지영화: 〈사냥꾼들(Hunters)〉을 중심으로」, 『현대영화연구』, 제14호, 현대영화연구소, 2012.

4장 **칼라하리 사막의 "쿵 부시먼 시리즈", 《고기 싸움》(1974)**
「존 마셜(John Marshall)의 시퀀스영화(sequence film)에 관한 소고(小考): 〈고기 싸움(The Meat Fight)〉(1974)을 중심으로」, 『다큐멘터리연구』, 제1호(창간호), 한국다큐멘터리학회, 2012.

5장 **싼 부족 여인의 전기(傳記)적 민족지영화, 《나이, 쿵 여인의 이야기》(1980)**
「존 마셜(John Marshall)의 민족지영화 방법론과 〈나이, 쿵 여인의 이야기(N!ai, The Story of !Kung Woman)〉(1980)의 분석」, 『영화연구』, 제54권 제1호, 한국영화학회, 2012.

6장 **파푸아 뉴기니 탐사 프로젝트와 《죽은 새들》(1964)**
「로버트 가드너(Robert Gardner)의 〈죽은 새들(Dead Birds)〉: 제작 과정과 작품 분석」, 『한국문화인류학』, 제38권 제2호, 한국문화인류학회, 2005.

7장 **베나레스의 도시교향곡, 《축복의 숲》(1986)**
「로버트 가드너(Robert Gardner)의 영화적 방법론: 〈축복의 숲(Forest of Bliss)〉(1986)을 중심으로」, 『현대영화연구』, 제15호, 현대영화연구소, 2013.

8장 베네수엘라의 "야노마모 시리즈", 《축제》(1970)와 《도끼 싸움》(1975)

「티모시 애쉬(Timothy Asch)의 민족지영화 방법론과 〈도끼 싸움(The Ax Fight)〉의 분석」,
『한국문화인류학』, 제38권 제1호, 한국문화인류학회, 2005.

9장 인도네시아의 "타파칸 시리즈", 《발리의 강신의례》(1979), 《저로가 저로를 말하다: "발리의 강신의례"
보기》(1981)

「티모시 애쉬의 '인도네시아 민족지영화': 〈발리의 강신의례〉와 〈저로가 저로를 말하다〉를
중심으로」, 『비교문화연구』, 제19집 1호, 비교문화연구소, 2013.

10장 관찰적 시네마와 《가축들과 함께 살기: 건기의 지에 사람들》(1974)

「대빗 맥두걸(David MacDougall)의 〈가축들과 함께 살기를(To Live With Herds)〉과 '관찰
적 시네마(Observational Cinema)'」, 『현대영화연구』 제13호, 현대영화연구소, 2012.

11장 참여적 시네마와 "투르카나 대화 삼부작", 《로랑의 길: 투르카나 남자》(1980), 《신부대 낙타들:
투르카나의 결혼》(1980), 《부인들 가운데 한 부인: 결혼에 관한 노트》(1982)

「데이비드 맥두걸의 '참여적 시네마'와 '투르카나 대화 삼부작'」, 『비교문화연구』 제18집 제2
호, 2012.

찾아보기

ㄱ

《가축들과 함께 살기To Live With Herds》•
358, 365, 372~374, 381~383, 387~389,
409, 410, 417, 426

《간디의 아이들Gandhi's Children》• 462

강도intensity • 208

개념적 편집conceptual editing • 250

걸어가는 카메라walking camera • 96, 97

《게임의 법칙The Rules of the Game》• 207

결연alliance • 282, 287, 288, 290, 339

《결혼에 관한 논쟁An Argument About a Marriage》
• 160ff.

고고Gogo (부족) • 363

《고기 싸움The Meat Fight》• 150, 154, 161~164,
166~168, 278

골드코스트Gold Coast • 58~60

『공격성에 대하여On Aggression』• 301

과학(적) 픽션science fiction • 37

관찰적 시네마observational cinema • 358ff.,
366~371, 377, 381, 383, 388, 391~394,
409, 411, 425, 426

「관찰적 시네마를 넘어서Beyond Observational
Cinema」• 391

관찰적 양식observational mode • 316

관찰적 카메라observational camera • 167

교차편집cross-editing • 72, 174, 181, 182, 187,
192, 233, 252, 253, 278

구제인류학salvation anthropology • 211, 228

국가영화유산National Film Registry • 124

글로 된 민족지written ethnography • 14

『기록과 질문Querries and Notes』• 133, 137

《기원起源 의식: 플로레스 섬의 타나 와이 브라마
A Celebration of Origins: Tana Wai Brama, Flores》• 458

기피행위 • 161

《깨어나는 계곡The Awakening Valley》• 271

《꼬끼오, 미스터 닭Cocorico, Monsieur Poulet》• 432

ㄴ

《나는 흑인 남자Moi, un Noir》• 28, 40, 52ff., 74ff.,
77, 81, 86ff., 94

『나론과 그의 부족Naron and His Clan』• 131

나미비아Namibia • 171, 172, 182, 438, 443

나바호 프로젝트Navajo Project • 88, 434

《나위Nawi》• 365

나이나이Nyae Nyae • 128, 130, 141, 148, 158

《나이, 쿵 여인의 이야기N!ai, The Story of !Kung
Woman》• 23, 150, 169, 171, 172, 180

나폴레옹 샤농Napoleon Chagnon • 268, 282, 284,
296ff., 300ff., 306ff., 314ff.

낙마투기Nakmatugi • 225

《남자들의 목욕Men Bathing》• 160

《남자의 나무 아래서Under the Men's Tree》• 365

내재적 사운드diegetic sound • 255, 256

내·외재적 사운드interdiegetic sound • 255, 256

낸시 곤잘레스Nancy Gonzales • 281

네오리얼리즘neorealism • 371

《노아 타마: 멜론 던지기 게임N!owa T'ama: The Melon

Tossing Game》• 160

《노인이여 안녕Goodbye Old Man》• 461

《농담관계A Joking Relationships》• 160ff.

농업안정국FSA • 271

누벨바그Nouvell Vague • 120, 367, 430

《누어The Nuer》• 444ff.

눔 차이N/m Tchai • 154, 278

《눔 차이: 쿵 부시먼의 의식적인 치료 춤
N/um Tchai:The Ceremonial Curing Dance of the !Kung
Bushmen》• 160

뉴스 릴news reel • 12, 90, 153

《니스에 관하여A Propos de Nice》• 448

ㄷ

다모레 지카Damouré Zika • 52ff., 428

다이렉트 시네마Direct Cinema • 94, 124, 158,
163, 167, 173, 175, 177, 188, 198, 296, 314,
332, 371, 372, 420, 422ff.

다큐멘터리적 리얼리즘documentary realism • 92

다큐멘터리(영화) • 15, 37, 89, 94, 103, 106ff.,
119, 142, 147, 169, 174ff., 177, 205, 237,
241, 268, 296, 330, 346, 366, 371, 381

단편 민족지영화 • 151, 166, 281, 389

《달의 피: 데데헤이와가 들려주는 야노마모의
창조신화Moonblood:A Yanomamo Creation Myth as
Told by Dedeheiwa》• 456

대니Dani (부족) • 205, 210~230, 444~446

더글러스 루이스Douglas Lewis • 19, 319

《데데헤이와가 들려주는 나로의 신화Myth of Naro
as Told by Dedeheiwa》• 456

《데데헤이와 집 앞에서 이를 잡고 있는
아이들Children Grooming for Lice in Front of
Dedeheiwa's House》• 455

《데베의 화내기Debe's Tantrum》• 160

데이비드 리빙스턴David Livingston • 129

데이비드 사피어David Sapir • 270

데이비드 터턴David Turton • 17

데이비드 핸콕David Hancock • 367, 370ff.

도곤Dogon (부족) • 430

《도끼 싸움The Ax Fight》• 301~304, 308ff., 314ff.,
317, 318, 339

도도스Dodoth (부족) • 272, 284, 365, 385

《도도스의 아침Dodoth Morning》• 272

도시교향곡city symphony • 231, 234, 237

동시녹음(장비) • 54, 94, 103, 148, 158~160,
164, 198, 227, 230, 237, 255, 257, 362, 409

두굼 대니Dugum Danu(→대니 (부족) • 214ff.,
225, 444

《둔 스쿨 연대기Doon School Chronicle》• 426, 461,
462

DER Documentary Educational Resources • 272,
454~456

디 페니베이커D. Pennebaker • 369, 370

《딥 하츠Deep Hearts》• 23, 204, 444ff.

《딸이 되는 의례Daughter's Rite》• 437

ㄹ

라디오 귀radia-eye(→키노키) • 91

라디카 초프라Radika Chopra • 253, 254, 260

라쇼몽羅生門 • 389, 465

라이트모티프leitmotiv • 237, 258

『라이프The Life』• 270

라포르rapport • 394

람 이브라히마Lam Ibrahima • 53, 55, 56

레니 리펜슈탈Leni Liefensthal • 302

《레야봄웨이테리와 물건을 맞바꾸는
카오하와Kaohawa Trades with the Reyabobwei-
teri》• 455

레타 음불루Letta Mbulu • 193

《로랑의 길: 투르카나 남자Lorang's Way: A Turkana
Man》• 25, 389, 390, 396, 399, 410, 415, 461

로렌스 마셜Lorence Marshall • 126~132, 141, 142

로르나 마셜Lorna Marshall • 126ff.

로리스턴 워드Lauriston Ward • 128

『로버트 가드너의 영화The Cinema of Robert
Gardner』• 19

로버트 다이슨Robert Dyson • 131

로버트 플래허티Robert Flaherty • 7, 18, 23, 31,
34ff., 98, 144, 214~216, 228, 230, 274,
298ff., 430

로버트 플래허티상賞 • 124

로저 샌들Roger Sandall • 366~369

록펠러 재단Rockefeller Foundation • 445

롱 테이크long take • 92, 163, 167, 169, 370, 382ff.

뤼시앵 테일러Lucein Taylor • 19

뤽 몰레Luc Mollet • 120

르포르타주영화reportage film • 156

리얼리즘realism • 107, 121, 240

리처드 리Richard Lee • 438

리처드 리콕Richard Leacock • 367, 369

리처드 소렌슨Richard Sorenson • 347

리처드 호킨스Richard Hawkins • 363, 365

리포팅영화reporting film • 157

《리후무 놀이를 하고 있는 아이들Children at
Reahumu Play》• 455

린다 코너Linda Connor • 319, 324~328, 332,
334ff., 339~345, 349, 350~352, 458

《링크업 다이어리Link-Up Diary》• 461

ㅁ

마거릿 미드Margaret Mead • 16, 210, 271, 272,
277, 430

마거릿 미드 영화제The Margaret Mead Film
Festival • 430

마르셀 그리올Marcel Griaule • 31, 32, 52, 429

마르셀 모스Marcel Mauss • 282, 284, 288, 429

마야 데렌Maya Deren • 205

마이너 화이트Minor White • 270ff.

마이클 록펠러Michael Rockefeller • 213

마이클 오피츠Michael Opitz • 250, 258

마커스 뱅크스Marcus Banks • 21

마코스 프로젝트MACOS project • 272, 280, 451

《말벌 집The Wasp Nest》• 160

《매체는 마사지사다: 발리의 마사지The Medium Is
the Masseuse: A Balinese Massage》• 325, 327, 458

《머나먼 폴란드Far From Poland》• 437

멀티미디어 • 18, 21, 309

메리언 쿠퍼Merian Cooper • 274

메이즐스 형제Maysles Brothers • 367, 370

메타다큐멘트meta-document • 346

메타코멘터리meta-commentary • 197

《모던 타임스Modern Times》• 207

《모래 놀이Sand Play》• 456

《모래의 강들Rivers of the Sand》• 23, 204, 444ff.

《모스크바Moscow》• 448

《모아나Moana》• 31, 214

모턴 프리드Morton Fried • 272

《목동의 전략Stockman's Strategy》• 461

《목초Grass》• 274

몽타주montage • 72, 91, 92, 238, 251, 382

《무서운 사람들The Fierce People》• 455

『문화의 영상화Picturing Culture』• 18

『문화 잇기: 장 루시의 영화Building Bridges:
The Cinema of Jean Rouch』• 19

『물의 신Dieu d'Eau』• 429, 474

《물의 아들들Les fils de l'eau》• 32

미셸 브로Michel Brault • 96

미시미시마보웨이테리Mishimishimabowei-teri •
301, 303~306, 310, 315

《미시미시마보웨이테리 강The River
Mishimishimabowei-teri》• 456

《미친 사제들Les maîtres fous》• 28, 40ff., 43, 51,
52, 55, 71, 72, 77, 87, 428, 433

미하일 카우프만Mikhail Kaufman • 90

민족 간의 대화ethno-dialogue • 36

민족지 다큐멘터리ethnographic documentary • 12

『민족지로서의 영화Film As Ethnography』• 12

『민족지영화Ethnographic Film』• 16

민족지영화위원회 • 22

『민족지영화의 기원에 대한 기억들Memories of
the Origins of Ethnographic Film』• 18

『민족지영화의 혁신: 순진성에서부터
자의식까지 1955~1985 Innovation in
ethnographic film: From innocence to self-consciousness
1955~1985』• 17

민족지영화제ethnographic film festival • 15, 273

민족지영화 프로그램Ethnographic Film Program • 24,
366, 368

민족지적 르포르타주ethnographic reportage • 236

민족지적 전원시ethnographic pastoral • 274

민족지적 초현실주의ethnographic surrealism • 38

민족(지적) 픽션ethnofiction • 431

민족지 TV 다큐멘터리ethnographic TV
documentary • 12

민족지 푸티지ethnographic footage • 12ff.

민족학영화ethnological film • 322

ㅂ

《바바투, 세 가지의 충고Babatou, les trois
conseils》• 432

《바리스타의 시간Tempus de Baristas》• 461

반 질Van Zyl • 127, 129

반투Bantu (부족) • 129

반 헤네프Van Gennep • 71

발견적 촬영heuristic filming • 461

『발리의 강신의례A Balinese Trance Seance』• 24, 319,
325~327, 329, 331, 332, 335, 338~340, 343,
344, 346ff., 349, 350~355, 458

『발리의 성격Balinese Character』• 277

발터 루트만Walter Ruttman • 448

방송다큐멘터리 • 157, 175

배질 라이트^{Basil Wright} • 205, 206, 214, 274, 376

《"벌"이라 불리는 남자: 야노마모 연구<sup>A Man
Called "Bee": Studying the Yanomamo</sup>》 • 456

베나레스^{Benares} • 204, 231~235, 237, 240,
242~244, 259~262

《베를린: 대도시교향곡<sup>Berlin: Die Sinfonie der
Grossstadt</sup>》 • 448

베아테 엥겔브레히트^{Beate Engelbrecht} • 18

보로로^{Bororo} (부족) • 204

보이스오버 내레이션^{voice-over narration} •
146~149, 167, 187, 188, 195, 227, 243,
259, 299, 352, 368ff., 376

부기수^{Bugisu} • 363~365

부두교^{Boodoo} • 205

《부시맨^{God Must Be Crazy}》 • 180, 189, 190

부시먼^{Bushman}(→싼, 주와시, 쿵, 쿵
부시먼) • 128, 129, 138, 143, 144, 154, 159,
160, 166, 179, 180, 189, 210, 277, 278, 283,
437

부시먼 필름^{Bushmen film} • 154, 277, 278, 453

《부인들 가운데 한 부인<sup>A Wife Among the
Wives</sup>》 • 390, 413, 415, 424ff.

《북극의 나눅^{Nanook of the North}》 • 144ff., 214,
431

『북극의 나눅: 로버트 플래허티의 북극 탐험과
다큐멘터리 영화의 탄생』 • 7, 431, 469

브라이언 윈스턴^{Brian Winston} • 120

브로니슬라브 말리놉스키<sup>Bronislaw
Malinowski</sup> • 360

《블런던 항구^{Bluden Harbor}》 • 206

비교문화연구 • 284, 321, 322

비교문화연구파일^{Human Relations Area Files} • 284

비아리츠영화제^{Biarritz Film Festival} • 32

비非특권적 카메라 스타일<sup>unpriviliged camera
style</sup> • 394ff.

빌 니컬스^{Bill Nichols} • 147, 368

《빗속에서 놀고 있는 아이들<sup>Children Playing in the
Rain</sup>》 • 455

ㅅ

사건영화^{event film} • 330

《사냥꾼들^{The Hunters}》 • 23, 124ff., 131~134,
136~151, 154ff., 157, 159, 166~168, 172~174,
198ff., 205, 212, 279, 438, 440, 442, 444

《사냥 의자들^{Hunting Crickets}》 • 455

사이코드라마^{psycho drama} • 104, 105

《사이트 앤드 사운드^{Sight and Sound}》 • 366

《사자 게임^{The Lion Game}》 • 160

《사자 사냥꾼^{The Lion Hunters}》 • 430

사진유도기법^{Photo-elicitation} • 341, 460

살바도르 달리^{Salvador Dali} • 30

삽입자막^{intertitle} • 162, 182, 236, 304ff., 309ff.,
372, 374, 376, 397, 403, 409~413, 415, 416,
420, 423

상업영화 • 215, 229

상징의 수렴^{convergence of symbol} • 231, 243, 247,
248

상호 텍스트적 시네마^{intertextual cinema} • 396

《새로운 부족들의 임무^{New Tribes Mission}》 • 456

《새로운 소년들The New Boys》 • 462

「새로운 시네마베리테를 위하여」 • 89

서사적 편집narrative editing • 250

선전영화(→프로파간다) • 153

설명적 양식explanatory mode • 147, 198, 368

설정 쇼트establishing shot • 381

《성은 비에트 이름은 남Surname Viet Given Name
　　Nam》 • 437

세스 라이힐린Seth Reichilin • 314

소형 카메라 • 94, 103, 198, 227

솔 워스Sol Worth • 88, 298

《솜을 잣는 여성Woman Spins Cotton》 • 456

송하이Songhay • 31, 32, 41, 42, 430

수렵채집인 • 129, 130, 156, 196

순차적 편집serial editing • 251

셔우드 워시번Sherwood Washburn • 301

스미스소니언협회 • 130, 133

스와포SWAPO • 180ff., 188ff.

스터디 가이드study guide • 268, 275

스토리 슬롯story slot • 268, 275, 280, 314, 326

스티븐 펠드Steven Feld • 19

스틸 사진 • 346, 348~353, 355

슬롯slot • 174~178, 180

시각문화visual culture • 20ff.

『시각문화: 시각인류학의 역사에 관한
　　관점들Made to Be Seen: Perspectives on
　　the History of Visual Anthropology』 • 21

시각인류학visual anthropology
　　(→영상인류학) • 20ff.

『시각인류학의 재고Rethinking Visual
　　Anthropology』 • 21

시각적 슬롯visual slot • 176

시네마베리테cinéma-vérité • 22, 40, 89, 92, 94,
　　98ff., 104, 107, 119, 120, 157, 362, 430, 443

시네트랜스ciné-transe • 37~40, 51, 98

시네픽션cinem-fiction • 22, 28, 33, 37, 38, 40, 53,
　　74, 88, 431

시퀀스영화sequence film • 24, 125, 151~153,
　　155~162, 164, 168ff., 273, 276~281, 284,
　　303, 305, 317

식민주의 • 51, 387, 392

신부대新婦貸 • 401, 405, 408, 418ff., 421, 422ff.

《신부대 낙타들The Wedding Camels》 • 389, 390,
　　402, 412, 418ff., 424, 437

《신부살이Bride Service》 • 455

신新식민주의 • 393

신의 목소리God's Voice • 146, 227

《실론의 노래Song of Ceylon》 • 205, 206, 214, 274,
　　372, 376

『실제 세계의 모험: 장 루시와 민족지영화의
　　기술The Adventure of the Real:Jean Rouch and the
　　Craft of Ethnographic Cinema』 • 19

실험영화 • 205

심층기술thick description • 140, 166, 200

싼San (부족)(→부시먼, 주와시, 쿵, 쿵
　　부시먼) • 22ff., 124, 171, 180, 196, 437, 438

《쓰러진 목재를 불태우는 모아와Moawa Burns Felled
　　Timber》 • 456

《쓴맛의 멜론Bitter Melons》 • 160

《아란의 남자Man of Aran》 • 144, 214

아메리칸 다이렉트 시네마American
　Direct Cinema(→다이렉트 시네마,
　시네마베리테) • 158, 314

아방가르드Avant Garde • 30ff., 429

아비장Abidjan • 32, 74ff., 77

아센 발리키Asen Balikci • 444

아요로Ayorou • 33, 34, 36, 55, 57

《아이들의 이상한 죽음Children's Magical
　Death》 • 455

《아침의 기분으로With Morning Hearts》 • 462

《아침 꽃들Morning Flowers》 • 456

아카이브 필름archive film • 173, 187

아코스 오스퇴르Ákos Östör • 238, 260

아크라Accra • 32, 41~43, 49, 53, 64~66

안나 그림쇼Anna Grimshaw • 18, 71

알렉산더 무어Alexander Moore • 260

알베르토 카발칸티Alberto Cavalcanti • 448

알제리 전쟁 • 93, 101, 103

앙토냉 아르토Antonin Artaud • 38

애니 딜라드Annie Dillard • 98

앨리슨 자브롱코Allison Jablonko • 347

『야노마모: 무서운 사람들Yanomamo: The Fierce
　People』 • 301

『야노마모: 에덴의 마지막 날들』 • 453

야노마모 (영화) 시리즈Yanomamo (Film) Series •
　24, 155, 168ff., 268ff., 281~283, 300ff., 317,
　319, 323, 324, 330ff., 338ff., 355, 356

『야노마모 영화 연구 가이드Yanomamo Film Study
　Guide』 • 288

《야노마모의 헤쿠라 신령Yanomamo Hekura
　Spirits》 • 456

《야노마모: 학제 간 연구Yanomamo: A Multidisciplinary
　Study》 • 456

얀 브뢰키스Jan Broekhuyse • 213, 445

《얇고 가는 선The Thin Blue Line》 • 437

《어느 여름의 기록Chronique d'un été》 • 89, 93~100,
　103~107, 111, 115, 119~121

어니스트 쇼드색Ernest Schoedsack • 274

어빈 드보어Irven Devore • 301

언셀 애덤스Ansel Adams • 270

《언어의 물: 동인도네시아 섬의 문화생태학The
　Water of Words: A Cultural Ecology of an Eastern
　Indonesian Island》 • 339, 458

에드거 모랭Edgar Morin • 89, 93, 95, 99~101,
　104ff., 114, 116ff.

에드워드 에번스프리처드Edward Evans-
　Pritchard • 360

에드워드 웨스턴Edward Weston • 270

에릭 윌리엄스Eric Williams • 131

에믹emic • 176ff.

에틱etic • 176ff.

엘리엇 엘리소폰Eliot Elisofon • 213

엘리엇 와인버거Eliot Weinberger • 260

엘리자베스 마셜Elizabeth Marshall • 272

연구 필름research film • 12, 279

연상적 편집associational editing • 250

영매靈媒 • 324, 327~329, 331~334, 338, 345, 459

「영상(시각)인류학Visual Anthropology」 • 17

「영상(시각)인류학 리뷰Visual Anthropology Review」• 17

영상(시각)인류학회Association for Visual Anthropology • 21, 299

영상인류학visual anthropology(→시각인류학) • 7, 11, 12, 18, 20, 28, 87, 204, 207, 230, 265, 268, 270, 273, 358, 365, 444

『영상인류학Visual Anthropology』(2004) • 18

영상인류학연구소Center for Visual Anthropology • 273

『영상인류학의 원리들Principles of Visual Anthropology』• 16

《영혼의 해방: 발리의 마을 화장(火葬) Releasing the Spirits:A Village Cremation in Bali》• 458

영화 눈cine-eye(→키노키) • 88, 91, 92

영화민족지filmic ethnographic • 14

『영화민족지: 장 루시Ciné-Ethnography:Jean Rouch』• 19

『영화적 전승시인: 장 루시의 민족지The Cinematic Griot:The Ethnography of Jean Rouch』• 19

영화적 전쟁cine-battle • 229

『영화제작법How to make a film』• 132

영화 진실cine-truth(→시네마베리테, 키노 프라우다) • 90, 92

예술영화 • 142

옐리자베타 스빌로바Yelizaveta Svilova • 90

《오리노코의 야노마모Yanomamo of the Orinoco》• 456

오마로 간다Oumarou Ganda • 52, 53, 76, 78, 79, 82~85

《오직 시간뿐Rien Que Les Heures》• 448

《오카모, 나의 마을Ocamo Is My Towns》• 456

오프닝 쇼트opening shot • 244, 247

왈피리 인디언Walpiri Indian • 88, 435

외재적 사운드extragetic sound • 255~257

요약 쇼트summary shot • 231, 233, 241, 243, 247, 249, 250, 252

우파니샤드Upanishad • 232, 236ff., 247

원주민 미디어indigenous media • 18, 21, 88, 434ff.

월터 골드슈미트Walter Goldschmidt • 13, 14, 366, 392

월턴 마르티네스Wilton Martinez • 318

《유명한 남자의 죽음Death of a Prominent Man》• 455

「유목과 편견Pastoralism and Prejudice」• 364

유연성plasticity • 208

유진 스미스Eugene Smith • 270

의례적 전쟁ritual war • 23, 204, 212~217, 222, 229, 300

이리안 자바Iryan Java • 300

《이상한 죽음Magical Death》• 455

《이성의 시대The Age of Reason》• 462

《이카 핸즈Ika Hands》• 444

이항대립binary opposition • 253

《인간 피라미드La pyramide humaine》• 105, 431

인도네시아 영화 프로젝트Indonesian Film Project • 320, 322ff.

인류박물관Musée de l'Homme • 22, 31, 32

인류영화제Festival dei Popoli • 89

「인류학과 영화Anthropology and Film」• 208

『인류학영화의 제작Anthropological Filmmaking』• 17,

20

『인류학자의 눈: 현대인류학의 관점들』The Ethnographer's Eye: Ways of Seeing in Modern Anthropology』 • 18, 21

인서트 쇼트insert shot • 347, 348, 353~355

인서트 컷insert cut • 278

일로 가우델Ilo Gaudel • 53, 56

일리사 바바시Ilisa Barbash • 19

《임발루: 우간다 기수의 성인식Imbalu: Ritual of Manhood of the Gisu of Uganda》• 363, 462

《입씨름Mouth Wrestling》• 456

ㅈ

자기성찰성self-refelxivity • 18, 106ff., 119, 424

자기성찰적self-reflexive • 106ff., 119, 394, 401, 424ff., 437

《자식들을 씻기고 있는 아버지A Father Washes His Children》• 455

자연적 행위 시퀀스natural activity sequence • 277

《자이푸르의 카람Karam in Jaipur》• 462

자크 리베트Jacques Rivette • 120

잔혹극Theatre of Cruelty • 38

장뤽 고다르Jean Luc Godard • 103, 120

장 비고Jean Vigo • 448

《장작Firewood》• 455

장 콕토Jean Cocteau • 32

장편 민족지영화 • 23, 53, 74, 169, 172, 200, 204

《재규어Jaguar》• 28, 40, 52~54, 68, 71, 72, 74, 77, 81, 86, 94, 428

《재규어: 다라마시와가 들려주는 야노마모의 이중순환 신화Jaguar: A Yanomamo Twin-Cycle Myth as Told Daramasiwa》• 455

《재합성Reassemblage》• 437

재현의 위기Crisis of Representation • 16

잭 롤와겐Jack Rollwagen • 17

잭 리드Jack Reed • 363

저널리스트적 리포트journalistic report • 12

《저로가 저로를 말하다: "발리의 강신의례" 보기Jero on Jero : "A Balinese Trance Séance" Observed》• 327, 329, 339, 341, 346~349

저로 타파칸Jero Tapakan • 332, 349, 459

『저로 타파칸: 발리의 치료사Jero Tapakan: A Balinese Healer』• 320, 325, 326, 330

《저로 타파칸: 발리 치료사의 삶Jero Tapakan: Stories from the Life of a Balinese Healer》• 325, 328ff., 458

《전갈 놀이Playing With Scorpions》• 160

《전쟁과 평화의 야노마모 부족The Yanomamo Tribe in War and Peace》• 456

《전쟁의 뜰Gardens of Wars》• 210

전지적(인) 시각 • 126, 145~147, 151, 157, 167, 381

《젊은 샤먼Young Shaman》• 456

점프 컷jump cut • 351

정신분석학 • 105, 269

《정원에서 쉬고 있는 데데헤이와Dedeheiwa Rests in His Garden》• 455

《정원을 손질하고 있는 데데헤이와의 아들들Dedeheiwa's Sons Gardening》• 455

《정원 잡초 뽑기Weeding the Garden》• 456

제롬 브루너Jerome Bruner • 272, 279, 280

제르맨 디터렝Germaine Dieterlen • 430

제3의 목소리third voice • 197

제이 루비Jay Ruby • 11, 14ff., 18, 21, 207, 217, 230, 260ff., 263, 265, 298ff.

제이미 유이스Jamie Uys • 189

제이 오 브루J.O.Brew • 128, 130ff., 209

제임스 클리퍼드James Clifford • 28

제임스 폭스James Fox • 319~322, 324

《조금씩 조금씩Petit à petit》• 431, 432

조너선 패리Jonathan Parry • 260, 261

조람 텐 브링크Joram ten Brink • 19

조르주 사둘Goerge Sadoul • 90

조지 P. 머독George P. Murdock • 133

존 그리어슨John Grierson • 214

『존 마셜의 영화The Cinema of John Marshall』• 19

존 어데어John Adair • 88

존 양John Yang • 270

존 콜리어John Collier • 271

주디스 맥두걸Judith MacDougall • 363, 364, 371, 461

주와시Juwasi (부족)(→부시먼, 싼, 쿵, 쿵부시먼)• 124ff., 128~130, 134, 137, 143~146, 148~151, 153~157, 159, 161~164, 166~169, 171~174, 177~182, 184, 187, 188, 190, 192ff., 195~201, 438

《죽은 새들Dead Birds》• 204ff., 210, 212ff., 215~217, 224ff., 228ff., 231, 240ff., 279, 300, 444

《줄다리기Tug of War》• 456

즉흥연기 • 74, 77, 86

즉흥적 촬영opportunistic filming • 347

『증여론Essai sur le don』• 282, 429

지가 베르토프Dziga Vertov • 34, 90~92, 430, 448

지넷 드부제크Jeanette DeBouzek • 38

지속적인 애매성sustained ambiguity • 424

지에Jie (부족) • 24, 358, 364ff., 372~379, 382ff., 386, 389, 462

ㅊ

찰스 워런Charles Warren • 261

참여관찰 • 97, 157, 230, 371

참여관찰자 • 152, 156ff.

참여적 시네마participatory cinema • 389~391, 394~396, 425

참여적 인류학participatory anthropology • 22, 28, 33, 34, 40

참여적 카메라participatory camera • 35, 94, 97, 119

《창과 칼: 동인도네시아 로티 섬의 신부대 지불 의식Spear and Sword:A Ceremonial Payment of Bridewealth.The Island of Roti, Eastern Indonesia》• 458

초현실주의surrelaism • 39, 105, 240

촉매제로서의 카메라 • 98ff.

《축복의 숲Forest of a Bliss》• 231~243, 248~265

《축제The Feast》• 24, 268ff., 273, 276, 282, 284~286, 288, 295~301, 317, 318, 331, 455

춤퀴Tshumkwe • 130, 132, 171, 172, 180, 182ff., 188ff., 194

치료의례 • 156, 161

《치료의식A Curing Ceremony》• 160

ㅋ

카리모종Karimojong • 364ff., 375, 385

《카메라를 든 사나이Cheloveks Kinoapparatom》 • 90ff., 116, 119

카야포 인디언Kayapo Indian • 88, 434

카펜터 영상예술센터Carpenter Center for Visual Arts • 264

《칼라하리 가족A Kalahari Family》 • 23, 125, 200

칼라하리 사막 • 22, 128ff., 133, 134, 151, 196

칼 하이더Karl Heider • 11, 12, 16, 207, 210, 213, 216, 225, 229, 230, 444ff.

《커다란 강에서의 싸움Bataille sur le grand fleuve》 • 33

콘라트 로렌츠Konrad Lorenz • 300ff.

콜린 영Colin Young • 13, 366~371, 415

콰키우틀 인디언Kwakiutl Indian • 206

쿠마시Kumasi • 53, 58, 64, 66, 68

쿵!Kung(→부시먼, 싼, 주와시, 쿵 부시먼) • 166, 283

쿵 부시먼!Kung Bushman(→부시먼, 싼, 주와시, 쿵) • 166, 283

쿵 부시먼 시리즈!Kung Bushman Series • 23, 149, 151

크레이그 미슐러Craig Mischler • 229

크레이그 존슨Craig Johnson • 306~309

크리스 마르케Chris Marker • 120

클로드 레비스트로스Claude Levi-Strauss • 32

클로드 매킨타이어Claude McIntyer • 131

키노키Kinoki(→영화 눈) • 90

키노 프라우다Kino Pravda(→시네마테리테, 영화 진실) • 90

ㅌ

타로 오카모토Taro Okamoto • 430

타파칸 시리즈Tapakan Series • 24, 319, 323~331, 338ff., 346, 348, 355, 356

《타피르 분배Tapir Distribution》 • 456

탐구 프로젝트 • 391, 417

《탱크와 맞싸우는 사람들Manner Gegen Panzer》 • 152ff.

《테이크 오버Take Over》 • 461

토마스 베이델만Thomas Beidelman • 272

토킹 시네마talking cinema • 104

톰 워Tom Waugh • 260

통과의례 • 71, 160ff., 166

《통과의례A Rite of Passage》 • 160ff.

『통(通)문화적 영화: 데이비드 맥두걸Transcultural Cinema: David MacDougall』 • 19

투르카나 (대화) 삼부작Turkana Conversations Trilogy • 24, 389, 390, 397, 399, 409, 410, 424, 461

트래킹 쇼트tracking shot • 91, 96

트레시빌Treichville • 74ff., 86

특권적 카메라 스타일priviliged camera style • 394

『티머시 애시와 민족지영화Timothy Asch and Ethnographic Film』 • 19

《티티컷 풍자극Titicut Follies》 • 124ff., 169

ㅍ

파드와 엘 귄디Fadwa El Guindi • 18, 20

《파타노와테리 아이들의 저녁 놀이Children's Evening Play at Patanowa-teri》 • 455

패치 애시Patsy Asch • 169, 324~326, 348ff., 352

페터 푹스Peter Fuchs • 12ff.

《포토 왈라스Photo Wallahs》• 461

폴 레비Paul Levy • 430

폴 스톨러Paul Stoller • 19, 38

폴 헨리Paul Henley • 19, 367

폴 호킹스Paul Hockings • 16, 20

《품행 제로Zero de conduite》• 207

프랑스 시네마테크 • 22, 31

프랭크 갤빈Frank Galvin • 160

프레더릭 와이즈먼Frederick Wiseman • 124, 367

프로파간다propaganda (→선전영화) • 126

프리츠 메츠가Fritz Metzgar • 131

플래허티 영화세미나Flaherty Film Seminar • 298ff.

피드백feedback (→정보 제공자의 피드백Informant's
feedback) • 34ff., 88, 276, 319, 320, 327,
338ff., 341, 346

피바디 박물관Peabody Museum • 128, 133, 154,
277

피츠버그 경찰 시리즈Pittsburg Police Series • 125

《피치 팜 나무 오르기Climbing the Peach Palm》• 455

피터 로이조스Peter Loizos • 17, 155, 206, 224,
230, 261, 424

피터 릭비Peter Rigby • 363~365

피터 매티슨Peter Matthiessen • 213

피터 비엘라Peter Biella • 309

피터 크로퍼드Peter Crowford • 12

픽션영화 • 11, 12, 37, 89, 90, 121, 151, 189, 207,
372, 381

ㅎ

하단자막subtitle • 193, 372, 377, 409

《하마 사냥La chass a l'hippopotame》• 32ff.

하마르Hamar (부족) • 204

하버드 피바디 탐사Harvard-Peabody Expedition • 205,
209, 210, 213, 217

하우카Hauka • 40~47, 49~52, 432

하워드 모피Howard Morphy • 21

《학교 탈출School Scapes》• 462

《해먹을 짜는 남자와 그의 아내A Man and His Wife
Weave a Hammock》• 455

《해먹의 아이들Children of the Hammock》• 455

핸드헬드hand-held • 89, 132, 198

허브 디 조이아Herb Di Gioia • 367, 370ff.

헤라르도 레이첼돌마토프Gerardo Reichel-
Dolmatoff • 260

헤레로Herero (부족) • 129

헨리 스탠리Henley Stanley • 129

호혜성reciprocity • 282, 284, 288, 317

혼합 장르blurred genre • 88, 434

《화살들Arrows》• 455

후기 식민주의postcolonialism • 373

후시녹음 • 104

힐러리 해리스Hillary Harris • 444ff.

이기중

서울에서 태어나 북촌 한옥마을에서 어린 시절을 보냈다. 서강대 경제학과를 졸업하고 종교학과에서 석사학위를, 미국 템플대학에서 영화와 영상인류학을 전공하고 석사, 박사학위를 취득했다. 1999년에 사진가를 통해서 본 결혼사진문화를 다룬 다큐멘터리영화《카메라로 본 결혼 Wedding Through Camera Eyes》으로 미국 영상인류학회 Society For Visual Anthropology에서 수상했으며, 최초의 민족지영화 감독인 로버트 플래허티 Robert Flaherty를 집중 조명한 「북극의 나눅 Nanook of the North」을 비롯하여 영상인류학, 영화, 미디어에 관련된 다수의 논문을 발표했다. 현재 전남대학교 인류학과 교수로 재직하고 있다.

렌즈 속의 인류
민족지영화와 그 거장들

1판 1쇄 찍음 2014년 7월 23일
1판 1쇄 펴냄 2014년 7월 30일

지은이 이기중
펴낸이 정성원·심민규
펴낸곳 도서출판 눌민
출판등록 2013. 2. 28 제2013-000064호
주소 서울시 마포구 양화로 156, 1624호 (121-754)
전화 (02) 332-2486   팩스 (02) 332-2487
이메일 nulminbooks@gmail.com

ISBN 979-11-951638-3-0 03680